국승옥 부동산학원론

1차 | 문제집

국승옥 편저

동영상강의 www.pmg.co.kr

제6판

박문각

박문각 감정평가사

감정평가사란?

감정평가란 토지 등의 경제적 가치를 판정하여 그 결과를 가액으로 표시하는 것을 말한다. 감정평가사(Certified Appraiser)는 부동산 · 동산을 포함하여 토지, 건물 등의 유무형의 재산에 대한 경제적 가치를 판정하여 그 결과를 가액으로 표시하는 전문직업인으로 국토교통부에서 주관, 산업인력관리공단에서 시행하는 감정평가사시험에 합격한 사람으로 일정기간의 수습과정을 거친 후 공인되는 직업이다.

시험과목 및 시험시간

가. 시험과목(감정평가 및 감정평가사에 관한 법률 시행령 제9조)

시험구분	시험과목
제1차 시험	❶ 「민법」 중 총칙, 물권에 관한 규정 ❷ 경제학원론 ❸ 부동산학원론 ❹ 감정평가관계법규(「국토의 계획 및 이용에 관한 법률」, 「건축법」, 「공간정보의 구축 및 관리 등에 관한 법률」 중 지적에 관한 규정, 「국유재산법」, 「도시 및 주거환경정비법」, 「부동산등기법」, 「감정평가 및 감정평가사에 관한 법률」, 「부동산 가격공시에 관한 법률」 및 「동산 · 채권 등의 담보에 관한 법률」) ❺ 회계학 ❻ 영어(영어시험성적 제출로 대체)
제2차 시험	❶ 감정평가실무 ❷ 감정평가이론 ❸ 감정평가 및 보상법규(「감정평가 및 감정평가사에 관한 법률」, 「공익사업을 위한 토지 등의 취득 및 보상에 관한 법률」, 「부동산 가격공시에 관한 법률」)

나. 과목별 시험시간

시험구분	교시	시험과목	입실완료	시험시간	시험방법
제1차 시험	1교시	❶ 민법(총칙, 물권) ❷ 경제학원론 ❸ 부동산학원론	09:00	09:30~11:30(120분)	객관식 5지 택일형
	2교시	❹ 감정평가관계법규 ❺ 회계학	11:50	12:00~13:20(80분)	

	1교시	**1** 감정평가실무	09:00	09:30~11:10(100분)	
제2차 시험		중식시간 11:10 ~ 12:10(60분)			과목별 4문항 (주관식)
	2교시	**2** 감정평가이론	12:10	12:30~14:10(100분)	
		휴식시간 14:10 ~ 14:30(20분)			
	3교시	**3** 감정평가 및 보상법규	14:30	14:40~16:20(100분)	

※ 시험과 관련하여 법률·회계처리기준 등을 적용하여 정답을 구하여야 하는 문제는 시험시행일 현재 시행 중인 법률·회계처리기준 등을 적용하여 그 정답을 구하여야 함

※ 회계학 과목의 경우 한국채택국제회계기준(K-IFRS)만 적용하여 출제

다. 출제영역 : 큐넷 감정평가사 홈페이지(www.Q-net.or.kr/site/value) 자료실 게재

응시자격 및 결격사유

가. 응시자격 : 없음

※ 단, 최종 합격자 발표일 기준, 감정평가 및 감정평가사에 관한 법률 제12조의 결격사유에 해당하는 사람 또는 같은 법 제16조 제1항에 따른 처분을 받은 날부터 5년이 지나지 아니한 사람은 시험에 응시할 수 없음

나. 결격사유(감정평가 및 감정평가사에 관한 법률 제12조, 2023.8.10. 시행)

다음 각 호의 어느 하나에 해당하는 사람

1. 파산선고를 받은 사람으로서 복권되지 아니한 사람

2. 금고 이상의 실형을 선고받고 그 집행이 종료(집행이 종료된 것으로 보는 경우를 포함한다)되거나 그 집행이 면제된 날부터 3년이 지나지 아니한 사람

3. 금고 이상의 형의 집행유예를 받고 그 유예기간이 만료된 날부터 1년이 지나지 아니한 사람

4. 금고 이상의 형의 선고유예를 받고 그 선고유예기간 중에 있는 사람

5. 제13조에 따라 감정평가사 자격이 취소된 후 3년이 지나지 아니한 사람. 다만 제6호에 해당하는 사람은 제외한다.

6. 제39조 제1항 제11호 및 제12호에 따라 자격이 취소된 후 5년이 지나지 아니한 사람

본서로 공부하시는 수험생 여러분들에게 조금이라도 힘이 되었으면 합니다. 여러분의 값진 노력이 합격의 기쁨으로 돌아가길 진심으로 기원합니다.
모두들 파이팅입니다.

✔ 부동산학원론 5개년 기출분석표

		30회	31회	32회	33회	34회	35회
제1편 부동산학 총론	제1장 부동산학						
	제2장 부동산 활동		1				
	제3장 부동산의 개념	1		1	1	1	1
	제4장 부동산의 분류	2	1	1	1	3	2
	제5장 부동산의 특성	1	2	1	1	1	2
	제6장 부동산 가치의 본질		1		1		
제2편 경제론	제1장 수요와 공급 모형					1	1
	제2장 수요와 공급 모형의 활용			1			2
	제3장 수요와 공급의 탄력성 모형		1	1	1	3	1
제3편 시장론	제1장 부동산 시장과 주택시장	1	1	1	1		
	제2장 부동산 시장과 정보의 효율성			1	1	1	1
	제3장 부동산 시장의 변화	1		1	1		
제4편 부동산 정책론	제1장 부동산 정책의 이해		1	1	2		
	제2장 시장실패와 정부의 시장 개입					2	
	제3장 임대주택 및 분양주택 정책	1			1		
	제4장 부동산 조세 정책	2	2	1	2	1	2
	제5장 다양한 부동산 정책	2	1	3		1	1
제5편 투자론	제1장 부동산 투자의 수익과 위험	1	1			2	2
	제2장 투자 결정 이론	2	1	1			
	제3장 위험의 관리	1	1	1	1		1
	제4장 투자 분석의 기본 도구		2	1	2	2	
	제5장 부동산 투자분석기법	1	2	3	2	1	2

제6편 금융론	제1장 금융의 이해		1	1	1	1	
	제2장 대출금액과 대출금리	1	1				1
	제3장 대출의 상환 방법	2	2	1	2	1	1
	제4장 주택저당채권 유동화 제도	1	1	1	1		1
	제5장 부동산 간접 투자 제도			2	1		1
	제6장 기타 부동산 관련 금융 제도	1		1		2	1
제7편 부동산 개발론	제1장 부동산 개발론	4	4	2	2	2	2
	제2장 부동산 관리	1	1		2		2
	제3장 부동산 마케팅	1			1	1	1
	제4장 부동산 이용론	2					
	제5장 부동산 중개론	2	2	4	5	6	2
제8편 토지 경제와 지리 경제	제1장 지대 · 지가 이론	1	2				
	제2장 도시 내부 구조 이론			1			
	제3장 공업입지론				1		
	제4장 상업입지론	1	1			1	
	제5장 주거입지론						
제9편 감정평가론	제1장 부동산 가치 이론	1	1				
	제2장 지역분석과 개별분석	1		1			1
	제3장 부동산 가격 원칙						1
	제4장 감정평가제도	1	2	2		2	1
	제5장 감정평가의 방식의 이해						
	제6장 가액을 구하는 방법	2	3	2	5	4	5
	제7장 임대료를 구하는 방법	1				1	
	제8장 물건별 평가 방법		1	1	1		2
	제9장 부동산 가격공시제도				2		

CONTENTS
이 책의 차례

CONTENTS
이 책의 차례

부동산학 총론

부동산학과 부동산 활동

1절 부동산학의 의미

확인학습

1. 부동산학이란 부동산 활동의 능률화의 원리 및 그 응용기술을 개척하는 종합○○과학이다.
2. 부동산학이란 부동산과 관련된 의사결정과정을 연구하기 위하여 법률적·경제적·기술적 측면 등 다양한 측면의 접근을 시도하는 종합○○과학이다.
3. 부동산학의 연구대상은 부동산 ○○과 부동산 ○○이다.
4. 부동산학은 물리학이나 지구과학과 같은 순수과학이 아니라 ○○과학이다.
5. 부동산학은 자연과학이 아니라 부동산과 관련된 사회현상을 연구하는 ○○과학이다.

답 1. 응용 2. 응용 3. 활동, 현상 4. 응용 5. 사회

01 부동산학에 관한 설명 중 옳지 않은 것은?

① 부동산학은 복잡한 현대의 부동산 문제를 해결하기 위하여 학제적 접근을 취하는 전문적인 학문 영역으로 등장하였다.

② 부동산학은 부동산 활동의 능률화의 원리 및 그 응용기술을 개척하기 위한 종합응용과학이다.

③ 부동산학은 부동산과 관련된 의사결정을 연구하기 위하여, 부동산의 법적·경제적·기술적 측면의 접근을 시도하는 종합응용자연과학이다.

④ 부동산학의 연구대상은 크게 부동산 현상과 부동산 활동으로 분류된다.

⑤ 부동산학은 여러 분야의 학문과 연계되어 있다는 점에서 종합 학문적 성격을 지니고 있다.

정답해설

③ 종합응용자연과학 ⇨ 종합응용사회과학 : 부동산학은 자연과학이 아니라 사회과학이다.

▌부동산학의 학문적 성격
1. 경험과학, 규범과학, 사회과학, 응용과학, 종합과학
2. (순수과학 ×, 자연과학 ×)

02 부동산학에 대한 설명으로 옳은 것은?

① 부동산학은 부동산과 관련된 의사결정을 연구하기 위하여, 부동산의 법적·경제적·기술적 측면의 접근을 시도하는 종합응용자연과학이다.

② 부동산학은 토지와 건물을 대상으로 부동산의 기본원리를 탐구하는 순수과학이라고 할 수 있다.

③ 부동산학은 구체적인 경험과학이라기보다는 부동산활동을 대상으로 하는 추상적인 학문이다.

④ 부동산학의 접근방법 중 종합식 접근방법은 부동산을 기술적·경제적·법률적 측면 등의 복합개념으로 이해하며 부동산학의 체계화에 기여한 방법이다.

⑤ 부동산학의 접근방법 중 중점식 접근방법은 인간은 합리적인 존재이며, 자기이윤의 극대화를 목표로 행동하는 존재라고 가정한다.

[정답해설]

④ 옳은 지문이다.

[오답해설]

① 자연과학 ⇨ 사회과학

② 부동산학은 순수과학이 아니라, 부동산 활동에 응용하고자 하는 응용과학이다.

③ 부동산학은 추상적인 학문이 아니라 부동산 활동을 대상으로 하는 구체적인 경험과학이다.

⑤ 중점식 접근방법 ⇨ 의사결정 접근방법

▌**부동산학의 접근(연구) 방법**

1. 종합식 접근방법
   ㉠ 관련되는 주변학문을 모두 포함시켜 연구하는 방법이다.
   ㉡ 부동산학의 체계화에 기여한 방법이다.
2. 의사결정 접근방법
   ㉠ 투자, 금융, 개발 등의 영역에서 그 의사결정을 중심으로 연구하는 방법이다.
   ㉡ 인간을 합리적 존재라고 가정한다.

정답 ▶ 01 ③ 02 ④

2절　부동산 활동

확인학습

1. 부동산업의 분류(한국표준산업분류)

중분류	소분류	세분류
부동산 ○○ 및 ○○업	부동산 ○○업	• 주거용 건물 임대업 • 비주거용 건물 임대업 • 기타 부동산 임대업
	부동산 개발 및 ○○업	• 주거용 건물 개발 및 공급업 • 비주거용 건물 개발 및 공급업 • 기타 부동산 개발 및 공급업
부동산 관련 서비스업	부동산 ○○업	• ○○○ 부동산 관리업 • ○○○○ 부동산 관리업
	부동산 ○○, ○○ 및 감정평가업	• 부동산 중개 및 ○○업 • 부동산 ○○자문업 • 부동산 감정평가업 • 부동산 분양 대행업

2. 세부항목

① 부동산 관련 서비스업은 부동산 ○○업과 부동산 ○○, ○○ 및 감정평가업으로 다시 분류된다.

② 부동산 관련 서비스업 중 부동산 관리업은 ○○○ 부동산 관리업과 ○○○○ 부동산 관리업으로 다시 2가지로 분류된다.

답
1. 정답 표기 생략
2. ① 관리, 중개, 자문 ② 주거용, 비주거용

---

01 **한국표준산업분류상 부동산관리업의 분류체계 또는 세부 예시에 해당하지 않는 것은?**

① 주거용 부동산 관리

② 비주거용 부동산 관리

③ 사무용 건물관리

④ 사업시설 유지·관리

⑤ 아파트 관리

정답해설

④ 사업시설 유지·관리는 시설에 대한 관리로 한국표준산업분류상의 부동산 관리업에 포함되지 않는다. '③ 사무용 건물관리'는 비주거용 부동산 관리의 예시이고, '⑤ 아파트 관리'는 주거용 부동산 관리의 예시이다.

▌부동산업의 분류(한국표준산업분류)

대분류	중분류	소분류	세분류
부동산업	부동산 임대 및 공급업	부동산 임대업	• 주거용 건물임대업 • 비주거용 건물임대업 • 기타 부동산 임대업
		부동산 개발 및 공급업	• 주거용 건물 개발 및 공급업 • 비주거용 건물 개발 및 공급업 • 기타 부동산 개발 및 공급업
	부동산 관련 서비스업	부동산 관리업	• 주거용 부동산 관리업 • 비주거용 부동산 관리업
		부동산 중개, 자문 및 감정평가업	• 부동산 중개 및 대리업 • 부동산 투자자문업 • 부동산 감정평가업 • 부동산 분양 대행업

02 **한국표준산업분류(KSIC)에 따른 부동산업의 세분류 항목으로 옳지 않은 것은?** ▸ 2020년 31회

① 주거용 건물 건설업
② 부동산 임대업
③ 부동산 개발 및 공급업
④ 부동산 관리업
⑤ 부동산 중개, 자문 및 감정평가업

정답해설
① 건설업은 부동산업과 대등하게 분류되는 산업이다. 따라서 건설업은 부동산업의 세분류가 될 수 없다.

03 **한국표준산업분류상 부동산 관련 서비스업의 업종 및 사례에 해당하지 않는 것은?**

① 부동산 분양 대행업
② 사무용 건물 관리
③ 사업시설 유지 및 관리
④ 부동산 중개 및 대리업
⑤ 부동산 투자 자문업

정답해설
③ 시설에 대한 관리는 한국표준산업분류상의 부동산 관리업에 포함되지 않는다.

정답 01 ④ 02 ① 03 ③

부동산의 개념

1절 부동산의 복합개념

확인학습

1. 부동산은 하나의 속성으로 정의될 수 없고 다양한 속성에 의해 정의되는데, 이를 부동산의 '복합 ○○'
   이라고 한다.

2. 복합개념의 분류

○○○ 개념	○간, 위○, ○경, ○연
○○○ 개념	자산, 자본, 상품, 소비재, 생산재
○○○ 개념	• ○○의 개념 : 민법의 부동산(토지 및 정착물) • ○○의 개념 : 협의 + ○○○○

답 **1.** 개념 **2.** 정답 표기 생략

01 **부동산의 개념 중 법률적 개념으로만 연결된 것은?**

㉠ 소유권	㉡ 자산
㉢ 위치	㉣ 준부동산
㉤ 협의의 부동산	㉥ 공간
㉦ 상품	㉧ 자연

① ㉠, ㉢, ㉤   ② ㉠, ㉣, ㉤

③ ㉡, ㉦, ㉧   ④ ㉢, ㉣, ㉦

⑤ ㉢, ㉥, ㉧

정답해설

② 법률적 개념은 ㉠ 소유권, ㉣ 준부동산, ㉤ 협의의 부동산 등 3가지이다.

┃ 부동산의 복합개념

1. 물리적 개념 : 공간, 위치, 환경, 자연
2. 경제적 개념 : 자산, 자본, 상품, 소비재, 생산재(생산요소)
3. 법률적 개념 ㉠ 협의 : 민법상의 부동산(토지 및 그 정착물)
　　　　　　　㉡ 광의 : 협의 + 준부동산

02 부동산의 개념에 관한 설명으로 옳지 않은 것은? ▶2021년 32회

① 자연·공간·위치·환경 속성은 물리적 개념에 해당한다.
② 부동산의 절대적 위치는 토지의 부동성에서 비롯된다.
③ 토지는 생산의 기본요소이면서 소비재가 된다.
④ 협의의 부동산과 준부동산을 합쳐 광의의 부동산이라고 한다.
⑤ 부동산의 법률적·경제적·물리적 측면을 결합한 개념을 복합 부동산이라고 한다.

[정답해설]
⑤ 복합 부동산 ➡ 복합 개념 : 복합 부동산은 토지와 건물이 하나로 결합되어 활동의 대상이 되는 것을 말한다.

03 부동산의 개념에 관한 설명으로 옳지 않은 것은?

① 경제적 개념의 부동산은 자본·자산으로서의 특성을 지닌다.
② 좁은 의미의 부동산은 토지 및 그 정착물을 말한다.
③ 준(準)부동산은 부동산과 유사한 공시방법을 갖춤으로써 넓은 의미의 부동산에 포함된다.
④ 부동산의 물리적 개념은 부동산 활동의 대상인 유형(有形)적 측면의 부동산을 이해하는 데 도움이 된다.
⑤ 토지는 생산재이지만 소비재는 아니다.

[정답해설]
⑤ 토지는 원칙적으로 생산 활동의 장소가 되는 생산요소(생산재)이다. 그러나 예외적으로 공원, 놀이터, 관광휴양지와 같은 토지는 관광 상품으로서 소비재가 되기도 한다.

04 부동산의 개념에 관한 설명으로 옳지 않은 것은?

① 복합개념의 부동산이란 부동산을 법률적·경제적·기술적 측면 등이 복합된 개념으로 이해하는 것을 말한다.
② 민법상 부동산은 토지 및 그 정착물을 말한다.
③ 기술적 개념의 부동산은 생산요소, 자산, 공간, 자연 등을 의미한다.
④ 준부동산은 등기·등록의 공시방법을 갖춤으로써 부동산에 준하여 취급되는 특정의 동산 등을 말한다.
⑤ 토지와 건물이 각각 독립된 거래의 객체이면서도 마치 하나의 결합된 상태로 다루어져 부동산 활동의 대상으로 인식될 때 이를 복합부동산이라 한다.

[정답해설]
③ 생산요소, 자산은 부동산의 경제적 개념으로, 기술적(물리적) 개념에 해당하지 않는다.

정답 01 ②   02 ⑤   03 ⑤   04 ③

2절 정착물과 준부동산

확인학습

1. 토지 정착물의 구분
① ○○ 정착물 : 토지의 일부로 간주되고, 토지와 함께 거래되는 정착물이다.
② ○○ 정착물 : 토지와 별개로 간주되고, 토지와 독립적으로 거래되는 정착물이다.

2. 독립 정착물의 사례
① ○○, 등기된 ○○, 명인방법을 갖춘 ○○의 집단
② 권원에 의하여 타인의 토지에서 재배되고 있는 ○○○

3. 준부동산
① 민법상의 부동산(토지와 정착물)은 아니지만, 다른 법률에 의해 부동산처럼 취급되는 동산이나 권리를 '○○○○'이라고 한다.
② 준부동산은 부동산처럼 '등기 또는 등록 등의 ○○수단'을 가지고 있는 것이 특징이다.

답
1. ① 종속 ② 독립
2. ① 건물, 입목, 수목 ② 농작물
3. ① 준부동산(의제부동산, 간주부동산) ② 공시

---

01 토지의 일부로 간주되는 정착물에 해당하는 것을 모두 고른 것은?

▶ 2024년 35회

> ㄱ. 가식 중에 있는 수목
> ㄴ. 매년 경작의 노력을 요하지 않는 다년생 식물
> ㄷ. 건물
> ㄹ. 소유권보존등기된 입목
> ㅁ. 구거
> ㅂ. 경작수확물

① ㄱ, ㅂ
② ㄴ, ㅁ
③ ㄷ, ㄹ
④ ㄹ, ㅁ
⑤ ㅁ, ㅂ

정답해설

② 종속 정착물은 ㄴ(다년생 식물), ㅁ(구거)이다.
  1. 동산 : 가식 중에 있는 수목, 경작수확물(경작된 수확물)
  2. 독립 정착물 : 건물, 소유권보존등기된 입목
  3. 종속 정착물 : 다년생 식물, 구거

02 부동산 개념에 대한 설명으로 옳지 않은 것은?

① 정착물은 토지에 단단히 고정되어 있으면서, 고정되어 이용되는 것이 사회적·경제적으로 합리적인 물건이다.

② 권원에 의하여 타인토지에 재배되고 있는 농작물은 토지와 독립되어 거래될 수 있는 정착물이다.

③ 준부동산은 부동산과 유사한 공시방법을 갖춤으로써 넓은 의미의 부동산에 포함된다.

④ 어떤 건축설비의 부착으로 부동산의 가치나 효용이 증가되었다면 그 건축설비는 동산으로 구분되어야 한다.

⑤ 일반적으로 임대인이 설치한 물건은 정착물로 인정된다.

[정답해설]

④ 동산 ⇨ 부동산 : 어떤 건축설비의 부착으로 부동산(건물)의 가치나 효용이 증가되었다면 그 건축설비는 부동산(건물)의 일부가 되었음을 의미한다.

▌ 정착물

1. 정착물이란 토지에 단단히 고정되어 있고, 고정되어 이용되는 것이 합리적인 물건이다.
2. 정착물은 독립정착물과 종속정착물로 분류된다.
3. 독립 정착물
   ㉠ 건물, ㉡ 등기된 입목, ㉢ 명인방법을 갖춘 수목의 집단,
   ㉣ 권원에 의해 타인 토지에 재배되는 농작물 등
4. 동산과 정착물의 구분
   ㉠ 제거될 때 건물에 물리적·기능적 손상이 발생한다면 정착물이다.
   ㉡ 임대인(임차인×)이 설치한 물건은 일반적으로 정착물로 분류된다.

---

03 부동산에 관한 설명으로 옳지 않은 것은?

① 신축 중인 건물은 사용승인이 완료되기 전에는 토지와 별개의 부동산으로 취급되지 않는다.

② 개개의 수목은 명인방법을 갖추면 토지와 별개의 부동산으로 취급된다.

③ 토지에 정착된 담장은 토지와 별개의 부동산으로 취급되지 않는다.

④ 소유권보존등기된 입목은 토지와 분리하여 양도할 수 있다.

⑤ 토지에 정착된 교량은 토지와 분리하여 양도될 수 없다.

[정답해설]

① 취급되지 않는다. ⇨ 취급된다. : 판례는 신축 중인 건물의 독립성을 인정한다. 따라서 신축 중인 건물이라도 토지와 별개의 부동산으로 취급된다.

정답 01 ② 02 ④ 03 ①

04 정착물과 준부동산에 관한 설명으로 옳지 않은 것은?

① 권리변동을 수반하는 권리는 준부동산에 포함되나, 동산은 준부동산에 포함될 수 없다.

② 토지의 정착물 중 명인방법을 구비한 수목의 집단은 토지와 독립적인 거래의 객체가 될 수 있다.

③ 입목에 관한 법령에 의해 소유권보존등기된 입목, 공장 및 광업재단 저당법령에 의하여 저당권의 목적물이 되고 있는 공장재단은 부동산에 준하여 취급한다.

④ 제거하여도 건물의 기능 및 효용의 손실이 없는 부착된 물건은 일반적으로 동산으로 취급한다.

⑤ 임차인이 설치한 영업용 선반·카운터 등 사업이나 생활의 편의를 위해 설치한 정착물은 일반적으로 동산으로 취급한다.

> 정답해설

① 준부동산은 부동산처럼 취급되는 동산과 권리를 말한다. 동산과 권리 모두 준부동산이 될 수 있다.

┃ 준부동산

1. 준부동산이란 민법상의 부동산은 아니지만, 부동산처럼 취급되는 동산이나 권리를 말한다.
2. 준부동산은 등기·등록 등의 공시수단을 가지고 있다.
3. 입목, 선박(20톤 이상), 자동차, 항공기, 건설기계, 공장(광업)재단, 광업권, 어업권

---

05 정착물과 준부동산에 관한 설명으로 옳은 것은?

① 정착물은 토지와 서로 다른 부동산으로 거래될 수 없다.

② 토지에 정착되어 있으나 매년 경작노력을 요하지 않는 나무는 정착물이 아니다.

③ 건축설비가 제거하여도 건물의 기능 및 효용에 손실을 주지 않는다면 건축설비는 부동산으로 취급된다.

④ 자동차에 관한 압류등록은 자동차등록원부에 한다.

⑤ 총톤수 10톤 이상의 기선(機船)과 범선(帆船)은 등기가 가능하다.

> 정답해설

④ 옳은 지문이다. 자동차에 관한 압류등록은 자동차등록원부에 기재한다.

> 오답해설

① 없다. ⇨ 있다. : 정착물 중 독립 정착물은 토지와 서로 다른 부동산으로 거래될 수 있다.
② 정착물이 아니다. ⇨ 정착물이다. : 경작노력을 요하지 않는 나무, 다년생 식물은 시험에 자주 언급되는 정착물(종속 정착물)이다.
③ 부동산 ⇨ 동산
⑤ 10톤 이상 ⇨ 20톤 이상 : 20톤 이상의 선박부터 등기가 가능하다.

06 등기를 통해 현재 소유권이 공시되는 물건 또는 권리는 몇 개인가? ▸ 2023년 34회 수정

> ㉠ 총톤수 30톤인 기선(機船)
> ㉡ 적재용량 25톤인 덤프트럭
> ㉢ 최대 이륙중량 400톤인 항공기
> ㉣ 동력차 2량과 객차 8량으로 구성된 철도차량
> ㉤ 면허를 받아 김 양식업을 경영할 수 있는 권리
> ㉥ 5천만원을 주고 구입하여 심은 한 그루의 소나무

① 1개 ② 2개
③ 3개 ④ 4개
⑤ 5개

〔정답해설〕
① ㉠ 총톤수 30톤 이상의 선박은 등기대상물이다.

▌준부동산의 분류
1. 등기 대상물 : 입목, 선박(20톤 이상), 공장재단, 광업재단 등
2. 등록 대상물 : 자동차, 항공기, 건설기계 등
3. 등록 대상 권리 : 광업권, 어업권 등

〔오답해설〕
㉡ 덤프트럭은 적재 톤수에 따라 화물차 또는 건설기계로 등록되는데, 20톤 이상의 덤프트럭은 건설기계로 등록대상물이다.
㉢㉣ 항공기, 철도차량은 모두 등록대상물이다.
㉤ 양식업을 경영할 수 있는 권리, 즉 어업권은 등록 대상 권리이다.
㉥ 5천만원을 주고 구입하여 심은 한 그루의 소나무는 일반 나무로 등기 또는 등록의 절차를 거치지 않는다. (간혹 입목과의 구별에 대해 질문을 주는데, 입목은 등기된 수목의 집단을 말한다. 즉, 입목에 관한 법률에 의하면 등기가 되어야 입목이라고 정의한다. 아래 문제 해설 참고)

07 입목에 관한 법령상 옳지 않은 것은? ▸ 2018년 29회

① 입목의 소유자는 토지와 분리하여 입목을 양도할 수 있다.
② 입목을 위한 법정지상권은 성립하지 않는다.
③ 토지소유권 또는 지상권 처분의 효력은 입목에 미치지 않는다.
④ 입목을 목적으로 하는 저당권의 효력은 입목을 베어 낸 경우에 그 토지로부터 분리된 수목에도 미친다.
⑤ 지상권자에게 속하는 입목이 저당권의 목적이 되어 있는 경우에는 지상권자는 저당권자의 승낙 없이 그 권리를 포기할 수 없다.

정답 ▸ 04 ① 05 ④ 06 ① 07 ②

정답해설

② 성립하지 않는다. ⇨ 성립한다. : 입목을 위한 법정지상권은 성립한다.

> ┃ **입목에 관한 법률의 주요 내용**
>
> 1. 정의 (입목에 관한 법률 제2조)
> ① 입목이란 토지에 부착된 수목의 집단으로서 그 소유자가 이 법에 따라 소유권보존의 등기를 받은 것을 말한다.
> ② 입목등기부란 전산정보처리조직에 의하여 입력·처리된 입목에 관한 등기정보자료를 대법원규칙으로 정하는 바에 따라 편성한 것을 말한다.
>
> 2. 입목의 독립성 (입목에 관한 법률 제3조)
> ① 입목은 부동산으로 본다.
> ② 입목의 소유자는 토지와 분리하여 입목을 양도하거나 저당권의 목적으로 할 수 있다.
> ③ 토지소유권 또는 지상권 처분의 효력은 입목에 미치지 아니한다.
>
> 3. 저당권의 효력 (입목에 관한 법률 제4조)
> ① 입목을 목적으로 하는 저당권의 효력은 입목을 베어 낸 경우에 그 토지로부터 분리된 수목에도 미친다.
> ② 저당권자는 채권의 기한이 되기 전이라도 제1항의 분리된 수목을 경매할 수 있다. 다만, 그 매각대금을 공탁하여야 한다.
> ③ 수목의 소유자는 상당한 담보를 공탁하고 제2항에 따른 경매의 면제를 신청할 수 있다.
>
> 4. 법정지상권 (입목에 관한 법률 제6조)
> ① 입목의 경매나 그 밖의 사유로 토지와 그 입목이 각각 다른 소유자에게 속하게 되는 경우에는 토지소유자는 입목소유자에 대하여 지상권을 설정한 것으로 본다.
> ② 제1항의 경우에 지료에 관하여는 당사자의 약정에 따른다.

---

08 토지에 관한 설명으로 옳지 않은 것은?

▶ 2022년 33회

① 공간으로서 토지는 지표, 지하, 공중을 포괄하는 3차원 공간을 의미한다.
② 자연으로서 토지는 인간의 노력에 의해 그 특성을 바꿀 수 없다.
③ 소비재로서 토지는 그 가치가 시장가치와 괴리되는 경우가 있다.
④ 생산요소로서 토지는 그 가치가 토지의 생산성에 영향을 받는다.
⑤ 재산으로서 토지는 사용·수익·처분의 대상이 된다.

정답해설

② 바꿀 수 없다. ⇨ 있다. : 부동산학의 지식을 묻기보다는 보편적인 상식을 출제한 내용이다. 자연으로서 토지는 인간의 노력에 의해 유용한 자원으로 변화될 수 있다.

정답 ▶ 08 ②

부동산의 분류

1절 토지의 분류 및 용어 정의

확인학습

1. ○○○ : 택지지역, 농지지역, 임지지역 등 용도지역 상호 간에 용도가 전환되고 있는 지역 내의 토지를 말한다.

2. ○○○ : 세분된 용도지역 상호 간에 용도가 이행되고 있는 지역 내의 토지를 말한다.

3. ○○ : 일정한 용도로 제공되고 있는 바닥토지를 말하며, 도로, 하천 등의 바닥토지에 사용되는 포괄적 용어이다.

4. ○○ : 주거·상업·공업 등의 용도로 이용되고 있거나 해당 용도로 이용할 목적으로 조성된 토지이다.

5. ○○ : 하나의 지번을 가진 토지의 등기·등록의 단위이고, 소유권의 범위를 지칭하는 법률적 개념이다.

6. ○○ : 용도 및 이용 상황이 유사하여 가격수준이 유사한 일단의 토지이다.

7. ○○ : 경사진 토지로서 소유권은 인정되나 활용 실익이 적은 토지이다.

8. ○○ : 바다와 육지 사이의 해변토지로서 개인의 소유권은 인정되지 않으나 활용 실익이 많은 토지이다.

9. ○○○ : 지적공부에 등록한 토지가 물에 의한 침식으로 수면 아래로 잠기거나 하천으로 변한 토지이다.

10. 나지란 토지에 건물 기타의 ○○○이 없고, 지상권 등 토지의 사용·수익을 제한하는 ○○상의 제한을 받지 않는 토지이다.

11. ○○ : 타인의 토지에 둘러싸여 도로와 맞닿은 부분이 없는 토지이다.

12. ○○○ : 고압선 아래의 토지로 이용 및 거래의 제한을 받는 경우가 많다.

13. ○○ : 개발되기 이전의 자연 상태로 존재하는 토지이다.

14. ○○○ : 지력 회복을 위해 정상적으로 이용되지 않는 토지이다.

15. ○○○ : 용도상 불가분의 관계에 있는 2필지 이상의 토지이다.

> **답**   1. 후보지   2. 이행지   3. 부지   4. 택지   5. 필지   6. 획지   7. 법지   8. 빈지
> 9. 포락지   10. 정착물, 사법   11. 맹지   12. 선하지   13. 소지   14. 휴한지
> 15. 일단지

01 토지 관련 용어의 설명으로 옳은 것은?

① 획지(劃地)는 하나의 지번이 부여된 토지의 등록단위를 말한다.

② 후보지(候補地)는 택지지역·농지지역·임지지역 내에서 세부지역 간 용도가 전환되고 있는 토지를 말한다.

③ 나지(裸地)는 토지 위에 정착물이 없고 공법상 및 사법상의 제한이 없는 토지를 말한다.

④ 부지(敷地)는 자연 상태 그대로의 토지를 말한다.

⑤ 포락지(浦落地)는 지적공부에 등록된 토지가 물에 침식되어 수면 밑으로 잠긴 토지를 말한다.

정답해설

⑤ 옳은 지문이다.

오답해설

① 획지 ⇨ 필지

② 후보지 ⇨ 이행지

③ 나지는 정착물이 없고 사법상의 제한이 없는 토지를 말한다. 공법상의 제한으로 구분되는 개념이 아니다.

④ 부지 ⇨ 소지

02 토지의 분류 및 용어에 관한 설명으로 옳은 것을 모두 고른 것은?

▸ 2024년 35회

ㄱ. 획지(劃地)는 인위적, 자연적, 행정적 조건에 따라 다른 토지와 구별되는 가격수준이 비슷한 일단의 토지를 말한다.

ㄴ. 후보지(候補地)는 용도적 지역의 분류 중 세분된 지역 내에서 용도에 따라 전환되는 토지를 말한다.

ㄷ. 공지(空地)는 관련법령이 정하는 바에 따라 안전이나 양호한 생활환경을 확보하기 위해 건축하면서 남겨놓은 일정 면적의 토지를 말한다.

ㄹ. 갱지(更地)는 택지 등 다른 용도로 조성되기 이전 상태의 토지를 말한다.

① ㄱ

② ㄹ

③ ㄱ, ㄷ

④ ㄴ, ㄹ

⑤ ㄱ, ㄷ, ㄹ

정답해설

③ 옳은 지문은 ㄱ, ㄷ이다.

오답해설

ㄴ. 후보지 ⇨ 이행지

ㄹ. 갱지 ⇨ 소지

03 토지에 관한 용어 중 옳은 것을 모두 고른 것은?

> ㉠ 도로의 가장자리 경사지나 대지 사이에 있는 경사지는 소유권이 인정되더라도 활용실익이 적거나 없는 토지이다.
> ㉡ 택지지역, 농지지역, 임지지역 등 용도지역 상호 간에 용도가 전환되고 있는 지역 내의 토지는 후보지이다.
> ㉢ 대지는 공간정보의 구축 및 관리 등에 관한 법령과 부동산등기법령에서 정한 하나의 등록단위로 표시하는 토지를 말한다.
> ㉣ 도시 토지로 지가상승을 목적으로 장기간 방치하는 토지를 '휴한지'라 한다.
> ㉤ 포락지는 소유권이 인정되지 않는 바다와 육지 사이의 해변토지를 말한다.

① ㉠, ㉢
② ㉠, ㉡
③ ㉡, ㉣, ㉤
④ ㉣, ㉤
⑤ ㉠, ㉡, ㉤

정답해설
② 옳은 지문은 ㉠, ㉡이다.

오답해설
㉢ 대지 ⇨ 필지
㉣ 휴한지 ⇨ 유휴지 또는 공한지(도시지역 내에 있는 유휴지)
㉤ 포락지 ⇨ 빈지

04 토지와 관련된 용어의 설명으로 옳지 않은 것은?

① 인근지역의 주위환경 등의 사정으로 보아 현재의 용도에서 장래 택지 등 다른 용도로의 전환이 완료된 토지는 후보지라고 한다.
② 택지지역 내에서 주거지역이 상업지역으로 용도변경이 진행되고 있는 토지를 이행지라고 한다.
③ 용도지역 상호 간에 용도가 전환되고 있는 지역 내의 토지를 후보지라고 한다.
④ 택지지역, 농지지역, 임지지역 상호 간에 용도가 전환되고 있는 지역 내의 토지를 후보지라고 한다.
⑤ 세분된 용도지역 상호 간에 용도가 이행되고 있는 지역 내의 토지를 이행지라고 한다.

정답 ▶ 01 ⑤ 02 ③ 03 ② 04 ①

[정답해설]

① 전환이 완료된 토지 ⇨ 전환 중에 있는 토지 : 후보지와 이행지는 용도가 변화되고 있는 과정에서 사용되는 용어이다. 따라서 용도 전환이 완료된 토지는 후보지 또는 이행지라고 할 수 없다.

> **▮ 후보지와 이행지**
> 1. 후보지
>   ㉠ '택지지역, 농지지역, 임지지역 상호 간'에 용도가 전환되고 있는 지역 내의 토지
>   ㉡ '용도지역 상호 간'에 용도가 전환되고 있는 지역 내의 토지
> 2. 이행지
>   ㉠ '택지지역 내, 농지지역 내, 임지지역 내 상호 간'에 용도가 전환되고 있는 지역 내의 토지
>   ㉡ '세분된 용도지역 상호 간'에서 용도가 전환되고 있는 지역 내의 토지

05 다음의 내용과 관련된 부동산 활동상의 토지 분류에 해당하는 것은? ▶ 2019년 30회

> • 주택지가 대로변에 접하여 상업지로 전환 중인 토지
> • 공업지가 경기불황으로 공장가동률이 저하되어 주거지로 전환 중인 토지
> • 도로변 과수원이 전으로 전환 중인 토지

① 이행지   ② 우등지
③ 체비지   ④ 한계지
⑤ 후보지

[정답해설]

① 모두 이행지에 대한 사례이다.
  ㉠ 주거지에서 상업지로 변화 중인 토지는 택지지역 내의 세분된 용도지역 상호 간의 용도 변화이다.
  ㉡ 공업지에서 주거지로 변화 중인 토지는 택지지역 내의 세분된 용도지역 상호 간의 용도 변화이다.
  ㉢ 과수원에서 전으로 변화 중인 토지는 농지지역 내의 세분된 용도지역 상호 간의 용도 변화이다.

06 다음은 토지에 관하여 설명한 내용들이다. 옳은 것을 모두 고른 것은?

> ㄱ. 나지는 토지에 건물 등의 정착물이 없고 공법상의 제한을 받지 않는 토지를 말한다.
> ㄴ. 획지는 법률상의 단위개념으로 소유권이 미치는 범위를 말한다.
> ㄷ. 이행지는 용도적 지역의 분류 중 세분된 지역 내에서 용도에 따라 전환되는 토지를 말한다.
> ㄹ. 후보지는 임지지역, 농지지역, 택지지역 상호 간에 다른 지역으로 전환되고 있는 지역의 토지를 말한다.
> ㅁ. 건부지는 관련법령이 정하는 바에 따라 재난 시 피난 등 안전이나 일조 등 양호한 생활환경 확보를 위해, 건축하면서 남겨놓은 일정면적 부분의 토지를 말한다.

① ㄷ
② ㄱ, ㄴ
③ ㄷ, ㄹ
④ ㄱ, ㄹ, ㅁ
⑤ ㄴ, ㄷ, ㄹ

〔정답해설〕
③ 옳은 지문은 ㄷ, ㄹ이다.

〔오답해설〕
ㄱ. 나지는 정착물이 없고 사법상의 제한을 받지 않는 토지를 말한다.
ㄴ. 획지 ⇨ 필지
ㅁ. 건부지 ⇨ 공지

▌공지
1. '공지'는 부동산학에서 정의를 내리고 있지 않음에 주의해야 한다. 따라서 공지는 '빈 공간'이라는 의미만 있으면, 옳은 지문으로 처리하여야 한다.
2. '공지'란 건물이 세워지지 않은 미이용 토지의 구획을 의미한다.
3. '공지'는 관련법령이 정하는 바에 따라 재난 시 피난 등 안전이나 일조 등 양호한 생활환경 확보를 위해, 건축하면서 남겨놓은 일정면적 부분의 토지를 말한다.
4. '공지'는 건부지 중 건물을 제외하고 남은 부분의 토지로, 건축법령에 의한 건폐율 등의 제한으로 인해 필지 내에 비어있는 토지를 말한다.

07 토지의 분류에 관한 설명으로 옳은 것을 모두 고른 것은?

> ㉠ 나지는 필지 중 건축물을 제외하고 남은 부분의 토지를 말한다.
> ㉡ 부지는 일정한 용도로 제공되고 있는 바닥의 토지를 말하며 하천, 도로 등의 바닥토지에 사용되는 포괄적 용어이다.
> ㉢ 맹지는 타인의 토지에 둘러싸여 도로에 직접 연결되지 않은 한 필지의 토지를 말한다.
> ㉣ 필지는 하나의 지번이 붙는 토지의 등록단위이다.
> ㉤ 후보지는 인위적·자연적·행정적 조건에 따라 다른 토지와 구별되는 것으로 가격수준이 비슷한 일단(一團)의 토지를 말한다.

① ㉠, ㉡, ㉢   ② ㉠, ㉢, ㉤

③ ㉠, ㉣, ㉤   ④ ㉡, ㉢, ㉣

⑤ ㉢, ㉣, ㉤

정답해설
④ 옳은 것은 ㉡, ㉢, ㉣이다.

오답해설
㉠ 나지 ⇨ 공지, ㉤ 후보지 ⇨ 획지

08 건부지(建附地)와 나지(裸地)의 특성에 관한 설명으로 옳지 않은 것은?

① 나지란 지상에 건물 기타 정착물이 없는 토지이다.
② 나지는 지상권 등 토지의 사용·수익을 제한하는 사법상의 권리가 설정되어 있지 않은 토지이다.
③ 건부지 가격은 건부감가에 의해 나지 가격보다 높게 평가된다.
④ 건부지는 지상에 있는 건물에 의하여 사용·수익이 제한되는 경우가 있다.
⑤ 건부지는 건물 등이 부지의 최유효이용에 적합하지 못하는 경우, 나지에 비해 최유효이용의 기대가능성이 낮다.

정답해설
③ 높게 평가된다. ⇨ 낮게 평가된다. : 건부감가란 건물이 부착됨으로써 토지의 가치가 감소하는 것을 말한다. 따라서 건부감가가 발생하면 건부지 가격은 나지의 가격보다 낮게 평가된다.

09 토지의 분류 및 용어에 관한 설명으로 옳은 것은?

① 필지는 인위적·자연적·행정적 조건에 따라 다른 토지와 구별되는 가격수준이 비슷한 일단의 토지를 말한다.
② 일단지는 용도상 불가분의 관계에 있는 2필지 이상의 일단의 토지를 말한다.
③ 나지는 「건축법」에 의한 건폐율·용적률 등의 제한으로 인해 한 필지 내에서 건축하지 않고 비워둔 토지이다.
④ 표본지는 지가의 공시를 위해 가치 형성 요인이 같거나 유사하다고 인정되는 일단의 토지 중에서 선정한 토지이다.
⑤ 공한지는 특정의 지점을 기준으로 한 택지 이용의 최원방권의 토지이다.

〔정답해설〕
② 옳은 지문이다.

〔오답해설〕
① 필지 ⇨ 획지
③ 나지 ⇨ 공지 : 한 필지 내에서 건축하지 않고 비워둔 토지는 공지이다.
④ 표본지 ⇨ 표준지 : 지가를 공시하기 위해 국토교통부장관이 선정하는 표준지에 대한 설명이다.
⑤ 공한지 ⇨ (택지)한계지 : 공한지는 도시지역 내에 있는 유휴지를 말한다.

10 토지의 분류 및 용어에 관한 설명으로 옳은 것은? ▸ 2023년 34회

① 획지(劃地)는 하나의 필지 중 일부에 대해서도 성립한다.
② 건부지(建敷地)는 건축물의 부지로 이용 중인 토지 또는 건축물의 부지로 이용가능한 토지를 말한다.
③ 나지(裸地)는 택지 중 정착물이 없는 토지로서 공법상 제한이 없는 토지를 말한다.
④ 제내지(堤內地)는 제방으로부터 하심측으로의 토지를 말한다.
⑤ 일단지(一團地)는 용도상 불가분의 관계에 있는 두 필지 이상을 합병한 토지를 말한다.

〔정답해설〕
① 옳은 지문이다.

> ▎**획지**
> 1. '획지'는 이용상 구별되는 토지의 구획이다.
>   ① 일반적으로 사람들은 1필지를 하나로 이용(1획지)한다.
>   ② 그러나 이용목적에 따라 2필지 이상의 토지를 하나로 이용(1획지)하기도 하고, 넓은 토지라면 1필지의 일부를 하나로 이용(1획지)하기도 한다.
> 2. '획지'는 가격수준이 유사한 일단의 토지를 말한다.

② 건부지는 건축물의 바닥 토지로 이용 중인 토지를 말한다. 건부지의 여부는 현재 이용상황을 기준으로 판단하기 때문에 건축물의 부지로 이용가능한 토지는 건부지라고 할 수 없다.

③ 나지는 건물 등 정착물이 없고, 사법상의 제한이 없는 토지를 말한다.

④ 제내지 ⇨ 제외지 : 제내지(堤內地)는 제방에 의하여 보호되고 있는 지역, 즉 제방으로부터 제방이 보호하고자 하는 지역(마을)까지를 의미한다. 반대로 제외지는 제방으로 둘러싸인 하천측 지역을 말한다.

⑤ 일단지(一團地)는 용도상 불가분의 관계에 있는 두 필지 이상의 토지를 말한다. 따라서 이미 합병한 토지는 일단지라고 할 수 없다.

11 부동산 활동에 관련된 설명으로 옳은 것을 모두 고른 것은?

▶ 2022년 33회

> ㄱ. 공유지(共有地)란 1필지의 토지를 2인 이상이 공동으로 소유한 토지로, 지분비율 또는 지분의 위치에 따라 감정평가한다.
>
> ㄴ. 일단지란 용도상 불가분의 관계에 있고 지가형성요인이 같은 2필지 이상의 토지로, 필지별로 감정평가한다.
>
> ㄷ. 선하지란 고압선 아래의 토지로, 고압선 등 통과부분의 면적 등 제한의 정도를 고려하여 감정평가한다.
>
> ㄹ. 맹지란 도로와 접한 면이 없는 토지로, 도로로 사용하기 위한 지역권이 설정되어 있는 경우 도로가 있는 것으로 보고 감정평가한다.
>
> ㅁ. 환지란 도시개발사업에서 사업 전 토지의 위치 등을 고려하여 소유자에게 재분배하는 사업 후의 토지로, 환지처분 이전에 환지예정지로 지정된 경우에는 종전 토지의 위치 등을 기준으로 감정평가한다.

① ㄱ, ㄴ, ㄷ   ② ㄱ, ㄷ, ㄹ

③ ㄱ, ㄷ, ㅁ   ④ ㄴ, ㄷ, ㄹ

⑤ ㄴ, ㄹ, ㅁ

② 옳은 지문은 ㄱ, ㄷ, ㄹ이다.

ㄱ. 1필지의 토지를 2인 이상이 공동으로 소유하고 있는 토지의 지분을 감정평가할 때에는 대상토지 전체의 가액에 지분비율을 적용하여 감정평가한다. 다만, 대상지분의 위치가 확인되는 경우에는 그 위치에 따라 감정평가할 수 있다.

ㄷ. 고압선 등이 통과하는 토지는 통과전압의 종별, 고압선 등의 높이, 고압선 통과 부분의 면적 및 획지 안에서의 위치, 철탑 및 전선로의 이전가능성, 지상권설정 여부 등에 따른 제한의 정도를 고려하여 감정평가할 수 있다.

ㄹ. 맹지는 공로에 출입하기 위한 통로를 개설하기 위해 비용이 발생하는 경우에는 그 비용을 고려하여 감정
평가한다. 다만, 다음 어느 하나에 해당하는 경우에는 해당 도로에 접한 것으로 보고 감정평가할 수 있다.

> 1. 토지소유자가 그 의사에 의하여 타인의 통행을 제한할 수 없는 경우 등 관습상 도로가 있는
>   경우
> 2. 지역권(도로로 사용하기 위한 경우) 등이 설정되어 있는 경우

[오답해설]

ㄴ. 일단지와 같이 용도상 불가분의 관계에 있는 2필지 이상의 토지는 2필지가 함께 가치를 형성한다고 할 수
있다. 따라서 2필지를 일괄하여 감정평가한다.

ㅁ. 환지방식에 따른 사업시행지구 안에 있는 토지는 다음과 같이 감정평가한다.

> 1. 환지처분 이전에 환지예정지로 지정된 경우에는 환지예정지의 위치, 확정예정지번, 면적, 형
>   상, 도로접면상태와 그 성숙도 등을 고려하여 감정평가한다. 다만, 환지면적이 권리면적보다
>   큰 경우로서 청산금이 납부되지 않은 경우에는 권리면적을 기준으로 한다.
> 2. 환지예정지로 지정 전인 경우에는 종전 토지의 위치, 지목, 면적, 형상, 이용상황 등을 기준으
>   로 감정평가한다.

2절 주택의 분류

확인학습

1. 단독주택과 공동주택(주택법 기준)

① 층수와 바닥면적 비교(기타 세부조건은 생략)

		주택으로 쓰는 층수	주택으로 쓰는 바닥면적 합계
공동 주택	아파트	○개 층 이상	
	연립주택	○개 층 이하	660㎡ ○○
	다세대주택	○개 층 이하	660㎡ 이하
단독 주택	다가구주택	○개 층 이하	660㎡ 이하
	다중주택	층수가 3층 이하	660㎡ 이하

② 다세대주택은 ○○주택으로 분류되고, 다가구주택은 단독주택으로 분류된다.

2. 주택법상 주택 용어

① ○○○ : 주택 외의 건축물과 그 부속토지로서 주거시설로 이용가능한 시설

② ○○주택 : 다음 어느 하나에 해당하는 주택으로서 국민주택규모 이하인 주택

  ㉠ 국가·지방자치단체, 한국토지주택공사, 지방공사가 건설하는 주택

  ㉡ 재정 또는 주택도시기금의 자금을 지원받아 건설되거나 개량하는 주택

③ ○○주택은 국민주택을 제외한 주택이다.

④ ○○○○○주택은 300세대 미만의 국민주택규모에 해당하는 주택으로서 대통령령으로 정하는 주택을 말한다.

탑
1. ① 정답 표기 생략 ② 공동
2. ① 준주택 ② 국민 ③ 민영 ④ 도시형생활

---

01 주택법상 주택의 정의에 대한 설명으로 옳지 않은 것은?

① 연립주택은 주택으로 쓰는 1개 동의 바닥면적 합계가 660제곱미터를 초과하고 층수가 4개 층 이하인 주택이다.

② 다세대주택은 주택으로 쓰는 1개 동의 바닥면적 합계가 660제곱미터 이하이고 층수가 3개 층 이하인 주택이다.

③ 주택조합에는 지역주택조합, 직장주택조합 및 리모델링주택조합이 있다.

④ 민간이 국가·지방자치단체의 재정 또는 주택도시기금으로부터 자금을 지원받아 건설되거나 개량되는 국민주택규모 이하인 주택은 국민주택이다.

⑤ 도시형 생활주택이란 300세대 미만의 국민주택규모에 해당하는 주택으로서 대통령령으로 정하는 주택을 말한다.

② 3개 층 이하 ⇨ 4개 층 이하

▌주택의 층수와 바닥면적 비교(기타 세부조건은 생략)

		주택으로 쓰는 층수	주택으로 쓰는 바닥면적 합계
공동주택	아파트	5개 층 이상	
	연립주택	4개 층 이하	660㎡ 초과
	다세대주택	4개 층 이하	660㎡ 이하
단독주택	다가구주택	3개 층 이하	660㎡ 이하
	다중주택	층수가 3층 이하	660㎡ 이하

02 다중주택의 요건이 아닌 것은? (단, 건축법령상 단서 조항은 고려하지 않음)

① 1개 동의 주택으로 쓰이는 바닥면적(부설 주차장 면적은 제외한다)의 합계가 660제곱미터 이하이고 주택으로 쓰는 층수(지하층은 제외한다)가 3개 층 이하일 것

② 독립된 주거의 형태를 갖추지 않은 것(각 실별로 욕실은 설치할 수 있으나, 취사시설은 설치하지 않은 것을 말한다)

③ 적정한 주거환경을 조성하기 위하여 건축조례로 정하는 실별 최소 면적, 창문의 설치 및 크기 등의 기준에 적합할 것

④ 학교 또는 공장 등의 학생 또는 종업원 등을 위하여 쓰는 것으로서 1개 동의 공동취사시설 이용 세대 수가 전체의 50퍼센트 이상인 것

⑤ 학생 또는 직장인 등 여러 사람이 장기간 거주할 수 있는 구조로 되어 있는 것

④ 제시된 요건은 공동주택 중 기숙사에 대한 요건이다.

03 다음 중 연립주택에 해당하는 것은? ▸ 2017년 28회

① 주택으로 쓰는 층수가 5개층 이상인 주택
② 주택으로 쓰는 1개 동의 바닥면적 합계가 660제곱미터를 초과하고, 층수가 4개층 이하인 주택
③ 학교 또는 공장 등의 학생 또는 종업원 등을 위하여 쓰는 것으로서 1개 동의 공동 취사시설 이용세대가 전체의 50퍼센트 이상인 주택
④ 주택으로 쓰는 1개 동의 바닥면적 합계가 660제곱미터 이하이고, 층수가 4개층 이하인 주택
⑤ 주택으로 쓰는 층수가 3개층 이하이고, 1개 동의 주택으로 쓰이는 바닥면적의 합계가 660제곱미터 이하인 주택

정답해설
② 옳은 지문이다. 연립주택은 주택으로 쓰이는 바닥면적 합계가 660㎡ 이하이고, 주택으로 사용하는 층수가 4개 층인 주택이다.

04 감정평가사 A가 실지조사를 통해 확인한 1개 동의 건축물 현황이 다음과 같다. 건축법령상 용도별 건축물의 종류는? ▸ 2023년 34회

• 1층 전부를 필로티 구조로 하여 주차장으로 사용하며, 2층부터 5층까지 주택으로 사용함
• 주택으로 쓰는 바닥면적의 합계가 1,000㎡임
• 세대수 합계가 16세대로서 모든 세대에 취사시설이 설치됨

① 아파트 ② 기숙사
③ 연립주택 ④ 다가구주택
⑤ 다세대주택

정답해설
③ 제시된 건축물은 주택으로 사용하는 층수가 4개층이고, 주택으로 쓰는 바닥면적의 합계가 660㎡를 초과하는 공동주택, 즉 연립주택이다.

05 주택법령상 주택의 정의에 관한 설명으로 옳지 않은 것은? ▶ 2016년 27회

① 주택은 세대의 구성원이 장기간 독립된 주거생활을 할 수 있는 구조로 된 건축물의 전부 또는 일부 및 그 부속토지를 말한다.

② 준주택은 주택 외의 건축물과 그 부속토지로서 주거시설로 이용가능한 시설 등을 말한다.

③ 공동주택은 건축물의 벽·복도·계단이나 그 밖의 설비 등의 전부 또는 일부를 공동으로 사용하는 각 세대가 하나의 건축물 안에서 각각 독립된 주거생활을 할 수 있는 구조로 된 주택을 말한다.

④ 민영주택은 국민주택 등을 제외한 주택을 말한다.

⑤ 세대구분형 공동주택은 300세대 미만의 국민주택규모에 해당하는 주택으로서 단지형 연립주택, 단지형 다세대주택, 소형 주택으로 분류한다.

정답해설

⑤ 세대구분형 공동주택 ⇨ 도시형생활주택

> **▌도시형생활주택**
> 1. 도시형생활주택이란 300세대 미만의 국민주택규모에 해당하는 주택으로서 대통령령으로 정하는 주택을 말한다.
> 2. 대통령령으로 정하는 주택 : 단지형 연립주택, 단지형 다세대주택, 소형 주택

06 주택법령상 준주택에 해당하지 않는 것은? ▶ 2023년 34회

① 건축법령상 공동주택 중 기숙사

② 건축법령상 업무시설 중 오피스텔

③ 건축법령상 숙박시설 중 생활숙박시설

④ 건축법령상 제2종 근린생활시설 중 다중생활시설

⑤ 건축법령상 노유자시설 중 노인복지시설로서 「노인복지법」상 노인복지주택

정답해설

③ 생활숙박시설은 준주택에 해당하지 않는다.

> **▌준주택**
> 1. 정의 : 주택 외의 건축물과 그 부속토지로서 주거시설로 이용가능한 시설 등
> 2. 종류 : 다중생활시설, 기숙사, 오피스텔, 노인복지주택

정답 ▶ 03 ② 04 ③ 05 ⑤ 06 ③

07 주택법령상 주택의 정의에 관한 설명으로 옳은 것은?

① 도시형 생활주택은 300세대 이상의 국민주택규모에 해당하는 주택으로서 대통령령으로 정하는 주택을 말한다.
② 세대구분형 공동주택은 공동주택의 주택 내부 공간의 일부를 세대별로 구분하여 생활이 가능한 구조로 하되, 그 구분된 공간의 일부를 구분소유할 수 있는 주택으로서 대통령령으로 정하는 건설기준, 설치기준, 면적기준 등에 적합한 주택을 말한다.
③ 민영주택은 국민주택을 제외한 주택을 말한다.
④ 에너지절약형 친환경주택은 저에너지 건물 조성기술 등 대통령령으로 정하는 기술을 이용하여 에너지 사용량을 절감하거나 이산화탄소 배출량을 증대할 수 있도록 건설된 주택을 말한다.
⑤ 장수명 주택은 구조적으로 오랫동안 유지·관리될 수 있는 내구성을 갖추고 있어 내부 구조를 쉽게 변경할 수 없는 주택을 말한다.

정답해설

③ 옳은 지문이다.

오답해설

① 300세대 이상 ⇨ 300세대 미만
② 공간의 일부를 구분소유할 수 있는 ⇨ 없는
④ 이산화탄소 배출량을 증대 ⇨ 저감
⑤ 구조를 쉽게 변경할 수 없는 ⇨ 있는

▌주택법상 주택

1. **국민주택** : 다음 어느 하나에 해당하는 주택으로서 국민주택규모 이하인 주택을 말한다.
   가. 국가·지방자치단체, 한국토지주택공사 또는 지방공사가 건설하는 주택
   나. 재정 또는 주택도시기금으로부터 자금을 지원받아 건설되거나 개량되는 주택
2. **민영주택** : 국민주택을 제외한 주택을 말한다.
3. **토지임대부 분양주택** : 토지의 소유권은 토지임대부 분양주택 건설사업을 시행하는 자가 가지고, 건축물 및 복리시설 등에 대한 소유권은 주택을 분양받은 자가 가지는 주택을 말한다.
4. **세대구분형 공동주택** : 세대구분형 공동주택이란 공동주택의 주택 내부 공간의 일부를 세대별로 구분하여 생활이 가능한 구조로 하되, 그 구분된 공간의 일부를 구분소유할 수 없는 주택으로서 대통령령으로 정하는 건설기준, 설치기준, 면적기준 등에 적합한 주택을 말한다.
5. **에너지절약형 친환경주택** : 에너지절약형 친환경주택이란 저에너지 건물 조성기술 등 대통령령으로 정하는 기술을 이용하여 에너지 사용량을 절감하거나 이산화탄소 배출량을 저감할 수 있도록 건설된 주택을 말하며, 그 종류와 범위는 대통령령으로 정한다.
6. **건강친화형 주택** : 건강하고 쾌적한 실내환경의 조성을 위하여 실내공기의 오염물질 등을 최소화할 수 있도록 건설된 주택을 말한다.
7. **장수명 주택** : 장수명 주택이란 구조적으로 오랫동안 유지·관리될 수 있는 내구성을 갖추고, 입주자의 필요에 따라 내부 구조를 쉽게 변경할 수 있는 가변성과 수리 용이성 등이 우수한 주택을 말한다.

정답 07 ③

부동산의 특성

1절 자연적 특성

확인학습

1. 자연적 특성과 그 파생현상(키워드)

부동성	부증성	영속성	개별성
• 지역적 시장 • 임장활동 • 외부효과 • 지역분석	• 집약적 이용 • 최유효이용 • 지가고	• 가치 정의 • 수익환원법 근거 • 감가의 부정 • 자본이득 근거 • 장기적 배려 • 관리의 중요성	• 대체성의 부정 • 일물일가 부정 • 수익의 개별화 • 개별분석

2. 주의해야 할 표현들

① 토지의 물리적 공급은 불가능하나, 토지의 용도적 공급은 ○○하다.

② 토지의 자연적 위치(장소)는 고정되어 있으나, 인문적 위치는 끊임없이 ○○한다.

③ ○○적 특성은 예외 없이 항상 적용된다.

④ ○○적 특성은 부동산 시장을 불완전하게 하고 제약하는 요인이다.

⑤ 외부효과의 근거 2가지 : ○○성, ○○성

⑥ 최유효이용의 근거 2가지 : ○○성, ○○의 다양성

답 2. ① 가능 ② 변화 ③ 자연 ④ 자연
⑤ 부동, 인접 ⑥ 부증, 용도

01 다음의 내용과 모두 관련된 토지의 특성은?

▶ 2018년 29회

- 부동산 활동에서 임장활동이 중요하다.
- 외부효과가 발생한다.
- 부동산 활동 및 현상을 국지화시킨다.

① 영속성　　　　　　② 부증성　　　　　　③ 부동성
④ 개별성　　　　　　⑤ 기반성

정답해설

③ 제시된 내용은 부동성에 근거한다.

▌부동성의 파생현상

1. 시장의 지역화, 국지적 시장
2. 외부효과
3. 임장활동(현장활동), 지역분석의 근거
4. 지리적 위치(장소)는 고정되어 있지만, 인문적 위치는 변화한다.

02 다음은 어떤 부동산의 특성에서 파생된 특징을 설명한 것이다. 이를 모두 충족하는 부동산의 특성으로 옳은 것은?

▶ 2016년 27회

- 토지이용을 집약화시킨다.
- 토지의 독점 소유욕을 발생시킨다.
- 토지의 가격문제를 발생시킨다.
- 토지의 양적 공급을 제한한다.

① 부동성　　　　　　② 영속성　　　　　　③ 부증성
④ 개별성　　　　　　⑤ 용도의 다양성

정답해설

③ 제시된 내용은 부증성(비생산성)에 근거한다.

▌부증성의 파생현상

1. 생산비 법칙 부정
2. 수직의 물리적 공급곡선, 완전비탄력적인 물리적 공급곡선
3. 지가고, 집약적 토지이용, 최유효이용의 근거
4. 물리적 공급(지표량)은 불가능하지만, 용도적 공급은 가능하다.

03 부동산의 자연특성 중 부증성에 관한 설명으로 옳지 않은 것은?

① 토지는 다른 생산물처럼 노동이나 생산비를 투입하여 순수한 그 자체의 양을 늘릴 수 없다.
② 자연물인 토지는 유한하여 토지의 독점 소유욕을 발생시킨다.
③ 매립이나 산지개간을 통한 농지나 택지의 확대는 부증성의 예외이다.
④ 토지의 지대 또는 지가를 발생시키며, 최유효이용의 근거가 된다.
⑤ 부증성에 기인한 특정 토지의 희소성은 공간수요의 입지경쟁을 유발시킨다.

[정답해설]
③ 부증성의 예외이다. ⇨ 예외가 아니다. : 매립이나 산지개간은 새로운 토지를 만든 행위가 아니라, 기존 토지의 용도를 변화시킨 사례로 이해하여야 한다. 따라서 부증성의 예외라고 할 수 없다.

04 다음의 파생현상을 모두 발생시키는 토지의 특성은?

- 소유함으로써 생기는 자본이익(capital gain)과 이용하여 생기는 운용이익(income gain)을 발생시킨다.
- 가격이 하락해도 소모되지 않기 때문에 차후에 가격상승을 기대하여 매각을 미룰 수 있다.
- 부동산 관리의 중요성을 강조하게 한다.

① 부동성   ② 개별성
③ 인접성   ④ 영속성
⑤ 적재성

[정답해설]
④ 제시된 내용은 영속성에 근거한다.

▌ **영속성의 파생현상**
1. 부동산 가치 정의(장래 기대이익을 현재가치로 환원한 값), 수익환원법의 근거
2. 물리적 감가상각의 부정, 자본이득의 근거
3. 임대차시장의 발달 근거
4. 장기적 배려, 관리의 중요성

정답 01 ③ 02 ③ 03 ③ 04 ④

05 토지의 자연적 특성 중 영속성에 관한 설명으로 옳은 것을 모두 고른 것은?

> ㉠ 토지의 집약적 이용과 토지의 부족문제의 근거가 된다.
> ㉡ 소모를 전제로 하는 재생산이론과 감가상각(감가수정)이론이 적용되지 않는다.
> ㉢ 부동산 활동을 임장활동화시키며, 감정평가 시 지역분석을 필요로 한다.
> ㉣ 일물일가의 법칙이 배제되며, 토지시장에서 상품 간의 완전한 대체관계가 제약된다.
> ㉤ 부동산 활동을 장기배려하게 하며, 토지의 가치보존력을 우수하게 한다.

① ㉠, ㉢   ② ㉡, ㉤

③ ㉠, ㉡, ㉤   ④ ㉠, ㉢, ㉣

⑤ ㉡, ㉢, ㉣, ㉤

정답해설

② 영속성과 관련된 지문은 ㉡, ㉤이다.

오답해설

㉠ 부증성에 대한 설명이다.
㉢ 부동성에 대한 설명이다.
㉣ 개별성에 대한 설명이다.

06 부동산의 특성에 관한 설명으로 옳지 않은 것은?

▶ 2016년 27회

① 부동성으로 인해 부동산 활동을 국지화시키고 임장활동을 배제한다.
② 토지는 물리적인 측면에서는 영속성을 가지나, 경제적 가치는 주변상황의 변화에 의하여 하락될 수 있다.
③ 영속성으로 인해 토지는 감가상각에서 배제되는 자산이다.
④ 개별성으로 인해 부동산 활동이 구체적이고 개별적으로 전개되며, 부동산시장에서 정보의 중요성이 증대된다.
⑤ 용도의 다양성으로 인해 토지이용결정과정에서 용도가 경합할 경우, 최유효이용을 할 수 있는 방안을 도출하여 실행하게 한다.

정답해설

① 임장활동을 배제한다. ⇨ 임장활동의 중요성을 강조한다. : 부동성은 부동산 활동에 임장활동 또는 현장활동이 중요한 근거를 제공한다.

07 토지의 자연적 특성으로 인해 발생되는 부동산 활동과 현상에 관한 설명으로 옳지 않은 것은?

① 토지의 부증성은 지대 또는 지가를 발생시키며, 최유효이용의 근거가 된다.

② 토지의 개별성은 부동산 활동과 현상을 개별화시킨다.

③ 토지의 부동성은 지방자치단체의 운영을 위한 부동산 조세 수입의 근거가 될 수 있다.

④ 토지의 영속성은 미래의 수익을 가정하고 가치를 평가하는 직접환원법의 적용을 가능하게 한다.

⑤ 토지의 부증성으로 인해 이용전환을 통한 토지의 용도적 공급을 더 이상 늘릴 수 없다.

〔정답해설〕

⑤ 늘릴 수 없다. ⇨ 있다. : 토지는 부증성이 있더라도 용도변경을 통한 용도적 공급(경제적 공급)은 가능하다.

┃ 물리적 공급과 용도적 공급

1. 물리적 공급
- ㉠ 물리적 공급은 자연이 제공한 지표면적(량)을 의미한다.
- ㉡ 물리적 공급은 인간이 증가시킬 수 없는데, 이를 부증성이라고 한다.

2. 용도적 공급
- ㉠ 용도적 공급은 자연이 공급한 지표면적을 인간이 다양한 용도로 사용하고 있음을 의미한다.
- ㉡ 용도적 공급은 언제든지 인간이 변화시킬 수 있음에 주의하여야 한다.

---

08 토지의 특성에 관한 설명으로 옳지 않은 것은?

① 토지는 부증성의 특성이 있더라도, 토지의 용도적 공급(경제적 공급)은 일반적으로 가능하다.

② 개별성은 토지시장을 불완전경쟁시장으로 만드는 요인이 된다.

③ 개별성은 대상부동산과 다른 부동산의 비교를 어렵게 하고, 상품 간 대체관계를 제약하는 요인이다.

④ 부동성은 토지의 지리적 위치와 인문적 위치가 모두 고정되어 있음을 의미한다.

⑤ 홍수 등으로 인해 토지가 유실된 경우라도 영속성의 특성은 적용되는 것이다.

〔정답해설〕

④ 부동성은 토지의 지리적 위치가 고정되어 있음을 의미한다. 인문적 위치는 인간이 부여하는 중요도를 의미하는데, 인문적 위치는 끊임없이 변화한다.

정답 ▶ 05 ② 06 ① 07 ⑤ 08 ④

09 토지의 특성에 관한 설명으로 옳지 않은 것은?

▸ 2019년 30회

① 부동성은 부동산 활동 및 현상을 국지화하여 지역특성을 갖도록 한다.
② 부증성은 생산요소를 투입하여도 토지 자체의 양을 늘릴 수 없는 특성이다.
③ 영속성은 토지관리의 필요성을 높여 감정평가에서 원가방식의 이론적 근거가 된다.
④ 개별성은 대상 토지와 다른 토지의 비교를 어렵게 하며 시장에서 상품 간 대체관계를 제약할 수 있다.
⑤ 인접성은 물리적으로 연속되고 연결되어 있는 특성이다.

정답해설

③ 원가방식 ⇨ 수익방식(수익환원법)

> ▌영속성과 가치 정의
> 1. 토지는 소모되거나 파괴되지 않는 재화이다. 따라서 토지 가치는 과거와 현재에 의해 결정되는 것이 아니라, 장래 이익에 의해 결정된다.
> 2. 가치정의와 수익환원법
>   ㉠ 영속성에 의해 가치는 "장래 기대되는 이익을 현재가치로 환원한 값"이라고 정의된다.
>   ㉡ 장래 기대이익을 현재가치로 환원하여 가액을 평가하는 수익환원법은 영속성에 근거한다.

10 토지의 특성에 관한 설명으로 옳지 않은 것은?

① 부동성은 임장활동과 지역분석의 근거가 된다.
② 부증성은 토지에 대한 소유욕을 증대시키며 토지이용을 집약화시킨다.
③ 부증성은 미래의 수익을 가정하고 가치를 평가하는 직접환원법의 적용을 가능하게 한다.
④ 개별성은 토지 간의 비교를 어렵게 하며 완전한 대체를 제약시킨다.
⑤ 인접성으로 인해 외부효과와 토지의 경계문제가 발생한다.

정답해설

③ 부증성 ⇨ 영속성

> ▌인접성
> 1. 토지는 물리적으로 서로 연결되어 있다.
> 2. 인접성의 파생현상
>   ㉠ 외부효과
>   ㉡ 토지소유자들의 협동적 이용의 근거, 경계 문제의 원인, 개발이익 환수 근거

11 토지의 특성에 관련된 설명으로 옳은 것을 모두 고른 것은?

> ㉠ 개별성은 토지시장을 불완전경쟁시장으로 만드는 요인이다.
> ㉡ 부증성은 토지이용을 집약화시키는 요인이다.
> ㉢ 부동성은 부동산 활동에서 임장활동 필요성의 근거가 된다.
> ㉣ 영속성은 부동산 활동에서 감가상각 필요성의 근거가 된다.

① ㉠
② ㉡, ㉣
③ ㉠, ㉡, ㉢
④ ㉡, ㉢, ㉣
⑤ ㉠, ㉡, ㉢, ㉣

[정답해설]

③ ㉠, ㉡, ㉢은 옳은 지문이다.
㉠은 주의해야 할 지문인데, 개별성뿐만 아니라 모든 자연적 특성은 시장을 제약하고 시장을 불완전하게 만드는 요인이다.

[오답해설]

㉣ 영속성은 토지의 물리적 감가상각이 필요 없다는 근거가 된다.

12 토지의 특성에 관한 설명으로 옳은 것을 모두 고른 것은?　▶ 2021년 32회

> ㄱ. 부증성으로 인해 이용 전환을 통한 토지의 용도적 공급이 불가능하다.
> ㄴ. 부동성으로 인해 임장활동과 지역분석이 필요하다.
> ㄷ. 영속성으로 인해 토지는 감가상각에서 배제되는 자산이다.
> ㄹ. 부증성으로 인해 동산과 부동산이 구분되고, 일반재화와 부동산재화의 특성이 다르게 나타난다.
> ㅁ. 인접성으로 인해 부동산의 수급이 불균형하여 균형가격의 형성이 어렵다.

① ㄱ, ㄹ, ㅁ
② ㄴ, ㄷ
③ ㄱ, ㄴ, ㄷ
④ ㄴ, ㄷ, ㄹ
⑤ ㄷ, ㄹ, ㅁ

[정답해설]

② 옳은 지문은 ㄴ, ㄷ이다.

[오답해설]

ㄱ. 부증성이 있더라도 용도 전환을 통한 토지의 용도적 공급은 가능하다.
ㄹ. 부증성 ⇨ 부동성
ㅁ. 인접성 ⇨ 부증성

정답　09 ③　10 ③　11 ③　12 ②

13 토지의 특성에 관한 설명이다. (   )에 들어갈 내용으로 옳게 연결된 것은?

> • (ㄱ)은 토지에 대한 소유욕을 증대시키며 토지이용을 집약화시킨다.
> • (ㄴ)은 임장활동과 지역분석의 근거가 된다.
> • (ㄷ)은 부동산 가치를 장래편익의 현재가치로 평가하게 한다.
> • (ㄹ)은 원가방식의 평가를 어렵게 한다.

① ㄱ : 개별성, ㄴ : 부동성, ㄷ : 영속성, ㄹ : 부증성
② ㄱ : 영속성, ㄴ : 부동성, ㄷ : 용도의 다양성, ㄹ : 부증성
③ ㄱ : 영속성, ㄴ : 인접성, ㄷ : 용도의 다양성, ㄹ : 개별성
④ ㄱ : 부증성, ㄴ : 인접성, ㄷ : 영속성, ㄹ : 영속성
⑤ ㄱ : 부증성, ㄴ : 부동성, ㄷ : 영속성, ㄹ : 부증성

정답해설
⑤ 옳은 연결이다.

14 외부효과에 관한 내용으로 (   )에 들어갈 것으로 옳은 것은? ▶ 2024년 35회

> • 부동산의 특성 중에서 (ㄱ)은 외부효과를 발생시킨다.
> • 부동산시장 참여자가 자신들의 행동이 초래하는 외부효과를 의사결정에서 감안하도록 만드는 과정을 외부효과의 (ㄴ)라 한다.

① ㄱ : 부동성, ㄴ : 유동화   ② ㄱ : 부동성, ㄴ : 내부화
③ ㄱ : 인접성, ㄴ : 유동화   ④ ㄱ : 개별성, ㄴ : 내부화
⑤ ㄱ : 개별성, ㄴ : 유동화

정답해설
② (ㄱ)은 부동성, (ㄴ)은 내부화이다.

정답 13 ⑤   14 ②

2절 인문적 특성

확인학습

1. 인문적 특성과 그 파생현상(키워드)

용도의 다양성	병합·분할의 가능성	인문적 위치의 가변성
• 최유효이용의 근거 • 토지의 이행과 전환 • 후보지와 이행지의 근거		• 사회적 위치의 가변성 • 경제적 위치의 가변성 • 행정적 위치의 가변성

2. 주의해야 할 표현들

① 인문적 위치는 끊임없이 ○○한다.

② 인문적 위치는 사회적 위치, ○○적 위치, ○○적 위치로 다시 세분된다.

답 2. ① 변화 ② 경제, 행정

---

01 다음의 내용에 모두 관련된 토지의 특성은?

▸ 2019년 30회

- 최유효이용의 판단근거가 되며, 최고의 효율성을 발휘하게 하여 경제적 가치를 증대시킨다.
- 토지이용의 이행과 전환을 가능하게 한다.
- 부동산의 가격은 그 이용을 통해 초과이윤을 얻기 위한 시장참여자들의 경쟁관계에 의해 형성된다.

① 인접성
② 용도의 다양성
③ 위치의 가변성
④ 고가성
⑤ 부동성

정답해설

② 제시된 내용은 모두 용도의 다양성으로부터 파생된 현상이다.

▌용도의 다양성과 관련된 주의할 내용

1. 용도의 다양성은 부증성과 함께 최유효이용의 근거가 된다.
2. 토지의 이행과 전환은 토지에 대한 용도의 이행과 전환을 의미한다. 따라서 인문적 특성 중 용도의 다양성과 관계된다.
3. 후보지와 이행지의 개념에는 용도의 이행과 전환을 바탕으로 한다. 따라서 후보지와 이행지는 용도의 다양성과 관계된다.

정답 ▶ 01 ②

02 토지의 특성에 관한 설명으로 옳지 않은 것은?

▸ 기출지문 묶음

① 용도의 다양성은 토지용도 중에서 최유효이용을 선택할 수 있는 근거가 된다.
② 용도의 다양성은 최유효이용의 판단근거가 된다.
③ 용도의 다양성으로 인해 두 개 이상의 용도가 동시에 경합하고, 용도의 전환 및 합병·분할을 가능하게 한다.
④ 합병·분할의 가능성은 토지의 이행과 전환을 가능하게 한다.
⑤ 분할·합병의 가능성은 용도의 다양성을 지원하는 특성이 있다.

〔정답해설〕
④ 합병·분할의 가능성 ⇨ 용도의 다양성 : 토지의 이행과 전환은 용도의 변경(이행과 전환)을 의미한다. 따라서 용도의 다양성과 관계된다.

03 A아파트의 인근지역에 공원이 새롭게 조성되고, 대형마트가 들어서서 A아파트의 가격이 상승했다면, 이러한 현상은 부동산의 자연적·인문적 특성 중 어떤 특성에 의한 것인가?

① 생산성, 용도의 다양성
② 부동성, 위치의 가변성
③ 영속성, 투자의 고정성
④ 적재성, 가치의 보존성
⑤ 부증성, 분할의 가능성

〔정답해설〕
② 옳은 묶음이다.
　　㉠ 외부(인근지역)에 있는 공원, 대형마트가 아파트 가격을 변화시켰다. : 외부효과 ⇨ 부동성
　　㉡ 부동산 가격, 즉 인문적 위치가 변화하였다. : 가격의 변화 ⇨ 인문적 위치의 가변성

▌위치의 가변성
1. 인문적 위치는 인간이 부동산에 부여하는 중요도를 의미한다.
2. 인문적 위치는 사회적·경제적·행정적 위치로 다시 세분될 수 있다.
3. 인문적 위치의 변화 사례
　　㉠ 사회적 위치의 변화 : 지역과 부동산에 대한 사회적 인식 변화
　　㉡ 경제적 위치의 변화 : 가격 또는 가치의 변화
　　㉢ 행정적 위치의 변화 : 도시계획, 토지이용계획 등의 변화

04 토지의 자연적 · 인문적 특성에 관한 설명으로 옳지 않은 것은? ▸ 2017년 28회

① 부동성(위치의 고정성)으로 인해 외부효과가 발생한다.
② 분할 · 합병의 가능성은 용도의 다양성을 지원하는 특성이 있다.
③ 용도의 다양성은 토지용도 중에서 최유효이용을 선택할 수 있는 근거가 된다.
④ 일반적으로 부증성은 집약적 토지이용과 가격급등현상을 일으키기도 한다.
⑤ 토지의 인문적 특성 중에서 도시계획의 변경, 공업단지의 지정 등은 위치의 가변성 중 사회적 위치가 변화하는 예이다.

정답해설
⑤ 사회적 위치 ⇨ 행정적 위치 : 도시계획의 변경, 공업단지의 지정 등은 인문적 위치의 가변성 중 행정적 위치가 변화하는 사례이다.

05 부동산의 특성에 관한 설명으로 옳은 것의 개수는?

> ㉠ 용도의 다양성은 최유효이용을 선택할 수 있는 근거가 된다.
> ㉡ 분할 · 합병의 가능성은 부동산의 가치를 변화시킨다.
> ㉢ 부동성은 지방자치단체의 운영을 위한 부동산 조세 수입의 근거가 될 수 있다.
> ㉣ 부동성은 인근지역과 유사지역의 분류를 가능하게 한다.
> ㉤ 영속성은 부동산활동을 장기적으로 고려하게 한다.

① 1개   ② 2개
③ 3개   ④ 4개
⑤ 5개

정답해설
⑤ 5개 모두 옳은 지문이다.
  ㉡ 토지의 분할과 합병은 부동산의 가치를 변화시킨다. 질문이 많은 지문인데, 너무 깊게 생각하지 말고, 단순하게 생각해 주시어요.
  ㉢㉣ 지방자치단체, 인근지역과 유사지역은 모두 지역이라는 의미가 포함되어 있다. 따라서 부동성과 관계된다.

정답 02 ④ 03 ② 04 ⑤ 05 ⑤

기타 유형

01 **공간으로서의 부동산에 대한 설명 중 옳지 않은 것은?**

① 공간에서 창출되는 기대이익의 현재가치를 부동산 가치로 본다면, 이는 부동산을 단순히 물리적 측면뿐만 아니라 경제적 측면을 포함하여 복합적 측면에서 파악한 것이다.

② 공간으로서의 토지는 지표뿐만 아니라 지하와 공중을 포함하는 입체공간을 의미한다.

③ 현행 지적도는 토지의 경계를 입체적으로 표현하지 못하고 있다.

④ 지하공간을 활용하는 방안으로 구분지상권, 개발권 이전제도, 용적률 인센티브제도 등이 있다.

⑤ 지하공간의 이용이 증대되고 초고층건물이 늘어남에 따라, 토지소유권의 구체적 범위의 해석에 대해서는 법원의 판단에 의존하기도 한다.

〔정답해설〕

④ 구분지상권은 지하공간·공중공간 모두와 관련이 있으나 개발권 이전제도, 용적률 인센티브제도는 공중공간을 활용하는 방안이다.

02 **공간으로서의 부동산에 관한 설명으로 옳지 않은 것은?** ▶ 2020년 31회

① 토지는 물리적 형태로서의 지표면과 함께 공중공간과 지하공간을 포함한다.

② 부동산활동은 3차원의 공간활동으로 농촌지역에서는 주로 지표공간이 활동의 중심이 되고, 도시지역에서는 입체공간이 활동의 중심이 된다.

③ 지표권은 토지소유자가 지표상의 토지를 배타적으로 사용할 수 있는 권리를 말하며, 토지와 해면과의 분계는 최고만조 시의 분계점을 표준으로 한다.

④ 지중권 또는 지하권은 토지소유자가 지하공간으로부터 어떤 이익을 획득하거나 사용할 수 있는 권리를 말하며, 물을 이용할 수 있는 권리가 이에 포함된다.

⑤ 공적 공중권은 일정 범위 이상의 공중공간을 공공기관이 공익목적의 실현을 위해 사용할 수 있는 권리를 말하며, 항공기 통행권이나 전파의 발착권이 이에 포함된다.

〔정답해설〕

④ 지중권 또는 지하권 ⇨ 지표권 : 물을 이용할 수 있는 권리는 지표면을 이용할 수 있는 권리, 즉 지표권의 내용에 포함된다.

03 다음은 토지소유권의 공간적 범위에 대한 설명이다. 가장 거리가 먼 것은?

① 민법에서 토지의 소유권은 정당한 이익이 있는 범위 내에서 토지의 상하에 미친다고 규정하고 있어, 토지소유권의 효력범위를 입체적으로 규정하고 있다.

② 민법 규정에 의하면, 토지소유자는 「광업법」에서 열거하는 미채굴 광물에 대한 권리를 갖는다.

③ 공중권(air right)이란 소유권자가 토지구역상의 공중공간을 타인에게 방해받지 않고, 정당한 이익이 있는 범위 내에서 이용·관리할 수 있는 권리를 말한다.

④ 토지소유자가 토지소유권이 미치는 범위 내에서 적법하게 건물을 건축했다면, 그 인접에 위치하고 있는 민간지상과 방송사업자의 전파송신에 영향을 미쳤다고 하더라도, 특별한 사정이 없는 한 그 사실만으로 방송사업자의 권리를 침해한 것이라고 볼 수 없다.

⑤ 공익사업이라도 토지의 지하 또는 지상공간을 사실상 영구적으로 사용하는 경우에, 공익사업자는 토지소유자에게 토지의 이용이 저해되는 정도에 따라 보상해야 한다.

> 정답해설

② 광업권의 객체가 되는 미채굴 광물은 토지소유자의 소유권에 포함되지 않는다.

04 토지의 특성과 내용에 관한 설명으로 옳지 않은 것은? ▸ 2023년 34회

① 토지는 시간의 경과에 의해 마멸되거나 소멸되지 않으므로 투자재로서 선호도가 높다.

② 물리적으로 완전히 동일한 토지는 없으므로 부동산시장은 불완전경쟁시장이 된다.

③ 토지는 공간적으로 연결되어 있으므로 외부효과를 발생시키고, 개발이익 환수의 근거가 된다.

④ 토지는 용익물권의 목적물로 활용할 수 있으므로 하나의 토지에 다양한 물권자가 존재할 수 있다.

⑤ 토지의 소유권은 정당한 이익 있는 범위 내에서 토지의 상하에 미치며, 한계고도와 한계심도의 범위는 법률로 정하고 있다.

> 정답해설

⑤ 한계심도란 토지소유자의 통상적 이용행위가 예상되지 않으며 지하 시설물 설치로 인하여 일반적인 토지이용에 지장이 없는 것으로 판단되는 깊이를 말한다. 한계심도는 하수도·상수도 설치, 지하철 건설을 위한 지하부분 토지 사용에 대한 보상과 관련되어 논의된다. 한계심도는 상황에 탄력적으로 대응하기 위해서 법률로 규정하지 않고 행정규칙이나 지방자치단체 조례 등으로 정하고 있다.

정답 01 ④ 02 ④ 03 ② 04 ⑤

PART

02

경제론

01 다음 중 저량(stock)의 경제변수는 모두 몇 개인가?

• 주택재고량　　　　　　　　• 건물임대료 수입
• 가계의 자산　　　　　　　　• 근로자의 임금
• 도시의 인구 규모　　　　　　• 신규주택 공급량

① 2개　　　　　　　　　　　② 3개
③ 4개　　　　　　　　　　　④ 5개
⑤ 6개

정답해설

② 저량의 경제변수 : 주택재고량, 가계의 자산, 도시의 인구 규모

❙ 유량과 저량

1. 유량(flow)변수 : 일정기간을 설정하고 측정하는 변수
   ㉠ 소득 계열 : 월급, 가계소득, 근로자의 임금
   ㉡ 수익・비용 계열 : 임대료 수입, 지대수입, 연간 이자비용, 순영업소득
   ㉢ 수요・공급 계열 : 수요량, 신규공급량, 거래량, 생산량
   ㉣ 기타 : 수출, 수입, 소비, 투자
2. 저량(stock)변수 : 일정시점을 설정하고 측정하는 변수
   ㉠ 가격
   ㉡ 자산, 가치, 도시의 인구규모, 주택재고량, 순자산
   ㉢ 기타 : 재산, 통화량, 자본량, 부채, 외환보유고

---

02 저량(stock)의 경제변수가 아닌 것은?　　　　　　　　▸ 2023년 34회

① 가계 자산　　　　　　　　　② 주택 가격
③ 주택 재고량　　　　　　　　④ 주택 보급률
⑤ 신규주택 공급량

정답해설

⑤ 신규주택 공급량은 유량이다.

03 부동산 수요량의 변화와 수요의 변화에 관한 설명으로 옳지 않은 것은?

① 아파트 가격이 하락하여 아파트 수요량이 변화하였다면, 이는 수요량의 변화이다.

② 오피스텔 가격이 하락하여 아파트 수요량이 변화하였다면, 이는 수요의 변화이다.

③ 아파트 가격 하락에 대한 기대로 아파트 수요량이 변화하였다면, 이는 수요의 변화이다.

④ 소비자의 소득이 변화하여 종전과 동일한 가격수준에서 아파트 수요곡선이 이동하였다면, 이는 수요의 변화이다.

⑤ 아파트 가격 하락에 대한 기대는 아파트 수요곡선상의 변화를 초래한다.

[정답해설]

⑤ 아파트 가격 하락에 대한 기대는 아파트 '수요의 변화' 요인이다. 따라서 아파트 가격 하락의 기대는 아파트 수요곡선 자체를 이동시키는 요인이다.

▌**수요량의 변화와 수요의 변화**
1. 수요량의 변화
    ① 원인 : 가격의 변화
    ② 형태 : 수요곡선 내부의 이동 또는 수요곡선상의 이동
2. 수요의 변화
    ① 원인 : 가격 이외 요인의 변화
    ② 형태 : 수요곡선 자체의 이동

04 주택의 공급의 변화 요인과 공급량의 변화 요인이 옳게 묶인 것은?

	공급의 변화 요인	공급량의 변화 요인
①	주택건설업체 수의 증가	주택가격 상승
②	정부의 정책	건설기술개발에 따른 원가절감
③	건축비의 하락	주택건설용 토지가격의 하락
④	노동자임금 하락	담보대출이자율의 상승
⑤	주택경기 전망	토지이용규제 완화

[정답해설]

① 옳은 묶음이다. 공급량의 변화 요인을 통해 답을 찾는 것이 요령이다. 주택가격의 변화가 주택시장의 공급량의 변화 요인이다.

정답 ▶ 01 ② 02 ⑤ 03 ⑤ 04 ①

수요와 공급이론

1절 수요와 공급

01 수요와 공급에 대한 설명으로 옳지 않은 것은?

① 수요는 소비자가 실제로 구입한 수량을 의미하는 것이 아니라, 의도된 수량을 의미하는 사전적 수량 또는 계획된 수량을 의미한다.

② 공급량이란 주어진 가격에서 생산자가 팔고자 하는 최대수량을 의미한다.

③ 시장 공급곡선은 개별 공급곡선에 비해 보다 가파른 형태 또는 보다 비탄력적 형태로 나타난다.

④ 균형가격과 균형거래량이란 수요곡선과 공급곡선이 교차하는 지점의 가격과 거래량을 의미한다.

⑤ 시장에 초과수요 현상이 나타나면 가격상승을 통해 시장의 균형으로 복귀한다.

[정답해설]

③ 시장 공급곡선은 개별 공급곡선에 비해 보다 완만한 형태 또는 보다 탄력적인 형태로 나타난다.

02 부동산의 수요와 공급에 대한 설명으로 옳지 않은 것은?

① 공급의 법칙에 따르면 가격(임대료)과 공급량은 비례관계이다.

② 수요곡선상의 수요량은 주어진 가격에서 수요자들이 구입 또는 임차하고자 하는 부동산의 최대수량이다.

③ 부동산의 공급량과 그 공급량에 영향을 주는 요인들과의 관계를 나타낸 것이 공급함수이다.

④ 가격 이외의 다른 요인이 수요량을 변화시키면 수요곡선이 좌측 또는 우측으로 이동한다.

⑤ 부동산 시장수요곡선은 개별수요곡선을 수직으로 합하여 도출한다.

[정답해설]

⑤ 수직으로 ⇨ 수평으로 : 시장 전체의 소비량은 개별 소비자의 소비량을 합산한 것이다. 따라서 시장수요곡선은 개별수요곡선을 수평으로(수평축 또는 양의 축으로) 합하여 도출한다.

03 부동산의 수요와 공급에 관한 설명으로 틀린 것은? (단, 부동산은 정상재임)

① 수요곡선상의 수요량은 주어진 가격에서 수요자들이 구입 또는 임차하고자 하는 부동산의 최대수량이다.

② 부동산의 공급량과 그 공급량에 영향을 주는 요인들과의 관계를 나타낸 것이 공급함수이다.

③ 공급의 법칙에 따르면 가격(임대료)과 공급량은 비례관계이다.

④ 부동산 시장수요곡선은 개별수요곡선을 수직으로 합하여 도출한다.

⑤ 건축원자재의 가격 상승은 부동산의 공급을 축소시켜 공급곡선을 좌측(좌상향)으로 이동하게 한다.

[정답해설]

④ 수직으로 ⇨ 수평으로 : 시장 전체의 소비량은 개별 소비자의 소비량을 합산한 것이다. 즉 수평축인 양을 합산한 것이다.

04 아파트시장의 수요곡선을 좌측으로 이동시킬 수 있는 요인은 모두 몇 개인가? (단, 다른 조건은 동일함)

• 수요자의 실질소득 증가	• 건축원자재 가격의 하락
• 사회적 인구의 감소	• 아파트 가격의 상승
• 아파트 선호도의 감소	• 대체주택가격의 하락
• 아파트 담보대출금리의 하락	

① 2개   ② 3개

③ 4개   ④ 5개

⑤ 6개

[정답해설]

② 수요 감소 요인 : 사회적 인구의 감소, 아파트 선호도의 감소, 대체주택가격의 하락

  1. 아파트 가격의 상승 : 수요량의 변화 요인으로 곡선을 이동시키지 않는다.

  2. 건축원자재 가격의 하락 : 공급에 영향을 주는 요인이다.

  3. 수요 증가 요인 : 수요자의 실질소득 증가, 아파트 담보대출금리의 하락

정답   01 ③   02 ⑤   03 ④   04 ②

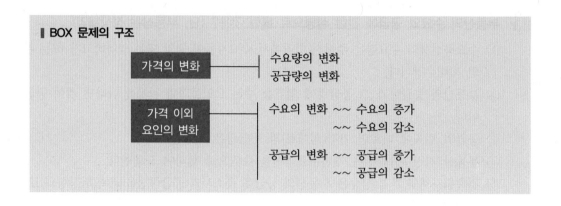

▌BOX 문제의 구조

05 아파트시장에서 아파트의 수요곡선을 우측(우상향)으로 이동시킬 수 있는 요인은 모두 몇 개 인가? (단, 다른 조건은 동일함) ▶ 2024년 35회

- 아파트 가격의 하락
- 대체 주택 가격의 상승
- 총부채원리금상환비율(DSR) 규제 완화
- 가구수 증가
- 모기지 대출(mortgage loan) 금리의 상승
- 수요자의 실질 소득 감소
- 부채감당률(DCR) 규제 강화

① 2개
② 3개
③ 4개
④ 5개
⑤ 6개

정답해설

② 수요 증가 요인 : 대체 주택 가격의 상승, DSR 규제 완화, 가구수 증가
  1. 아파트 가격의 하락 : 수요량의 변화 요인으로 곡선을 이동시키지 않는다.
  2. 수요 감소 요인 : 모기지 대출금리 상승, 수요자의 실질 소득 감소, 부채감당률 규제 강화

06 해당 부동산시장의 수요곡선을 우측으로 이동하게 하는 수요변화의 요인은 모두 몇 개인가?

- 대출금리의 상승
- 대체재 수요량의 증가
- 해당 부동산 선호도의 감소
- 보완재 가격의 하락
- 해당 부동산 가격의 상승

---

① 1개
② 2개
③ 3개
④ 4개
⑤ 5개

정답해설

① 수요 증가 요인 : 보완재 가격의 하락
  1. 해당 부동산 가격의 상승 : 수요량의 변화 요인으로 곡선을 이동시키지 않는다.
  2. 수요 감소 요인 : 대출금리의 상승, 대체재 수요량의 증가, 해당 부동산 선호도의 감소

07 신규주택시장에서 공급을 감소시키는 요인을 모두 고른 것은? (단, 신규주택은 정상재임)

- ㉠ 주택가격의 하락 기대
- ㉢ 주택건설용 토지의 가격 하락
- ㉤ 주택건설기술 개발에 따른 원가절감
- ㉡ 주택건설업체 수의 감소
- ㉣ 주택건설에 대한 정부 보조금 축소

---

① ㉠, ㉡
② ㉡, ㉣
③ ㉢, ㉤
④ ㉠, ㉡, ㉣
⑤ ㉡, ㉣, ㉤

정답해설

④ 공급 감소 요인 : ㉠ 주택가격의 하락 기대, ㉡ 주택건설업체 수의 감소, ㉣ 주택건설에 대한 정부 보조금 축소

08 아파트시장에서 균형가격을 하락시키는 요인은 모두 몇 개인가? (단, 아파트는 정상재이며, 다른 조건은 동일함)

• 건설노동자 임금 상승	• 대체주택에 대한 수요 감소
• 가구의 실질소득 증가	• 아파트건설업체수 증가
• 아파트건설용 토지가격의 상승	• 아파트 선호도 감소

① 1개   ② 2개
③ 3개   ④ 4개
⑤ 5개

〔정답해설〕
② 균형가격을 하락시키는 요인 : 아파트건설업체수 증가, 아파트 선호도 감소
  • 건설노동자 임금 상승 : 공급 감소 – 가격 상승
  • 대체주택에 대한 수요 감소 : 아파트 수요 증가 – 아파트 가격 상승
  • 가구의 실질소득 증가 : 수요 증가 – 가격 상승
  • 아파트건설업체수 증가 : 공급 증가 – 가격 하락
  • 아파트건설용 토지가격의 상승 : 공급 감소 – 가격 상승
  • 아파트 선호도 감소 : 수요 감소 – 가격 하락

정답 08 ②

2절   균형을 변화시키는 4가지 규칙

확인학습

1. 4가지 규칙

		균형가격	균형거래량
수요의 변화	수요의 증가	상승	증가
	수요의 감소	하락	감소
공급의 변화	공급의 증가	하락	증가
	공급의 감소	상승	감소

2. 동시에 변화하는 경우, 풀이 요령
① 힘의 크기가 주어진 경우 : 힘이 큰 쪽이 시장을 결정한다.
② 힘의 크기가 주어지지 않은 경우 : 문제가 되는 것이 가격인지? 거래량인지? 확인한다.

01 **수요와 공급이 동시에 변화할 경우, 균형가격과 균형량에 관한 설명으로 옳은 것은?**

① 수요와 공급이 증가하는 경우, 수요의 증가폭이 공급의 증가폭보다 크다면 균형가격은 상승하고 균형량은 감소한다.

② 수요와 공급이 감소하는 경우, 수요의 감소폭이 공급의 감소폭보다 작다면 균형가격은 상승하고 균형량은 증가한다.

③ 수요와 공급이 감소하는 경우, 수요의 감소폭과 공급의 감소폭이 같다면 균형가격은 불변이고 균형량은 증가한다.

④ 수요는 증가하고 공급이 감소하는 경우, 수요의 증가폭이 공급의 감소폭보다 작다면 균형가격은 상승하고 균형량은 증가한다.

⑤ 수요는 감소하고 공급이 증가하는 경우, 수요의 감소폭이 공급의 증가폭보다 작다면 균형가격은 하락하고 균형량은 증가한다.

정답해설

⑤ 옳은 지문이다. 수요와 공급이 동시에 변한 경우, 항상 크게 변한 쪽이 시장을 결정한다. 따라서 상대적으로 크게 변한 '공급의 증가'가 시장을 결정한다.

오답해설

① 수요의 증가가 시장을 결정한다. 따라서 균형가격은 상승하고 균형량은 증가한다.
② 공급의 감소가 시장을 결정한다. 따라서 균형가격은 상승하고 균형량은 감소한다.
③ 수요의 감소폭과 공급의 감소폭이 같다면 균형가격은 불변이고 균형량은 감소한다.
④ 공급의 감소가 시장을 결정한다. 따라서 균형가격은 상승하고 균형량은 감소한다.

정답 ▶ 01 ⑤

02 **아파트 시장의 균형가격과 균형거래량의 변화에 관한 설명으로 옳지 않은 것은?**

① 공급이 불변이고 수요가 감소하는 경우, 새로운 균형가격은 하락하고 균형거래량은 감소한다.

② 수요와 공급이 모두 증가하면 균형가격의 변화는 알 수 없고 균형거래량은 증가한다.

③ 수요가 증가하면서 동시에 공급이 감소하면, 균형가격의 변화는 수요와 공급의 변화폭에 의해 결정된다.

④ 수요가 감소하면서 동시에 공급이 증가하면, 균형가격은 하락하고 균형거래량의 변화는 알 수 없다.

⑤ 수요와 공급이 모두 감소하면 균형가격의 변화는 알 수 없다.

정답해설

③ 균형가격의 변화 ⇨ 균형거래량의 변화

03 **균형가격과 균형거래량에 관한 설명으로 옳지 않은 것은?**

① 수요와 공급이 모두 증가하면 균형가격은 알 수 없고, 균형거래량은 증가한다.

② 수요와 공급이 증가하는 경우, 수요의 증가폭이 공급의 증가폭보다 크다면 균형가격은 상승하고 균형량은 증가한다.

③ 수요가 증가하면서 동시에 공급이 증가하면, 균형가격의 변화는 수요와 공급의 변화폭에 의해 결정된다.

④ 수요가 감소하면서 동시에 공급이 증가하면, 균형가격의 변화는 수요와 공급의 변화폭에 의해 결정된다.

⑤ 수요와 공급이 감소하는 경우, 수요의 감소폭이 공급의 감소폭보다 크다면 균형가격은 하락하고 균형거래량은 감소한다.

정답해설

④ 균형가격의 변화 ⇨ 균형거래량의 변화

정답 02 ③   03 ④

3절 계산 문제

01 다음 조건에서 A지역 아파트시장이 t시점에서 (t+1)시점으로 변화될 때, 균형가격과 균형량의 변화는? (단, 주어진 조건에 한하며, P는 가격, Q_S는 공급량이며, Q_{d1}과 Q_{d2}는 수요량임)

- 아파트의 공급함수 : $Q_S = 2P$
- t시점 아파트의 수요함수 : $Q_{d1} = 900 - P$
- (t+1)시점 아파트의 수요함수 : $Q_{d2} = 1,500 - P$

	균형가격	균형량
①	200 상승	400 감소
②	200 상승	400 증가
③	200 하락	400 감소
④	200 하락	400 증가
⑤	100 상승	200 증가

〔정답해설〕

② 시장의 균형가격은 200 상승하고 균형거래량은 400 증가한다.
  1. t시점의 균형가격과 균형거래량
     ㉠ 균형가격(P^*) : $900 - P = 2P$, $900 = 3P$, $P^* = 300$
     ㉡ 균형거래량(Q^*) : $Q^* = 600$
  2. (t+1)시점의 균형가격과 균형거래량
     ㉠ 균형가격(P^*) : $1,500 - P = 2P$, $1,500 = 3P$, $P^* = 500$
     ㉡ 균형거래량(Q^*) : $Q^* = 1,000$
  3. 결국 가격은 300에서 500으로 200 상승하고, 거래량은 600에서 1,000으로 400 증가한다.

02 다음의 (   )에 들어갈 내용으로 옳은 것은?

어떤 도시의 이동식 임대주택 시장의 수요함수는 $Q_d = 800 - 2P$, 공급함수는 $P_1 = 200$이다. 공급함수가 $P_2 = 300$으로 변할 경우 균형거래량의 변화량은 (㉠)이고, 공급곡선은 가격에 대하여 (㉡)이다.

① ㉠ : 100 증가, ㉡ : 완전탄력적   ② ㉠ : 100 증가, ㉡ : 완전비탄력적
③ ㉠ : 100 증가, ㉡ : 단위탄력적   ④ ㉠ : 200 감소, ㉡ : 완전비탄력적
⑤ ㉠ : 200 감소, ㉡ : 완전탄력적

〔정답〕 01 ② 02 ⑤

⑤ ㉠ 균형거래량은 200 감소하고, ㉡ 공급곡선은 가격에 대하여 완전탄력적이다.

  ㉠ 균형거래량 변화

    1. $P_1 = 200$일 때, 균형거래량(Q^*) = 400

    2. $P_2 = 300$일 때, 균형거래량(Q^*) = 200

    3. 균형거래량은 200 감소한다.

  ㉡ 공급함수($P_1 = 200$)는 공급곡선이 수평선의 형태로 완전탄력적이다.

03 A지역 아파트시장에서 수요함수는 일정한데, 공급함수는 다음 조건과 같이 변화하였다. 이 경우 균형가격(㉠)과 공급곡선의 기울기(㉡)는 어떻게 변화하였는가? (단, 가격과 수량의 단위는 무시하며, 주어진 조건에 한함)

> • 공급함수 : $Q_{S1} = 30 + P$ (이전) ⇨ $Q_{S2} = 30 + 2P$ (이후)
>
> • 수요함수 : $Q_{d1} = 150 - 2P$

① ㉠ : 10 감소, ㉡ : $\dfrac{1}{2}$ 감소   ② ㉠ : 10 감소, ㉡ : 1 감소

③ ㉠ : 10 증가, ㉡ : 1 증가   ④ ㉠ : 20 감소, ㉡ : $\dfrac{1}{2}$ 감소

⑤ ㉠ : 20 증가, ㉡ : $\dfrac{1}{2}$ 증가

① ㉠ 균형가격은 10 감소하고, ㉡ 공급곡선의 기울기는 1/2 감소한다.

  ㉠ 균형가격의 변화

    1. 변화하기 전의 균형가격(P^*) : $150 - 2P = 30 + P$, $120 = 3P$, $P^* = 40$

    2. 변화 이후의 균형가격(P^*) : $150 - 2P = 30 + 2P$, $120 = 4P$, $P^* = 30$

    3. 결국 가격은 40에서 30으로 10 감소한다.

  ㉡ 공급곡선의 기울기

    1. P로 시작하는 함수에서 수량(Q) 앞의 수치가 곡선의 기울기 값이 된다.

    2. 기울기 값

      $Q_{S1} = 30 + P$ (이전) → $P = -30 + Q_{S1}$, 기울기 값 : 1

      $Q_{S2} = 30 + 2P$ (이후) → $P = -15 + \dfrac{1}{2}Q_{S2}$, 기울기 값 : $\dfrac{1}{2}$

    3. 결국 기울기는 1/2 감소한다.

04 A부동산에 대한 기존 시장의 수요함수와 공급함수는 다음과 같다. 시장의 수요자 수가 2배로 증가되는 경우, 새로운 시장의 균형가격과 기존 시장의 균형가격 간의 차액은? (단, P는 가격(단위: 만원), Q_d는 수요량(단위: m^2), Q_s는 공급량(단위: m^2)이며, A부동산은 민간재(private goods)로 시장의 수요자는 모두 동일한 개별수요함수를 가지며, 다른 조건은 동일함)

> • 수요함수 : $P = 200 - 2Q_{d1}$
> • 공급함수 : $2P = 40 + Q_s$

① 24만원   ② 48만원
③ 56만원   ④ 72만원
⑤ 80만원

정답해설
① 가격 간의 차액은 24만원이다.
1. 기존 시장의 균형가격 : $2(200 - 2Q) = 40 + Q$ / $Q = 72$, $P = 56$
2. 새로운 시장의 균형가격
  ㉠ 시장의 수요자 수가 2배로 증가한다면 수요함수의 기울기 값은 작아진다.
  ㉡ 새로운 시장의 수요함수 : $P = 200 - 1Q_d$
  ㉢ 새로운 시장의 균형가격 : $2(200 - 1Q) = 40 + Q$ / $Q = 120$, $P = 80$
3. 균형가격 간의 차이 : 24

05 A지역 아파트 시장의 단기공급함수는 $Q = 300$, 장기공급함수는 $Q = P + 250$이고, 수요함수는 장단기 동일하게 $Q = 400 - \frac{1}{2}P$이다. 이 아파트 시장이 단기에서 장기로 변화할 때 아파트 시장의 균형 가격(ㄱ)과 균형 수량(ㄴ)의 변화는? (단, P는 가격이고 Q는 수급량이며, 다른 조건은 일정하다고 가정함)   ▸ 2021년 32회

① ㄱ : 50 감소, ㄴ : 50 증가   ② ㄱ : 50 감소, ㄴ : 100 증가
③ ㄱ : 100 감소, ㄴ : 50 증가   ④ ㄱ : 100 감소, ㄴ : 100 증가
⑤ ㄱ : 100 감소, ㄴ : 150 증가

정답해설
③ 균형 가격은 100 감소하고, 균형 거래량은 50 증가한다.
1. 단기 시장의 균형 : 수요량($400 - \frac{1}{2}P$) = 공급량(300) ∴ $P = 200$, $Q = 300$
2. 장기 시장의 균형 : 수요량($400 - \frac{1}{2}P$) = 공급량($P + 250$) ∴ $P = 100$, $Q = 350$

정답   03 ①   04 ①   05 ③

수요와 공급의 탄력성

1절 탄력성의 의미

확인학습

1. **탄력성의 의미**
   ① 탄력성 : 양의 변화를 측정하는 지표
   ② 수요의 가격탄력성이 탄력적이라면 수요량의 변화율이 가격의 변화율보다 ○○.
   ③ 수요의 가격탄력성이 비탄력적이라면 수요량의 변화율이 가격의 변화율보다 ○○.

2. **수요의 탄력성을 결정하는 요인**
   ① 대체재가 ○○수록, 보다 탄력적이다.
   ② 시장을 세분할수록, 분류범위를 좁게 할수록, 보다 탄력적이다.
   ③ 용도 전환이 용이할수록 보다 탄력적이다.
   ④ 측정 기간이 ○○일수록, 보다 탄력적이다.

3. **공급의 탄력성을 결정하는 요인**
   ① 생산에 ○○한 상황일수록, 보다 탄력적이다.
   ② 생산에 소요되는 기간이 짧을수록, 생산비용이 하락할수록, 보다 탄력적이다.
   ③ 용도 전환이 용이할수록 보다 탄력적이다.
   ④ 측정 기간이 ○○일수록, 보다 탄력적이다.

 답

1. ② 많다 ③ 적다
2. ① 많을 ④ 장기
3. ① 유리 ④ 장기

---

01 부동산 매매시장에서 수요와 공급의 가격탄력성에 관한 설명으로 옳지 않은 것은? (단, X축은 수량, Y축은 가격, 수요의 가격탄력성은 절댓값을 의미하며, 다른 조건은 동일함)

① 수요의 가격탄력성이 완전탄력적이면 가격의 변화와는 상관없이 수요량이 고정된다.
② 공급의 가격탄력성이 '0'이면 완전비탄력적이다.
③ 수요의 가격탄력성이 비탄력적이면 가격의 변화율보다 수요량의 변화율이 더 작다.
④ 수요곡선이 수직선이면 수요의 가격탄력성은 완전비탄력적이다.
⑤ 공급의 가격탄력성이 탄력적이면 가격의 변화율보다 공급량의 변화율이 더 크다.

정답해설

① 완전탄력적이면 ⇨ 완전비탄력적이면 : 가격의 변화와 상관없이 수요량이 고정되어 있다면, 수요량의 변화는 '0'이다. 따라서 수요의 가격탄력성은 완전비탄력적이다.

02 수요와 공급의 가격탄력성에 관한 설명으로 옳은 것은? (단, x축은 수량, y축은 가격, 수요의 가격탄력성은 절댓값이며, 다른 조건은 동일함)

① 수요의 가격탄력성은 수요량의 변화율에 대한 가격의 변화비율을 측정한 것이다.
② 수요의 가격탄력성이 완전비탄력적이면 가격이 변화할 때 수요량이 무한대로 변화한다.
③ 수요의 가격탄력성이 비탄력적이면 수요량의 변화율이 가격의 변화율보다 더 크다.
④ 공급의 가격탄력성이 탄력적이면 가격의 변화율보다 공급량의 변화율이 더 크다.
⑤ 공급곡선이 수직선이면 공급의 가격탄력성은 완전탄력적이다.

정답해설
④ 옳은 지문이다.

오답해설
① 수요의 가격탄력성은 가격 변화율에 대한 수요량의 변화비율을 측정한 것이다.
② 완전비탄력적 ⇨ 완전탄력적
③ 더 크다. ⇨ 더 작다.
⑤ 완전탄력적 ⇨ 완전비탄력적이다.

03 수요와 공급의 가격탄력성에 관한 설명으로 옳지 않은 것은? (단, 수요의 가격탄력성은 절댓 값을 의미하며, 다른 조건은 불변이라고 가정함)

① 미세한 가격변화에 수요량이 무한히 크게 변화하는 경우 완전탄력적이다.
② 대체재의 존재 여부는 수요의 가격탄력성을 결정하는 중요한 요인 중 하나이다.
③ 일반적으로 부동산 수요에 대한 관찰기간이 길어질수록 수요의 가격탄력성은 작아진다.
④ 건축 인·허가가 어려울수록 공급의 임대료탄력성은 더 비탄력적이다.
⑤ 생산량을 늘릴 때 생산요소 가격이 상승할수록 공급의 임대료탄력성은 더 비탄력적이다.

정답해설
③ 탄력성은 작아진다. ⇨ 커진다. 수요의 가격탄력성은 측정기간(관찰기간)이 장기일수록 보다 탄력적이다.

▌수요가 보다 탄력적인 상황	▌공급이 보다 탄력적인 상황
1. 대체재가 많을수록 　① 시장을 보다 세분할수록 　② 용도전환이 용이할수록 2. 측정기간이 장기일수록	1. 생산에 유리한 상황이 될수록 　① 재화의 생산기간이 짧을수록 　② 생산비용이 하락할수록 　③ 용도전환이 용이할수록 2. 측정기간이 장기일수록

정답 01 ① 02 ④ 03 ③

04 **부동산 수요의 가격탄력성에 관한 설명으로 옳지 않은 것은? (단, 다른 조건은 동일함)**

▸ 2021년 32회

① 수요곡선 기울기의 절댓값이 클수록 수요의 가격탄력성이 작아진다.
② 임대주택 수요의 가격탄력성이 1보다 작을 경우 임대료가 상승하면 전체 수입은 증가한다.
③ 대체재가 많을수록 수요의 가격탄력성이 크다.
④ 일반적으로 부동산의 용도 전환 가능성이 클수록 수요의 가격탄력성이 커진다.
⑤ 수요의 가격탄력성이 비탄력적이면 가격의 변화율보다 수요량의 변화율이 더 크다.

[정답해설]
⑤ 수요량의 변화율이 더 크다. ⇨ 더 작다.

05 **부동산시장의 수요와 공급의 가격탄력성에 관한 설명으로 옳지 않은 것은? (단, 다른 조건은 동일함)**

▸ 2023년 34회

① 측정하는 기간이 길수록 수요의 탄력성은 더 탄력적이다.
② 공급의 탄력성은 생산요소를 쉽게 얻을 수 있는 상품일수록 더 탄력적이다.
③ 수요의 탄력성이 탄력적일 경우 임대료가 상승하면 전체 임대수입은 감소한다.
④ 대체재가 많을수록 수요의 탄력성은 더 탄력적이다.
⑤ 제품의 가격이 가계소득에서 차지하는 비중이 작을수록 수요의 탄력성이 더 탄력적이다.

[정답해설]
⑤ 작을수록 ⇨ 클수록 : 제품의 가격이 가계소득에서 차지하는 비중이 높을수록 또는 제품의 소비지출이 소비에서 차지하는 비중이 클수록, 제품의 가격 변화에 대해 소비자들은 보다 민감하게 소비량을 변화시킨다. 따라서 수요의 탄력성은 더 탄력적이다.

정답 ▸ 04 ⑤   05 ⑤

2절 탄력성의 응용

확인학습

1. **임대수입 증가를 위한 임대인의 전략**
   ① 임차수요의 가격탄력성이   탄력적인 경우, 임대료가 상승하면 임대수입은 ○○한다.
   ② 임차수요의 가격탄력성이 비탄력적인 경우, 임대료가 상승하면 임대수입은 ○○한다.
   ③ 임차수요의 가격탄력성이   탄력적인 경우, 임대료가 하락하면 임대수입은 ○○한다.
   ④ 임차수요의 가격탄력성이 비탄력적인 경우, 임대료가 하락하면 임대수입은 ○○한다.

2. **극단적인 시장에서 균형의 변화**
   ① 공급이 완전   탄력적인 경우, 수요가 증가하면 균형가격은 ○○이고, 균형거래량은 증가한다.
   ② 공급이 완전   탄력적인 경우, 수요가 감소하면 균형가격은 ○○이고, 균형거래량은 감소한다.
   ③ 공급이 완전 비탄력적인 경우, 수요가 증가하면 균형가격은 상승하고, 균형거래량은 ○○이다.
   ④ 공급이 완전 비탄력적인 경우, 수요가 감소하면 균형가격은 감소하고, 균형거래량은 ○○이다.

3. **가격변화의 폭(더, 덜)**
   ① 수요가 증가할 때, 공급의 가격탄력성이   탄력적일수록, 가격은 ○ 상승한다.
   ② 수요가 감소할 때, 공급의 가격탄력성이 비탄력적일수록, 가격은 ○ 하락한다.
   ③ 공급이 증가할 때, 수요의 가격탄력성이   탄력적일수록, 가격은 ○ 하락한다.
   ④ 공급이 감소할 때, 수요의 가격탄력성이 비탄력적일수록, 가격은 ○ 상승한다.

   답 1. ① 감소 ② 증가 ③ 증가 ④ 감소
   2. ① 불변 ② 불변 ③ 불변 ④ 불변
   3. ① 덜(보다 적게) ② 더(보다 많이) ③ 덜(보다 적게) ④ 더(보다 많이)

---

01 수요의 가격탄력성에 관한 설명으로 옳지 않은 것은?

① 임대 수요가 탄력적일 때, 임대료가 하락하면 임대사업자의 임대수입은 증가한다.

② 수요의 가격탄력성이 1보다 큰 경우 전체수입은 임대료가 상승함에 따라 증가한다.

③ 수요가 비탄력적일 때, 임대료가 상승하면 임대사업자의 임대수입은 증가한다.

④ 수요의 가격탄력성이 비탄력적일 때, 임대료가 하락하면 임대사업자의 임대수입은 감소한다.

⑤ 수요의 임대료탄력성이 '1'(단위탄력적)이라면 임대사업자의 임대수입은 불변이다.

정답해설
② 증가한다. ⇨ 감소한다.

정답 01 ②

> **▌ 임대수입 증가를 위한 임대사업자의 전략**
> 1. 수요의 가격 탄력성이　탄력적인 경우 : 가격(임대료) 인하 전략
> 2. 수요의 가격 탄력성이 비탄력적인 경우 : 가격(임대료) 인상 전략

02 공급의 가격탄력성에 따른 수요의 변화에 관한 설명으로 옳지 않은 것은?

① 공급이 가격에 대해 완전탄력적인 경우, 수요가 증가하면 균형가격은 불변이고 균형거래량은 증가한다.

② 공급이 가격에 대해 완전탄력적인 경우, 수요가 감소하면 균형가격은 변하지 않고 균형거래량만 감소한다.

③ 공급이 가격에 대해 완전비탄력적인 경우, 수요가 증가하면 균형가격은 상승하고 균형거래량은 변하지 않는다.

④ 수요가 가격에 대해 완전비탄력적인 경우, 공급이 증가하면 균형가격은 하락하고 균형거래량은 증가한다.

⑤ 수요가 가격에 대해 완전탄력적인 경우, 공급이 감소하면 균형가격은 변하지 않고 균형거래량만 감소한다.

정답해설

④ 균형거래량은 증가한다. ⇨ 균형거래량은 변하지 않는다.

> **▌ 극단적인 시장의 4가지 규칙의 예외**
> 1. 수요나 공급이 완전　탄력적인 경우 : 가격은 불변이다.
> 2. 수요나 공급이 완전 비탄력적인 경우 : 거래량은 불변이다.

03 수요와 공급의 탄력성에 관한 설명 중 옳지 않은 것은?

① 수요가 증가할 때 공급의 가격탄력성이 탄력적일수록, 가격은 더 적게 상승한다.

② 공급이 증가할 때 수요의 가격탄력성이 비탄력적일수록, 가격은 더 많이 하락한다.

③ 부동산 수요가 증가할 때 공급이 탄력적일수록 부동산 가격은 덜 상승한다

④ 부동산 수요가 증가할 때 부동산 공급이 탄력적일수록 부동산 가격상승의 폭은 증가한다.

⑤ 부동산 수요가 증가할 때 부동산 공급곡선이 비탄력적일수록 부동산 가격은 더 크게 상승한다.

정답해설

④ 가격상승의 폭은 증가한다. ⇨ 가격상승의 폭은 감소한다.

66 PART 02 경제론

04 부동산의 가격탄력성과 균형변화에 관한 설명으로 옳지 않은 것은? (단, 완전탄력적과 완전 비탄력적 조건이 없는 경우 수요와 공급법칙에 따르며, 다른 조건은 동일함) ▸ 2023년 34회

① 공급이 완전비탄력적일 경우, 수요가 증가하면 균형가격은 상승하고 균형량은 불변이다.
② 수요가 완전비탄력적일 경우, 공급이 감소하면 균형가격은 상승하고 균형량은 불변이다.
③ 수요가 완전탄력적일 경우, 공급이 증가하면 균형가격은 불변이고 균형량은 증가한다.
④ 공급이 증가하는 경우, 수요의 가격탄력성이 작을수록 균형가격의 하락폭은 크고 균형량의 증가폭은 작다.
⑤ 수요가 증가하는 경우, 공급의 가격탄력성이 작을수록 균형가격의 상승폭은 작고 균형량의 증가폭은 크다.

[정답해설]
⑤ 수요가 증가하는 경우, 공급의 가격탄력성이 작을수록 균형가격의 상승폭은 커지고, 균형량의 증가폭은 작아진다.

05 부동산의 수요와 공급에 관한 설명으로 옳지 않은 것은? (단, 우하향하는 수요곡선과 우상향하는 공급곡선을 가정하며, 다른 조건은 동일함) ▸ 2024년 35회

① 단기적으로 가격이 상승해도 부동산의 공급량이 크게 증가할 수 없기 때문에 공급이 비탄력적이다.
② 부동산의 공급량은 주어진 가격 수준에서 일정기간에 판매하고자 하는 최대수량이다.
③ 용도전환 및 개발이 가능한 장기에는 공급의 탄력성이 커진다.
④ 부동산의 수요량은 구매능력을 갖춘 수요자들이 구매하려는 수량이므로 유효수요를 의미한다.
⑤ 공급의 가격탄력성이 작을수록 수요변화 시 균형가격의 변동폭은 작지만 균형거래량의 변동폭은 크다.

[정답해설]
⑤ 균형가격의 변동폭은 작지만 균형거래량의 변동폭은 크다. ⇨ 균형가격의 변동폭은 크고, 균형거래량의 변동폭은 작다.

정답 ▸ 02 ④ 03 ④ 04 ⑤ 05 ⑤

06 아파트시장의 균형가격과 균형거래량에 관한 설명으로 옳지 않은 것은? (단, 완전탄력적과 완전비탄력적 조건이 없는 경우는 수요와 공급의 법칙에 따르며, 다른 조건은 동일함)

▶ 2024년 35회

① 수요의 증가폭이 공급의 증가폭보다 클 경우, 균형가격은 하락하고 균형거래량은 증가한다.

② 균형상태인 아파트시장에서 건축원자재의 가격이 상승하면 균형가격은 상승하고 균형거래량은 감소한다.

③ 공급이 가격에 대해 완전탄력적인 경우, 수요가 증가하면 균형가격은 변하지 않고 균형거래량만 증가한다.

④ 공급이 가격에 대해 완전비탄력적인 경우, 수요가 증가하면 균형가격은 상승하고 균형거래량은 변하지 않는다.

⑤ 공급의 감소폭이 수요의 감소폭보다 클 경우, 균형가격은 상승하고 균형거래량은 감소한다.

〔정답해설〕

① 수요의 증가폭이 크다면, 수요의 증가가 시장을 결정한다. 따라서 균형가격은 상승하고, 균형거래량은 증가한다.

정답 ▶ 06 ①

3절 계산 문제

01 아파트 매매가격이 16% 상승함에 따라 다세대주택의 매매수요량이 8% 증가하고 아파트 매매수요량이 4% 감소한 경우에, 아파트 매매수요의 가격탄력성(A), 다세대주택 매매수요의 교차탄력성(B), 아파트에 대한 다세대주택의 관계(C)는? (단, 수요의 가격탄력성은 절댓값으로 표시하며, 다른 조건은 불변이라고 가정함)

① A : 0.25   B : 0.5   C : 대체재
② A : 0.25   B : 2   C : 보완재
③ A : 0.5   B : 0.25   C : 대체재
④ A : 0.5   B : 2   C : 보완재
⑤ A : 2   B : 0.5   C : 대체재

〔정답해설〕

① A : 0.25, B : 0.5, C : 대체재

- A : 아파트 수요의 가격탄력성 = $\left| \dfrac{\text{아파트 수요량(\%)}}{\text{아파트 가격(\%)}} \right| = \left| \dfrac{-4\%}{+16\%} \right| = 0.25$

- B : 아파트 가격에 대한 다세대주택 수요의 교차탄력성

  $= \dfrac{\text{다세대주택 수요량 \%}}{\text{아파트 가격 \%}} = \dfrac{+8\%}{+16\%} = 0.5$

- C : 두 재화의 교차탄력성이 양수(+)로 측정된다면 두 재화는 대체관계에 해당하고, 두 재화의 교차탄력성이 음수(−)로 측정된다면 두 재화는 보완관계에 해당한다. 아파트와 다세대주택의 교차탄력성이 양수(교차탄력성도 0.5로 0보다 크다)로 측정되었으므로 아파트와 다세대주택의 관계는 '대체관계'이다.

02 A부동산에 대한 수요의 가격탄력성과 소득탄력성이 각각 0.9와 0.5이다. A부동산 가격이 2% 상승하고 소득이 4% 증가할 경우, A부동산 수요량의 전체 변화율(%)은? (단, A부동산은 정상재이고, 가격탄력성은 절댓값으로 나타내며, 다른 조건은 동일함)

① 0.2   ② 1.4
③ 1.8   ④ 2.5
⑤ 3.8

〔정답해설〕

① A부동산의 수요량은 0.2% 증가한다.

  1. 수요의 가격탄력성이 0.9일 때, 가격이 2% 상승하면 소비량은 1.8% 감소한다.
  2. 수요의 소득탄력성이 0.5일 때, 소득이 4% 증가하면 소비량은 2.0% 증가한다.
  3. 결국 전체 소비량은 0.2% 증가한다.

정답 01 ①   02 ①

03 A지역의 아파트시장을 분석한 결과 임대료탄력성이 1.2이고, 소득탄력성이 1.5이다. 이 경우 임대료가 5% 인상되는데도 A지역의 아파트의 수요량은 종전보다 3%가 감소하는 상황이라면 소득의 변화율(%)은 얼마인가?

① 2% 감소
② 2% 증가
③ 5% 감소
④ 5% 증가
⑤ 3.6% 감소

정답해설

② 소득은 2% 증가하였다.
1. 임대료탄력성이 1.2일 경우, 임대료가 5% 인상되면 수요량은 6%가 감소한다. 그런데 아파트의 수요량이 종전보다 3%가 감소하는 상황이라는 것은 소득의 증가에 의해 아파트의 수요량이 3%가 증가했다는 것이다.
2. 소득탄력성이 1.50이고 소득에 의해 수요량이 3% 증가했으므로, 소득은 2%가 증가한 것이다.

04 다음과 같은 조건하에서 아파트에 대한 수요함수가 $Q_d = -2P + 6Y + 100$이고, P = 5, Y = 5인 경우, 수요의 소득탄력성은? (단, Q_d : 수요량, P : 가격, Y : 소득이고, 소득탄력성은 점탄력성을 말하며, 다른 조건은 동일함)

▶ 2017년 28회

① 1/2
② 1/3
③ 1/4
④ 1/5
⑤ 1/6

정답해설

③ 수요의 소득탄력성은 1/4이다.
1. 수요의 소득탄력성(점탄력성)은 다음과 같이 산정할 수 있다.

$$수요의\ 소득탄력성 = \frac{\triangle Q_D}{\triangle Y} \cdot \frac{Y}{Q}$$

2. 수요의 소득탄력성 산정

㉠ 수요함수에서 수요량을 소득에 대해 미분하면 $\frac{\triangle Q_D}{\triangle Y} = 6$이다.

㉡ 소득(Y)이 5일 때, 수요량(Q_D)은 120이다.

㉢ 수요의 소득탄력성 : $\frac{\triangle Q_D}{\triangle Y} \cdot \frac{Y}{Q} = 6 \cdot \frac{5}{120} = \frac{1}{4}$

05 오피스텔 시장의 수요함수가 $Q_D = 100 - P$이고, 공급함수가 $2Q_S = -40 + 3P$일 때, 오피스텔 시장의 균형에서 수요의 가격탄력성(ϵP)과 공급의 가격탄력성(η)은? (단, Q_D : 수요량, Q_S : 공급량, P : 가격이고, 수요의 가격탄력성과 공급의 가격탄력성은 점탄력성을 말하며, 다른 조건은 동일함)

▸ 2020년 31회

① $\epsilon P = \dfrac{12}{13}$, $\eta = \dfrac{18}{13}$

② $\epsilon P = \dfrac{12}{13}$, $\eta = \dfrac{13}{18}$

③ $\epsilon P = \dfrac{13}{12}$, $\eta = \dfrac{13}{18}$

④ $\epsilon P = \dfrac{13}{12}$, $\eta = \dfrac{18}{13}$

⑤ $\epsilon P = \dfrac{18}{13}$, $\eta = \dfrac{12}{13}$

정답해설 ▸

① 수요의 가격탄력성(ϵP)은 $\dfrac{12}{13}$이고, 공급의 가격탄력성(η)은 $\dfrac{18}{13}$이다.

1. 균형을 측정하면 균형가격(P)은 48, 균형거래량(Q)은 52이다.

2. 수요의 가격탄력성 $= -\dfrac{\triangle Q_D}{\triangle P} \cdot \dfrac{P}{Q}$

  1) 수요함수에서 수요량을 가격에 대해 미분하면 $\dfrac{\triangle Q_D}{\triangle P} = -1$

  2) $-\dfrac{\triangle Q_D}{\triangle P} \cdot \dfrac{P}{Q} = -(-1) \cdot \dfrac{48}{52} = \dfrac{12}{13}$

3. 공급의 가격탄력성 $= \dfrac{\triangle Q_S}{\triangle P} \cdot \dfrac{P}{Q}$

  1) 공급함수에서 공급량을 가격에 대해 미분하면 $\dfrac{\triangle Q_S}{\triangle P} = \dfrac{3}{2}$

  2) $\dfrac{\triangle Q_S}{\triangle P} \cdot \dfrac{P}{Q} = \dfrac{3}{2} \cdot \dfrac{48}{52} = \dfrac{18}{13}$

06 A지역 전원주택시장의 시장수요함수가 $Q_D = 2,600 - 2P$이고, 시장공급함수가 $3Q_S = 600 + 4P$일 때, 균형에서 수요의 가격탄력성과 공급의 가격탄력성의 합은? (단, Q_D : 수요량, Q_S : 공급량, P : 가격이고, 가격탄력성은 점탄력성을 말하며, 다른 조건은 동일함) ▸ 2022년 33회

① $\dfrac{58}{72}$

② $\dfrac{87}{72}$

③ $\dfrac{36}{29}$

④ $\dfrac{145}{72}$

⑤ $\dfrac{60}{29}$

정답 ▸ 03 ② 04 ③ 05 ① 06 ⑤

정답해설

⑤ 수요의 가격탄력성은 $\dfrac{36}{29}$ 이고, 공급의 가격탄력성은 $\dfrac{24}{29}$ 이다.

1. 균형을 측정하면 균형가격(P)은 720, 균형거래량(Q)은 1,160이다.

2. 수요의 가격탄력성 $= -\dfrac{\triangle Q_D}{\triangle P}\cdot\dfrac{P}{Q}$

   1) 수요함수에서 수요량을 가격에 대해 미분하면 $\dfrac{\triangle Q_D}{\triangle P} = -2$

   2) $-\dfrac{\triangle Q_D}{\triangle P}\cdot\dfrac{P}{Q} = -(-2)\cdot\dfrac{720}{1,160} = \dfrac{36}{29}$

3. 공급의 가격탄력성 $= \dfrac{\triangle Q_S}{\triangle P}\cdot\dfrac{P}{Q}$

   1) 공급함수에서 공급량을 가격에 대해 미분하면 $\dfrac{\triangle Q_S}{\triangle P} = \dfrac{4}{3}$

   2) $\dfrac{\triangle Q_S}{\triangle P}\cdot\dfrac{P}{Q} = \dfrac{4}{3}\cdot\dfrac{720}{1,160} = \dfrac{24}{29}$

4. 두 탄력성의 합은 $\dfrac{60}{29}$

시장론

부동산 시장과 주택 시장

1절 부동산 시장의 특징

확인학습

1. 주택시장은 지역적 경향이 강하고, ○○ 수요에 의존한다.

2. 부동산 공급에는 상당한 시간이 소요되므로, ○○적으로 수급조절이 곤란하고 ○○적으로 가격 왜곡 현상이 나타난다.

3. 거래의 비공개성, 상품의 비표준화, 시장의 비조직화는 부동산 특성 중 ○○성과 관계된다.

4. 부동산 시장은 ○○○경쟁시장으로 완전경쟁을 전제로 하는 이론이나 모형이 적용되기 어렵다.

답 1. 지역 2. 단기, 단기 3. 개별 4. 불완전

---

01 **부동산 시장의 특성을 설명한 것으로 옳지 않은 것은?**

① 완전히 동질적인 아파트라 하더라도 아파트가 입지한 시장지역이 달라지면 서로 다른 가격이 형성될 수 있다.

② 부동산은 개별성에 의해 부동산 상품별 표준화가 쉽지 않다.

③ 부동산 공급에는 계획수립, 부지확보, 건축 등 완성에 이르기까지 많은 시간이 소요되므로 수요와 공급의 조절이 쉽지 않고, 그 결과 장기적인 가격 왜곡 현상이 발생할 가능성이 높다.

④ 부동산은 고가이기 때문에 자금 조달 가능성이 시장 참여에 많은 영향을 미친다.

⑤ 일반적으로 부동산 시장은 수요자와 공급자의 진출입이 어렵기 때문에 불완전경쟁시장이 된다.

정답해설

③ 장기적인 가격 왜곡 현상 ⇨ 단기적인 가격 왜곡 현상 : 부동산 공급은 오랜 시간이 필요하기 때문에 공급이 늘어나지 못하는 단기에 부작용이 나타난다. 가격 왜곡 현상은 단기에 나타나는 현상이다.

▌부동산 시장의 특징

1. **지역적 시장** : 시장의 지역세분화, 지역에 따른 가격수준의 차이
2. **자연적 특성 중 개별성** : 거래의 비공개성, 상품의 비표준화, 시장의 비조직화
3. **공급의 장기성**
   ㉠ 단기적인 수급조절의 곤란성
   ㉡ 단기적인 가격왜곡현상
4. **과다한 법적 제한, 시장의 외부성**
5. **자금의 유용성 또는 대출제도의 유용성이 중요**

02 **부동산 시장에 관한 일반적인 설명으로 옳지 않은 것은?**

① 부동산 시장은 지역의 경제적·사회적·행정적 변화에 따라 영향을 받으며, 수요·공급도 그 지역 특성의 영향을 받는다.
② 부동산 시장에서는 수요와 공급의 불균형으로 인해 단기적으로 가격형성이 왜곡될 가능성이 있다.
③ 부동산 시장은 거래의 비공개성으로 불합리한 가격이 형성되며, 이는 비가역성과 관련이 깊다.
④ 부동산 시장은 외부효과에 의해 시장의 실패가 발생할 수 있다.
⑤ 부동산 시장에서는 매도인의 제안가격과 매수인의 제안가격의 접점에서 부동산 가격이 형성된다.

[정답해설]
③ 비가역성 ⇨ 개별성 : 부동산 거래는 당사자 사이에서 개별적으로 이루어지기 때문에 거래가 외부에 공개되지 못한다.

정답 ▶ 01 ③ 02 ③

03 **부동산 시장의 특성으로 옳은 것은?** ▸ 2021년 32회

① 일반상품의 시장과 달리 조직성을 갖고 지역을 확대하는 특성이 있다.

② 토지의 인문적 특성인 지리적 위치의 고정성으로 인하여 개별화된다.

③ 매매의 단기성으로 인하여 유동성과 환금성이 우수하다.

④ 거래 정보의 대칭성으로 인하여 정보수집이 쉽고 은밀성이 축소된다.

⑤ 부동산의 개별성으로 인한 부동산 상품의 비표준화로 복잡·다양하게 된다.

정답해설

⑤ 옳은 지문이다.

오답해설

① 조직성 ⇨ 비조직성 : 부동산 시장은 비조직화되는 특징을 갖는다.

② 인문적 특성 ⇨ 자연적 특성

③ 매매의 단기성 ⇨ 매매의 장기성, 우수하다 ⇨ 우수하지 못하다. : 부동산은 매매에 오랜 시간이 필요하기 때문에 유동성과 환금성이 낮은 재화이다.

④ 대칭성 ⇨ 비대칭성 : 거래 정보의 비대칭성으로 인하여 정보수집이 어렵고 은밀성이 확대된다.

정답 03 ⑤

2절   디파스퀠리 · 위튼의 4사분면 모형

확인학습

1. 1사분면 : 부동산 공간 재고량과 공간 수요에 의해 균형 ○○○가 결정된다.

2. 2사분면 : 균형 임대료가 결정되면, 균형 임대료를 자본 환원하여 ○○ 가격이 결정된다.

3. 3사분면 : 자산 가격이 결정되면, 자산 가격과 한계비용이 같아지는 이윤극대화 수준까지 ○○ 건설 공급량이 결정된다.

4. 4사분면 : 신규 건설 공급량이 결정되면, 신규 건설 공급량과 부동산 재고의 변동에 의해 부동산 공간 ○○량이 결정된다.

답   1. 임대료 2. 자산 3. 신규 4. 재고

01   **디파스퀠리 & 위튼(DiPasquale & Wheaton)의 4사분면 모형에 관한 설명으로 옳지 않은 것은?**

▶ 2016년 27회

① 부동산 공간시장과 부동산 자산시장의 관계를 설명한 모형이다.

② 1사분면은 부동산 가격과 공간 재고량의 관계를 나타낸다.

③ 2사분면은 부동산 가격과 임대료의 관계를 나타낸다.

④ 3사분면은 부동산 가격과 신규 건설량의 관계를 나타낸다.

⑤ 4사분면은 신규 건설량과 공간 재고량의 관계를 나타낸다.

정답해설

② 가격과 공간 재고량의 관계 ⇨ 임대료와 공간 재고량의 관계 : 1사분면은 공간 재고와 부동산 수요에 의해 부동산 임대료가 결정되는 시장이다.

▌4사분면 모형의 균형

1사분면 : 공간 재고량(단기 공급량)과 공간 수요에 의해 균형 임대료가 결정
2사분면 : 균형 임대료를 환원하여 자산 가격이 결정
3사분면 : 자산 가격과 개별비용의 관계를 통해 신규 건설 공급량(건설량)이 결정
4사분면 : 신규 건설 공급량과 부동산 재고의 변동(멸실) 등에 의해 공간 재고량이 결정

정답 ▶ 01 ②

02 디파스퀠리 – 위튼(DiPasquale & Wheaton)의 4사분면 모형에 관한 설명으로 옳지 않은 것은? (단, 주어진 조건에 한함) ▸ 2020년 31회

① 1사분면에서는 부동산공간시장의 단기공급곡선과 수요곡선에 의해 균형임대료가 결정된다.

② 2사분면에서는 부동산의 임대료가 가격으로 환원되는 부동산자산시장의 조건을 나타낸다.

③ 3사분면에서 신규 부동산의 건설량은 부동산가격과 부동산개발비용의 함수로 결정된다.

④ 4사분면에서는 신규 부동산의 건설량과 재고의 멸실량이 변화하여야 부동산 공간시장의 균형을 이룰 수 있다.

⑤ 이 모형은 부동산이 소비재이면서도 투자재라는 특성을 전제로 한다.

[정답해설]

④ 공간시장의 균형 ⇨ 공간 재고량의 균형 : 4사분면에서는 신규 부동산 건설을 통한 공간의 증가와 기존 공간의 철거·멸실로 인한 공간의 감소 등을 통해 장기적인 공간 재고량의 균형이 결정되는 시장이다. 공간시장의 균형, 즉 균형임대료가 결정되는 시장은 1사분면이다.

03 디파스퀠리 – 위튼의 4사분면 모형에 관한 설명으로 옳지 않은 것은? ▸ 2022년 33회

① 장기균형에서 4개의 내생변수, 즉 공간재고, 임대료, 자본환원율, 건물의 신규공급량이 결정된다.

② 신축을 통한 건물의 신규공급량은 부동산 자산가격, 생산요소가격 등에 의해 영향을 받는다.

③ 자본환원율은 요구수익률을 의미하며 시장이자율 등에 의해 영향을 받는다.

④ 최초 공간재고가 공간서비스에 대한 수요량과 일치할 때 균형임대료가 결정된다.

⑤ 건물의 신규공급량과 기존 재고의 소멸에 의한 재고량 감소분이 일치할 때 장기균형에 도달한다.

[정답해설]

① 자본환원율 ⇨ 자산가격 : 4사분면 모형의 내생변수(결과물)는 균형임대료(1사분면), 자산가격(2사분면), 건물의 신규공급량(3사분면), 공간 재고량(4사분면)이다.

[추가해설]

③ 투자자는 투자가치를 판단하는 경우에 자신의 요구수익률을 할인율 또는 환원율로 적용하여 투자가치를 판단한다. 그리고 투자자의 요구수익률은 시장이자율 등에 영향을 받는다.

04 건축원자재 가격의 하락에 따른 영향을 디파스퀠리 – 위튼(DiPasquale & Wheaton)의 사분면 모형을 통해 설명한 것으로 옳지 않은 것은? (단, 주어진 조건에 한함) ▸ 2024년 35회

① 건축원자재 가격의 하락으로 인해 부동산개발부문에서 신규건설비용이 하락한다.

② 주어진 부동산자산가격 수준에서 부동산개발의 수익성이 높아지므로 신규건설량이 증가한다.

③ 새로운 장기균형에서 균형공간재고는 감소한다.

④ 새로운 장기균형에서 부동산공간시장의 균형임대료는 하락한다.

⑤ 새로운 장기균형에서 부동산자산시장의 균형가격은 하락한다.

〔정답해설〕

③ 감소 ⇨ 증가 : 건축원자재 가격의 하락은 주택의 공급(공간재고)을 증가시킨다.

〔정답〕 02 ④ 03 ① 04 ③

부동산 시장과 정보의 효율성

1절　효율적 시장 이론

확인학습

1. 효율적 시장의 유형
① 과거의 정보가 지체 없이 가격에 반영되는 시장이라면 ○○ 효율적 시장이다.
② 과거 정보와 현재 공표된 정보가 가격에 즉각적으로 반영된다면 ○○○ 효율적 시장이다.
③ 공표된 것이건 그렇지 않은 것이건 어떠한 정보도 이미 가격에 반영되어 있는 시장은 ○○ 효율적 시장이다.

2. 정보 분석의 유형
① 과거 정보를 통해 시장을 분석하는 기법을 ○○○ 분석이라 한다.
② 과거 정보와 현재 공표된 정보를 함께 이용하여 시장을 분석하는 기법을 ○○○ 분석이라고 한다.

3. 유형별 초과이윤의 획득 가능성

구분	과거 정보	현재 정보	미래 정보	정보 분석 방법
약성 효율적시장		○	○	기본적 분석
준강성 효율적시장			○	
강성 효율적시장				

 1. ① 약성　② 준강성　③ 강성
　　2. ① 기술적　② 기본적

01 부동산 시장의 효율성에 관한 설명으로 옳지 않은 것은?

① 준강성 효율적 시장의 개념은 약성 효율적 시장의 성격을 모두 포함하고 있다.

② 강성 효율적 시장은 공표된 정보는 물론이고 아직 공표되지 않은 정보까지도 시장가치에 반영되어 있는 시장이므로 이를 통해 초과이윤을 얻을 수 없다.

③ 강성 효율적 시장은 완전경쟁시장의 가정에 가장 근접하게 부합되는 시장이다.

④ 약성 효율적 시장에서는 과거의 역사적 자료를 분석하여 정상이윤을 초과하는 이윤을 획득할 수 있다.

⑤ 준강성 효율적 시장은 과거의 추세적 정보뿐만 아니라 현재 새로 공표되는 정보가 지체 없이 시장가치에 반영되는 시장이다.

[정답해설]

④ 획득할 수 있다. ⇨ 없다. : 약성 효율적 시장에서 초과이윤을 획득하기 위해서는 현재 정보 또는 미래(내부) 정보를 획득해야만 한다.

> **▌효율적 시장에서 초과이윤 획득 가능성**
> 1. 약성 시장 ① 현재 정보, 미래(내부) 정보를 분석하여 초과이윤을 획득할 수 있다.
>   ② 기본적 분석을 통해 초과이윤을 획득할 수 있다.
> 2. 준강성 시장 : 미래(내부) 정보를 획득해야만 초과이윤을 획득할 수 있다.
> 3. 강성 시장 : 어떤 분석으로도 초과이윤을 획득할 수 없다.

02 효율적 시장 이론에 관한 설명으로 옳지 않은 것은?

① 약성 효율적 시장에서 기술적 분석을 통해 초과이윤을 획득할 수 없다.

② 약성 효율적 시장에서 현재가치에 대한 과거의 정보를 분석하면 초과이윤을 획득할 수 없다.

③ 준강성 효율적 시장은 기본적 분석을 통해 초과이윤을 획득할 수 없다.

④ 강성 효율적 시장은 공표된 것이건 그렇지 않은 것이건 어떠한 정보도 이미 가치에 반영되어 있기 때문에 정보 분석을 통해 초과이윤을 획득할 수는 없다.

⑤ 현실의 부동산 시장은 일반적으로 강성 효율적 시장으로 분류되기 때문에 기본적 분석을 통해 초과이윤을 획득할 수 있다.

[정답해설]

⑤ 강성 효율적 시장 ⇨ 준강성 효율적 시장 : 현실의 부동산 시장은 일반적으로 준강성 효율적 시장으로 분류된다. 그리고 현실의 시장이 준강성 시장이라면 투자자들은 내부정보를 획득해야만 초과이윤을 획득할 수 있고, 기본적 분석(과거 및 현재 정보 분석)을 통해서는 초과이윤을 획득할 수 없다.

정답 ▶ 01 ④   02 ⑤

03 다음은 3가지 효율적 시장(A~C)의 유형과 관련된 내용이다. 시장별 해당되는 내용을 〈보기〉에서 모두 찾아 옳게 짝지어진 것은?

A. 약성 효율적 시장
B. 준강성 효율적 시장
C. 강성 효율적 시장

─────────────┤ 보기 ├─────────────

㉠ 과거의 정보를 분석해도 초과이윤을 얻을 수 없다.
㉡ 현재시점에 바로 공표된 정보를 분석해도 초과이윤을 얻을 수 없다.
㉢ 아직 공표되지 않은 정보를 분석해도 초과이윤을 얻을 수 없다.

① A − ㉠   B − ㉡   C − ㉢
② A − ㉠   B − ㉠, ㉡   C − ㉠, ㉡, ㉢
③ A − ㉢   B − ㉡, ㉢   C − ㉠, ㉡, ㉢
④ A − ㉠, ㉡, ㉢   B − ㉠, ㉡   C − ㉠
⑤ A − ㉠, ㉡, ㉢   B − ㉡, ㉢   C − ㉢

정답해설

② 옳은 연결이다.
1. A(약성) − ㉠
   ㉠ 약성 시장은 과거의 정보를 통해 초과이윤을 얻을 수 없다.
   ㉡ 약성 시장은 현재 공표된 정보를 통해 초과이윤을 얻을 수 있다.
   ㉢ 약성 시장은 아직 공표하지 않은 내부정보를 통해 초과이윤을 얻을 수 있다.

2. B(준강성) − ㉠, ㉡
   ㉠ 준강성 시장은 과거의 정보를 통해 초과이윤을 얻을 수 없다.
   ㉡ 준강성 시장은 현재 공표된 정보를 통해 초과이윤을 얻을 수 없다.
   ㉢ 준강성 시장은 아직 공표하지 않은 내부정보를 통해 초과이윤을 얻을 수 있다.

3. C(강성) − ㉠, ㉡, ㉢ : 강성 시장은 어떤 정보를 통해서도 초과이윤을 얻을 수 없다.

정답 ▶ 03 ②

2절   할당 효율적 시장

확인학습

1. 할당(배분) 효율적 시장이란 모든 투자 시장에서 위험을 감안한 수익률이 동일하여 어느 시장에서도 ○○○○을 획득할 수 없는 시장이다.
2. 할당(배분) 효율적 시장이 되는지 여부는 초과이윤의 유무로 결정된다. 따라서 부동산 시장은 여러 가지 불완전한 요소가 많지만 할당 효율적 시장이 될 수 ○○.

답   1. 초과이윤   2. 있다

---

01   부동산 시장의 효율성에 관한 설명으로 옳은 것은?

① 시장의 효율성은 여러 가지로 측정할 수 있는데, 효율적 시장 이론은 배분의 효율성을 의미한다.

② 강성 효율적 시장에서 투자자는 정보 분석을 통해 초과이윤을 얻을 수 있다.

③ 어떠한 형태의 효율적 시장이 부동산 시장에 존재하는가는 나라마다 비슷하며, 효율성의 정도도 거의 같다.

④ 모든 투자 시장에서 위험을 감안한 수익률이 동일하여 어느 시장에서도 초과이윤을 획득할 수 없다면 할당 효율성이 달성되었다고 할 수 있다.

⑤ 독점 등 불완전 경쟁 시장은 여러 가지 불완전한 요소가 많기 때문에 할당 효율적 시장이 될 수 없다.

정답해설
④ 옳은 지문이다.

오답해설
① 배분의 효율성 ⇨ 정보의 효율성 : 효율적 시장은 정보의 효율성을 설명하는 이론이다.
② 얻을 수 있다. ⇨ 없다. : 강성 효율적 시장에서는 어떤 정보를 분석하더라도 초과이윤을 얻을 수 없다.
③ 어떠한 형태의 효율적 시장이 존재하는가는 나라마다 다르고, 효율성의 정도도 모두 다르다.
⑤ 될 수 없다. ⇨ 될 수 있다. : 독점 등 불완전 시장도 할당 효율적 시장이 될 수 있다.

> ▌ **할당 효율적 시장의 논점 2가지**
> 1. 초과이윤을 획득할 수 없는 시장이 할당 효율적 시장이다.
> 2. 부동산 시장 등 불완전경쟁시장도 할당 효율적 시장이 될 수 있다.

정답   01 ④

02 **부동산시장에 관한 설명으로 옳은 것은?** ▸ 2023년 34회

① 할당 효율적 시장은 완전경쟁시장을 의미하며 불완전경쟁시장은 할당 효율적 시장이 될 수 없다.

② 완전경쟁시장이나 강성 효율적 시장에서는 할당 효율적인 시장만 존재한다.

③ 약성 효율적 시장에서 과거의 역사적 정보를 통해 정상 이상의 수익을 획득할 수 있다.

④ 완전경쟁시장에서는 초과이윤이 발생할 수 있다.

⑤ 준강성 효율적 시장에서 공표된 정보는 물론 공표되지 않은 정보도 시장가치에 반영된다.

〔정답해설〕

② 옳은 지문이다. 할당 효율적 시장은 어느 시장에서도 초과이윤을 획득할 수 없는 시장이다.

ⓐ 완전경쟁시장은 완전한 경쟁을 통해 초과이윤을 획득할 수 없는 시장이다. 따라서 완전경쟁시장은 항상 할당 효율적 시장이다.

ⓑ 강성 효율적 시장은 어떠한 정보를 통해서도 초과이윤을 획득할 수 없는 시장이다. 따라서 강성 효율적 시장은 항상 할당 효율적 시장이다.

〔오답해설〕

① 될 수 없다. ⇨ 있다. : 불완전경쟁시장이라도 할당 효율적 시장이 될 수 있다.

③ 획득할 수 있다. ⇨ 없다. : 약성 효율적 시장은 과거 정보를 통해 정상 이상의 초과이윤을 획득할 수 없다. 약성 시장에서 초과이윤을 획득하기 위해서는 현재 정보나 미래 정보를 획득해야 한다.

④ 발생할 수 있다. ⇨ 없다. : 완전경쟁시장에서는 초과이윤이 발생할 수 없다.

⑤ 준강성 효율적 시장 ⇨ 강성 효율적 시장

03 **부동산 시장과 효율적 시장이론에 관한 설명으로 옳지 않은 것은?**

① 효율적 시장은 본질적으로 제품의 동질성과 상호 간의 대체성이 있는 시장이다.

② 약성 효율적 시장은 현재의 시장가치가 과거의 추세를 충분히 반영하고 있는 시장이다.

③ 강성 효율적 시장은 공표된 것이건 공표되지 않은 것이건 어떠한 정보도 이미 시장가치에 반영되어 있는 시장이다.

④ 부동산 시장은 여러 가지 불완전한 요소가 많으므로 할당 효율적 시장(allocationally efficient market)이 될 수 없다.

⑤ 부동산 증권화 및 실거래가신고제도 등으로 우리나라 부동산 시장의 효율성이 점차 증대되고 있다고 평가할 수 있다.

〔정답해설〕

④ 될 수 없다. ⇨ 있다. : 부동산 시장 등 불완전경쟁시장도 할당 효율적 시장이 될 수 있다.

04 부동산시장의 효율성에 관한 설명으로 옳은 것은? ▶ 2022년 33회

① 특정 투자자가 얻는 초과이윤이 이를 발생시키는 데 소요되는 정보비용보다 크면 배분 효율적 시장이 아니다.

② 약성 효율적 시장은 정보가 완전하고 모든 정보가 공개되어 있으며 정보비용이 없다는 완전경쟁시장의 조건을 만족한다.

③ 부동산시장은 주식시장이나 일반적인 재화시장보다 더 불완전경쟁적이므로 배분 효율성을 달성할 수 없다.

④ 강성 효율적 시장에서는 정보를 이용하여 초과이윤을 얻을 수 있다.

⑤ 약성 효율적 시장의 개념은 준강성 효율적 시장의 성격을 모두 포함하고 있다.

〔정답해설〕
① 옳은 지문이다. 초과이윤을 획득할 수 없는 경우에 할당(배분) 효율적 시장이 달성된다. 따라서 초과이윤이 있다면 할당(배분) 효율적 시장이 아니다.

〔오답해설〕
② 약성 효율적 시장 ⇨ 강성 효율적 시장 : 강성 효율적 시장이 완전경쟁시장의 조건을 만족한다.
③ 달성할 수 없다. ⇨ 있다.
④ 얻을 수 있다. ⇨ 없다.
⑤ 준강성 효율적 시장이 약성 효율적 시장의 성격을 포함한다.

정답   02 ②   03 ④   04 ①

3절 계산 문제

01 1년 후 신역사가 들어선다는 정보가 있다. 이 정보의 현재가치는? (단, 제시된 가격은 개발 정보의 실현 여부에 의해 발생하는 가격차이만을 반영하고, 주어진 조건에 한함)

- 역세권 인근에 일단의 토지가 있다.
- 역세권 개발계획에 따라 1년 후 신역사가 들어설 가능성은 40%로 알려져 있다.
- 이 토지의 1년 후 예상가격은 신역사가 들어서는 경우 8억 8천만원, 들어서지 않는 경우 6억 6천만원이다.
- 투자자의 요구수익률은 연 10%이다.

① 1억원　　　　　　　　　　　　② 1억 1천만원
③ 1억 2천만원　　　　　　　　　④ 1억 3천만원
⑤ 1억 4천만원

정답해설

③ 정보의 현재가치는 1억 2천만원이다.
  1. 1년 후 정보가치
    ㉠ 정보가 확실한 경우의 토지 가치 : 8.8억
    ㉡ 정보가 불확실한 경우의 토지 가치 : (8.8억 × 0.4) + (6.6억 × 0.6) = 7.48억
    ㉢ 정보의 가치(㉠ − ㉡) : 8.8억 − 7.48억 = 1.32억
  2. 정보의 현재가치 : 1.32억 ÷ 1.1 = 1.2억

02 복합쇼핑몰 개발사업이 진행된다는 정보가 있다. 다음과 같이 주어진 조건하에서 합리적인 투자자가 최대한 지불할 수 있는 이 정보의 현재가치는? (단, 주어진 조건에 한함)

- 복합쇼핑몰 개발예정지 인근에 일단의 A토지가 있다.
- 2년 후 도심에 복합쇼핑몰이 개발될 가능성은 50%로 알려져 있다.
- 2년 후 도심에 복합쇼핑몰이 개발되면 A토지의 가격은 6억 500만원, 개발되지 않으면 3억 250만원으로 예상된다.
- 투자자의 요구수익률(할인율)은 연 10%이다.

① 1억 500만원　　　　　　　　　② 1억 1,000만원
③ 1억 1,500만원　　　　　　　　④ 1억 2,000만원
⑤ 1억 2,500만원

[정답해설]

⑤ 정보의 현재가치는 1억 2,500만원

1. 2년 후 정보가치 : (605,000,000 − 302,500,000) × 0.5(들어오지 않을 가능성) = 151,250,000원
2. 정보의 현재가치 : 151,250,000 ÷ 1.1 ÷ 1.1 = 125,000,000원

03 A토지에 접하여 도시·군계획시설(도로)이 개설될 확률은 60%로 알려져 있고, 1년 후에 해당 도로가 개설되면 A토지의 가치는 2억 7,500만원, 그렇지 않으면 9,350만원으로 예상된다. 만약 부동산 시장이 할당 효율적이라면 합리적인 투자자가 최대한 지불할 수 있는 정보비용의 현재가치는? (단, 요구수익률은 연 10%이고, 주어진 조건에 한함) ▶ 2021년 32회

① 5,200만원
② 5,600만원
③ 6,200만원
④ 6,600만원
⑤ 7,200만원

[정답해설]

④ 정보의 현재가치는 6,600만원이다.

1. 1년 후 정보가치 : (275,000,000 − 93,500,000) × 0.4(들어오지 않을 가능성) = 72,600,000원
2. 정보의 현재가치 : 72,600,000 ÷ 1.1 = 66,000,000원

정답 01 ③ 02 ⑤ 03 ④

부동산 시장의 변화

1절 부동산 경기변동

확인학습

1. 부동산 경기순환의 특징

① 부동산 경기변동은 일반 경기변동에 비해 주기는 ○○, 진폭은 ○○.

② 부동산 경기의 각 순환국면은 ○명확하며, ○규칙적이다.

③ 부동산 시장은 경기순환 이외에도 경기를 타지 않는 시장인 ○○시장도 있다. 이 시장은 위치가 좋고 규모가 적당한 주택이나 점포 등 불황에 강한 부동산 시장이다.

④ ○○량과 ○○량은 부동산 경기를 확인할 수 있는 대표적인 경기측정 지표이다.

2. 경기순환 각 국면이 특징

① 확장기(회복, 상향)는 매○자 중시 시장이고, 직전 거래가격은 새로운 거래의 ○한선이 된다.

② 수축기(후퇴, 하향)는 매○자 중시 시장이고, 직전 거래가격은 새로운 거래의 ○한선이 된다.

③ 회복시장이 되면 건축허가 건수는 ○○하고, 공실률은 ○○한다.

④ 후퇴시장이 되면 건축허가 건수는 ○○하고, 공실률은 ○○한다.

> **답** 1. ① 길고, 크다(깊다) ② 불, 불 ③ 안정 ④ 건축, 거래
> 2. ① 도, 하 ② 수, 상 ③. 증가, 감소 ④ 감소, 증가

01 **부동산 경기에 관한 설명으로 옳지 않은 것은?**

① 부동산 경기변동이란 부동산 시장이 일반 경기변동처럼 상승과 하강 국면이 반복되는 현상을 말한다.

② 부동산 경기는 일반 경기에 비해 주기는 길고, 진폭은 크다.

③ 일반적으로 경기 회복 국면은 짧고 빠르게 진행되는 반면, 경기 후퇴는 길고 느리게 진행된다.

④ 부동산 경기는 일반 경기에 비해 저점은 낮고 정점은 높은 특징을 갖는다.

⑤ 부동산 경기는 주기의 각 순환국면이 불규칙·불명확한 특징을 갖는다.

③ 경기 회복은 길고 느리게 진행되는 반면, 경기 후퇴는 짧고 빠르게 진행된다.

> **▎부동산 경기변동의 특징**
> 1. 주기는 길고 진폭은 깊다.
> 2. 순환국면은 불규칙하고 불명확하다.
> 3. 확장기(회복기, 상향기)가 길고, 수축기(후퇴기, 하향기)가 짧다.

02 부동산 경기변동에 관한 설명으로 옳지 않은 것은?

① 계절적 변동은 예기치 못한 사태로 초래되는 비순환적 경기변동현상을 말한다.

② 일시적인 정부 규제 완화로 건축허가량이 증가하였다면, 이는 불규칙적 경기변동의 사례이다.

③ 부동산 경기변동 국면은 공실률, 건축허가건수, 거래량 등으로 확인할 수 있다.

④ 임대주택이 방학을 주기로 공실률이 높아지는 것은 계절적 변동에 속한다.

⑤ 무작위적 변동이란 예기치 못한 사태로 초래되는 비순환적 경기변동을 말한다.

① 계절적 변동 ⇨ 무작위적 경기변동 또는 불규칙적 경기변동

> **▎부동산 경기변동의 유형**
> 1. 순환적 경기변동
> 2. 계절적 경기변동
>   ㉠ 대학교 근처의 임대주택시장이 방학을 주기로 공실률이 높아지는 현상
>   ㉡ 매년 12월이 되면 건축경기가 하강하는 현상
> 3. 장기적 경기변동
> 4. 무작위적 경기변동
>   ㉠ 지진, 전쟁 등 예기치 못한 사태로 초래되는 불규칙적, 비순환적 경기변동
>   ㉡ 정부의 정책 변화로 인한 경기변동은 무작위적 경기변동으로 분류됨에 주의하여야 한다.

정답 ▶ 01 ③ 02 ①

03 부동산 경기변동에 관한 설명으로 옳지 않은 것은?

① 부동산 경기변동은 순환(cyclical), 추세(trend), 계절(seasonal), 무작위(random) 변동으로 나타난다.

② 부동산 경기변동이란 부동산 시장이 일반 경기변동처럼 상승과 하강국면이 반복되는 현상을 말한다.

③ 부동산 경기는 일반 경기와는 다르게 일정한 주기와 동일한 진폭으로 규칙적·안정적으로 반복되며 순환된다.

④ 부동산 경기국면도 일반 경기국면처럼 회복, 호황, 후퇴, 불황 등 4개 국면으로 구분할 수 있다.

⑤ 건축허가면적과 미분양물량은 부동산 경기변동을 측정할 수 있는 지표로 활용될 수 있다.

정답해설
③ 부동산 경기는 일반 경기에 비해 주기는 길고, 진폭은 크며, 순환국면은 불규칙적이고 불명확하다.

04 부동산 경기변동에 관한 설명으로 옳지 않은 것은?

① 부동산 경기도 일반 경기와 마찬가지로 회복국면, 상향국면, 후퇴국면, 하향국면 등의 순환적 경기변동을 나타낸다.

② 하향국면은 매수자가 중시되고, 과거의 거래사례가격은 새로운 거래가격의 상한이 되는 경향이 있다.

③ 상향국면은 매도자가 중시되고, 과거의 거래사례가격은 새로운 거래가격의 하한이 되는 경향이 있다.

④ 회복국면은 매도자가 중시되고, 과거의 거래사례가격은 새로운 거래의 기준가격이 되거나 하한이 되는 경향이 있다.

⑤ 후퇴국면은 매수자가 중시되고, 과거의 거래사례가격은 새로운 거래의 기준가격이 되거나 하한이 되는 경향이 있다.

정답해설
⑤ 하한 ⇨ 상한 : 후퇴국면 등 수축기는 가격이 하락하는 시기이다. 따라서 과거의 거래가격은 새로운 거래의 상한선으로 작용한다.

> **┃ 경기순환 국면별 특징**
> 1. 확장기(회복, 상향)
>   ㉠ 매도자 중시시장(매도자가 거래를 주저하기 때문에 매도자 관리가 중시되는 시장)
>   ㉡ 과거의 거래가격은 새로운 거래의 하한선으로 적용
> 2. 수축기(후퇴, 하향)
>   ㉠ 매수자 중시시장(매수자가 거래를 주저하기 때문에 매수자 관리가 중시되는 시장)
>   ㉡ 과거의 거래가격은 새로운 거래의 상한선으로 적용

05 부동산 경기변동과 중개활동에 관한 설명으로 옳지 않은 것은?   ▸2017년 28회

① 하향시장의 경우 종전의 거래사례가격은 새로운 매매활동에 있어 가격설정의 상한선이
   되는 경향이 있다.
② 상향시장에서 매도자는 가격상승을 기대하여 거래의 성립을 미루려는 반면, 매수자는 거
   래성립을 앞당기려 하는 경향이 있다.
③ 중개물건 의뢰의 접수와 관련하여 안정기의 경우 공인중개사는 매각의뢰와 매입의뢰의
   수집이 다 같이 중요하다.
④ 실수요 증가에 의한 공급부족이 발생하는 경우 공인중개사는 매수자를 확보해 두려는
   경향을 보인다.
⑤ 일반적으로 부동산 경기는 일반 경기에 비하여 경기의 변동폭이 큰 경향이 있다.

〔정답해설〕
④ 매수자 ⇨ 매도자 : 실수요 증가에 의한 공급부족이 발생하는 경우라면 매도자 확보가 중요하다.

06 부동산 경기변동에 관한 설명으로 옳지 않은 것은?

① 부동산 시장은 일반 경기변동과 같은 회복·상향·후퇴·하향의 4가지 국면 외에 안정
   시장이라는 국면이 있다.
② 부동산 경기변동 국면은 공실률, 건축허가건수, 거래량 등으로 확인할 수 있다.
③ 일반 경기변동에 비해 순환 주기는 길지만 진폭이 작은 것이 특징이다.
④ 부동산 경기변동은 일반경기변동에 비해 저점이 깊고 정점이 높은 경향이 있다.
⑤ 상향국면에서, 직전 회복국면의 거래사례가격은 새로운 거래가격의 하한선이 되는 경향
   이 있다.

〔정답해설〕
③ 부동산 경기변동은 일반 경기변동에 비해 주기는 길고, 진폭은 크다(깊다).

정답 ▶ 03 ③   04 ⑤   05 ④   06 ③

07 부동산경기변동에 관한 설명으로 옳은 것은?

① 상향시장 국면에서는 부동산가격이 지속적으로 하락하고 거래량은 감소한다.
② 후퇴시장 국면에서는 경기상승이 지속직으로 진행되어 경기의 정짐에 도달한다.
③ 하향시장 국면에서는 건축허가신청이 지속적으로 증가한다.
④ 회복시장 국면에서는 매수자가 주도하는 시장에서 매도자가 주도하는 시장으로 바뀌는 경향이 있다.
⑤ 안정시장 국면에서는 과거의 거래가격을 새로운 거래가격의 기준으로 활용하기 어렵다.

> [정답해설]
④ 옳은 지문이다.

> [오답해설]
① 상향시장 ⇨ 후퇴시장 또는 하향시장
② 후퇴시장 ⇨ 상향시장
③ 하향시장 ⇨ 회복시장 또는 상향시장
⑤ 활용하기 어렵다. ⇨ 활용할 수 있다. : 안정시장은 가격이 안정되어 있는 시장으로 과거의 거래가격을 새로운 거래의 기준으로 활용할 수 있다.

정답 07 ④

2절 거미집 모형

확인학습

1. **탄력성을 제시한 경우, 유형 구별**
   ① 수요의 가격탄력성 1.5, 공급의 가격탄력성 0.9 ⋯⋯⋯⋯⋯⋯⋯ ○○형이다.
   ② 수요의 가격탄력성 0.7, 공급의 가격탄력성 0.9 ⋯⋯⋯⋯⋯⋯⋯ ○○형이다.

2. **곡선의 기울기 값을 제시한 경우, 유형 구별**
   ① 수요곡선 기울기 값 −3, 공급곡선 기울기 값 +3 ⋯⋯⋯⋯⋯ ○○형이다.
   ② 수요곡선 기울기 값 −5, 공급곡선 기울기 값 +4 ⋯⋯⋯⋯⋯ ○○형이다.

3. **함수를 제시한 경우, 유형 구별**
   ① 수요함수 $P = 100 − 1.5Q_D$, 공급함수 $P = 50 + 2.0Q_S$ ⋯ ○○형이다.
   ② 수요함수 $P = 100 − 1.0Q_D$, 공급함수 $2P = 50 + 1.0Q_S$ ⋯ ○○형이다.
   ③ 수요함수 $Q_D = 100 − P$, 공급함수 $2Q_S = −10 + P$ ⋯ ○○형이다.

답
1. ① 수렴 ② 발산
2. ① 순환 ② 발산
3. ① 수렴 ② 발산 ③ 수렴

01 거미집 이론에서 수렴형 모형이 되기 위한 A와 B의 조건은? (단, 수요와 공급은 탄력적이며, 다른 조건은 불변이라고 가정함)

• 수요의 가격탄력성 (A) 공급의 가격탄력성
• 수요곡선의 기울기 절댓값 (B) 공급곡선의 기울기 절댓값

① A : <, B : >   ② A : <, B : <
③ A : >, B : <   ④ A : >, B : >
⑤ A : =, B : =

정답해설
③ 옳은 묶음이다.

▮ **수렴형의 조건**
1. 수요의 가격탄력성 수치 > 공급의 가격탄력성 수치
2. 수요곡선의 기울기 절댓값 < 공급곡선의 기울기 절댓값

정답 01 ③

02 다음 제시된 조건하에서 수요가 증가한다면, 거미집 이론에 의한 A·B부동산의 모형 형태는? (다만, 다른 조건은 동일함)

> • A부동산 : 수요의 가격탄력성 1.1, 공급의 가격탄력성 0.9
> • B부동산 : 수요의 가격탄력성 0.9, 공급의 가격탄력성 1.3

	A	B
①	수렴형	발산형
②	발산형	순환형
③	순환형	발산형
④	수렴형	순환형
⑤	발산형	수렴형

정답해설

① 옳은 묶음이다.

03 A, B, C부동산 시장이 다음과 같을 때 거미집 이론에 따른 각 시장의 모형형태는? (단, X축은 수량, Y축은 가격을 나타내며, 다른 조건은 동일함)

구분	A시장	B시장	C시장
수요곡선 기울기	−0.8	−0.3	−0.6
공급곡선 기울기	0.6	0.3	1.2

① A : 수렴형 B : 발산형 C : 순환형

② A : 순환형 B : 발산형 C : 수렴형

③ A : 발산형 B : 수렴형 C : 순환형

④ A : 수렴형 B : 순환형 C : 발산형

⑤ A : 발산형 B : 순환형 C : 수렴형

정답해설

⑤ 옳은 묶음이다.

04 어느 지역의 수요와 공급함수가 각각 A부동산 상품시장에서는 $Q_d = 100 - P$, $2Q_s = -10 + P$, B부동산 상품시장에서는 $Q_d = 500 - 2P$, $3Q_s = -20 + 6P$이다. 거미집 이론(Cob-web theory)에 의한 A와 B 각각의 모형 형태는? (단, x축은 수량, y축은 가격, 각각의 시장에 대한 P는 가격, Q_d는 수요량, Q_s는 공급량이며, 다른 조건은 동일함)

PART 03

	A	B		A	B
①	수렴형	순환형	②	수렴형	발산형
③	발산형	순환형	④	발산형	수렴형
⑤	순환형	발산형			

〔정답해설〕

① 옳은 묶음이다.
　1. A부동산 시장 : 수요곡선 기울기의 절댓값(1) < 공급곡선 기울기의 절댓값(2) ⇨ 수렴형
　2. B부동산 시장 : 수요곡선 기울기의 절댓값(0.5) = 공급곡선 기울기의 절댓값(0.5) ⇨ 순환형

▌**함수에서 기울기를 찾는 간편한 방법**

1. 수량(Q) 앞의 수치를 읽는다.
2. 수량(Q) 앞의 수치가 기울기 값이 되기 위해서는 P로 시작해야만 한다.

---

05 거미집모형에 관한 설명으로 옳은 것은? (단, 다른 조건은 동일함)

① 수요의 가격탄력성이 공급의 가격탄력성보다 크면 발산형이다.
② 가격이 변동하면 수요와 공급은 모두 즉각적으로 반응한다는 가정을 전제하고 있다.
③ 수요곡선의 기울기 절댓값이 공급곡선의 기울기 절댓값보다 작으면 수렴형이다.
④ 수요와 공급의 동시적 관계로 가정하여 균형의 변화를 정태적으로 분석한 모형이다.
⑤ 공급자는 현재와 미래의 가격을 동시에 고려해 미래의 공급을 결정한다는 가정을 전제하고 있다.

〔정답해설〕

③ 옳은 지문이다.

〔오답해설〕

① 발산형 ⇨ 수렴형
② 수요와 공급 ⇨ 수요 : 거미집 모형은 공급의 장기성에 근거한다. 따라서 가격이 변동하면 수요는 즉각적으로 변화하나, 공급은 일정 기간 후에 변화함을 가정한다.
④ 정태적 ⇨ 동태적
⑤ 거미집 모형은 공급자가 현재 가격에만 반응함을 전제한다.

정답 ┃ 02 ① 03 ⑤ 04 ① 05 ③

3절 주거분리 현상, 주택여과 현상

확인학습

1. 주거분리 현상
① 주거분리란 주거지역이 ○○○○별로 서로 분리되는 현상이다.
② 주거분리는 ○○○○에 근거한다. 주택 소비자가 정(+)의 외부효과는 추구하려 하고, 부(−)의 외부효과는 피하려는 동기에서 비롯된다.

2. 하향여과와 상향여과의 구분
① 상위소득계층이 사용하던 기존주택이 하위소득계층의 사용으로 전환되는 것은 주택의 ○○여과 이다.
② 노후화된 고소득층의 주택이 저소득층의 사용으로 전환되는 현상은 ○○여과이다.
③ 고소득층의 주거지역으로 저소득층이 들어오는 것을 ○○여과라고 한다.

3. 여과현상의 원인과 결과
① 주택의 하향여과는 저소득층의 소득 증가로 저가주택에 대한 ○○가 ○○할 때 발생한다.
② 주택의 상향여과는 저급주택이 수선되거나 ○○○될 때 나타나는 현상이다.
③ 주택의 하향 여과과정이 원활하게 작동하면 저급주택의 공급량이 ○○한다.

 답

1. ① 소득계층   ② 외부효과
2. ① 하향 ② 하향 ③ 하향
3. ① 수요, 증가 ② 재개발 ③ 증가

---

01 주거분리 현상에 관한 설명 중 옳지 않은 것은?

① 주거분리는 도심의 지가상승으로 도심의 직장과 주거지가 서로 분리되는 현상이다.
② 주거분리는 주택 소비자가 정(+)의 외부효과는 추구하고, 부(−)의 외부효과는 피하려는 동기에서 비롯된다.
③ 주거분리 현상은 인근지역에서 나타나기도 하고 도시 전체적인 측면에서 나타나기도 한다.
④ 고소득층 지역과 저소득층 지역의 경계 부근에 인접한 저소득층 주택은 할증되어 거래된다.
⑤ 고소득층 지역과 저소득층 지역의 경계 부근에 인접한 고소득층 주택은 할인되어 거래된다.

정답해설

① 주거분리 ⇨ 직주분리 : 주거분리는 주거지역이 소득계층별로 서로 분리되는 현상이다.

> **주거분리**
> 1. 주거지역이 저소득층의 주거지역과 고소득층의 주거지역으로 분리되는 현상
> 2. 주거분리의 원인 : 외부효과

02 주거분리에 관한 설명으로 옳지 않은 것은? (단, 다른 조건은 동일함)

① 고소득층 주거지와 저소득층 주거지가 서로 분리되는 현상을 의미한다.
② 고소득층 주거지와 저소득층 주거지가 인접한 경우, 경계지역 부근의 저소득층 주택은 할인되어 거래되고 경계지역 부근의 고소득층 주택은 할증되어 거래된다.
③ 저소득층은 다른 요인이 동일할 경우 정(+)의 외부효과를 누리고자 고소득층 주거지에 가까이 거주하려 한다.
④ 고소득층 주거지와 저소득층 주거지가 인접한 지역에서는 침입과 천이현상이 발생할 수 있다.
⑤ 도시 전체에서뿐만 아니라 지리적으로 인접한 근린지역에서도 발생할 수 있다.

정답해설

② 할인 ⇨ 할증, 할증 ⇨ 할인
　㉠ 경계지역 부근의 저소득층 주거지역은 고소득층 주거지역으로부터 정(+)의 외부효과를 받는다. 따라서 경계지역 부근의 저소득층 주택은 할증되어 거래된다.
　㉡ 경계지역 부근의 고소득층 주거지역은 저소득층 주거지역으로부터 부(-)의 외부효과를 받는다. 따라서 경계지역 부근의 고소득층 주택은 할인되어 거래된다.

03 주택여과에 관한 설명으로 옳지 않은 것은?

① 주택의 하향여과는 상위소득계층이 사용하던 기존 주택이 하위소득계층의 사용으로 전환되는 것을 말한다.
② 고소득층의 주거지역으로 저소득층이 들어오는 현상은 상향여과 과정이라고 한다.
③ 저소득층 주거지역에서 주택의 보수를 통한 가치 상승분이 보수비용보다 작다면 상향여과는 발생하지 않는다.
④ 하향여과는 저소득층의 소득증가로 저가주택에 대한 수요가 증가하는 때에 나타나는 현상이다.
⑤ 주택시장의 공가(空家)는 주택 여과 현상의 전제 조건이다.

정답　01 ①　02 ②　03 ②

정답해설

② 상향여과 과정 ⇨ 하향여과 과정

▎**주택여과 현상**

1. 하향여과
   ㉠ 저소득층이 노후화되어 가격수준이 낮아진 고소득층의 주택을 사용하게 되는 현상
   ㉡ 고소득층의 주거지역으로 저소득층이 들어오는 현상
   ㉢ 원인 : 저소득층 소득 증가로 저가주택에 대한 수요가 증가할 때 발생한다.
2. 상향여과
   ㉠ 고소득층이 재개발된 저소득층 주거지역으로 이동하는 현상
   ㉡ 원인 : 저급주택이 수선되거나 재개발될 때 발생한다.

04 **주거분리와 여과과정에 관한 설명으로 옳지 않은 것은?** ▸2019년 30회

① 저가주택이 수선되거나 재개발되어 상위계층의 사용으로 전환되는 것을 상향여과라 한다.
② 민간주택시장에서 저가주택이 발생하는 것은 시장이 하향여과작용을 통해 자원할당기능을 원활하게 수행하고 있기 때문이다.
③ 주거입지는 침입과 천이현상으로 인해 변화할 수 있다.
④ 주거분리는 도시 전체에서뿐만 아니라 지리적으로 인접한 근린지역에서도 발생할 수 있다.
⑤ 하향여과는 고소득층 주거지역에서 주택의 개량을 통한 가치상승분이 주택개량비용보다 큰 경우에 발생한다.

정답해설

⑤ 발생한다. ⇨ 발생할 수 없다. : 주택의 개량을 통한 가치상승분이 주택개량비용보다 크다는 것은 주택개량의 타당성이 있음을 의미한다. 그리고 고소득층 주거지역에서 주택개량이 발생하면 주택의 가격은 하락하지 않기 때문에 하향여과는 발생할 수 없다.

▎**저가주택(불량주택)의 문제**

1. 저가의 불량주택은 시장이 실패해서 발생하는 것이 아니라 시장이 정상적으로 작동하기 때문에 발생한다.
2. 저소득층은 저가의 불량주택을 소비할 수밖에 없으므로 시장은 저소득층을 위해서 저가의 불량주택을 공급한다.

05 주택의 여과과정(filtering process)에 관한 설명으로 옳지 않은 것은?

① 주택의 여과과정은 시간이 경과하면서 주택의 질과 주택에 거주하는 가구의 소득이 변화함에 따라 발생하는 현상이다.

② 개인은 주어진 소득이라는 제약조건하에 최대의 만족을 얻을 수 있는 주택서비스를 소비한다.

③ 주택의 상향여과는 낙후된 주거지역이 재개발되어 상위계층이 유입된 경우에 나타날 수 있다.

④ 주택의 하향여과는 저소득층에 대한 정부의 지원 등으로 인해 저가주택의 수요가 감소되었을 때 나타난다.

⑤ 주택의 여과과정이 원활하게 작동하는 주택시장에서 주택여과효과가 긍정적으로 작동하면 주거의 질을 개선하는 효과가 있다.

[정답해설]
④ 수요가 감소 ⇨ 수요가 증가 : 하향여과는 저가주택의 수요가 증가할 때 나타나는 현상이다.

06 주택의 여과과정(filtering process)과 주거분리에 관한 설명으로 옳지 않은 것은?

① 주택의 하향여과과정이 원활하게 작동하면 저급주택의 공급량이 감소한다.

② 저급주택이 재개발되어 고소득가구의 주택으로 사용이 전환되는 것을 주택의 상향여과과정이라 한다.

③ 저소득가구의 침입과 천이 현상으로 인하여 주거입지의 변화가 야기될 수 있다.

④ 고소득층 주거지역에서 주택의 개량비용이 개량 후 주택가치의 상승분보다 크다면 하향여과과정이 발생하기 쉽다.

⑤ 저소득층 주거지역에서 주택의 보수를 통한 가치상승분이 보수비용보다 크다면 상향여과과정이 발생할 수 있다.

[정답해설]
① 공급량이 감소한다. ⇨ 증가한다. : 하향여과는 저가주택에 대한 수요가 증가할 때 나타나는 현상이다. 다른 조건의 변화가 없다면 저가주택에 대한 수요가 증가하면 저가주택에 대한 공급이 증가한다.

[추가해설]
④ 주택개량의 타당성이 없는 상황(주택의 개량비용＞개량으로 인한 가치상승분)이다. 따라서 고소득층 주거지역의 주택가격은 하락하고, 그 결과 하향여과과정이 발생하기 쉽다.

⑤ 주택 보수(재개발)의 타당성이 있는 상황(보수를 통한 가치상승분＞수비용)이다. 따라서 저소득층 주거지역의 주택 보수(재개발)는 주택가격을 상승시키고, 그 결과 상향여과과정이 발생할 수 있다.

정답 ▶ 04 ⑤ 05 ④ 06 ①

07 **주거분리와 여과과정에 관한 설명으로 옳은 것은?** ▸ 2022년 33회

① 여과과정이 원활하게 작동하면 신규주택에 대한 정부지원으로 모든 소득계층이 이득을 볼 수 있다.

② 하향여과는 고소득층 주거지역에서 주택의 개량을 통한 가치상승분이 주택개량비용보다 큰 경우에 발생한다.

③ 다른 조건이 동일할 경우 고가주택에 가까이 위치한 저가주택에는 부(−)의 외부효과가 발생한다.

④ 민간주택시장에서 불량주택이 발생하는 것은 시장실패를 의미한다.

⑤ 주거분리현상은 도시지역에서만 발생하고, 도시와 지리적으로 인접한 근린지역에서는 발생하지 않는다.

〔정답해설〕

① 옳은 지문이다. 여과과정은 주택을 철거하지 않고 순환시키는 과정이다. 따라서 신규주택에 대한 정부의 지원은 일시적이지 않고, 주택을 순환하는 과정에서 모든 소득계층에게 이득을 줄 수 있다.

〔오답해설〕

② 발생한다. ⇨ 발생할 수 없다. : 고소득층 주거지역에서 주택개량이 이루어지면, 주택가격은 하락하지 않기 때문에 하향여과는 발생하지 않는다.

③ 부(−)의 외부효과 ⇨ 정(+)의 외부효과

④ 불량주택(가격수준이 낮은 주택)은 저소득층을 위해 시장이 할당한 주택이다. 따라서 불량주택이 발생하는 현상은 시장실패의 결과라고 할 수 없다.

⑤ 주거분리현상은 도시지역은 물론 근린지역에서도 발생하는 보편적인 현상이다.

정답 ▸ 07 ①

PART

04

부동산 정책론

부동산 정책의 이해

1절 시장실패

확인학습

1. 시장실패와 정부실패
　① 시장이 자원을 효율적으로 배분하지 못하는 상황을 ○○실패라고 한다.
　② 정부의 시장개입이 오히려 전보다 못한 결과를 만들어내는 현상을 ○○실패라고 한다.

2. 시장실패의 원인
　① ○○효과, ○○재
　② 불완전경쟁, 정보의 비대칭성, 위험과 불확실성

 1. ① 시장 ② 정부　**2.** ① 외부 ② 공공

01 부동산 시장에 대한 정부의 공적 개입에 관한 설명으로 옳지 않은 것은?
　① 정부가 주택시장에 개입하는 이유는 주택시장에 시장실패의 요인이 있기 때문이다.
　② 정부는 시장에서 효율적인 자원배분이 이루어지더라도 개입하는 경우가 있다.
　③ 시장기능으로 달성하기 어려운 소득재분배, 공공재의 공급, 경제 안정화 등을 달성하기
　　위하여 정부가 개입한다.
　④ 시장이 자원을 효율적으로 배분하지 못하는 상황을 정부실패라고 한다.
　⑤ 정부의 시장 개입이 오히려 전보다 못한 결과를 만들어 내는 경우도 있다.

정답해설
④ 정부실패 ⇨ 시장실패

┃ **시장실패와 정부실패**
1. **시장실패** ① 시장이 자원을 효율적으로 배분하지 못하는 상황
　　　　　　② 원인　㉠ 외부효과, 공공재
　　　　　　　　　　　㉡ 불완전경쟁, 정보의 비대칭성, 위험과 불확실성
2. **정부실패** : 정부의 시장개입이 오히려 시장을 왜곡시키는 현상

02 시장실패 또는 정부의 시장개입에 관한 설명으로 옳지 않은 것은?

① 외부효과는 시장실패의 원인이 된다.

② 소비의 비경합성과 비배제성을 수반하는 공공재는 시장실패의 원인이 된다.

③ 저소득층에 대한 임대주택 공급은 소득의 직접분배효과가 있다.

④ 부동산 시장의 정보의 대칭성은 시장실패의 원인이 된다.

⑤ 시장실패의 문제를 해결하기 위하여 정부는 시장에 개입할 수 있다.

정답해설

③ 소득의 직접분배효과 ⇨ 소득의 재분배효과 : 정부는 소득의 격차를 축소시키기 위해 소득을 재분배하고자 한다. 이를 소득재분배 정책이라고 한다. 정부가 저소득층에게 공급하는 공공임대주택의 임대료는 민간 임대주택의 임대료보다 낮기 때문에 저소득 임차인은 정부로부터 주거비를 보조받는 효과를 받는다. 그 결과 소득의 재분배효과가 발생한다.

03 정부의 주택시장 개입에 관한 설명으로 옳지 않은 것은? ▸2022년 33회

① 주택은 긍정적인 외부효과를 창출하므로 생산과 소비를 장려해야 할 가치재(merit goods)이다.

② 소득세의 누진세 체계, 정부가 저소득층에게 시행하는 임대료 보조 정책 등은 소득의 직접분배효과가 있다.

③ 주택구입능력을 제고하기 위한 정책은 소득계층에 따라 달라진다.

④ 자가주택 보유를 촉진하는 정책은 중산층 형성과 사회안정에 기여한다.

⑤ 주거안정은 노동생산성과 지역사회에 대한 주민참여를 제고하는 효과가 있다.

정답해설

② 소득의 직접분배효과 ⇨ 소득의 재분배효과

정답 ▸ 01 ④ 02 ③ 03 ②

04 시장실패의 원인으로 옳지 않은 것은?   ▶ 2023년 34회

① 외부효과
② 정보의 대칭성
③ 공공재의 공급
④ 불완전경쟁시장
⑤ 시장의 자율적 조절기능 상실

[정답해설]
② 정보의 비대칭성이 시장실패의 원인이다.

▍시장실패와 정부실패

1. 시장실패의 원인 : 외부효과, 공공재, 불완전경쟁, 정보의 비대칭성, 위험과 불확실성 등
2. 정부실패의 원인 : 정부의 정보 부족, 관료제도, 정책의 시간적 갭, 민간 반응의 변화 등

---

05 정부의 시장개입이 오히려 전보다 못한 결과를 초래하는 것을 정부실패라고 한다. 정부실패의 원인이 아닌 것은?

① 정부의 정보 부족
② 정책의 시간적 갭
③ 민간 반응의 변화
④ 공공재와 외부효과
⑤ 관료제도

[정답해설]
④ 공공재와 외부효과는 시장실패의 원인이다.

정답 04 ② 05 ④

2절 정부의 시장 개입방식

1. 임대료 규제, 분양가 상한제 : ○○개입방식

2. 토지은행제도(공공토지비축제도), 토지 수용, 토지 선매 : ○○개입방식

3. 공공택지개발, 공공임대주택 등 각종 공적 개발 : ○○개입방식

4. 조세, 개발부담금, 재건축부담금, 임대료 보조, 정보 지원 : ○○개입방식

5. 주택시장에 대한 정부의 대출 규제 : ○○개입방식

답 1. 직접 2. 직접 3. 직접 4. 간접 5. 간접

01 우리나라 정부의 부동산 시장에 대한 개입방식을 직접 개입방식과 간접 개입방식으로 구분하는 경우, 다음 중 직접 개입수단은 모두 몇 개인가?

• 공공토지비축	• 종합부동산세
• 개발부담금	• 공공임대주택
• 취득세	• 토지수용
• 공영개발	• 대부비율(LTV)

① 3개　　　　　　　　　　　　　② 4개

③ 5개　　　　　　　　　　　　　④ 6개

⑤ 7개

정답해설

② 직접 개입수단(4개) : 공공토지비축, 공공임대주택, 토지수용, 공영개발

정답 01 ②

02 정부의 개입방식을 직접과 간접으로 구분하는 경우, 부동산 시장에 대한 정부의 직접 개입방식으로 옳게 묶인 것은?

▶ 2020년 31회

① 토지비축제, 개발부담금제도
② 수용제도, 선매권제도
③ 최고가격제도, 부동산조세
④ 보조금제도, 용도지역지구제
⑤ 담보대출규제, 부동산거래허가제

정답해설
② 옳은 묶음이다.

03 정부의 개입방식을 직접, 간접 및 토지이용규제로 구분하는 경우 부동산시장에 대한 정부의 간접 개입방식으로 옳게 묶인 것은?

▶ 2022년 33회

① 임대료상한제, 부동산보유세, 담보대출규제
② 담보대출규제, 토지거래허가제, 부동산거래세
③ 개발부담금제, 부동산거래세, 부동산가격공시제도
④ 지역지구제, 토지거래허가제, 부동산가격공시제도
⑤ 부동산보유세, 개발부담금제, 지역지구제

정답해설
③ 옳은 묶음이다.
 1. 직접 개입방식 : 임대료상한제
 2. 간접 개입방식 : 개발부담금제, 부동산보유세, 부동산거래세, 담보대출규제, 부동산가격공시제도
 3. 토지이용규제 : 지역지구제, 토지거래허가제

┃ 정부의 개입방식(3분법에 의한 구분)
 1. 직접 개입방식 : 정부가 직접 가격(임대료)을 통제하거나, 정부가 직접 수요자 또는 공급자의 역할을 수행하는 방식
  ㉠ 정부의 가격 통제 : 임대료 통제, 분양가 통제
  ㉡ 정부의 소비자 역할 : 토지은행제도(토지비축제도), 토지수용, 토지 선매
  ㉢ 정부의 공급자 역할 : 공공주택건설, 공공택지개발 등 각종 공영개발
 2. 간접 개입방식 : 수요자 또는 공급자의 행동을 변화시키고자 하는 유인책
  ㉠ 조세 및 부담금, 보조 및 지원
  ㉡ LTV, DTI 등 대출 규제
 3. 토지이용규제(직접과 간접 등 2가지로 분류하는 경우에는 간접 개입방식에 포함된다)
  ㉠ 토지이용계획 및 도시계획 등에 의한 규제
  ㉡ 용도지역제, 개발행위허가제도, 토지거래허가 등 각종 인허가 규제

04 정부의 부동산 시장의 개입에 관한 설명으로 옳지 않은 것은?

① 개발부담금 부과제도는 정부의 직접적 시장개입수단이다.
② 공공임대주택의 공급은 소득재분배 효과를 기대할 수 있다.
③ 정부가 주택가격의 안정을 목적으로 신규주택의 분양가를 규제할 경우, 신규주택의 공급량이 감소하면서 사회적 후생손실이 발생할 수 있다.
④ 시장에서 어떤 원인으로 인해 자원의 효율적 배분에 실패하는 현상을 시장실패라 하는데, 이는 정부가 시장에 개입하는 근거가 된다.
⑤ 토지수용과 같은 시장개입수단에서는 토지매입과 보상과정에서 사업시행자와 피수용자 간에 갈등이 발생하기도 한다.

정답해설
① 직접적 ⇨ 간접적 : 개발부담금은 정부의 간접 개입 수단이다.

05 부동산 시장이 과열국면일 경우, 정부가 시행할 수 있는 부동산 시장의 안정화 대책을 모두 고른 것은? ▸2017년 28회

> ㄱ. 양도소득세율 인상
> ㄴ. 분양가상한제 폐지
> ㄷ. 아파트 전매제한기간 확대
> ㄹ. 주택청약 시 재당첨제한 폐지
> ㅁ. 담보인정비율(LTV) 및 총부채상환비율(DTI)의 축소

① ㄱ, ㄴ, ㄷ   ② ㄱ, ㄷ, ㅁ
③ ㄱ, ㄹ, ㅁ   ④ ㄴ, ㄷ, ㄹ
⑤ ㄴ, ㄹ, ㅁ

정답해설
② 시장이 과열된 상황에서 안정화 대책이란 주택의 수요를 감소시켜서 부동산 가격의 상승을 억제하는 정책이다. 안정화 대책은 ㄱ(세금의 인상), ㄷ(제한의 확대), ㅁ(대출금액의 축소)이다.

시장실패와 정부의 시장 개입

1절 외부효과

확인학습

1. 외부효과란 어떤 경제주체가 다른 경제주체에게 시장의 가격기구를 통하지 ○○, 의도하지 않은 이익이나 손해를 주는 것을 말한다.

2. 제3자에게 의도하지 않는 손해를 주면서, 그에 대한 대가를 지불하지 않는 경우는 외부○○○ 또는 ○의 외부효과에 해당한다.

3. 제3자에게 의도하지 않은 이익을 주면서, 그에 대한 대가를 받지 못하는 경우는 외부○○ 또는 ○의 외부효과에 해당한다.

4. 생산과정에서 외부불경제가 발생되면, 그 재화는 사회적인 최적 생산량보다 ○○하게 생산되는 경향이 있다.

5. 생산과정에서 외부경제가 발생되면, 그 재화는 사회적인 최적 생산량보다 ○○하게 생산되는 경향이 있다.

답 1. 않고 2. 불경제, 부 3. 경제, 정 4. 과대 5. 과소

01 외부효과에 관한 설명 중 옳지 않은 것은?

① 외부효과란 한 사람의 행위가 제3자의 경제적 후생에 영향을 미치지만, 그에 대한 보상이 이루어지지 않는 현상을 말한다.

② 외부효과는 어떤 경제주체의 경제활동의 의도적인 결과가 시장을 통하여 다른 경제주체의 후생에 영향을 주는 것을 말한다.

③ 외부불경제란 제3자에게 의도하지 않은 손해를 주면서도 그에 대한 대가를 지불하지 않는 경우이다.

④ 생산과정에서 외부불경제를 발생시키는 재화의 공급을 시장에 맡길 경우, 그 재화는 사회적인 최적생산량보다 과다하게 생산되는 경향이 있다.

⑤ 토지이용 행위에서 발생하는 외부불경제는 토지이용규제의 명분이 된다.

[정답해설]

② 의도적인 결과 ⇨ 의도하지 않은 결과, 시장을 통하여 ⇨ 시장을 통하지 않고 : 외부효과란 어떤 경제주체의 의도하지 않은 결과가 시장을 통하지 않고 다른 경제주체에게 영향을 주는 것을 의미한다.

▍ **외부효과와 시장실패**

1. 외부불경제
   ㉠ 유형 : 과대생산 또는 과대소비
   ㉡ 대책 : 벌금, 부담금 및 조세 등의 규제
   ㉢ 님비(NIMBY)현상
2. 외부경제
   ㉠ 유형 : 과소생산 또는 과소소비
   ㉡ 대책 : 보조금 또는 지원금 등의 지원
   ㉢ 핌피(PIMFY)현상

---

02 **외부효과에 관한 설명으로 옳지 않은 것은?** ▸ 2016년 27회

① 외부효과는 한 사람의 행위가 제3자의 경제적 후생에 영향을 미치고, 그에 대해 지급된 보상을 제3자가 인지하지 못하는 현상을 말한다.
② 정(+)의 외부효과는 핌피(PIMFY)현상을 초래할 수 있다.
③ 부(−)의 외부효과를 완화하기 위한 수단으로 배출권 거래제도 등이 있다.
④ 정(+)의 외부효과를 장려하기 위한 수단으로 보조금 지급 등이 있다.
⑤ 공장이 설립된 인근지역에는 해당 공장에서 배출되는 폐수 등으로 인해 부(−)의 외부효과가 발생할 수 있다.

[정답해설]

① 외부효과는 제3자에게 영향을 미치지만, 그에 대한 대가를 지급하거나 대가를 받지 않는 상태이다. 인지하지 못하더라도 대가가 지급되었기 때문에 외부효과를 설명한 지문이라고 할 수 없다.

▍ **님비현상과 핌피현상**

1. 님비(NIMBY)현상 : 'Not In My Back Yard(내 뒷마당에는 안 된다)'의 약자로, 부(−)의 외부효과가 발생하는 시설이 인근에 들어올 때 나타나는 지역이기주의를 의미한다.
2. 핌피(PIMFY)현상 : 'Please In My Front Yard(제발 내 앞마당에 놓아 주세요)' 약자로, 정(+)의 외부효과가 발생하는 시설이 인근에 들어올 때 나타나는 지역이기주의를 의미한다.

정답 01 ② 02 ①

03 **외부효과에 관한 설명으로 옳은 것은?** ▸ 2023년 34회

① 외부효과란 거래 당사자가 시장메카니즘을 통하여 상대방에게 미치는 유리하거나 불리한 효과를 말한다.

② 부(−)의 외부효과는 의도되지 않은 손해를 주면서 그 대가를 지불하지 않는 외부경제라고 할 수 있다.

③ 정(+)의 외부효과는 소비에 있어 사회적 편익이 사적 편익보다 큰 결과를 초래한다.

④ 부(−)의 외부효과에는 보조금 지급이나 조세경감의 정책이 필요하다.

⑤ 부(−)의 외부효과는 사회적 최적생산량보다 시장생산량이 적은 과소생산을 초래한다.

> **정답해설**

③ 옳은 지문이다. 정(+)의 외부효과는 경제주체의 어떤 행동이 제3자, 즉 사회에 이익을 주는 경우이다. 따라서 사회적 편익이 사적 편익보다 큰 결과를 초래한다.

> **오답해설**

① 시장메카니즘을 통하여 ⇨ 시장메카니즘을 통하지 않고

② 외부경제 ⇨ 외부불경제

④ 부(−)의 외부효과에는 벌금·부담금의 부과, 조세 부과 등 규제 정책이 필요하다.

⑤ 과소생산 ⇨ 과대생산 : 부(−)의 외부효과가 발생하면 사회적 최적생산량보다 시장생산량이 많은 과대생산이 초래된다.

04 **외부효과에 관한 설명으로 옳지 않은 것은?**

① 외부효과란 어떤 경제활동과 관련하여 거래당사자가 아닌 제3자에게 의도하지 않은 혜택이나 손해를 가져다주면서도 이에 대한 대가를 받지도 지불하지도 않는 상태를 말한다.

② 지역지구제나 토지이용계획은 외부효과 문제의 해결 수단이 될 수 없다.

③ 부(−)의 외부효과를 발생시키는 공장에 대해서 부담금을 부과하면, 생산비가 증가하여 이 공장에서 생산되는 제품의 공급이 감소하게 된다.

④ 부(−)의 외부효과가 발생하게 되면 법적 비용, 진상조사의 어려움 등으로 인해 당사자 간 해결이 곤란한 경우가 많다.

⑤ 여러 용도가 혼재되어 있어 인접지역 간 토지이용의 상충으로 인하여 토지시장의 효율적인 작동을 저해하는 경우, 부(−)의 외부효과가 발생할 수 있다.

> **정답해설**

② 될 수 없다. ⇨ 있다. : 지역지구제나 토지이용계획은 어울리지 않는 토지이용으로 인한 부(−)의 외부효과를 억제하거나 감소시키기 위한 제도이다.

정답 03 ③ 04 ②

2절 공공재

확인학습

1. 공공재는 소비의 ○○○성과 소비의 ○○○성이라는 특성을 갖는다.

2. 공공재의 특성
   ① 소비의 ○○○○ : 먼저 소비하기 위해 경쟁하지 않는다.
   ② 소비의 ○○○○ : 대가를 지불하지 않은 사람도 소비를 할 수 있다.

3. 공공재는 소비의 비배제성으로 인하여 개인들이 생산비를 부담하지 않고 이를 최대한 이용하려고 하는데, 이를 ○○ ○○○의 문제라고 한다.

4. 공공재는 사회적 최적수준보다 ○○하게 생산되거나 생산이 이루어지지 않는다.

답 1. 비경합, 비배제 2. ① 비경합성 ② 비배제성 3. 무임 승차자 4. 과소

---

01 공공재와 시장실패에 대한 설명으로 옳지 않은 것은?

① 공공재는 소비의 비배제성과 소비의 비경합성이라는 특성을 갖는다.

② 공공재의 '비경합성'이란 어떤 사람이 공공재를 이용한다고 하더라도 다른 사람이 이용하는 양을 제한하지 않는다는 것을 의미한다.

③ 공공재의 공급을 사적시장에 맡기면 사회에서 필요한 양만큼 적게 생산되거나 생산이 불가능해진다.

④ 공공재가 외부효과를 유발하는 것은 아니다.

⑤ 공공재는 일반적으로 정부가 세금이나 공공의 기금으로 공급하는 경우가 많다.

정답해설

④ 공공재는 일반적으로 외부효과를 유발한다. 좋은 학교 또는 병원 등의 공공재는 정(＋)의 외부효과를 유발하고, 쓰레기하치장 또는 장례식장 등의 공공재는 부(－)의 외부효과를 유발한다.

> ▌**공공재와 시장실패**
> 1. **공공재의 특징**
>   ㉠ 소비의 비경합성 : 공공재는 공공이 함께 소비할 수 있기 때문에, 먼저 소비하기 위해 경쟁하지 않는다.
>   ㉡ 소비의 비배제성 : 공공재는 대가를 지불하지 않은 사람도 소비에서 배제되지 않는다. 즉, 소비를 할 수 있다.
> 2. **공공재와 시장실패**
>   ㉠ 유형 : 무임승차자로 인한 과소생산 또는 생산 불가능
>   ㉡ 대책 : 정부의 직접 생산 및 공급

정답 01 ④

02 공공재에 관한 설명 중 옳지 않은 것은?

① 소비의 비경합성과 비배제성이라는 특성이 있다.
② 생산을 시장에 맡길 경우 사회적 적정 생산량보다 과다하게 생산되는 경향이 있다.
③ 생산을 시장에 맡길 경우 무임승차의 문제가 발생한다.
④ 소비에 있어서 규모의 경제가 있다.
⑤ 산림, 명승지 등 자연이 잘 보존된 토지는 공공재적 성격을 지닌다.

> **정답해설**
>
> ② 과다 ⇨ 과소 : 공공재의 공급 과정에서 무임승차자가 발생하면, 공공재는 사회적 적정 생산량보다 과소하게 생산되는 경향이 있다.

03 공공재에 관한 일반적인 설명으로 틀린 것은?

① 소비의 비경합적 특성이 있다.
② 비내구재이기 때문에 정부만 생산비용을 부담한다.
③ 무임승차 문제와 같은 시장실패가 발생한다.
④ 생산을 시장기구에 맡기면 과소생산되는 경향이 있다.
⑤ 비배제성에 의해 비용을 부담하지 않은 사람도 소비할 수 있다.

> **정답해설**
>
> ② 공공재는 대부분 내구재이다. 또한 도로 등 일부 공공재는 이를 이용하는 사람들에게 사용료를 징수한다. 따라서 정부만 생산비용을 부담하는 것은 아니다.

정답 02 ② 03 ②

임대주택 및 분양주택 정책

1절 임대주택 정책

1. **임대료 규제(임대료 상한제, 최고 임대료제)**
   ① 특징 : 임대료를 낮추는 정책으로 공급자에게 불리한 정책
   ② 효과 : 장기적으로 공급(물량) ○○
   ③ 기타 : 주택의 질적 하락, 주거이동의 제한, 암시장의 형성

2. **임대료 보조**
   ① 특징 : 임차인의 소득을 증가시키는 정책으로 공급자에게 유리한 정책
   ② 효과 : 장기적으로 공급(물량) ○○

3. **공공임대주택**

답 1. 감소   2. 증가

---

01 **임대주택정책의 효과에 관한 설명으로 옳지 않은 것은?**

① 임대료 규제는 임차인을 보호하기 위하여 정부가 시장의 균형임대료 이하로 임대료를 통제하는 정책이다.

② 정부의 규제임대료는 시장의 균형임대료보다 낮아야 저소득층의 주거비 부담 완화효과를 기대할 수 있다.

③ 정부의 임대료 상한이 시장의 균형임대료보다 낮을 경우, 장기적으로 임대주택의 공급량은 증가한다.

④ 임대료 보조 정책은 저소득층의 실질소득을 증가시킴으로써 임대주택의 수요를 증가시킨다.

⑤ 임대료 보조 정책은 다른 조건의 변화가 없는 경우 장기적으로 임대주택의 공급을 증가시킨다.

정답 01 ③

정답해설

③ 공급량은 증가한다. ⇨ 감소한다. : 임대료 규제 정책은 임대사업자의 수익성을 악화시키기 때문에 장기적으로 임대주택의 공급량은 감소한다.

> ▌ **임대료 규제의 효과**
> 1. 단기 : 초과수요 현상
> 2. 장기 : ㉠ 임대주택의 물량 감소
>   ㉡ 주택의 질적 저하, 주거이동의 제한, 암시장 형성

02 임대주택정책의 효과에 관한 설명으로 옳지 않은 것은?

① 균형임대료보다 임대료 상한이 낮을 경우, 장기적으로 임대주택의 질이 낮아져 주거환경이 악화될 수 있다.

② 균형임대료보다 임대료 상한이 낮을 경우, 임대료 규제가 지속되면 장기적으로는 음성적 거래가 발생할 수 있다.

③ 균형임대료보다 임대료 상한이 높을 경우, 장기적으로 임대주택의 물량은 감소한다.

④ 임대료 보조는 저소득층의 실질소득을 증가시키는 효과가 있기 때문에 단기적으로 임대주택의 수요를 증가시킨다.

⑤ 임대료 보조는 임대료 규제와 달리 장기적으로 임대주택의 공급을 증가시킨다.

정답해설

③ 높을 경우 ⇨ 낮을 경우 : 균형임대료보다 임대료 상한이 높을 경우, 시장에 아무런 영향을 주지 못한다. 따라서 임대주택 물량의 변화는 나타나지 않는다.

> ▌ **임대료 보조의 효과**
> 1. 단기 : 보조금을 통한 임대주택의 수요 증가
> 2. 장기 : 임대주택의 공급 증가

03 임대주택정책에 관한 설명으로 옳지 않은 것은?

① 주택보조방식은 크게 생산자 보조 방식과 소비자 보조 방식으로 구분할 수 있는데, 임대료 보조 정책은 소비자 보조 방식에 해당한다.

② 소득대비 주택가격비율(PIR)은 주택가격을 가구의 지불능력과 비교한 지표로 수치가 작을수록 주택가격은 사회적으로 안정적이라고 판단한다.

③ 국가나 지방자치단체가 시행하는 공공임대주택의 공급 정책은 입주자가 주거지를 자유롭게 선택할 수 있는 것이 장점이다.

④ 주거복지정책상 주거급여는 저소득층에게 주거안정에 필요한 임차료, 수선유지비, 그 밖의 수급품을 지급하는 제도로 소비자 보조 방식에 해당한다.

⑤ 주거바우처(housing voucher) 제도는 임대료 보조를 교환권으로 지급하는 제도를 말하며, 우리나라에서는 일부 지방자치단체에서 저소득가구에 주택임대료를 일부 지원해 주는 방식으로 운영되고 있다.

정답해설

③ 공공임대주택은 정부가 공급할 지역과 유형을 정하고 임대받을 수 있는 자격과 조건에 의해 공급되기 때문에, 입주자가 주거지를 자유롭게 선택할 수 없다는 단점이 있다.

▍주거급여와 주거바우처

1. 주거급여란 「국민기초생활 보장법」의 주거급여로서 주거안정에 필요한 임차료, 수선유지비, 그 밖의 수급품을 지급하는 것을 말한다(주거급여법).
2. 주거바우처(housing voucher) 제도는 임대료 보조를 교환권으로 지급하는 제도를 말하며, 우리나라에서는 일부 지방자치단체에서 저소득가구에 주택임대료를 일부 지원해 주는 방식으로 운영되고 있다.

04 주거복지정책에 관한 설명으로 옳지 않은 것은?

① 공공임대주택의 공급은 소득재분배 효과를 기대할 수 있다.

② 주거급여는 생활이 어려운 사람에게 주거안정에 필요한 임차료 등을 지급하는 것을 말한다.

③ 정부가 임대료를 균형가격 이하로 규제하면 민간임대주택의 공급량은 감소할 수 있다.

④ 정부가 저소득층에게 임차료를 보조해주면 저소득층 주거의 질적 수준이 높아질 수 있다.

⑤ 공공임대주택은 한국토지주택공사가 외부재원의 지원 없이 자체자금으로 건설하여 임대를 목적으로 공급하는 주택을 말한다.

정답해설

⑤ 공공임대주택은 국가나 지방자치단체의 재정이나 주택도시기금의 자금을 지원받아 공급한다.

정답 ▶ 02 ③ 03 ③ 04 ⑤

05 공공주택 특별법령상 공공임대주택의 용어 정의로 옳지 않은 것은?

① 공공주택이란 공공주택사업자가 국가 또는 지방자치단체의 재정이나 주택도시기금을 지원받아 건설, 매입 또는 임차하여 공급하는 주택을 말한다.

② 영구임대주택은 국가나 지방자치단체의 재정을 지원받아 최저소득 계층의 주거안정을 위하여 50년 이상 또는 영구적인 임대를 목적으로 공급하는 공공임대주택을 말한다.

③ 장기전세주택은 국가나 지방자치단체의 재정이나 주택도시기금의 자금을 지원받아 전세계약의 방식으로 공급하는 공공임대주택을 말한다.

④ 국민임대주택은 국가나 지방자치단체의 재정이나 주택도시기금의 자금을 지원받아 대학생, 사회초년생, 신혼부부 등 젊은 층의 주거안정을 목적으로 공급하는 공공임대주택을 말한다.

⑤ 기존주택전세임대주택은 국가나 지방자치단체의 재정이나 주택도시기금의 자금을 지원받아 기존주택을 임차하여 「국민기초생활 보장법」에 따른 수급자 등 저소득층과 청년 및 신혼부부 등에게 전대(轉貸)하는 공공임대주택을 말한다.

> 정답해설

④ 국민임대주택 ⇨ 행복주택 : 행복주택은 젊은 층의 주거안정을 목적으로 공급된다.

▮ 공공임대주택(공공주택 특별법)

1. **영구임대주택** : 국가나 지방자치단체의 재정을 지원받아 최저소득 계층의 주거안정을 위하여 50년 이상 또는 영구적인 임대를 목적으로 공급하는 공공임대주택

2. **국민임대주택** : 국가나 지방자치단체의 재정이나 주택도시기금의 자금을 지원받아 저소득 서민의 주거안정을 위하여 30년 이상 장기간 임대를 목적으로 공급하는 공공임대주택

3. **행복주택** : 국가나 지방자치단체의 재정이나 주택도시기금의 자금을 지원받아 대학생, 사회초년생, 신혼부부 등 젊은 층의 주거안정을 목적으로 공급하는 공공임대주택

3의2. **통합공공임대주택** : 국가나 지방자치단체의 재정이나 주택도시기금의 자금을 지원받아 최저소득 계층, 저소득 서민, 젊은 층 및 장애인·국가유공자 등 사회 취약계층 등의 주거안정을 목적으로 공급하는 공공임대주택

4. **장기전세주택** : 국가나 지방자치단체의 재정이나 주택도시기금의 자금을 지원받아 전세계약의 방식으로 공급하는 공공임대주택

5. **분양전환공공임대주택** : 일정 기간 임대 후 분양전환할 목적으로 공급하는 공공임대주택

6. **기존주택매입임대주택** : 국가나 지방자치단체의 재정이나 주택도시기금의 자금을 지원받아 기존주택을 매입하여 「국민기초생활 보장법」에 따른 수급자 등에게 공급하는 공공임대주택

7. **기존주택전세임대주택** : 국가나 지방자치단체의 재정이나 주택도시기금의 자금을 지원받아 기존주택을 임차하여 저소득 서민에게 전대(轉貸)하는 공공임대주택

06 공공주택 특별법령상 공공임대주택에 해당하지 않는 것은?

① 영구임대주택
② 국민임대주택
③ 분양전환공공임대주택
④ 공공지원민간임대주택
⑤ 기존주택등매입임대주택

[정답해설]
④ 공공지원민간임대주택은 공공주택 특별법령상의 공공임대주택이 아니라 공공의 지원을 받아 건설하는 민간임대주택이다.

07 주거정책에 관한 설명으로 틀린 것을 모두 고른 것은?

> ㉠ 우리나라는 주거에 대한 권리를 인정하고 있지 않다.
> ㉡ 공공임대주택, 주거급여제도, 주택청약종합저축제도는 현재 우리나라에서 시행되고 있다.
> ㉢ 주택바우처는 저소득임차가구에 주택임대료를 일부 지원해주는 소비자보조방식의 일종으로 임차인의 주거지 선택을 용이하게 할 수 있다.
> ㉣ 임대료보조정책은 민간임대주택의 공급을 장기적으로 감소시키고 시장임대료를 높인다.
> ㉤ 임대료를 균형가격 이하로 통제하면 민간임대주택의 공급량은 증가하고 질적 수준은 저하된다.

① ㉠, ㉡, ㉤
② ㉠, ㉢, ㉤
③ ㉠, ㉣, ㉤
④ ㉡, ㉢, ㉣
⑤ ㉢, ㉣, ㉤

[정답해설]
③ 틀린 지문은 ㉠, ㉣, ㉤이다.
  ㉠ 인정하고 있지 않다. ⇨ 인정하고 있다.
  ㉣ 공급을 장기적으로 감소시키고 ⇨ 공급을 장기적으로 증가시키고 시장임대료를 하락시킨다.
  ㉤ 공급량은 증가하고 ⇨ 공급량은 감소하고

08 다음 ( )에 들어갈 알맞은 내용은?

> • (㉠)은 공공주택특별법 시행령에 따른 국가나 지방자치단체의 재정이나 주택도시기금의
>   자금을 지원받아 전세계약의 방식으로 공급하는 공공임대주택이다.
> • (㉡)은 민간임대주택에 관한 특별법에 따른 임대사업자가 매매 등으로 소유권을 취득하여
>   임대하는 민간임대주택을 말한다.

	㉠	㉡
①	국민임대주택	장기전세주택
②	장기전세주택	기존주택전세임대주택
③	기존주택전세임대주택	국민임대주택
④	국민임대주택	민간매입임대주택
⑤	장기전세주택	민간매입임대주택

[정답해설]

⑤ ㉠은 장기전세주택이고, ㉡은 민간매입임대주택이다.

09 A지역 임대아파트의 시장수요함수가 $Q_d = 100 - \frac{1}{2}P$이고, 시장공급함수는 $Q_s = 20 + \frac{1}{3}P$이다. 정부가 임대료를 시장균형 임대료에서 36만원을 낮추었을 경우 A지역 임대아파트의 초과수요량은? (단, Q_d : 수요량, Q_s : 공급량, P : 임대료, 단위는 천호 및 만원이고, 다른 조건은 불변임)

▶ 2019년 30회

① 30천호　　　　　　　　　② 32천호

③ 40천호　　　　　　　　　④ 52천호

⑤ 70천호

[정답해설]

① 초과수요량은 30천호이다.
  1. 균형임대료의 산정 : 100 − 1/2P = 20 + 1/3P, P = 96만원
  2. 정부의 규제 임대료 : 96만원 − 36만원 = 60만원
  3. 규제 임대료 수준에서의 초과수요량 : 70천호(수요량) − 40천호(공급량) = 30천호

2절 분양주택 정책

확인학습

1. **분양가 규제(분양가 상한제)**
   ① 특징 : 분양가를 낮추는 정책으로 공급자에게 불리한 정책
   ② 효과 : 신규 분양주택의 공급(물량) ○○, 청약 투기

2. **선분양 제도**
   ① 특징 : 사업자에게 자금을 마련해주는 정책으로 공급자에게 유리한 정책
   ② 효과 : 신규주택의 공급 ○○

답 1. 감소 2. 증가

---

01 분양가상한제에 관한 설명 중 옳은 것으로 묶인 것은?

> ㉠ 장기적으로 민간의 신규주택 공급을 위축시킴으로서 주택가격을 상승시킬 수 있다.
> ㉡ 상한가격이 시장가격보다 낮을 경우 일반적으로 초과공급이 발생한다.
> ㉢ 주택건설업체의 수익성을 낮추는 요인으로 작용하여 주택공급을 감소시킬 수 있다.
> ㉣ 시장가격 이상으로 상한가격을 설정하여 무주택자의 주택가격 부담을 완화시키고자 하
> 는 제도이다.

① ㉠, ㉢

② ㉠, ㉢, ㉣

③ ㉡, ㉢

④ ㉠, ㉡, ㉢

⑤ ㉡, ㉣

정답해설
① 옳은 것은 ㉠, ㉢이다.

오답해설
㉡ 초과공급이 ⇨ 초과수요가
㉣ 시장가격 이상으로 ⇨ 시장가격 이하로

정답 01 ①

02 분양가상한제에 관한 설명으로 옳지 않은 것은? ▸2016년 27회

① 주택구매 수요자들의 주택구입 부담을 덜어주기 위해 신규분양주택의 분양가격을 주택법령에 따라 정한 가격을 초과하여 받지 못하도록 규제하는 제도이다.

② 주택법령상 사업주체가 일반인에게 공급하는 공동주택 중 공공택지 외의 택지에서 주택가격의 상승 우려가 있어 심의를 거쳐 지정하는 지역에서 공급하는 주택의 경우에는 기준에 따라 산정되는 분양가격 이하로 공급하여야 한다.

③ 공급자의 이윤이 저하되어 주택의 공급이 감소하는 현상이 나타날 수 있다.

④ 주택법령상 사업주체는 분양가상한제 적용주택으로서 공공택지에서 공급하는 주택에 대하여 입주자 모집승인을 받았을 때에는 입주자 모집공고에 택지비, 공사비, 간접비 등에 대하여 분양가격을 공시하여야 한다.

⑤ 주택법령상 사업주체가 일반인에게 공급하는 공동주택 중 공공택지에서 공급하는 도시형생활주택은 분양가상한제를 적용한다.

> 정답해설
>
> ⑤ 적용한다. ⇨ 적용하지 아니한다. : 도시형생활주택은 분양가상한제가 적용되지 않는다.

> **▌ 분양가상한제(주택법)**
>
> 1. 사업주체가 일반인에게 공급하는 공동주택 중 다음 어느 하나에 해당하는 지역에서 공급하는 주택의 경우에는 이 조에서 정하는 기준에 따라 산정되는 분양가격 이하로 공급하여야 한다.
>   ① 공공택지
>   ② 공공택지 외의 택지에서 주택가격 상승 우려가 있어 국토교통부장관이 주거정책심의위원회 심의를 거쳐 지정하는 지역
> 2. 다음 어느 하나에 해당하는 경우에는 분양가상한제를 적용하지 아니한다.
>   ① 도시형 생활주택
>   ② 이하 생략
> 3. 분양가격은 택지비와 건축비로 구성되며, 구체적인 명세, 산정방식, 감정평가기관 선정방법 등은 국토교통부령으로 정한다.

03 분양가규제에 관한 설명으로 옳지 않은 것은?

① 주택법령상 분양가상한제 적용주택의 분양가격은 택지비와 건축비로 구성된다.
② 주택법령상 분양가상한제 적용주택 및 그 주택의 입주자로 선정된 지위에 대하여 전매를 제한할 수 있다.
③ 분양가상한제의 목적은 주택가격을 안정시키고 무주택자의 신규주택 구입부담을 경감시키기 위해서이다.
④ 주택법령상 국민주택건설사업이 추진하는 공공사업에 의하여 개발·조성되는 공동주택이 건설되는 용지에는 주택의 분양가격을 제한할 수 없다.
⑤ 분양가규제는 신규분양주택의 분양가격을 정부가 통제하는 것이다.

정답해설

④ 제한할 수 없다. ⇨ 제한할 수 있다. : 공공택지에서 공급하는 공동주택은 원칙적으로 분양가상한제가 적용된다. 공공사업에 의해 개발·조성되는 용지는 공공택지에 해당한다. 따라서 제시된 주택은 공공택지에서 공급되는 주택으로 분양가상한제가 적용된다.

04 주택공급제도에 관한 설명으로 틀린 것은?

① 선분양제도는 준공 전 분양대금의 유입으로 사업자의 초기자금부담을 완화시키고자 도입되었다.
② 선분양제도는 분양권 전매를 통하여 가수요를 창출하여 부동산 시장의 불안을 야기할 수 있다.
③ 후분양제도는 주택을 일정 절차에 따라 건설한 후에 분양하는 방식이다.
④ 후분양제도는 초기 주택건설자금의 대부분을 주택구매자로부터 조달하므로 건설자금에 대한 이자의 일부를 주택구매자가 부담하게 된다.
⑤ 소비자측면에서 후분양제도는 선분양제도보다 공급자의 부실시공 및 품질저하에 대처할 수 있다.

정답해설

④ 후분양제도 ⇨ 선분양제도

05 분양가상한제로 인해 발생할 수 있는 문제점과 그 보완책을 연결한 것으로 옳지 않은 것은?

▶ 2022년 33회

① 분양주택의 질 하락 – 분양가상한제의 기본 건축비 현실화
② 분양주택 배분 문제 – 주택청약제도를 통한 분양
③ 분양프리미엄 유발 – 분양주택의 전매제한 완화
④ 신규주택 공급량 감소 – 공공의 저렴한 택지 공급
⑤ 신규주택 공급량 감소 – 신규주택건설에 대한 금융지원

〉정답해설〈

③ 분양프리미엄 유발 – 분양주택의 전매제한 강화

분양가상한제가 실시되면 분양을 받는 사람은 주변 시가보다 낮은 가격으로 주택을 분양받게 된다. 따라서 주변 시가와의 차이로 발생하는 가격상승의 이익, 즉 분양프리미엄을 갖기 위해 분양 투기가 발생한다. 이 경우 정부는 분양주택의 전매제한을 강화하여 분양 투기를 억제하고자 한다.

정답 **05** ③

부동산 조세 정책

1절 조세 전가와 조세 부담

확인학습

1. 조세 부담은 보다 ○○○○인 상대방이 보다 많이 부담한다.
2. 임대주택의 공급이 비탄력적일수록 임대주택에 대한 재산세 부담은 임대인이 보다 많이 부담하고, 그 결과 전가현상은 ○○한다.
3. 가격이 오른 주택의 소유자가 양도소득세를 납부하지 않기 위해서 주택의 처분을 연기하거나 포기하는 현상을 주택의 ○○효과라고 한다.
4. 동결효과가 발생되면 주택의 공급이 ○○하여 주택의 가격이 ○○할 수 있다.
5. 헨리 조지는 토지세만으로 충분히 국가의 재정을 확보할 수 있다고 주장하면서 다른 모든 조세를 철폐하고 토지에 대한 보유세만을 단일하게 부과하자고 주장하였다. 이를 헨리 조지의 ○○○○세라고 한다.

답 1. 비탄력적 2. 감소 3. 동결 4. 감소, 상승 5. 토지단일

01 임대주택에 대한 재산세 부과의 효과를 설명한 것으로 옳지 않은 것은?

① 임대주택에 재산세가 부과되면 부과된 세금은 장기적으로 임차인에게 전가될 수 있다.
② 임대주택의 공급곡선이 완전비탄력적인 상황이라면 재산세 부과로 인한 세금의 전가는 극대화된다.
③ 공급의 가격탄력성은 탄력적인 반면 수요의 가격탄력성은 비탄력적이라면, 임차인이 임대인보다 더 많은 세금을 실질적으로 부담한다.
④ 조세 전가를 통해 임대주택의 임대료는 상승한다.
⑤ 임대주택의 공급곡선이 완전 탄력적이라면, 재산세의 부담은 모두 임차인이 부담한다.

정답해설

② 임대주택의 공급곡선이 완전비탄력적인 상황이라면 공급자(임대인)가 조세를 전부 부담한다. 따라서 임차인에게 조세는 전가되지 않는다.

▌조세 부담의 원칙
1. 보다 비탄력적인 상대방이 보다 많이 부담한다.
2. 수요가 완전비탄력적 : 수요자가 전부 부담
3. 공급이 완전비탄력적 : 공급자가 전부 부담, 조세 전가는 없다.

정답 ▶ 01 ②

02 주택 매도인에게 양도소득세가 중과된 경우 그 영향을 옳게 설명한 것은? (단, 주택수요의 가격탄력성은 비탄력적이고 공급의 가격탄력성은 탄력적임)

① 양도소득세의 중과 후에 매수인이 지불하는 가격은 양도소득세가 중과되기 전보다 항상 낮아질 것이다.

② 양도소득세 납부 후 매도인이 실제로 받는 대금은 양도소득세가 중과하기 전보다 항상 높아질 것이다.

③ 양도소득세가 중과되기 전보다 중과 후에 주택거래량은 늘어날 것이다.

④ 양도소득세의 중과효과는 매도인보다 매수인에게 보다 크게 작용할 것이다.

⑤ 주택시장에 동결효과가 발생하면, 주택의 가치는 오히려 하락할 수 있다.

정답해설

④ 옳은 지문이다. 수요가 보다 비탄력적이므로 매수인이 실질적으로 조세를 보다 많이 부담한다.

오답해설

① 양도소득세가 중과되면 일반적으로 조세의 전가를 위해 매도인은 거래가격을 올린다. 따라서 양도소득세 중과 후에 매수인이 지불하는 가격은 종전보다 높아진다.

② 제시된 조건에서 매도인은 조세의 전부를 매수인에게 전가할 수 없으므로 일부를 부담한다. 따라서 양도소득세 납부 후 매도인이 실제로 받는 대금은 종전보다 낮아진다.

③ 양도소득세 중과로 동결효과가 발생하면 주택거래량은 감소할 수 있다.

⑤ 하락 ⇨ 상승 : 동결효과가 발생하면, 주택의 공급이 감소하여 주택 가격이 상승할 수 있다.

03 부동산 조세에 관한 설명으로 옳은 것은? (단, 우하향하는 수요곡선을 가정함)

① 소유자가 거주하는 주택에 재산세를 부과하면, 주택수요가 증가하고 주택가격은 상승하게 된다.

② 임대주택에 재산세를 부과하면 임대주택의 공급이 증가하고 임대료는 하락할 것이다.

③ 주택의 취득세율을 낮추면, 주택의 수요가 감소한다.

④ 주택공급의 동결효과(lock-in effect)란 가격이 오른 주택의 소유자가 양도소득세를 납부하기 위해 주택의 처분을 적극적으로 추진함으로써 주택의 공급이 증가하는 효과를 말한다.

⑤ 토지공급의 가격탄력성이 '0'인 경우, 부동산 조세 부과 시 토지소유자가 전부 부담하게 된다.

정답해설

⑤ 옳은 지문이다. 조세부담의 정도는 수요와 공급의 탄력성에 의해 결정된다. 토지공급의 가격탄력성이 '0'이라면 조세는 공급자인 토지소유자가 전부 부담한다.

① 재산세가 부과되면, 주택의 수요는 감소하고 주택가격은 하락한다.
② 임대주택에 재산세가 부과하면 임대주택의 공급은 감소하고 임대료는 상승한다.
③ 주택의 취득세율을 낮추면, 주택구입의 부담이 감소하기 때문에 주택 수요가 증가한다.
④ 주택공급의 동결효과(lock-in effect)란 가격이 오른 주택의 소유자가 양도소득세를 부담하지 않기 위해서 주택의 처분을 적극적으로 미루는 현상이다. 따라서 동결효과가 나타나면 주택의 공급은 감소한다.

04 부동산 조세정책에 관한 설명으로 옳지 않은 것은? (단, 다른 조건은 동일함)

① 토지이용을 특정 방향으로 유도하기 위해 정부가 토지보유세를 부과할 때에는 토지의 용도에 관계없이 동일한 세금을 부과해야 한다.
② 임대주택에 재산세가 중과되면, 증가된 세금은 장기적으로 임차인에게 전가될 수 있다.
③ 주택의 보유세 감면은 자가 소유를 촉진할 수 있다.
④ 주택의 취득세율을 낮추면 주택 수요가 증가할 수 있다.
⑤ 공공임대주택의 확대는 임대주택의 재산세가 임차인에게 전가되는 현상을 완화시킬 수 있다.

① 토지이용을 특정 방향으로 유도하기 위해서는 토지의 용도에 따라 차등적으로 세금을 부과해야 한다.

05 부동산 조세에 관한 설명으로 옳지 않은 것은? (단, 다른 조건은 불변임)

① 부동산 조세의 부과처럼 조세의 감면도 소득을 재분배하는 효과가 있다.
② 헨리 조지(Henry George)는 토지에서 발생하는 지대수입을 100% 징세할 경우, 토지세 수입만으로 재정을 충당할 수 있기 때문에 토지세 이외의 모든 조세는 철폐하자고 주장했다.
③ 지가상승에 대한 기대가 퍼져 있는 상황에서 양도소득세가 중과되어 동결효과(lock in effect)가 발생하면 지가가 하락한다.
④ 조세의 전가란 납세의무자에게 부담된 조세가 납세의무자의 부담이 되지 않고 다른 사람에게 이전되는 것을 말한다.
⑤ 부동산 세금은 정부나 지방자치단체가 필요한 재원을 조달하거나 분배의 불공평성을 개선하기 위해 부과하기도 한다.

③ 지가가 하락한다. ⇨ 상승한다. : 동결효과(lock in effect)가 발생하면 토지의 공급이 감소하고 지가는 상승한다.

2절 우리나라 조세 체계

확인학습

1. 부동산 관련 조세 체계

	취득단계	보유단계	처분단계
지방세	① ○○세	② ○○세	
국세		종합부동산세	양도소득세
	상속세(국세) 증여세(국세)		

2. 재산세

① 원칙 : 보유세, 지방세(시·군·구세), 보통징수
② 재산세는 ○○, ○○○, ○○, 항공기 및 선박(이하 "재산"이라 한다)을 과세대상으로 한다.
③ 재산세의 과세기준일은 매년 6월 ○일로 한다.
④ 재산세는 관할 지방자치단체의 장이 세액을 산정하여 보통징수의 방법으로 ○○·징수한다.

3. 종합부동산세

① 원칙 : 보유세, 국세, 정부 부과·징수(원칙), 전국 합산, ○○ 과세, 세부담의 상한
② 종합부동산세는 ○○에 대한 종합부동산세와 ○○에 대한 종합부동산세의 세액을 합한 금액을 그 세액으로 한다.
③ 과세기준일 현재 주택분 재산세의 납세의무자는 종합부동산세를 납부할 의무가 있다.
④ 토지분 재산세의 납세의무자로서 종합합산과세대상인 경우에는 국내에 소재하는 해당 과세대상 토지의 공시가격을 합한 금액이 ○원을 초과하는 자는 토지에 대한 종합부동산세를 납부할 의무가 있다.
⑤ 토지분 재산세의 납세의무자로서 별도합산과세대상인 경우에는 국내에 소재하는 해당 과세대상 토지의 공시가격을 합한 금액이 ○원을 초과하는 자는 토지에 대한 종합부동산세를 납부할 의무가 있다.
⑥ 관할세무서장은 납부하여야 할 종합부동산세의 세액을 결정하여 당해 연도 12월 1일부터 12월 15일까지 ○○·징수한다.

4. 조세의 특징

① 취득세(등록면허세)는 비례세 체계로 부과된다.
② 보유세인 재산세와 종합부동산세는 보통징수 또는 부과·징수한다.

 답
1. ① 취득 ② 재산
2. ② 토지, 건축물, 주택 ③ 1 ④ 부과
3. ① 인별 ② 토지, 주택 ④ 5억 ⑤ 80억 ⑥ 부과

01 부동산 조세에 관한 설명으로 옳지 않은 것은? (단, 주어진 조건에 한함) ▶ 2019년 30회

① 종합부동산세와 재산세의 과세대상은 일치한다.
② 조세의 귀착 문제는 수요와 공급의 상대적 탄력성에 달려 있다.
③ 임대주택에 재산세가 강화되면 장기적으로 임차인에게 전가될 수 있다.
④ 부동산 조세는 자원을 재분배하는 기능이 있다.
⑤ 주택에 보유세가 중과되면 자가소유 수요가 감소할 수 있다.

정답해설

① 일치한다. ⇨ 일치하지 않는다.
  ㉠ 재산세의 과세대상은 토지, 건축물, 주택, 항공기 및 선박이다(지방세법).
  ㉡ 종합부동산세의 과세대상은 토지와 주택이다(종합부동산세).

┃ 재산세
1. 과세대상
  ㉠ 토지(분리과세대상, 별도합산과세대상, 종합합산과세대상)
  ㉡ 건축물
  ㉢ 주택
  ㉣ 항공기 및 선박
2. 지방세(시·군·구세), 보유세
3. 과세기준일은 매년 6월 1일이다.
4. 재산세는 관할 지방자치단체의 장이 세액을 산정하여 보통징수의 방법으로 부과·징수한다.

02 부동산 보유과세와 관련된 내용으로 옳지 않은 것은? ▶ 2017년 28회

① 종합부동산세는 인별 과세이고 원칙적으로 누진세율을 채택하고 있다.
② 토지에 대한 종합부동산세는 종합합산과세대상인 경우에는 국내에 소재하는 해당 과세대상토지의 공시가격을 합한 금액이 3억원을 초과하는 자는 종합부동산세를 납부할 의무가 있다.
③ 종합부동산세는 조세부담의 형평성을 제고하고 가격안정을 도모하기 위해 도입되었다.
④ 종합부동산세는 주택에 대한 종합부동산세와 토지에 대한 종합부동산세의 세액을 합한 금액을 그 세액으로 한다.
⑤ 종합부동산세의 과세기준일은 재산세의 과세기준일로 한다.

정답 01 ① 02 ②

정답해설

② 3억원 ⇨ 5억원 : 토지에 대한 종합부동산세는 종합합산과세대상인 경우에는 국내에 소재하는 해당 과세대상 토지의 공시가격을 합한 금액이 5억원을 초과하는 자는 종합부동산세를 납부할 의무가 있다.

▌ 종합부동산세

1. 과세대상
   ㉠ 토지(별도합산 : 80억 초과분 / 종합합산 : 5억 초과분)
   ㉡ 주택(원칙 : 9억 초과분 / 1세대 1주택자 : 12억 초과분)
2. 국세, 보유세, 인별 과세(세대별 과세×), 전국 합산 과세
3. 과세기준일은 매년 6월 1일이다.
4. 원칙 : 관할 세무서장이 부과·징수한다(예외적으로 신고납부를 허용한다).

---

03 우리나라의 부동산 조세제도에 관한 설명으로 옳지 않은 것은?　▸ 2021년 32회

① 양도소득세와 취득세는 신고납부방식이다.
② 취득세와 증여세는 부동산의 취득단계에 부과한다.
③ 양도소득세와 종합부동산세는 국세에 속한다.
④ 상속세와 증여세는 누진세율을 적용한다.
⑤ 종합부동산세와 재산세의 과세기준일은 매년 6월 30일이다.

정답해설

⑤ 6월 30일 ⇨ 6월 1일 : 종합부동산세와 재산세의 과세기준일은 매년 6월 1일이다.

---

04 부동산조세에 관한 설명으로 옳은 것을 모두 고른 것은?

> ㉠ 양도소득세와 부가가치세는 국세에 속한다.
> ㉡ 취득세와 등록면허세는 지방세에 속한다.
> ㉢ 상속세와 재산세는 부동산의 취득단계에 부과한다.
> ㉣ 증여세와 종합부동산세는 부동산의 보유단계에 부과한다.

① ㉠
② ㉠, ㉡
③ ㉡, ㉣
④ ㉠, ㉢, ㉣
⑤ ㉡, ㉢, ㉣

05 우리나라의 부동산조세정책에 관한 설명으로 옳은 것을 모두 고른 것은? ▸ 2023년 34회

> ㄱ. 부가가치세와 등록면허세는 국세에 속한다.
> ㄴ. 재산세와 상속세는 신고납부방식이다.
> ㄷ. 증여세와 재산세는 부동산의 보유단계에 부과한다.
> ㄹ. 상속세와 증여세는 누진세율을 적용한다.

① ㄹ
② ㄱ, ㄹ
③ ㄴ, ㄷ
④ ㄱ, ㄴ, ㄷ
⑤ ㄱ, ㄴ, ㄹ

정답해설
① ㄹ이 옳은 지문이다.

오답해설
ㄱ. 부가가치세는 국세이고, 등록면허세는 지방세이다.
ㄴ. 재산세는 보통징수(부과징수) 방식이고, 상속세는 신고납부방식이다.
ㄷ. 증여세는 취득단계와 관련된 세금이나, 재산세는 보유단계에 부과하는 세금이다.

정답 ▸ 03 ⑤ 04 ② 05 ①

3절 계산 문제

01 A지역 주택시장의 시장수요함수는 $2Q_D = 200 - P$이고 시장공급함수는 $3Q_S = 60 + P$이다. 정부가 부동산거래세를 수요 측면에 단위당 세액 10만원의 종량세의 형태로 부과하는 경우에 A지역 주택시장 부동산거래세의 초과 부담은? (단, 가격, 단위는 만호, 만원임) ▸2020년 31회

① 8억원　　　　　② 10억원　　　　　③ 12억원
④ 20억원　　　　　⑤ 24억원

〔정답해설〕
② 종량세 부과로 인한 초과 부담(사회적 손실)은 10억원이다.
　1. 조세를 부과하기 전의 균형 거래량
　　1) 수요자 가격$(200 - 2Q)$ = 공급자 가격$(-60 + 3Q)$, Q = 52
　　2) 균형거래량(Q_E) : 52만호
　2. 조세 부과로 인한 거래량 감소
　　1) $(200 - 2Q) - (-60 + 3Q) = 10$(조세), Q = 50
　　2) 감소되는 거래량 : 2만호
　3. 사회적 손실(▶) : (10만 × 2만호)/2 = 10억원

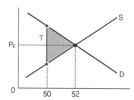

02 A지역 주택시장의 시장수요함수는 $Q_D = -2P + 2,400$이고 시장공급함수는 $Q_S = 3P - 1,200$이다. 정부가 부동산거래세를 공급 측면에 단위당 세액 20만원의 종량세 형태로 부과하는 경우에 A지역 주택시장의 경제적 순손실은? (단, 단위는 만호, 만원임)

▸2022년 33회

① 60억원　　　　　② 120억원　　　　　③ 240억원
④ 360억원　　　　　⑤ 480억원

〔정답해설〕
③ 조세부과로 인한 경제적 순손실은 240억원이다.
　1. 조세를 부과하기 전의 균형 거래량
　　1) 수요자 가격$(1,200 - \frac{1}{2}Q)$ = 공급자 가격$(400 + \frac{1}{3}Q)$, Q = 960
　　2) 균형거래량(QE) : 960만호
　2. 조세 부과로 인한 거래량 감소
　　1) $(1,200 - \frac{1}{2}Q) - (400 + \frac{1}{3}Q) = 20$(조세), Q = 936
　　2) 감소되는 거래량 : 24만호
　3. 사회적 손실(▶) : (20만 × 24만호)/2 = 240억원

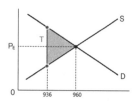

정답 　01 ②　　02 ③

다양한 부동산 정책

1절 부동산 정책

확인학습

1. **개발권양도제도**
   ① ○○○○○제도란 개발제한으로 인해 규제되는 보전지역에서 발생하는 토지소유자의 손실을 보전하기 위한 제도이다.
   ② 개발권양도제(TDR)는 개발이 제한되는 지역의 토지소유권에서 개발권을 분리하여 개발이 필요한 다른 지역에 개발권을 양도할 수 있도록 하는 제도이다.

2. **토지비축제도**(공공토지 비축에 관한 법률)
   ① ○○○○사업은 토지를 사전에 비축하여 장래 공익사업의 원활한 시행과 토지시장의 안정에 기여할 수 있다.
   ② 정부는 한국○○○○공사를 통하여 토지비축업무를 수행할 수 있다.

3. **개발이익 환수 제도와 개발부담금**(개발이익 환수에 관한 법률)
   ① ○○○○○제는 개발이익을 환수하기 위해 사업시행자에게 부담시키는 금액이다.
   ② 개발부담금제는 개발사업의 시행으로 이익을 얻은 사업시행자로부터 불로소득적 증가분의 일정액을 환수하는 제도다.

4. **토지적성평가**
   ① ○○○○○○는 토지에 대한 개발과 보전의 문제가 발생했을 때 이를 합리적으로 조정하는 제도이다.
   ② 토지적성평가제는 토지에 대한 개발과 보전의 경합이 발생했을 때 이를 합리적으로 조정하는 수단이다.

5. **토지거래허가구역과 선매제도**(부동산 거래신고 등에 관한 법률)
   ① 토지거래계약에 관한 허가구역은 토지의 투기적인 거래가 성행하거나 지가가 급격히 상승하는 지역을 대상으로 지정될 수 있다.
   ② 토지선매에 있어 시장·군수·구청장은 토지거래계약허가를 받아 취득한 토지를 그 이용목적대로 이용하고 있지 아니한 토지에 대해서 선매자에게 ○○ ○○하게 할 수 있다.

6. **실거래가 신고 제도**(부동산 거래신고 등에 관한 법률)
   ① 거래당사자는 부동산의 매매계약을 체결한 경우 그 실제 거래가격 등 대통령령으로 정하는 사항을 거래계약의 체결일부터 ○일 이내에 그 권리의 대상인 부동산 등의 소재지를 관할하는 시장·군수 또는 구청장에게 공동으로 신고하여야 한다.

답 1. ① 개발권양도 2. ① 토지비축 ② 토지주택 3. ① 개발부담금
4. ① 토지적성평가 5. ② 협의 매수 6. ① 30

01 개발권양도제에 관한 설명 중 옳지 않은 것은?

① 개발제한으로 인해 규제되는 보전지역(이하 "규제지역")에서 발생하는 토지 소유자의 손실을 보전하기 위한 제도이다.

② 초기의 개발권양도제는 도심지의 역사적 유물 등을 보전하기 위한 목적으로 실시되었다.

③ 공적 주체가 토지를 매입하여 규제지역 토지 소유자의 손실을 보상해주는 수단이다.

④ 공공이 부담해야 하는 비용을 절감하면서 규제에 따른 손실의 보전이 이루어진다는 점에 의의가 있다.

⑤ 규제지역 토지 소유자의 재산상의 손실을 시장을 통해서 해결하려는 제도이다.

▶ 정답해설

③ 토지를 매입하여 ⇨ 개발권 양도를 통해 : 개발권양도제도는 공적 주체가 개발권을 인정하고 개발권의 거래를 통해 토지소유자의 손실을 보상해주는 수단이다.

┃ **개발권 양도 제도**

1. 역사적 구조물로 인하여 개발이 제한된 토지소유자에게 개발권을 부여함으로써 정부의 재정부담 없이 토지소유자에게 재산권 손실을 보상하는 제도이다.
2. 현재 우리나라에 도입되지 않은 제도이다.

02 공공토지비축제도에 관한 설명으로 옳지 않은 것은?

① 토지비축사업은 토지를 사전에 비축하여 장래 공익사업의 원활한 시행과 토지시장의 안정에 기여할 수 있다.

② 토지비축제도는 사적 토지소유의 편중현상으로 인해 발생 가능한 토지보상비 등의 고비용 문제를 완화시킬 수 있다.

③ 토지양도 의사표시가 전제된다는 점에서 토지수용제도보다 토지소유자의 사적권리를 침해하는 정도가 적다.

④ 토지비축제도는 정부가 직접적으로 부동산 시장에 개입하는 정책수단이다.

⑤ 공공토지의 비축에 관한 법령상 비축토지는 각 지방자치단체에서 직접 관리하기 때문에 관리의 효율성을 기대할 수 있다.

▶ 정답해설

⑤ 지방자치단체 ⇨ 한국토지주택공사

> **▌토지비축제도 또는 토지은행제도(공공토지 비축에 관한 법률)**
> 1. 장래 개발에 필요한 토지를 미리 싸게 구매한 후에, 적절한 시기에 이를 다시 공급하는 제도이다.
> 2. 직접 개입방식이다.
> 3. 현재 한국토지주택공사의 계정으로 운영되는 제도이다.

03 다양한 부동산 정책에 관한 설명 중 옳지 않은 것은?

① 개발권양도제도(TDR)란 개발제한으로 인해 규제되는 보전지역에서 발생하는 토지소유자의 손실을 보전하기 위한 제도이다.

② 다른 조건이 일정할 때 정부가 임대료 한도를 시장의 균형임대료보다 높게 설정하면 초과수요가 발생하여 임대부동산의 부족현상이 초래된다.

③ 헨리 조지(H. George)는 토지세를 제외한 다른 모든 조세를 없애고 정부의 재정은 토지세만으로 충당하는 토지단일세를 주장하였다.

④ 공공토지비축제도는 정부가 토지를 매입한 후 보유하고 있다가 적절한 때에 이를 매각하거나 공공용으로 사용하는 제도를 말한다.

⑤ 부동산 개발에서 토지수용방식의 문제점 중 하나는 토지매입과 보상과정에서 발생하는 사업시행자와 피수용자 사이의 갈등이다.

〖정답해설〗
② 높게 설정하면 ⇨ 낮게 설정하면 : 임대료 상한 또는 최고 임대료는 시장의 균형임대료보다 낮게 설정될 때 효과가 발생한다.

04 주택정책과 관련하여 다음에서 설명하는 도시 및 주거환경정비법령상 정비사업은?

> 정비기반시설이 열악하고 노후·불량건축물이 밀집한 지역에서 주거환경을 개선하거나 상업지역·공업지역 등에서 도시기능의 회복 및 상권활성화 등을 위하여 도시환경을 개선하기 위한 사업

① 재개발사업　　　　　　　　　　② 주거환경개선사업
③ 도시환경사업　　　　　　　　　④ 재건축사업
⑤ 가로주택정비사업

정답해설

① 재개발사업에 대한 설명이다.

> ▌ **도시정비사업의 구분(도시 및 주거환경정비법)**
>
> 1. 주거환경개선사업 : 도시저소득 주민이 집단거주하는 지역으로서 정비기반시설이 극히 열악하고 노후·불량건축물이 과도하게 밀집한 지역의 주거환경을 개선하거나 단독주택 및 다세대주택이 밀집한 지역에서 정비기반시설과 공동이용시설 확충을 통하여 주거환경을 보전·정비·개량하기 위한 사업
> 2. 재개발사업 : 정비기반시설이 열악하고 노후·불량건축물이 밀집한 지역에서 주거환경을 개선하거나 상업지역·공업지역 등에서 도시기능의 회복 및 상권활성화 등을 위하여 도시환경을 개선하기 위한 사업
> 3. 재건축사업 : 정비기반시설은 양호하나 노후·불량건축물에 해당하는 공동주택이 밀집한 지역에서 주거환경을 개선하기 위한 사업

05 **도시 및 주거환경정비법령상 다음에 해당하는 정비사업은?** ▸ 2023년 34회

> 도시저소득 주민이 집단거주하는 지역으로서 정비기반시설이 극히 열악하고 노후·불량건축물이 과도하게 밀집한 지역의 주거환경을 개선하거나 단독주택 및 다세대주택이 밀집한 지역에서 정비기반시설과 공동이용시설 확충을 통하여 주거환경을 보전·정비·개량하기 위한 사업

① 도시환경정비사업   ② 주거환경개선사업
③ 주거환경관리사업   ④ 가로주택정비사업
⑤ 재정비촉진사업

정답해설

② 주거환경개선사업에 대한 설명이다.

06 토지정책에 관한 설명으로 옳지 않은 것은?

① 용도지역제는 토지이용계획에서 토지의 기능을 계획에 부합되는 방향으로 유도하기 위하여 마련한 법적 · 행정적 장치라 할 수 있다.

② 개발부담금이란 개발이익을 환수하기 위해 시장 · 군수 · 구청장이 부과 · 징수하는 금액을 말한다.

③ 토지적성평가제도는 토지에 대한 개발과 보전의 경합이 발생했을 때 이를 합리적으로 조정하는 수단이다.

④ 지구단위계획이란 도시 · 군계획 수립 대상지역의 일부에 대하여 토지 이용을 합리화하고 그 기능을 증진시키며 미관을 개선하고 양호한 환경을 확보하며, 그 지역을 체계적 · 계획적으로 관리하기 위하여 수립하는 도시 · 군관리계획을 말한다.

⑤ 개발이익 환수 제도란 재건축사업으로 인하여 정상 주택가격 상승분을 초과하여 귀속되는 주택가액의 증가분을 환수하는 제도이다.

정답해설

⑤ 개발이익 환수 제도 ⇨ 재건축초과이익 환수 제도

▌개발이익 환수 제도(개발이익 환수에 관한 법률 제2조)
1. "개발이익"이란 개발사업의 시행이나 토지이용계획의 변경, 그 밖에 사회적 · 경제적 요인에 따라 정상지가 상승분을 초과하여 사업시행자나 토지소유자에게 귀속되는 토지 가액의 증가분을 말한다.
2. "개발부담금"이란 개발이익 중 이 법에 따라 시장 · 군수 · 구청장이 부과 · 징수하는 금액을 말한다.

▌재건축초과이익 환수 제도(재건축초과이익 환수에 관한 법률 제2조)
1. "재건축초과이익"이라 함은 재건축사업으로 인하여 정상주택가격상승분을 초과하여 귀속되는 주택가액의 증가분을 말한다.
2. "재건축부담금"이란 재건축초과이익 중 이 법에 따라 국토교통부장관이 부과 · 징수하는 금액을 말한다.

07 토지정책에 관한 설명으로 옳은 것은?

① 투기과열지구는 토지의 투기적인 거래가 성행하거나 지가가 급격히 상승하는 지역과 그러한 우려가 있는 지역을 대상으로 한다.

② 개발부담금제는 개발이 제한되는 지역의 토지소유권에서 개발권을 분리하여 개발이 필요한 다른 지역에 개발권을 양도할 수 있도록 하는 제도이다.

③ 토지선매에 있어 시장·군수·구청장은 토지거래계약허가를 받아 취득한 토지를 그 이용목적대로 이용하고 있지 아니한 토지에 대해서 선매자에게 강제로 수용하게 할 수 있다.

④ 개발권양도제는 개발사업의 시행으로 이익을 얻은 사업시행자로부터 개발이익의 일정액을 환수하는 제도이다.

⑤ 토지적성평가제는 토지에 대한 개발과 보전의 경합이 발생했을 때 이를 합리적으로 조정하는 수단이다.

[정답해설]
⑤ 옳은 지문이다.

[오답해설]
① 투기과열지구 ⇨ 토지거래허가구역
② 개발부담금제 ⇨ 개발권양도제도
③ 강제적으로 수용하게 할 수 있다. ⇨ 협의 매수하게 할 수 있다. : 토지 선매는 협의매수만을 인정한다.
④ 개발권양도제 ⇨ 개발부담금제도

▎ **토지거래허가구역(부동산 거래신고 등에 관한 법률 제10조)**

① 국토교통부장관 또는 시·도지사는 국토의 이용 및 관리에 관한 계획의 원활한 수립과 집행, 합리적인 토지 이용 등을 위하여 토지의 투기적인 거래가 성행하거나 지가(地價)가 급격히 상승하는 지역과 그러한 우려가 있는 지역으로서 대통령령으로 정하는 지역에 대해서는 다음 각 호의 구분에 따라 5년 이내의 기간을 정하여 토지거래계약에 관한 허가구역으로 지정할 수 있다.
② 허가구역의 지정은 허가구역의 지정을 공고한 날부터 5일 후에 그 효력이 발생한다.

▎ **선매제도(부동산 거래신고 등에 관한 법률 제15조)**

① 시장·군수 또는 구청장은 토지거래계약에 관한 허가신청이 있는 경우 다음 어느 하나에 해당하는 토지에 대하여 국가, 지방자치단체, 한국토지주택공사, 그 밖에 대통령령으로 정하는 공공기관 또는 공공단체가 그 매수를 원하는 경우에는 이들 중에서 해당 토지를 매수할 자[이하 "선매자(先買者)"라 한다]를 지정하여 그 토지를 협의 매수하게 할 수 있다.
1. 공익사업용 토지
2. 토지거래계약허가를 받아 취득한 토지를 그 이용목적대로 이용하고 있지 아니한 토지

08 부동산 거래신고 등에 관한 법률상 옳지 않은 것은? ▸ 2020년 31회

① 거래당사자 중 일방이 지방자치단체인 경우에는 지방자치단체가 신고를 하여야 한다.

② 공동으로 중개한 경우에는 해당 개업공인중개사가 공동으로 신고하여야 하며, 일방이 신고를 거부한 경우에는 단독으로 신고할 수 있다.

③ 거래당사자는 그 실제 거래가격 등을 거래계약의 체결일부터 30일 이내에 공동으로 신고해야 한다.

④ 누구든지 개업공인중개사에게 부동산 거래의 신고를 하지 아니하게 하거나 거짓으로 신고하도록 요구하는 행위를 하여서는 아니 된다.

⑤ 거래당사자가 부동산의 거래신고를 한 후 해당 거래계약이 취소된 경우에는 취소가 확정된 날부터 60일 이내에 해당 신고관청에 공동으로 신고하여야 한다.

[정답해설]

⑤ 60일 이내 ⇨ 30일 이내

> **▍부동산 실거래가격 신고 제도**
>
> ① 거래당사자는 다음 어느 하나에 해당하는 계약을 체결한 경우 그 실제거래가격 등을 거래계약 체결일부터 30일 이내에 그 권리의 대상인 부동산 등의 소재지를 관할하는 시장·군수 또는 구청장에게 공동으로 신고하여야 한다. 다만, 거래당사자 중 일반이 국가, 지방자치단체, 대통령령으로 정하는 자의 경우에는 국가 등이 신고를 하여야 한다.
>
> ② 거래당사자는 부동산 거래를 신고한 후 해당 거래계약이 해제, 무효 또는 취소(이하 "해제 등"이라 한다)된 경우 해제 등이 확정된 날부터 30일 이내에 해당 신고관청에 공동으로 신고하여야 한다.

09 법령을 기준으로 현재 우리나라에서 시행되고 있는 제도를 모두 고른 것은?

㉠ 개발부담금	㉡ 토지비축제도	㉢ 개발권양도제도
㉣ 부동산가격공시제도	㉤ 토지초과이득세	㉥ 택지소유상한제

① ㉠, ㉢
② ㉠, ㉢, ㉥
③ ㉡, ㉣, ㉤
④ ㉠, ㉡, ㉢
⑤ ㉠, ㉡, ㉣

[정답] 07 ⑤　08 ⑤　09 ⑤

정답해설

⑤ 현재 시행되고 있는 제도는 ㉠ 개발부담금, ㉡ 토지비축제도, ㉣ 부동산가격공시제도 등이다.

오답해설

㉢ 개발권양도제도는 도입되지 않은 제도이며, ㉺ 택지소유상한제 및 ㉤ 토지초과이득세는 폐지된 제도이다.

┃ 현재 우리나라에 없는 제도

1. 택지소유상한제 : 6대 대도시에 한해 1가구가 200평 이상의 택지를 취득 시 허가를 얻도록 함으로써, 원칙적으로 택지를 초과 소유할 수 없도록 제한한 제도이다. (폐지)
2. 토지초과이득세 : 개인의 유휴토지나 법인의 비업무용토지의 가격상승으로 발생하는 초과이득의 일부를 세금으로 환수하는 것을 말한다. (폐지)
3. 공한세 또는 공한지세 : 도시지역에서 토지를 구입하고 토지를 이용하지 않는 경우에 세금을 부과하는 제도이다. (폐지)
4. 개발권양도제도 : 우리나라는 아직 도입하지 않은 제도이다.

10 정부가 시행 중인 부동산 정책에 관한 설명으로 틀린 것은?

① 국토교통부장관은 도시의 무질서한 확산을 방지하고 도시주변의 자연환경을 보전하여 도시민의 건전한 생활환경을 확보하기 위하여 개발제한구역을 지정할 수 있다.

② 도시계획구역 안의 택지에 한하여 가구별 소유상한을 초과하는 해당 택지에 대하여는 초과소유부담금을 부과한다.

③ 정부는 한국토지주택공사를 통하여 토지비축업무를 수행할 수 있다.

④ 토지를 경제적·효율적으로 이용하고 공공복리의 증진을 도모하기 위하여 용도지역제를 실시하고 있다.

⑤ 국토교통부장관은 주택가격의 안정을 위하여 필요한 경우 일정한 지역을 투기과열지구로 지정할 수 있다.

정답해설

② 제시된 지문은 택지소유상한제와 관련된 내용이다. 택지소유상한제는 폐지된 제도이다.

11 우리나라에서 현재(2020.3.7.) 시행하지 않는 부동산 정책을 모두 고른 것은? ▸ 2020년 31회

> ㄱ. 종합토지세 ㄴ. 공한지세
> ㄷ. 토지거래허가제 ㄹ. 택지소유상한제
> ㅁ. 분양가상한제 ㅂ. 개발이익환수제
> ㅅ. 실거래가신고제 ㅇ. 부동산실명제

① ㄱ, ㄴ, ㄹ ② ㄱ, ㅁ, ㅂ
③ ㄱ, ㅂ, ㅅ ④ ㄴ, ㄷ, ㅁ
⑤ ㄹ, ㅅ, ㅇ

정답해설 〉

① 현재 시행되지 않는 정책은 ㄱ(종합토지세), ㄴ(공한지세 또는 공한세), ㄹ(택지소유상한제) 등이다.

12 빈집 및 소규모주택 정비에 관한 특례법상 소규모주택정비사업에 해당하지 않는 것은?

▸ 2024년 35회

① 빈집정비사업 ② 자율주택정비사업
③ 가로주택정비사업 ④ 소규모재건축사업
⑤ 소규모재개발사업

정답해설 〉

① 빈집정비사업은 소규모주택정비사업과 별도의 사업이다.

> **▌ 빈집정비사업, 소규모주택정비사업**
> 1. 빈집 및 소규모주택 정비에 관한 특례법은 '빈집정비사업'과 '소규모주택정비사업'을 규정하고 있다.
> 2. **빈집정비사업** : 빈집을 개량 또는 철거하거나 효율적으로 관리 또는 활용하기 위한 사업을 말한다.
> 3. **소규모주택정비사업** : 노후·불량건축물의 밀집 등 대통령령으로 정하는 요건에 해당하는 지역 또는 가로구역에서 시행하는 다음 각 목의 사업을 말한다.
>   가. **자율주택정비사업** : 단독주택, 다세대주택 및 연립주택을 스스로 개량 또는 건설하는 사업
>   나. **가로주택정비사업** : 종전의 가로를 유지하면서 소규모로 주거환경을 개선하는 사업
>   다. **소규모재건축사업** : 정비기반시설이 양호한 지역에서 소규모로 공동주택을 재건축하는 사업
>   라. **소규모재개발사업** : 역세권 또는 준공업지역에서 소규모로 주거환경 또는 도시환경을 개선하는 사업

정답 〉 10 ② 11 ① 12 ①

2절 기타 유형

01 우리나라의 부동산제도와 근거법률의 연결이 옳은 것은? ▸ 2021년 32회

① 토지거래허가제 - 「부동산 거래신고 등에 관한 법률」
② 검인계약서제 - 「부동산등기법」
③ 토지은행제 - 「공익사업을 위한 토지 등의 취득 및 보상에 관한 법률」
④ 개발부담금제 - 「재건축 초과이익 환수에 관한 법률」
⑤ 분양가상한제 - 「건축물의 분양에 관한 법률」

정답해설

① 옳은 연결이다.

> **▌부동산 거래신고 등에 관한 법률**
> 1. 실거래가 신고 제도
> 2. 토지거래허가제도, 토지선매제도

오답해설

② 검인계약서제 - "부동산등기 특별조치법 제3조(계약서 등의 검인에 대한 특례)" 계약을 원인으로 소유권이전 등기를 신청할 때에는 계약서에 검인신청인을 표시하여 부동산의 소재지를 관할하는 시장·군수 또는 그 권한의 위임을 받은 자의 검인을 받아 관할등기소에 이를 제출하여야 한다.
③ 토지은행제 - "공공토지의 비축에 관한 법률"
④ 개발부담금제 - "개발이익 환수에 관한 법률"
⑤ 분양가상한제 - "주택법"

02 부동산정책과 관련된 설명으로 옳은 것은?

① 분양가상한제와 택지소유상한제는 현재 시행되고 있다.
② 토지비축제도(토지은행)와 부동산가격공시제도는 정부가 간접적으로 부동산시장에 개입하는 수단이다.
③ 법령상 개발부담금제가 재건축부담금제보다 먼저 도입되었다.
④ 주택시장의 지표로서 PIR(Price to Income Ratio)은 개인의 주택지불능력을 나타내며, 그 값이 클수록 주택구매가 더 쉽다는 의미다.
⑤ 부동산실명제의 근거 법률은 「부동산등기법」이다.

정답해설

③ 법령상 개발부담금제(1989년)가 재건축부담금제(2006년)보다 먼저 도입되었다.

① 택지소유상한제는 현재 폐지된 제도이다.
② 토지비축제도(토지은행) ⇨ 직접개입방식, 부동산가격공시제도 ⇨ 간접개입방식
④ 주택구매가 더 쉽다 ⇨ 더 어렵다
⑤ 「부동산등기법」 ⇨ 「부동산 실권리자명의 등기에 관한 법률」

03 다음 중 부동산 시장과 부동산 정책에 관한 설명으로 옳은 것은 몇 개인가? ▸ 2021년 32회

> ㄱ. 부동산 정책이 자원배분의 비효율성을 오히려 악화시키는 것을 시장의 실패라 한다.
> ㄴ. 법령상 도입순서를 비교하면 부동산거래신고제는 부동산실명제보다 빠르다.
> ㄷ. 개발행위허가제와 택지소유상한제는 현재 시행되고 있는 제도이다.
> ㄹ. 분양가상한제와 개발부담금제는 정부가 직접적으로 부동산 시장에 개입하는 정책수단이다.
> ㅁ. PIR(Price to Income Ratio)은 가구의 주택지불능력을 측정하는 지표이다.

① 없음   ② 1개   ③ 2개
④ 3개   ⑤ 4개

정답해설
② 옳은 지문은 1개(ㅁ)이다.

오답해설
ㄱ. 시장의 실패 ⇨ 정부 실패
ㄴ. 법령상 도입순서는 부동산실명제(1995년)가 부동산거래신고제(2006년)보다 빠르다.
ㄷ. 택지소유상한제는 현재 폐지된 제도이다.
ㄹ. 분양가상한제는 직접 개입수단이고, 개발부담금제는 간접 개입수단이다.

04 주택도시기금법령상 주택도시기금에 대한 설명으로 옳지 않은 것은?
① 기금은 주택계정 및 도시계정으로 구분하여 운용·관리한다.
② 주택계정은 국민주택채권의 발행, 입주자저축, 복권수익금 등으로 자금을 조성한다.
③ 기금은 국토교통부장관이 운용·관리한다.
④ 기금의 주택계정은 국민주택의 건설 및 국민주택규모 이상의 주택의 구입·임차 또는 개량의 용도에 사용한다.
⑤ 기금의 도시계정은 도시정비사업, 빈집정비사업, 소규모주택정비사업 등의 용도에 사용한다.

정답해설
④ 국민주택규모 이상의 ⇨ 국민주택규모 이하의

정답   01 ①   02 ③   03 ②   04 ④

05 국토의 계획 및 이용에 관한 법령상 현재 지정될 수 있는 용도지역을 모두 고른 것은?

▶ 2021년 32회

| ㄱ. 준상업지역 | ㄴ. 준주거지역 |
| ㄷ. 준공업지역 | ㄹ. 준농림지역 |

① ㄱ, ㄴ
② ㄴ, ㄷ
③ ㄷ, ㄹ
④ ㄱ, ㄴ, ㄷ
⑤ ㄴ, ㄷ, ㄹ

정답해설〉
② 현재 준주거지역(ㄴ)과 준공업지역(ㄷ)은 지정될 수 있는 용도지역이다.

오답해설〉
ㄱ. 상업지역은 중심상업지역, 일반상업지역, 근린상업지역 및 유통상업지역으로 세분된다.
ㄹ. 농림지역은 세분되지 않는다.

06 국토의 계획 및 이용에 관한 법령상 용도지역으로서 도시지역에 속하는 것을 모두 고른 것은?

㉠ 농림지역	㉡ 관리지역
㉢ 취락지역	㉣ 녹지지역
㉤ 산업지역	㉥ 유보지역

① ㉣
② ㉢, ㉤
③ ㉣, ㉤
④ ㉠, ㉡, ㉣
⑤ ㉡, ㉢, ㉥

정답해설〉
① ㉣ 국토의 계획 및 이용에 관한 법령상의 도시지역에 속하는 것은 녹지지역이다.

정답 〉 05 ② 06 ①

PART

05

투자론

부동산 투자의 수익과 위험

1절 | 투자의 수익

확인학습

1. 수익률과 지분수익률의 비교
① 총투자수익률은 ○투자금액에 대한 순영업소득의 비율이다.
② 지분투자수익률은 ○○투자금액에 대한 세전(세후)현금수지의 비율이다.

2. 투자의 할인율과 요구수익률
① 할인현금흐름분석법은 투자의 현금흐름을 일정한 할인율(○○수익률)로 할인하여 투자를 분석하는 기법이다.
② 위험조정할인율법이란 위험한 투자대안에 대해 보다 높은 할인율(○○수익률)을 적용하는 방식이다.

 1. ① 총 ② 지분
2. ① 요구 ② 요구

---

01 부동산 투자에 관한 설명으로 옳지 않은 것은?

① 부동산은 실물자산의 특성과 토지의 영속성으로 인해 가치보존력이 양호한 편이다.
② 임대사업을 영위하는 법인은 건물에 대한 감가상각과 이자비용을 세금산정 시 비용으로 인정받을 수 있다.
③ 부동산 투자자는 저당권과 전세제도 등을 통해 레버리지를 활용할 수 있다.
④ 부동산 가격이 물가상승률과 연동하여 상승하는 기간에는 인플레이션을 방어하는 효과가 있다.
⑤ 순현재가치는 투자자의 내부수익률로 할인한 현금유입의 현가에서 현금유출의 현가를 뺀 값이다.

정답해설

⑤ 내부수익률 ⇨ 요구수익률(할인율) : 투자분석에서 수익과 비용을 현재가치로 할인하는 할인율은 투자자의 요구수익률이다.

02 부동산투자에 관한 설명으로 옳은 것은? ▸ 2023년 34회

① 부동산투자는 부동산이 갖고 있는 고유한 특성이 있지만 환금성, 안전성 측면에서 주식 투자와 다르지 않다.
② 부동산은 실물자산이기 때문에 인플레이션 방어 능력이 우수하여 디플레이션과 같은 경기침체기에 좋은 투자대상이다.
③ 부동산은 다른 투자상품에 비하여 거래비용의 부담이 크지만 부동산 시장은 정보의 대칭성으로 인한 효율적 시장이다.
④ 부동산투자는 부동산의 사회적·경제적·행정적 위치의 가변성 등으로 인해 부동산시장의 변화를 면밀히 살펴야 한다.
⑤ 투자의 금융성이란 투자자가 투자자산을 필요한 시기에 손실 없이 현금으로 전환할 수 있는 안전성의 정도를 말한다.

[정답해설]
④ 옳은 지문이다.

[오답해설]
① 다르지 않다. ⇨ 다르다. : 부동산은 안전한 자산이나 환금성(유동성)이 좋지 않다. 반면 주식은 안전성이 낮은 자산이나 환금성(유동성)이 좋다.
② 디플레이션과 같은 경기침체기에 ⇨ 인플레이션이 발생하는 시기에
③ 정보의 대칭성 ⇨ 정보의 비대칭성 : 부동산 시장은 정보의 비대칭성으로 인한 불완전경쟁시장이다.
⑤ 금융성 ⇨ 유동성 또는 환금성

03 다음 중 ㉠과 ㉡에 들어갈 내용을 옳게 묶은 것은?

- 지분투자수익률은 (㉠)를 지분투자액으로 나누어서 산정한다.
- 총투자수익률은 (㉡)을 총투자액으로 나누어서 산정한다.

	㉠	㉡		㉠	㉡
①	가능총소득	세전현금수지	②	세전현금수지	순영업소득
③	세후현금수지	세전현금수지	④	유효총소득	순영업소득
⑤	유효총소득	영업경비			

[정답해설]
② 옳은 묶음이다.
㉠ 지분수익률은 지분수익, 즉 세전현금수지 또는 세후현금수지를 평가하는 지표이다. 지분수익은 지분투자 금액으로 평가함에 주의하여야 한다.
㉡ 수익률은 수익, 즉 순영업소득을 평가하는 지표이다. 수익은 총투자금액으로 평가한다.

정답 ▸ **01** ⑤ **02** ④ **03** ②

2절 지렛대 효과

확인학습

1. 지렛대 효과의 구분
① 타인자본을 활용한 경우 지분수익률이 상승한다면, 이는 ○의 지렛대 효과이다.
② 타인자본을 활용한 경우 지분수익률이 하락한다면, 이는 ○의 지렛대 효과이다.
③ 타인자본을 활용하더라도 지분수익률에 변화가 없다면, 이는 ○○적 지렛대 효과이다.

2. 정(+)의 지렛대 효과
① 정의 지렛대 효과는 투자수익률(= 총자본수익률, 종합수익률)보다 저당수익률(대출금리)이 ○○ 경우에 발생한다.
② 정의 지렛대 효과는 투자수익률보다 지분수익률이 ○○ 경우에 발생한다.
③ 정의 지렛대 효과를 통해 지분수익률이 증가하면 부담해야 할 위험도 그만큼 ○○한다.

답 1. ① 정 ② 부 ③ 중립
2. ① 낮은 ② 높은 ③ 증가

---

01 부동산 투자에서 지렛대 효과에 관한 설명으로 옳지 않은 것은?

① 레버리지 효과란 타인자본을 이용할 경우 차입비율의 증감이 자기자본수익률에 미치는 영향을 말한다.
② 부동산 소유권을 취득하는 지분투자자가 지렛대 효과를 이용하면 투자의 위험이 상승할 수 있다.
③ 전세를 안고 아파트를 구입하는 것은 지렛대 효과를 활용한 대표적인 사례이다.
④ 정(+)의 레버리지 효과는 총자본수익률(종합수익률)이 저당수익률보다 높을 때 발생한다.
⑤ 종합수익률과 저당수익률(대출금리)이 동일한 경우, 차입비율의 변화는 자기자본수익률을 하락시킨다.

정답해설

⑤ 자기자본수익률을 하락시킨다. ⇨ 자기자본수익률은 변하지 않는다. : 중립적 레버리지 효과가 발생하면 자기자본수익률은 변하지 않는다.

▌레버리지 효과의 구분

1. 은행이 적게 가져간다면, 즉 투자수익률(총자본수익률)보다 저당수익률이 낮은 경우라면 정(+) 레버리지가 작동하고 있는 것이다.
2. 투자자가 많이 가져간다면, 즉 투자수익률(총자본수익률)보다 지분수익률이 높은 경우라면 정(+) 레버리지가 작동하고 있는 것이다.

02 부동산 투자에서 지렛대 효과에 관한 설명으로 옳지 않은 것은?

① 정(+)의 레버리지 효과는 총자본수익률(종합수익률)이 저당수익률보다 높을 때 발생한다.

② 총자본수익률과 저당수익률이 동일한 경우 부채비율의 변화는 자기자본수익률에 영향을 미치지 못한다.

③ 총자본수익률보다 지분수익률이 높다면 정(+)의 레버리지 효과가 발생한 것이다.

④ 부(−)의 레버리지 효과가 발생할 경우, 부채비율을 낮추어서 정(+)의 레버리지 효과로 전환할 수 있다.

⑤ 부동산 소유권을 취득하는 지분투자자가 지렛대 효과를 이용하면 투자의 위험이 상승할 수 있다.

〔정답해설〕
④ 부채비율을 낮추어서 ⇨ 대출금리를 낮추어서 : 정(+)의 레버리지가 발생하기 위한 필수 조건은 저당수익률 (대출금리)이 낮아야 한다.

> **▌정(+)의 레버리지 효과의 요건**
> 1. 필수 조건 : 은행이 가져가는 몫(저당수익률, 대출금리)이 적어야 한다.
> 2. 은행이 적게 가져간다면, 대출금액을 늘려야 한다.
> 3. 지렛대 효과를 통해 수익이 증가하면 그만큼 위험도 증가한다.

03 부동산 투자에서 레버리지(leverage)에 관한 설명으로 옳지 않은 것은?

① 총투자수익률에서 지분투자수익률을 차감하여 정(+)의 수익률이 나오는 경우에는 정(+)의 레버리지가 발생한다.

② 차입이자율이 총투자수익률보다 높은 경우에는 부(−)의 레버리지가 발생한다.

③ 정(+)의 레버리지 효과를 예상하고 투자했을 때 부채비율이 커질수록 경기변동이나 금리변동에 따른 투자의 위험은 증가한다.

④ 부채비율이 상승할수록 레버리지 효과로 인한 지분투자자의 수익률 증대효과가 있지만, 한편으로는 차입금리의 상승으로 지분투자자의 수익률 감소 효과도 발생한다.

⑤ 정(+)의 레버리지는 이자율의 변화 등에 따라 부(−)의 레버리지로 변화될 수 있다.

〔정답해설〕
① 총투자수익률에서 지분투자수익률을 차감한 값이 양(+)의 수익률이 나온다면 지분수익률이 총투자수익률보다 낮음을 의미한다. 지분수익률이 낮다는 것은 부(−)의 레버리지를 의미한다.

정답 ▶ 01 ⑤ 02 ④ 03 ①

3절 투자의 위험

확인학습

1. ○○(= 불확실성)은 예상했던 결과와 실제 실현된 결과가 달라질 가능성을 말한다.

2. 위험의 종류는 위험을 발생시키는 ○○에 따라 구분된다.
   ① 사업상 위험 : 투자사업 자체에서 발생하는 투자의 불확실성
      ㉠ ○○ 위험 : 경기침체 등 시장의 변화로 야기되는 투자의 불확실성
      ㉡ ○○ 위험 : 근로자의 파업, 영업경비 변동 등으로 야기되는 투자의 불확실성
      ㉢ ○○적 위험 : 외부환경 변화로 인한 상대적 위치의 변화로 야기되는 투자의 불확실성
   ② 금융 위험
   ③ 법적 위험
   ④ 인플레이션 위험
   ⑤ ○○○ 위험 : 부동산을 현금으로 전환하는 과정에서 발생하는 손실가능성

3. 위험은 통계학의 ○○ 또는 표준○○로 측정된다.

4. 위험과 수익은 정(+)의 상관관계(= 비례관계, ○○관계, 상쇄관계)에 있다.

> 답
> 1. 위험
> 2. 원인 ① ㉠ 시장 ㉡ 운영 ㉢ 위치 ⑤ 유동성
> 3. 분산, 편차 4. 상충

01 부동산 투자의 위험에 관한 설명으로 옳지 않은 것은?

① 부동산은 실물자산으로서 부동산 투자는 인플레이션 헷지 수단으로서의 역할을 수행한다.

② 부동산 사업 자체에서 발생되는 수익성에 관한 불확실성은 수익성 위험이다.

③ 외부환경의 변화로 부동산의 상대적 위치가 변화됨으로써 발생하는 불확실성은 위치적 위험이다.

④ 대출자인 은행은 인플레이션 위험을 낮추기 위해 변동금리 상품을 선호한다.

⑤ 유동성 위험이란 대상 부동산을 현금화하는 과정에서 발생하는 시장가치의 손실가능성을 말한다.

정답해설
② 수익성 위험 ⇨ 사업상 위험

02 부동산 투자의 위험에 관한 설명으로 옳지 않은 것은?

① 표준편차가 큰 투자안일수록 보다 안전한 투자안으로 평가한다.
② 부채의 비율이 크면 지분수익률이 커질 수 있지만, 마찬가지로 부담해야 할 위험도 커진다.
③ 운영 위험(operating risk)이란 사무실의 관리, 근로자의 파업, 영업경비의 변동 등으로 인해 야기될 수 있는 수익성의 불확실성을 폭넓게 지칭하는 개념이다.
④ 위치적 위험(locational risk)이란 환경이 변하면 대상 부동산의 상대적 위치가 변화하는 위험이다.
⑤ 유동성 위험(liquidity risk)이란 대상 부동산을 현금화하는 과정에서 발생하는 시장가치의 손실가능성을 말한다.

[정답해설]
① 보다 안전한 ⇨ 보다 위험한 : 표준편차는 위험을 나타내는 지표이다.

03 다음과 같은 이유들로 인해 나타날 수 있는 부동산 투자의 위험은?   ▶ 2018년 29회

• 근로자의 파업가능성   • 관리자의 관리능력
• 영업경비의 증가   • 임대료의 연체

① 인플레이션 위험   ② 금융 위험
③ 유동성 위험   ④ 입지 위험
⑤ 운영 위험

[정답해설]
⑤ 모두 운영 위험을 만들어내는 원인들이다.

04 부동산투자와 위험에 관한 설명으로 옳은 것은? ▸ 2023년 34회

① 상업용 부동산투자는 일반적으로 다른 상품에 비하여 초기투자비용이 많이 들며 투자비용의 회수기간이 길지만 경기침체에 민감하지 않아 투자위험이 낮다.

② 시장위험이란 부동산이 위치한 입지여건의 변화 때문에 발생하는 위험으로서, 부동산시장의 수요·공급과 관련된 상황의 변화와 관련되어 있다.

③ 사업위험이란 부동산 사업자체에서 발생하는 수익성 변동의 위험을 말하며 시장위험, 입지위험, 관리·운영위험 등이 있다.

④ 법·제도적 위험에는 소유권위험, 정부정책위험, 정치적 위험, 불가항력적 위험, 유동성위험이 있다.

⑤ 위험과 수익 간에는 부(−)의 관계가 성립한다.

정답해설
③ 옳은 지문이다.

오답해설
① 상업용 부동산투자는 경기침체에 민감하기 때문에 투자 위험이 높다.
② 입지여건 ⇨ 시장상황 : 부동산이 위치한 입지여건의 변화 때문에 발생하는 위험은 위치적 위험이다.
④ 불가항력적 위험이나 유동성 위험은 법·제도적 위험이라고 할 수 없다.
⑤ 부(−)의 관계 ⇨ 정(+)의 관계 또는 비례 관계

05 부동산투자 위험에 관한 설명으로 옳은 것을 모두 고른 것은?

> ㉠ 표준편차가 작을수록 투자에 수반되는 위험은 커진다.
> ㉡ 위험회피형 투자자는 변이계수(변동계수)가 작은 투자안을 더 선호한다.
> ㉢ 경기침체, 인플레이션 심화는 비체계적 위험에 해당한다.
> ㉣ 부동산투자자가 대상부동산을 원하는 시기와 가격에 현금화하지 못하는 경우는 유동성위험에 해당한다.

① ㉠, ㉡ ② ㉠, ㉢
③ ㉡, ㉢ ④ ㉡, ㉣
⑤ ㉢, ㉣

정답해설
④ 옳은 지문은 ㉡, ㉣이다.
 ㉠ 표준편차가 클수록 위험은 커진다. 표준편차는 위험을 측정하는 지표이다.
 ㉢ 비체계적 위험 ⇨ 체계적 위험 : 경기침체, 인플레이션 등 시장위험은 체계적 위험이다.

정답 04 ③ 05 ④

4절 계산 문제

01 제시된 자료를 통해 분석된 자기자본수익률은?

> • 대부비율은 80%이다.
> • 총자본수익률은 10%이고, 저당수익률은 5%이다.

① 15%   ② 20%

③ 26%   ④ 30%

⑤ 40%

정답해설

④ 자기자본수익률은 30%이다.

> 투자수익률 = (타인자본 비율×타인자본 수익률) + (자기자본 비율×자기자본 수익률)

  1. 10%(투자수익률) = (0.8×5%) + (0.2×자기자본 수익률)
  2. 자기자본 수익률 : 30%

02 부동산 투자 시 ㉠ 타인자본을 활용하지 않는 경우와 ㉡ 타인자본을 50% 활용하는 경우, 각각의 1년간 자기자본수익률은? (단, 주어진 조건에 한함)

> • 기간 초 부동산 가격 : 10억원
> • 1년간 순영업소득(NOI) : 연 3천만원(기간 말 발생)
> • 1년간 부동산 가격 상승률 : 연 2%
> • 1년 후 부동산을 처분함
> • 대출조건 : 이자율 연 4%, 대출기간 1년, 원리금은 만기 시 일시 상환함

① ㉠ 3%, ㉡ 6%   ② ㉠ 3%, ㉡ 8%

③ ㉠ 5%, ㉡ 6%   ④ ㉠ 5%, ㉡ 8%

⑤ ㉠ 7%, ㉡ 8%

정답   01 ④   02 ③

③ 옳은 묶음이다.

$$자기자본수익률 = \frac{순영업소득 - 이자비용 \pm 가격변화}{지분투자액}$$

1. ㉠ 타인자본을 활용하지 않는 경우의 1년간 자기자본수익률
   ⓐ 지분수익 : 3,000만(순) − 0(이자비용) + 2,000만원(가격상승분) = 5,000만원
   ⓑ 자기자본 : 10억
   ⓒ 자기자본수익률 : 5,000만원/10억 = 0.05(5%)
2. ㉡ 타인자본을 50% 활용하는 경우의 1년간 자기자본수익률
   ⓐ 지분수익 : 3,000만(순) − 2,000만(= 5억원 × 4%, 이자비용) + 2,000만원(가격상승분) = 3,000만원
   ⓑ 자기자본 : 5억
   ⓒ 자기자본수익률 : 3,000만원/5억 = 0.06(6%)

03 부동산투자에서 (㉠)타인자본을 40% 활용하는 경우와 (㉡)타인자본을 활용하지 않는 경우, 각각의 1년간 자기자본수익률(%)은? (단, 주어진 조건에 한함)

- 부동산 매입가격 : 20,000만원
- 1년 후 부동산 처분
- 순영업소득(NOI) : 연 700만원(기간 말 발생)
- 보유기간 동안 부동산가격 상승률 : 연 3%
- 대출조건 : 이자율 연 5%, 대출기간 1년, 원리금은 만기일시상환

① ㉠ : 7.0, ㉡ : 6.0   ② ㉠ : 7.0, ㉡ : 6.5
③ ㉠ : 7.5, ㉡ : 6.0   ④ ㉠ : 7.5, ㉡ : 6.5
⑤ ㉠ : 7.5, ㉡ : 7.0

④ 옳은 묶음이다.
1. ㉠ 타인자본을 40% 활용하는 경우의 1년간 자기자본수익률
   ⓐ 지분수익 : 700만(순) − 400만(= 8,000만 × 5%, 이자비용) + 600만(가격상승분) = 900만원
   ⓑ 자기자본 : 1.2억
   ⓒ 자기자본수익률 : 900만원/1.2억 = 7.5%
2. ㉡ 타인자본을 활용하지 않는 경우의 1년간 자기자본수익률
   ⓐ 지분수익 : 700만(순) − 0(이자비용) + 600만원(가격상승분) = 1,300만원
   ⓑ 자기자본 : 2억
   ⓒ 자기자본수익률 : 1,300만원/2억 = 6.5%

정답 ▷ 03 ④

투자결정이론

1절 기대수익률, 요구수익률, 평균·분산 지배원리

확인학습

1. 기대수익률
① 기대수익률이란 투자대안으로부터 기대되는 수익률을 말한다.
② 기대수익률이란 투자로부터 예상되는 ○○ 현금흐름으로부터 계산된다.

2. 요구수익률
① 요구수익률이란 투자자가 투자를 하기 위해 요구하는 ○○한의 수익률이다.
② 요구수익률 = ○○○률(시간에 대한 대가) + ○○○○률(위험에 대한 대가)
③ 기대수익률이 요구수익률보다 ○ 경우에 투자는 이루어진다.

3. 평균 분산 지배원리
① 두 대안의 위험이 동일하다면, 기대수익률(수익)이 ○○ 대안을 선택한다.
② 두 대안의 기대수익률이 동일하다면, 위험(분산, 표준편차)이 ○○ 대안을 선택한다.

4. 변동계수(변이계수)
① 변동계수는 ○○○○를 기대수익률로 나눈 비율이다.
② 변동계수의 수치가 클수록 보다 ○○한 대안으로 평가된다.

답 1. ② 장래 2. ① 최소 ② 무위험, 위험할증 ③ 큰
3. ① 높은 ② 낮은 4. ① 표준편차 ② 위험

---

01 부동산 투자의 수익률에 대한 설명으로 옳은 것은? (단, 위험회피형 투자자를 가정함)

① 요구수익률은 해당 부동산에 투자해서 획득할 수 있는 최대한의 수익률이다.
② 무위험(수익)률의 상승은 투자자의 요구수익률을 하락시키는 요인이다.
③ 투자자의 개별적인 위험혐오도에 따라 무위험률이 결정된다.
④ 투자자의 요구수익률에는 위험할증률이 포함된다.
⑤ 투자자가 위험기피자일 경우, 위험이 증가할수록 투자자의 요구수익률도 감소한다.

정답 01 ④

④ 옳은 지문이다. 요구수익률 = 무위험률 + 위험할증률

① 요구수익률은 투자자가 요구하는 최소한의 수익률이다.
② 하락 ⇨ 상승
③ 투자자의 위험혐오도에 따라 결정되는 것은 위험할증률(위험에 대한 대가)이다.
⑤ 감소한다. ⇨ 증가한다. : 위험이 증가할수록 투자자의 요구수익률은 증가한다.

▎요구수익률

1. 요구수익률이란 투자자가 투자를 하기 위해 투자대안에 요구하는 최소한의 수익률이다.
2. 요구수익률은 투자자금의 기회비용을 의미한다.
3. 요구수익률의 구조
   요구수익률 = 무위험률(예금이자) + 위험할증률(위험에 대한 보상)

---

02 부동산 투자의 수익률에 관한 설명으로 옳지 않은 것은?

▶ 2017년 28회

① 기대수익률은 투자한 부동산의 예상수입과 예상지출로 계산되는 수익률이다.
② 실현수익률이란 투자가 이루어지고 난 후에 실제로 달성된 수익률이다.
③ 요구수익률은 투자자에게 충족되어야 할 최소한의 수익률이다.
④ 장래 기대되는 수익의 흐름이 주어졌을 때, 요구수익률이 클수록 부동산의 가치는 증가한다.
⑤ 투자자의 요구수익률은 체계적 위험이 증대됨에 따라 상승한다.

④ 부동산의 가치는 장래 기대이익을 현재가치로 환원한 값이다. 따라서 요구수익률(할인율)이 클수록 부동산의 가치(현재가치)는 작아진다.

03 부동산 수익률에 관한 설명으로 옳지 않은 것을 모두 고른 것은? ▸ 2019년 30회

> ㄱ. 요구수익률이란 투자자가 투자하기 위한 최대한의 수익률을 말하는 것으로 시간에 대한 비용은 고려하지 않는다.
> ㄴ. 실현수익률이란 투자가 이루어지고 난 후 현실적으로 달성된 수익률로서 역사적 수익률을 의미한다.
> ㄷ. 기대수익률이 요구수익률보다 높으면, 대상 부동산에 대하여 수요가 증가하여 기대수익률이 상승한다.

① ㄱ
② ㄷ
③ ㄱ, ㄴ
④ ㄱ, ㄷ
⑤ ㄱ, ㄴ, ㄷ

정답해설

④ 옳지 않은 지문은 ㄱ, ㄷ이다.

　ㄱ. 요구수익률이란 투자자가 투자를 하기 위해 요구하는 최소한의 수익률이며, 요구수익률은 무위험률(시간에 대한 대가)과 위험할증률(위험에 대한 대가)로 구성된다.

　ㄷ. 기대수익률이 요구수익률보다 높다면, 대상 부동산에 대한 수요가 증가하여 부동산 가격이 상승한다. 부동산 가격이 상승하면 투자금액에 대한 부담이 증가하기 때문에 기대수익률은 하락한다.

04 부동산 투자의 위험과 수익에 관한 설명으로 옳지 않은 것은? (다만, 다른 조건은 동일함)

① 동일한 위험증가에 대해 위험회피형 투자자는 위험추구형 투자자보다 더 높은 수익률을 요구하게 된다.
② 투자결정은 기대수익률과 요구수익률을 비교함으로써 이루어지는데 투자자는 투자대안의 기대수익률이 요구수익률보다 큰 경우 투자를 하게 된다.
③ 어떤 부동산에 대한 투자자의 요구수익률이 기대수익률보다 큰 경우 대상 부동산에 대한 기대수익률도 점차 하락하게 된다.
④ 부동산투자에서 일반적으로 위험과 수익은 비례관계를 가지고 있다.
⑤ 위험추구형 투자자는 높은 수익률을 획득할 기회를 얻기 위해 위험을 기꺼이 감수하는 투자자를 말한다.

정답해설

③ 기대수익률을 기준으로 해석하는 것이 요령이다. 어떤 투자대상의 기대수익률이 요구수익률보다 작다면, 투자대상에 대한 수요가 감소하여 부동산 가격이 하락한다. 부동산 가격이 하락하면 투자자금이 감소하기 때문에 기대수익률은 점차 상승하게 된다.

정답 　02 ④　03 ④　04 ③

05 부동산 투자 시 위험과 수익과의 관계에 관한 설명으로 옳은 것을 모두 고른 것은?

▸ 2017년 28회

ㄱ. 위험회피형 투자자는 위험 증가에 따른 보상으로 높은 기대수익률을 요구한다.

ㄴ. 위험과 수익과의 상쇄관계는 위험이 크면 클수록 요구하는 수익률이 작아지는 것을 의미한다.

ㄷ. 위험의 크기에 관계없이 기대수익률에만 의존해서 행동하는 투자유형을 위험선호형이라 한다.

ㄹ. 요구수익률은 무위험률과 위험할증률을 합산하여 계산해야 한다.

ㅁ. 평균 − 분산모형에서, 기대수익률이 같다면 위험이 작은 투자안을 선택하고, 위험이 같다면 기대수익률이 높은 투자안을 선택하는 투자안의 선택기준을 지배원리(dominance principle)라고 한다.

---

① ㄱ, ㄴ
② ㄴ, ㄷ
③ ㄱ, ㄹ, ㅁ
④ ㄴ, ㄷ, ㅁ
⑤ ㄷ, ㄹ, ㅁ

[정답해설]

③ 옳은 지문은 ㄱ, ㄹ, ㅁ이다.

[오답해설]

ㄴ. 작아지는 것 ⇨ 커지는 것 : 위험과 수익과의 상쇄관계는 위험과 수익의 비례관계를 의미한다. 따라서 위험이 클수록 요구하는 수익률이 커지는 것을 의미한다.

ㄷ. 위험선호형 ⇨ 위험중립형 : 위험을 선호하면 위험선호형, 위험을 싫어하면 위험회피형, 위험의 크기에 관계없이 행동한다면 위험중립형이다.

06 부동산 투자의 수익과 위험에 관한 설명으로 옳지 않은 것은?

① 기대수익률이 요구수익률보다 클 경우 투자안이 채택된다.

② 위험기피형 투자자는 위험부담에 대한 보상심리로 위험할증률을 요구수익률에 반영한다.

③ 투자안의 기대수익률이 요구수익률보다 높으면 해당 투자안의 수요증가로 기대수익률이 낮아져 요구수익률에 수렴한다.

④ 변동계수는 수익률을 올리기 위해 감수하는 위험의 비율로 기대수익률을 표준편차로 나눈 값이다.

⑤ 평균 분산 지배원리로 투자선택을 할 수 없을 때 변동계수(변이계수)를 활용하여 투자안의 우위를 판단할 수 있다.

> 정답해설
> ④ 변동계수는 표준편차를 기대수익률로 나눈 값이다.

> **▌변동계수(변이계수)**
>
> 1. 변동계수(변이계수) $= \dfrac{위험(표준편차)}{수익(기대수익률)}$
> 2. 변동계수는 수익 1단위를 얻기 위해 감당해야 할 위험의 크기를 의미한다. 따라서 변이계수는 작은 수치일수록 선호되는 대안이 된다.
> 3. 변동계수는 평균·분산 지배원리로 투자대안을 선택할 수 없는 경우에 보조지표로 활용된다.

PART 05

정답 ▶ 05 ③ 06 ④

2절 계산 문제

01 시장상황별 수익률의 예상치가 다음과 같은 경우 기대수익률과 분산은? ▸2017년 28회

시장상황	수익률	확률
불황	20%	30%
보통	30%	40%
호황	40%	30%

① 기대수익률 : 20%, 분산 : 0.004   ② 기대수익률 : 20%, 분산 : 0.006
③ 기대수익률 : 30%, 분산 : 0.004   ④ 기대수익률 : 30%, 분산 : 0.006
⑤ 기대수익률 : 30%, 분산 : 0.04

정답해설

④ 기대수익률은 30%, 분산은 0.006이다.
  1. 기대수익률 : $(20\% \times 0.3) + (30\% \times 0.4) + (40\% \times 0.3) = 30\%$
  2. 분산 : $[(20\% - 30\%)^2 \times 0.3] + [(30\% - 30\%)^2 \times 0.4] + [(40\% - 30\%)^2 \times 0.3] = 60\%^2(0.006)$

02 시장상황별 추정수익률의 예상치가 다음과 같은 투자자산의 분산은? ▸2016년 27회

시장상황	수익률	확률
호황	20%	0.6
불황	10%	0.4

① 0.0012   ② 0.0014
③ 0.0024   ④ 0.0048
⑤ 0.0096

정답해설

③ 분산은 0.00240이다.
  1. 기대수익률 : $(20\% \times 0.6) + (10\% \times 0.4) = 16\%$
  2. 분산 : $[(20\% - 16\%)^2 \times 0.6] + [(10\% - 16\%)^2 \times 0.4] = 24\%^2(0.0024)$

03 경제상황별 예상수익률이 다음과 같을 때, 상가 투자안의 변동계수(coefficient of variation)는? (단, 호황과 불황의 확률은 같음)

▶ 2018년 29회

구분	경제상황별 예상수익률	
	호황	불황
상가	0.1	0.06

① 0.25 ② 0.35 ③ 0.45

④ 0.55 ⑤ 0.65

정답해설

① 변동계수(= 표준편차 / 기대수익률)는 0.25이다.

1. 기대수익률 : (10% × 0.5) + (6% × 0.5) = 8%
2. 분산 : [(10% − 8%)^2 × 0.5] + [(6% − 8%)^2 × 0.5] = 4%^{2}
3. 표준편차(= $\sqrt{분산}$) : $\sqrt{4\%^2}$ = 2%(0.02)
4. 변동계수 : 2% ÷ 8% = 0.25

04 자산 A, B, C에 대한 경제상황별 예상수익률이 다음과 같을 때, 이에 관한 설명으로 옳지 않은 것은? (단, 호황과 불황의 확률은 같음)

▶ 2019년 30회

구분	경제상황별 예상수익률(%)	
	호황	불황
자산 A	8	4
자산 B	12	8
자산 C	16	10

① 기대수익률은 자산 C가 가장 높고, 자산 A가 가장 낮다.

② 합리적인 투자자라면 자산 A와 자산 B 중에서는 자산 B를 투자안으로 선택한다.

③ 평균 분산 지배원리에 따르면 자산 C가 자산 B를 지배한다.

④ 자산 B의 변동계수(Coefficient of variation)는 0.2이다.

⑤ 자산 C가 상대적으로 다른 자산에 비해서 위험이 높다.

정답해설

③ 자산 C는 자산 B에 비해 수익은 높지만, 위험도 역시 높다. 따라서 자산 C가 자산 B를 지배한다고 할 수 없다.

구분	기대수익률	분산(표준편차)	변동계수
자산 A	6%	4%^{2}(2%)	0.33
자산 B	10%	4%^{2}(2%)	0.2
자산 C	13%	9%^{2}(3%)	0.23

정답 01 ④ 02 ③ 03 ① 04 ③

위험의 관리

1절 위험을 관리하는 방법

확인학습

1. 보수적 예측 방법
① 수익은 가능한 한 ○○ 추정하고 비용은 가능한 한 ○○ 추정하여 투자의 불확실성을 낮추고자 하는 방법이다.
② 산출된 기대수익률의 ○○ 조정을 통해 위험을 관리하는 방법이다.

2. 위험조정할인율법
① 위험한 투자대안에 대해 보다 ○○ 할인율을 적용하는 방법이다.
② 위험한 투자대안에 대해 보다 ○○ 요구수익률을 적용하는 방법이다.
③ 위험한 투자안일수록 요구수익률을 ○○ 조정하는 방법이다.
④ 투자자의 요구수익률이 클수록 부동산 가치는 ○○진다.

3. 민감도 분석(원인 ~ 결과)
① 투자수익에 영향을 줄 수 있는 요소 등을 개별적 혹은 집단적으로 변화했을 때, 투자의 ○○치(수익률 또는 순현가)가 어떻게 변화하는지를 분석하는 방법이다.
② 민감도가 큰 투자대안일수록 보다 ○○한 투자대안으로 평가된다.

답 1. ① 낮게, 높게 ② 하향 2. ① 높은 ② 높은 ③ 상향 ④ 낮아 3. ① 결과 ② 위험

---

01 부동산 투자의 위험관리방안으로 옳지 않은 것은?

① 보수적 예측방법은 투자수익과 비용의 추계치를 하향 조정함으로써, 미래에 발생할 수 있는 위험을 상당수 제거할 수 있다는 가정에 근거를 두고 있다.

② 산출된 기대수익률의 상향 조정을 통해 위험을 관리하는 방법은 보수적 예측방법이다.

③ 위험조정할인율법은 위험한 투자대안에 대해 보다 높은 할인율을 적용하는 방법이다.

④ 감응도 분석은 투자 수익률에 영향을 주는 요인과 투자 수익률의 변화 관계를 통해 위험을 관리하는 방법이다.

⑤ 포트폴리오는 불필요한 위험이 제거되도록 자산을 관리 또는 구성하는 방법이다.

② 상향 조정 ⇨ 하향 조정 : 보수적 예측방법은 수익은 가능한 한 낮게 추정하고 비용은 가능한 한 높게 추정하는 방법이다. 따라서 보수적 예측방법은 산출된 기대수익률을 하향 조정하는 방법이다.

▌위험의 관리

1. 제외시키는 방법 : 위험한 투자안을 투자 대상에서 제외시키는 방법
2. 보수적 예측방법 : 수익은 가능한 한 낮게, 비용은 가능한 한 높게 예측하는 방법
3. 위험조정할인율법 : 위험할수록 보다 높은 할인율(요구수익률)을 적용하는 방법
4. 민감도(감응도) 분석 : 원인(투입요소, 투입값)과 결과의 관계를 분석하는 방법
5. 포트폴리오

---

02 부동산 투자에 있어서 위험관리방안으로 옳지 않은 것은? (단, 위험회피형 투자자라고 가정함)

① 요구수익률을 결정하는 데 있어 감수해야 하는 위험의 정도에 따라 위험할증률을 더한다.
② 민감도 분석은 투자효과를 분석하는 모형의 투입요소가 변화함에 따라, 그 결과치에 어떠한 영향을 주는가를 분석하는 기법이다.
③ 시장상황에 대한 자산가격의 민감도가 높을수록 수익률의 표준편차는 커진다.
④ 위험조정할인율이란 장래 기대소득을 현재가치로 할인할 때 위험한 투자일수록 낮은 할인율을 적용하는 것을 말한다.
⑤ 위험관리방법으로 투자자는 기대수익률은 하향 조정하고, 요구수익률을 상향 조정하는 방법을 활용한다.

④ 낮은 할인율을 적용 ⇨ 높은 할인율을 적용 : 위험조정할인율법은 위험이 예측되면 할인율을 상향 조정하는 방법이다. 즉 위험한 투자일수록 보다 높은 할인율(요구수익률)을 적용하는 방식이다.

▌위험을 관리하는 기본적인 방법

1. 예상 수익을 낮추려고 한다.
   ㉠ 위험회피형 투자자는 위험이 예상되면 투자로부터 예상되는 장래 기대수익의 현가를 낮게 평가하고자 한다.
   ㉡ 기대수익의 현가를 낮게 평가하고자 하는 투자자는 장래 기대소득을 현재가치로 할인할 때, 보다 높은 할인율(요구수익률)을 적용한다.
2. 예상 투자금액을 낮추려고 한다.
   ㉠ 위험회피형 투자자는 위험이 예상되면 투자할 부동산의 가치를 낮게 평가하고자 한다.
   ㉡ 투자할 부동산의 가치(장래 기대이익을 현재가치로 환원한 값)를 낮게 평가하고자 하는 투자자는 보다 높은 할인율(요구수익률)을 적용한다.

정답   01 ②   02 ④

03 부동산투자의 분석기법 및 위험에 관한 설명으로 옳은 것을 모두 고른 것은?

> ㉠ 경기침체로 부동산 수익성 악화가 야기하는 위험은 사업위험(business risk)에 해당한다.
> ㉡ 공실률, 부채서비스액은 유효총소득을 산정하는데 필요한 항목이다.
> ㉢ 위험회피형 투자자의 최적 포트폴리오는 투자자의 무차별곡선과 효율적 프론티어의 접점에서 선택된다.
> ㉣ 포트폴리오를 통해 제거 가능한 체계적인 위험은 부동산의 개별성에 기인한다.
> ㉤ 민감도분석을 통해 투입요소의 변화가 그 투자안의 내부수익률에 미치는 영향을 분석할 수 있다.

① ㉠, ㉡, ㉢
② ㉠, ㉢, ㉤
③ ㉠, ㉣, ㉤
④ ㉡, ㉢, ㉣, ㉤
⑤ ㉠, ㉡, ㉢, ㉣, ㉤

정답해설
② 옳은 지문은 ㉠, ㉢, ㉤이다.

오답해설
㉡ 공실률은 유효총소득을 산정하는데 필요한 항목이나, 부채서비스액은 필요한 항목이 아니다.
㉣ 체계적 위험 ⇨ 비체계적 위험 : 비체계적 위험은 개별자산으로부터 발생하는 위험이다. 따라서 부동산의 개별성에 기인한다.

정답 03 ②

2절 포트폴리오 이론

확인학습

[포트폴리오 이론]

1. 모든 위험을 제거하는가?
   ① 분산투자는 모든 위험을 감소시키는 것이 아니라, 개별자산으로부터 발생되는 ○○○○ 위험만을 감소시킬 수 있다.
   ② 시장상황으로부터 발생되는 체계적 위험은 분산투자를 통해서도 제거될 수 ○○.

2. 자산을 어떻게 조합해야 하는가?
   ① 서로 다른 자산을 조합하는 것이 유리하다.
   ② 두 자산의 수익률 변동이 서로 반비례(−) 관계에 있다면 위험을 낮추는 효과가 ○○.
   ③ 상관계수가 "−1"에 가까울수록 위험을 낮추는 효과가 ○○.
   ④ 상관계수가 "+1"이라면, 위험분산 효과는 ○○.

3. 최적 포트폴리오?
   ① 최적 포트폴리오는 효율적 전선과 투자자의 무차별곡선이 ○하는 지점의 포트폴리오이다.
   ② 효율적 전선에 포함된 포트폴리오는 평균·분산 지배원리에 의해 선택된 포트폴리오로서 동일한 위험에서 ○○의 수익률을 가지거나 동일한 수익률에서 ○○의 위험을 가지는 포트폴리오이다.
   ③ 효율적 전선이 ○○향하는 이유는 수익과 위험이 비례관계에 있기 때문이다.

 답
1. ① 비체계적 ② 없다
2. ② 크다 ③ 크다 ④ 없다
3. ① 접 ② 최고, 최소 ③ 우상

---

01 **포트폴리오 이론에 따른 부동산 투자의 포트폴리오 분석에 관한 설명으로 옳은 것은?**
   ① 인플레이션, 경기변동 등의 체계적 위험은 분산투자를 통해 제거할 수 있다.
   ② 포트폴리오에 편입되는 투자자산 수를 늘림으로써 체계적 위험을 줄여나갈 수 있으며, 그 결과로 총 위험은 줄어들게 된다.
   ③ 2개의 투자자산의 수익률이 서로 다른 방향으로 움직일 경우, 상관계수는 양(+)의 값을 가지므로 위험분산 효과가 커진다.
   ④ 투자자산 간의 상관계수가 1보다 작을 경우, 포트폴리오 구성을 통한 위험절감 효과가 나타나지 않는다.
   ⑤ 효율적 프론티어(efficient frontier)와 투자자의 무차별 곡선이 접하는 지점에서 최적 포트폴리오가 결정된다.

정답 01 ⑤

⑤ 옳은 지문이다.

① 제거할 수 있다. ⇨ 제거될 수 없다.
② 체계적 위험 ⇨ 비체계적 위험 : 포트폴리오는 비체계적 위험을 감소시킴으로써 투자의 총위험(＝체계적 위험＋비체계적 위험)을 감소시키고자 한다.
③ 양(＋)의 값 ⇨ 음(－)의 값
④ 1보다 작을 경우 ⇨ ＋1인 경우 : 상관계수가 ＋1이라면, 동일 자산을 의미하므로 포트폴리오 구성을 통한 위험 절감 효과는 나타나지 않는다.

┃ 포트폴리오의 위험

1. 체계적 위험
   ① 인플레이션, 경기변동 등 시장 상황으로부터 발생하는 위험이다.
   ② 시장위험은 시장 안에 있는 모든 자산에 존재하기 때문에 자산의 조합으로 제거될 수 없다.
2. 비체계적 위험
   ① 개별 자산의 특성으로부터 발생하는 위험. 부동산 개별성에 의해 발생하는 위험이다.
   ② 자산의 조합으로 제거될 수 있다.

---

02 **부동산 포트폴리오에 관한 설명으로 옳지 않은 것은? (다만, 위험회피형 투자자를 가정함)**

① 두 자산으로 포트폴리오를 구성할 경우, 포트폴리오에 포함된 개별자산의 수익률 간 상관계수가 1인 경우에는 분산투자효과가 없다.

② 효율적 프론티어(efficient frontier)는 평균분산기준에 의해 동일한 위험에서 최고의 기대수익률을 나타내는 포트폴리오를 선택하여 연결한 선이다.

③ 위험회피형 투자자 중에서 공격적인 투자자는 보수적인 투자자에 비해 위험이 높더라도 기대수익률이 높은 투자안을 선호한다.

④ 위험과 수익은 상충관계에 있으므로 효율적 전선은 우하향하는 곡선이다.

⑤ 포트폴리오 구성자산의 수익률 간 상관계수(ρ)가 '－1'인 경우는 상관계수(ρ)가 '1'인 경우에 비해서 위험회피 효과가 더 크다.

④ 우하향하는 곡선 ⇨ 우상향하는 곡선

▌ 상관계수

1. 상관계수는 −1부터 +1 사이의 값으로 나타난다.
   ① 두 자산의 수익률이 유사한 방향으로 움직인다. : 양(+)의 값(비례 관계)
   ② 두 자산의 수익률이 상반된 방향으로 움직인다. : 음(−)의 값(반비례 관계)
2. 극단의 상관계수
   ① 상관계수 +1 : 완벽하게 동일한 자산으로 포트폴리오 위험감소효과는 없다.
   ② 상관계수 −1 : 완벽하게 서로 다른 자산으로 포트폴리오 위험감소효과는 최대가 된다.
3. 상관계수와 위험분산효과
   ① 음(−)의 값이 양(+)의 값보다 위험분산효과가 좋다.
   ② 음(−)의 값이라도 −1에 가까울수록 위험분산효과는 좋다.

03 포트폴리오 이론에 관한 설명으로 옳지 않은 것은?

① 분산투자효과는 포트폴리오를 구성하는 투자자산 종목의 수를 늘릴수록 비체계적 위험이 감소되어 포트폴리오 전체의 위험이 감소되는 것이다.

② 포트폴리오전략에서 구성자산 간에 수익률이 유사한 방향으로 움직일 경우 위험감소의 효과가 크다.

③ 효율적 프런티어(효율적 전선)란 평균 − 분산 지배원리에 의해 모든 위험수준에서 최대의 기대수익률을 얻을 수 있는 포트폴리오의 집합을 말한다.

④ 효율적 프런티어(효율적 전선)의 우상향에 대한 의미는 투자자가 높은 수익률을 얻기 위해 많은 위험을 감수하는 것이다.

⑤ 포트폴리오 이론은 투자 시 여러 종목에 분산투자함으로써 위험을 분산시켜 안정된 수익을 얻으려는 자산투자이론이다.

정답해설

② 효과가 크다. ⇨ 작다. : 수익률이 유사한 방향으로 움직인다면, 수익률의 측면에서 서로 유사한 자산으로 취급된다. 따라서 이 경우 위험감소의 효과는 작다.

▌ 효율적 전선의 논점 2가지

1. 어떻게 도출되는가?
   ① 평균 · 분산 지배원리를 통해 도출된다.
   ② 수익은 가장 높은 포트폴리오 또는 위험은 가장 낮은 포트폴리오의 집합을 의미한다.
2. 효율적 전선이 우상향하는 이유?
   ① 수익과 위험의 비례 관계로 우상향한다.
   ② 투자자는 보다 높은 수익을 얻기 위해서는 보다 높은 위험을 감수해야 한다.

정답 ▶ 02 ④   03 ②

04 포트폴리오 이론에 관한 설명으로 옳지 않은 것은? (단, 다른 조건은 동일함)

① 개별자산의 기대수익률 간 상관계수가 '0'인 두 개의 자산으로 포트폴리오를 구성할 때 포트폴리오의 위험감소효과가 최대로 나타난다.

② 포트폴리오의 기대수익률은 개별자산의 기대수익률을 가중평균하여 구한다.

③ 동일한 자산들로 포트폴리오를 구성하여도 개별자산의 투자비중에 따라 포트폴리오의 기대수익률과 분산은 다를 수 있다.

④ 무차별곡선은 투자자에게 동일한 효용을 주는 수익과 위험의 조합을 나타낸 곡선이다.

⑤ 최적 포트폴리오의 선정은 투자자의 위험에 대한 태도에 따라 달라질 수 있다.

> 정답해설 >
① 상관계수가 '0' ⇨ '−1'

05 다음의 그림은 포트폴리오 분석을 위해 기대수익률과 위험이 다른 개별 자산1과 자산2로 포트폴리오를 구성하여, 포트폴리오 내의 상관계수별 자산비중에 따른 위험과 수익 궤적을 나타낸 것이다. 이에 관한 설명으로 옳은 것은? (단, 시장위험은 없다고 가정함) ▸ 2019년 30회 수정

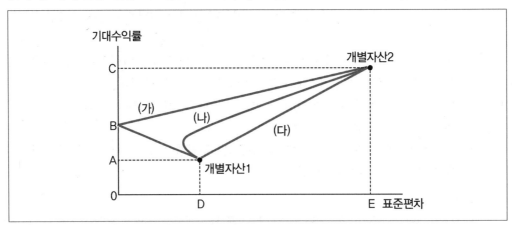

① 두 개별자산 간의 상관계수가 1인 경우에는 비체계적 위험을 완전히 제거할 수 있다.

② 두 개별자산 간의 상관계수가 −1인 경우에는 체계적 위험을 완전히 제거할 수 있다.

③ 두 개별자산 간의 상관계수가 0인 경우의 위험과 수익 궤적을 나타낸 선은 (다)이다.

④ 두 개별자산 간의 상관계수가 1인 경우에는 체계적 위험을 완전히 제거할 수 있다.

⑤ 두 개별자산 간의 상관계수가 −1인 경우의 위험과 수익 궤적을 나타낸 선은 (가)이다.

> 정답해설 >
⑤ 옳은 지문이다.
  (가) 자산의 조합으로 위험(표준편차)이 0까지 감소했으므로 상관계수는 −1이다.
  (다) 자산의 조합으로 위험이 감소하지 않는 경우로 상관계수는 +1이다.
  (나) (가)와 (다) 사이에 있으므로 상관계수는 0이라고 추정한다.

오답해설

① 상관계수가 +1이라면 포트폴리오의 위험분산효과는 없다. 즉 비체계적 위험을 제거할 수 없다.
② 체계적 위험 ⇨ 비체계적 위험
③ (다) ⇨ (나)
④ 제거할 수 있다. ⇨ 없다. : 상관계수와 상관없이 체계적 위험은 제거할 수는 없다.

06 **부동산투자의 포트폴리오 분석에 관한 설명으로 옳은 것은?**

① 개별 부동산의 특성으로 인한 체계적인 위험은 포트폴리오를 통해 제거할 수 있다.
② 효율적 프론티어(efficient frontier)에서는 추가적인 위험을 감수하지 않으면 수익률을 증가시킬 수 없다.
③ 투자자가 위험을 회피할수록 위험(표준편차, X축)과 기대수익률(Y축)의 관계를 나타낸 투자자의 무차별곡선의 기울기는 완만해진다.
④ 수익률 변동이 유사한 추세를 보일 것으로 예측되는 부동산 포트폴리오를 구성하면 포트폴리오 효과는 증가한다.
⑤ 수익률의 상관계수가 '+1'로 측정되는 두 자산에 투자하면 위험을 감소시키는 효과는 증가한다.

정답해설

② 옳은 지문이다. 효율적 전선이 우상향하는 이유는 수익과 위험의 비례 관계 때문이다.

오답해설

① 체계적 위험 ⇨ 비체계적 위험
③ 기울기는 완만해진다. ⇨ 기울기는 가팔라진다. : 투자자가 위험을 보다 회피하고자 한다면, 이는 보수적 투자자이다. 보수적 투자자의 무차별곡선은 보다 가팔라진다.

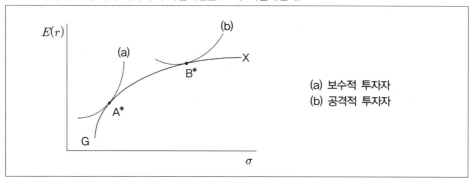

(a) 보수적 투자자
(b) 공격적 투자자

④ 증가한다. ⇨ 감소한다. : 수익률 변동이 유사하다면, 서로 유사한 자산으로 취급된다. 따라서 포트폴리오 효과는 감소한다.
⑤ 효과는 증가한다. ⇨ 효과는 없다.

정답 ▶ 04 ① 05 ⑤ 06 ②

07 포트폴리오 이론에 관한 설명으로 옳지 않은 것은?

① 두 개별자산으로 구성된 포트폴리오에서 자산 간 상관계수가 음수인 경우에 양수인 경우보다 포트폴리오 위험절감효과가 높다.

② 포트폴리오를 구성하는 자산들의 수익률 간 상관계수가 1인 경우에는 포트폴리오를 구성한다고 하더라도 위험은 감소되지 않는다.

③ 효율적 프론티어(efficient frontier)는 모든 위험수준에서 최대의 기대수익률을 올릴 수 있는 포트폴리오의 집합을 연결한 선이다.

④ 투자자가 보수적이라면 최적 포트폴리오는 공격적인 투자자에 비해 저위험−고수익 포트폴리오가 된다.

⑤ 위험자산으로만 구성된 포트폴리오와 무위험자산을 결합할 때 얻게 되는 직선의 기울기가 커질수록 기대초과수익률(위험프리미엄)이 커진다.

정답해설

④ 저위험 − 고수익 ⇨ 저위험 − 저수익 : 수익과 위험의 비례(+) 관계에 의해 저위험 − 고수익의 포트폴리오는 존재할 수 없다.

추가해설

⑤ 직선의 기울기가 커질수록 기대초과수익률(위험프리미엄)이 커진다.

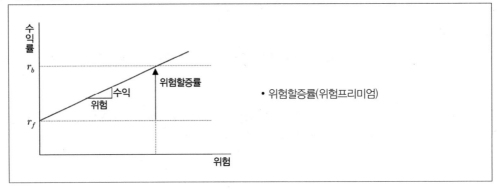

08 다음과 같은 조건에서 부동산 포트폴리오의 기대수익률(%)은? (단, 포트폴리오의 비중은 A부동산 : 50%, B부동산 : 50%임)

경제상황	각 경제상황이 발생할 확률(%)	각 경제상황에 따른 예상수익률(%)	
		A부동산	B부동산
불황	40	20	10
호황	60	70	30

① 24　　　　　　　　　　　② 28

③ 32　　　　　　　　　　　④ 36

⑤ 40

〔정답해설〕

④ 부동산 포트폴리오의 기대수익률은 36%이다.
　　1. A부동산 기대수익률 : (20% × 0.4) + (70% × 0.6) = 50%
　　2. B부동산 기대수익률 : (10% × 0.4) + (30% × 0.6) = 22%
　　3. 포트폴리오 기대수익률 : (50% × 0.5) + (22% × 0.5) = 36%

투자분석의 기본도구

1절 화폐의 시간가치

확인학습

1. 미래가치와 현재가치

구분	수식
일시불의 내가 계수	$\times (1+r)^n$
일시불의 현가 계수	$\times \dfrac{1}{(1+r)^n}$, $\div (1+r)^n$
연금의 내가 계수	$\times \dfrac{(1+r)^n - 1}{r}$
연금의 현가 계수	$\times \dfrac{(1+r)^n - 1}{r(1+r)^n}$, $\times \dfrac{1-(1+r)^{-n}}{r}$

2. 저당상수와 감채기금계수의 활용

① 주택마련을 위해 은행으로부터 원리금균등분할상환 방식으로 대출을 받은 가구가 매월 상환해야 할 금액을 산정하기 위해서는 ○○○○를 활용한다.

② 저당상수는 연금의 ○○계수의 역수이다.

③ 10년 후 주택을 구입하기 위한 목돈을 마련하기 위해서 매년 적립해야 할 금액을 산정하기 위해서는 ○○○○○○를 활용한다.

④ 감채기금계수는 연금의 ○○계수의 역수이다.

답 2. ① 저당상수 ② 현가 ③ 감채기금계수 ④ 내가

01 화폐의 시간가치 계산에 관한 설명으로 옳지 않은 것은?

① 주택마련을 위해 은행으로부터 원리금균등분할상환방식으로 주택구입자금을 대출한 가구가 매월 상환할 금액을 산정하는 경우 저당상수를 사용한다.

② 현재 10억원인 주택이 매년 5%씩 가격이 상승한다고 가정할 때, 일시불의 미래가치계수를 사용하여 10년 후의 주택가격을 산정할 수 있다.

③ 정년퇴직자가 매월 연금형태로 받는 퇴직금을 일정기간 적립한 후에 달성되는 금액을 산정할 경우 연금의 미래가치계수를 사용한다.

④ 10년 후에 1억원이 될 것으로 예상되는 토지의 현재가치를 계산할 경우 일시불의 현재가치계수를 사용한다.

⑤ 연금의 미래가치계수는 저당상수의 역수이다.

> 정답해설 >

⑤ 연금의 미래가치계수 ⇨ 연금의 현재가치계수

┃ **6계수의 역수 관계**

1. 연금의 현재가치계수 (역수) 저당상수
2. 연금의 미래가치계수 (역수) 감채기금계수

---

02 6계수의 활용에 관한 설명으로 옳은 것은?

① 매월 연금형태로 납입하는 적금의 만기 금액을 계산하기 위해서는 연금의 현재가치계수를 사용한다.

② 은행으로부터 주택구입자금을 대출한 가구가 매월 상환할 금액을 산정하는 경우에 감채기금계수를 활용한다.

③ 연금의 미래가치계수의 역수는 저당상수이다.

④ 매월 말 100만원씩 10년간 들어올 것으로 예상되는 임대료 수입의 현재가치를 계산하기 위해서는 저당상수의 역수를 활용한다.

⑤ 5년 후 주택구입에 필요한 자금 3억원을 만들기 위해서 매기 적립해야 할 금액을 계산한다면, 연금의 현재가치계수의 역수를 활용한다.

> 정답해설 >

④ 옳은 지문이다. 연금의 현재가치계수 = 저당상수의 역수

오답해설

① 연금의 현재가치계수 ⇨ 연금의 미래가치계수
② 감채기금계수 ⇨ 저당상수
③ 연금의 미래가치계수 ⇨ 연금의 현재가치계수
⑤ 감채기금계수 = 연금의 미래가치계수의 역수

▌ 저당상수와 감채기금계수

1. 저당상수(원리금균등상환방식 조건)
   ㉠ 대출의 매기 원리금 상환액을 계산하는 수식
   ㉡ 연금의 현재가치계수의 역수
   ㉢ 대출금액 × 저당상수 ⇒ 원리금 상환액
2. 감채기금계수
   ㉠ 기금을 만들기 위한 매기 적립액을 계산하는 수식
   ㉡ 연금의 미래가치계수의 역수
   ㉢ 목표금액(기금) × 감채기금계수 ⇒ 매기 적립액

---

03 화폐의 시간가치 계산에 관한 설명으로 옳은 것은?

① 현재 10억원인 아파트가 매년 2%씩 가격이 상승한다고 가정할 때, 5년 후 아파트 가격을 산정하는 경우 연금의 미래가치계수를 사용한다.
② 잔금비율과 상환비율의 합은 '0'이 된다.
③ 연금의 현재가치계수에 감채기금계수를 곱하면 일시불의 현재가치계수이다.
④ 임대기간 동안 월임대료를 모두 적립할 경우, 이 금액의 현재시점 가치를 산정한다면 감채기금계수를 사용한다.
⑤ 나대지에 투자하여 5년 후 8억원에 매각하고 싶은 투자자는 현재 이 나대지의 구입금액을 산정하는 경우, 저당상수를 사용한다.

정답해설

③ 옳은 지문이다. 연금의 현재가치계수($\frac{(1+r)^n - 1}{r \cdot (1+r)^n}$)에 감채기금계수($\frac{r}{(1+r)^n - 1}$)를 곱하면 일시불의 현재가치계수이다.

오답해설

① 연금의 미래가치계수 ⇨ 일시불의 미래가치계수
② 잔금비율과 상환비율의 합은 '1'이 된다.
④ 감채기금계수 ⇨ 연금의 현재가치계수
⑤ 저당상수 ⇨ 일시불의 현재가치계수

04 1억원의 주택담보대출을 10%의 고정금리로 20년 동안 매년 원리금을 균등하게 상환하기로 약정하였다. 매년 지급해야 할 원리금 지불액은?

① 1억원 × 연금의 미래가치계수
② 1억원 × 연금의 현재가치계수
③ 1억원 ÷ 연금의 미래가치계수
④ 1억원 ÷ 연금의 현재가치계수
⑤ 1억원 × 감채기금계수

정답해설
④ 원리금균등상환방식의 매기 상환할 원리금을 구하기 위해서는 저당상수가 활용된다. 저당상수는 연금의 현재가치계수와 역수 관계이므로 대출금액에 연금의 현재가치계수를 나누어서 매년 상환할 원리금을 구할 수 있다.

05 화폐의 시간가치 계산에 관한 설명으로 옳은 것은?   ▶ 2021년 32회

① 연금의 현재가치계수에 일시불의 미래가치계수를 곱하면 연금의 미래가치계수가 된다.
② 원금 균등 분할 상환 방식에서 매 기간의 상환액을 계산할 경우 저당상수를 사용한다.
③ 기말에 일정 누적액을 만들기 위해 매 기간마다 적립해야 할 금액을 계산할 경우 연금의 현재가치계수를 사용한다.
④ 연금의 미래가치계수에 일시불의 현재가치계수를 곱하면 일시불의 미래가치계수가 된다.
⑤ 저당상수에 연금의 현재가치계수를 곱하면 일시불의 현재가치가 된다.

정답해설
① 옳은 지문이다. 연금의 현재가치계수 $[\frac{(1+r)^n-1}{r\cdot(1+r)^n}]$에 일시불의 미래가치계수 $[(1+r)^n]$를 곱하면 연금의 미래 가치계수 $[\frac{(1+r)^n-1}{r}]$가 된다.

오답해설
② 원금 균등 분할 상환 방식 ⇨ 원리금 균등 상환 방식
③ 연금의 현재가치계수 ⇨ 감채기금계수
④ 연금의 미래가치계수 $[\frac{(1+r)^n-1}{r}]$에 일시불의 현재가치계수 $[\frac{1}{(1+r)^n}]$를 곱하면 연금의 현재가치계수 $[\frac{(1+r)^n-1}{r\cdot(1+r)^n}]$가 된다.
⑤ 저당상수 $[\frac{r\cdot(1+r)^n}{(1+r)^n-1}]$와 연금의 현재가치계수 $[\frac{(1+r)^n-1}{r\cdot(1+r)^n}]$는 역수의 관계에 있다. 따라서 저당상수에 연금의 현재가치계수를 곱하면 1이 된다.

정답 03 ③ 04 ④ 05 ①

06 화폐의 시간가치에 관한 설명으로 옳지 않은 것은? (단, 다른 조건은 동일함)

① 일시불의 미래가치계수는 이자율이 상승할수록 커진다.

② 연금의 현재가치계수와 저당상수는 역수관계이다.

③ 연금의 미래가치계수와 감채기금계수는 역수관계이다.

④ 감채기금계수는 이자율이 상승할수록 작아진다.

⑤ 연금의 현재가치계수는 할인율이 상승할수록 커진다.

〔정답해설〕

⑤ 할인율(요구수익률)이 상승할수록 현재가치는 작아진다.

07 다음과 같이 고정금리부 원리금 균등 분할 상환조건의 주택저당대출을 받는 경우 매월 상환 해야 하는 원리금을 구하는 산식은? ▸ 2018년 29회

> • 대출원금 : 1억원
> • 대출이자율 : 연 5.0%
> • 대출기간 : 10년(대출일 : 2018.4.1.)
> • 원리금상환일 : 매월 말일

① $1억 원 \times \left[(1+0.05)^{10} - 1\right] / \left[0.05 \times (1+0.05)^{10}\right]$

② $1억 원 \times \left[0.05 \times (1+0.05)^{10}\right] / \left[(1+0.05)^{10} - 1\right]$

③ $1억 원 \times \left[0.05 \times (1+0.05)^{120}\right] / \left[(1+0.05)^{120} - 1\right]$

④ $1억 원 \times \left[0.05/12 \times (1+0.05/12)^{120}\right] / \left[(1+0.05/12)^{120} - 1\right]$

⑤ $1억 원 \times \left[(1+0.05/12)^{120} - 1\right] / \left[0.05/12 \times (1+0.05/12)^{120}\right]$

〔정답해설〕

④ 원리금균등상환방식의 매기 원리금 상환액은 저당상수를 활용하여 계산한다.

1. 저당상수 공식 : $\dfrac{r(1+r)^n}{(1+r)^n - 1}$

2. 월금리 : '0.05/12월' / 기간(월) : '120개월(10년×12월)'

08 A는 향후 30년간 매월 말 30만원의 연금을 받을 예정이다. 시중 금리가 연 6%일 때, 이 연금의 현재가치를 구하는 식으로 옳은 것은?

▸2022년 33회

① 30만 원 $\times \left(1 + \dfrac{0.06}{12}\right)^{30 \times 12}$

② 30만 원 $\times \left[\dfrac{(1 + 0.06)^{30} - 1}{0.06}\right]$

③ 30만 원 $\times \left[\dfrac{1 - (1 + 0.06)^{-30}}{0.06}\right]$

④ 30만 원 $\times \left[\dfrac{1 - \left(1 + \dfrac{0.06}{12}\right)^{-30 \times 12}}{\dfrac{0.06}{12}}\right]$

⑤ 30만 원 $\times \left[\dfrac{\left(1 + \dfrac{0.06}{12}\right)^{30 \times 12} - 1}{\dfrac{0.06}{12}}\right]$

정답해설

④ 옳은 수식이다.

1. 연금의 현재가치 공식 : $\dfrac{(1+r)^n - 1}{r\,(1+r)^n}$ 또는 $\dfrac{1 - (1+r)^{-n}}{r}$

2. 월 금리 : '0.06/12월' / 기간(월) : '30년×12월'

09 화폐의 시간가치에 관한 설명으로 옳지 않은 것은?

▸2023년 34회

① 인플레이션, 화폐의 시차선호, 미래의 불확실성은 화폐의 시간가치를 발생시키는 요인이다.

② 감채기금이란 일정기간 후에 일정금액을 만들기 위해 매 기간 납입해야 할 금액을 말한다.

③ 연금의 미래가치란 매 기간 마다 일정금액을 불입해 나갈 때, 미래 일정시점에서의 불입금액 총액의 가치를 말한다.

④ 현재가치에 대한 미래가치를 산출하기 위하여 사용하는 이율을 이자율이라 하고, 미래가치에 대한 현재가치를 산출하기 위하여 사용하는 이율을 할인율이라 한다.

⑤ 부동산 경기가 침체하는 시기에 상업용 부동산의 수익이 일정함에도 불구하고 부동산 가격이 떨어지는 것은 할인율이 낮아지기 때문이다.

정답해설

⑤ 할인율이 낮아지기 때문이다. ⇨ 높아지기 때문이다. : 부동산 가치는 장래 기대수익을 현재가치로 환원한 값이다. 따라서 수익이 일정하다면 현재가치를 위한 할인율이 상승할수록 부동산 가치는 낮아진다. 따라서 경기침체시기에 부동산의 수익이 일정함에도 불구하고 부동산 가격이 떨어지는 것은 할인율이 높아지기 때문이다.

정답 06 ⑤ 07 ④ 08 ④ 09 ⑤

2절 　미래가치와 현재가치 계산 연습

연습문제

01 원금 10,000원을 예금 이자율 10%로 1년간 예금했을 때, 1년 후에 달성되는 예금 총액, 즉 1년 후 미래가치 FV_1는 얼마인가?

정답해설

$FV_1 = 10,000 \times (1 + 0.1)^1 = 11,000$원

02 원금 10,000원을 예금 이자율 10%로 2년간 예금했을 때, 2년 후에 달성되는 예금 총액, 즉 미래가치 FV_2는 얼마인가?

정답해설

$FV_2 = 10,000 \times (1 + 0.1)^2 = 12,100$원

03 원금 10,000원을 예금 이자율 10%로 5년간 예금했을 때, 5년 후에 달성되는 예금 총액, 즉 미래가치 FV_5는 얼마인가?

정답해설

$FV_5 = 10,000 \times (1 + 0.1)^5 = 16,105$원

04 원금 10,000원을 예금 이자율 10%로 5년간 예금했을 때, 5년 후에 받을 수 있는 미래가치 FV_5를 복리표를 사용하여 계산하면?

연습문제

정답해설

▾ 기간과 이자율 변화에 따른 미래가치요소(FVF)

기간(n)	5%	7%	10%	20%
1	1.0500	1.0700	1.1000	1.2000
2	1.1025	1.1449	1.2100	1.4400
3	1.1576	1.2250	1.3310	1.7280
4	1.2155	1.3108	1.4641	2.0736
5	1.2763	1.4026	1.6105	2.4883

$FV_5 = 10,000 \times 1.6105 = 16,105$원

05 4년 후 100만원을 받을 수 있는 투자안의 현재가치 PV는 얼마인가? (단, 기간 중 이자 지급은 없으며 할인율은 연 20%임)

정답해설

$PV = 100만/(1 + 0.2)^4 = 48.23$만원

06 4년 후 100만원을 받을 수 있는 투자안의 현재가치 PV를 현가표를 사용하여 계산하면?

정답해설

▾ 기간과 이자율 변화에 따른 현재가치요소(PVF)

기간(n)	5%	7%	10%	20%
1	.9524	.9346	.9091	.8333
2	.9070	.8734	.8264	.6944
3	.8638	.8163	.7513	.5787
4	.8227	.7629	.6830	.4823
5	.7835	.7130	.6209	.4019

$PV = 100만 \times 0.4823 = 48.23$만원

연습문제

07 1년 후에 10,000원, 2년 후에 20,000원, 3년 후에 30,000원을 예금 이자율 10%로 예금했을 때, 5년 후 미래가치 FV_5는 얼마인가?

정답해설

$$FV_5 = 10,000 \times (1 + 0.1)^4 + 20,000 \times (1 + 0.1)^3 + 30,000 \times (1 + 0.1)^2$$
$$= 77,561원$$

08 1년 후에 10,000원, 2년 후에 20,000원, 3년 후에 30,000원을 지급하는 투자안의 현재가치 PV는 얼마인가? (단, 할인율은 5%임)

정답해설

$$PV = 10,000/(1 + 0.05) + 20,000/(1 + 0.05)^2 + 30,000/(1 + 0.05)^3$$
$$= 53,579원$$

09 매년 말 50만원씩 납입하는 정기적금에 가입했을 때, 5년 후 정기적금의 미래가치 FV_5는 얼마인가? (단, 예금 이자율은 연 10%임)

정답해설

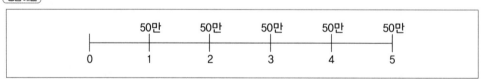

$$FV_5(연금) = 50만 \times \frac{(1+0.1)^5 - 1}{0.1} = 50만 \times 6.1051 = 305.255만원$$

10 매년 말 100만원씩 납입하는 정기적금에 가입했을 때, 5년 후에 받을 수 있는 원금과 이자 총액은 얼마인가? (단, 이자율 10%, 기간 5년 연금의 미래가치계수는 6.1051임)

> 정답해설

FV_5(연금) = 100만 × 6.1051 = 610.51만원

11 10년 후 주택구입자금 3억원을 만들고자 한다. 10년 후 3억원을 만들기 위해 은행에 매년 적립해야 할 금액(A)은? (단, 예금 이자율은 연 10%라고 가정함)

> 정답해설

매년 적립금(A) × 연금의 미래가치계수 = 3억

A = 3억 ÷ $\dfrac{(1+0.1)^{10} - 1}{0.1}$ = 3억 ÷ 15.9374 ≒ 18,823,000원

12 매년 말에 50만원씩 5년간 받게 되는 투자안의 현재가치 PV는 얼마인가? (단, 할인율은 10%임)

> 정답해설

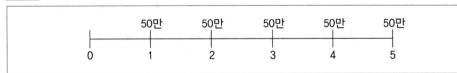

PV(연금) = 50만 × $\dfrac{(1+0.1)^5 - 1}{0.1 \times (1+0.1)^5}$ = 50만 × 3.7908 = 189.54만원

13 매년 말에 80만원씩 5년간 받게 되는 연금을 현재 일시불로 받으려 한다면 얼마를 받을 수 있는가? (단, 할인율 10%, 기간 5년 연금의 현재가치계수는 3.7908임)

정답해설

PV(연금) = 80만 × 3.7908 = 303.264만원

14 6년도 말부터 5년 동안 매년 100만원을 받는 연금이 있다. 이자율이 연 10%일 때, 이 연금의 현재가치 PV는 얼마인가?

정답해설

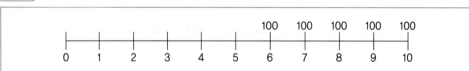

$$PV = 100만 \times \frac{(1+0.1)^5 - 1}{0.1 \times (1+0.1)^5}/1.1^5 = 379.08만/1.1^5 \fallingdotseq 235.38만원$$

15 오늘부터 매년 50만원씩 6번을 지급하는 투자안의 현재가치 PV는 얼마인가? (단, 할인율은 10%임)

정답해설

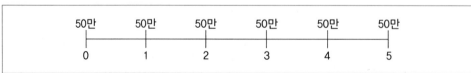

$$PV(연금) = 50만 + 50만 \times \frac{(1+0.1)^5 - 1}{0.1 \times (1+0.1)^5} = 50만 + 50만 \times 3.7908 = 239.54만원$$

16 주택을 구입하기 위해 은행으로부터 2억원을 대출받았다. 은행에 매년 지불해야 할 원리금 상환액(A)은? (단, 대출금리 5%, 상환기간 10년, 원리금균등분할상환조건의 대출임)

▷ 정답해설 ▷

| 원리금 상환액(A) × 연금의 현재가치계수 = 2억 |

$$A = 2억 \div \frac{(1+0.05)^{10}-1}{0.05 \times (1+0.05)^{10}} = 2억 \div 7.7217 ≒ 25,901,000원$$

17 매년 500만원의 순현금흐름이 발생하는 토지가 있다. 이 토지의 가치는 얼마인가? (단, 할인율은 연 10%임)

▷ 정답해설 ▷

PV(영구연금) = 500만/0.1 = 5,000만원

18 첫해 연말 500만원의 순현금흐름이 발생하는 토지가 있다. 매년 순현금흐름이 3%씩 증가한다면 토지의 가치는 얼마인가? (단, 할인율은 연 10%임)

▷ 정답해설 ▷

PV(영구연금) = 500만/(0.1 − 0.03) ≒ 7,142만원

01 임대인 A와 임차인 B는 임대차계약을 체결하려고 한다. 향후 3년간 순영업소득의 현재가치 합계는? (단, 주어진 조건에 한하며, 모든 현금유출입은 매 기간 말에 발생함)

- 연간 임대료는 1년차 5,000만원에서 매년 200만원씩 증가
- 연간 영업경비는 1년차 2,000만원에서 매년 100만원씩 증가
- 1년 후 일시불의 현가계수 0.95
- 2년 후 일시불의 현가계수 0.90
- 3년 후 일시불의 현가계수 0.85

① 8,100만원 ② 8,360만원
③ 8,620만원 ④ 9,000만원
⑤ 9,300만원

정답해설

② 3년간 순영업소득의 현재가치 합계는 8,360만원이다.
  1. 3년간의 순영업소득의 흐름

	1년차	2년차	3년차
임대 총소득	5,000	5,200	5,400
− 영업경비	2,000	2,100	2,200
순영업소득	3,000	3,100	3,200

  2. 순영업소득의 현재가치 합 : $(3,000 \times 0.95) + (3,100 \times 0.9) + (3,200 \times 0.85) = 8,360$만원

02 이자율과 할인율이 연 6%로 일정할 때, A, B, C를 크기 순서로 나열한 것은? (단, 주어진 자료에 한하며, 모든 현금흐름은 연말에 발생함) ▶ 2022년 33회

- A : 2차년도부터 6차년도까지 매년 250만원씩 받는 연금의 현재가치
- B : 2차년도부터 6차년도까지 매년 200만원씩 받는 연금의 6차년도의 미래가치
- C : 1차년도에 40만원을 받고 매년 전년대비 2%씩 수령액이 증가하는 성장형 영구연금의 현재가치
- 연금현가계수(6%, 5) : 4.212 · 연금현가계수(6%, 6) : 4.917
- 연금내가계수(6%, 5) : 5.637 · 연금내가계수(6%, 6) : 6.975

① A > B > C ② A > C > B
③ B > A > C ④ B > C > A
⑤ C > B > A

정답해설

④ A, B, C의 크기는 'B > C > A'이다.

1. A : (250만 × 4.212)/1.06 = 993.396만원

① A안의 현금흐름

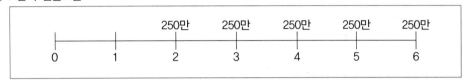

② "2년 말부터 5년 동안 지급하는 연금(250만원)에 연금의 현재가치계수(4.212)를 곱하여 산정한 금액 (250만×4.212)"은 1년 말 시점의 금액이다. 따라서 문제에서 제시된 현재가치를 구하기 위해서는 1년의 기간을 다시 할인[(250만×4.212)/1.06]하여야 한다.

2. B : 200만 × 5.637 = 1,127.4만원

① B안의 현금흐름

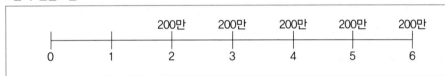

② "2년 말부터 5년 동안 지급하는 연금(200만원)에 연금의 미래가치계수(5.637)를 곱하여 산정한 금액 (200만×5.637)"은 6년 말 시점의 금액이다. 그리고 이 금액이 6년 말 시점을 기준으로 측정된 연금의 미래가치이다.

3. C : 40만/(0.06 − 0.02) = 1,000만원

$$PV(\text{성장형연금}) = \frac{C}{r-g} \quad (\text{단, } r > g)$$

▌주의할 사항

1. 현재가치와 미래가치 계산의 현금흐름은 기말에 발생함을 원칙으로 한다. 따라서 0은 현재시점, 1은 '1년 말', 2는 '2년 말'이라고 해석해야 한다.

2. 연금에 연금의 현재가치계수를 곱한 금액은 최초 연금의 기초 시점으로 계산된 금액이다. 연금의 현재가치계수를 곱했다고 무조건 0기(현재시점)로 계산되는 것이 아니라, 최초 연금의 기초 시점으로 계산됨에 주의하여야 한다. 1번 사례를 잘 이해해 보시어요.

정답 01 ② 02 ④

3절 투자의 현금흐름 분석

확인학습

1. 보유기간 현금흐름

① 단위당 예상임대료 × 임대 단위 수 = 가능총소득
② 가능총소득 − 공실 및 불량부채 + 기타 소득 = 유효총소득
③ 유효총소득에서 ○○경비를 차감하면 순영업소득이 된다.
④ 순영업소득에서 ○○○○○액을 차감하면 세전현금수지가 된다.
⑤ 세전현금수지에서 ○○○○○를 차감하면 세후현금수지가 된다.

2. 기간 말 지분복귀액

① 매도가격에서 ○○경비를 차감하면 순매도소득이 된다.
② 순매도소득에서 미상환 ○○○○을 차감하면 세전지분복귀액이 된다.
③ 세전지분복귀액에서 ○○○○○를 차감하면 세후지분복귀액이 된다.

3. 영업소득세 계산

① (순영업소득 + 대체충당금 − ○○비용 − 감가상각비) × 세율 = 영업소득세
② (세전현금수지 + 대체충당금 + ○○상환액 − 감가상각비) × 세율 = 영업소득세

 답
1. ③ 영업 ④ 부채서비스 ⑤ 영업소득세
2. ① 매도 ② 저당잔금 ③ 양도소득세(자본이득세)
3. ① 이자 ② 원금

01 부동산 운영수지분석에 관한 설명으로 옳지 않은 것은?

① 가능총소득은 단위면적당 추정 임대료에 임대면적을 곱하여 구한 소득이다.

② 유효총소득은 가능총소득에서 공실손실상당액과 불량부채액(충당금)을 차감하고, 기타 수입을 더하여 구한 소득이다.

③ 순영업소득은 유효총소득에 각종 영업외수입을 더한 소득으로 부동산 운영을 통해 순수하게 귀속되는 영업소득이다.

④ 세전현금흐름은 순영업소득에서 부채서비스액을 차감한 소득이다.

⑤ 세후현금흐름은 세전현금흐름에서 영업소득세를 차감한 소득이다.

정답해설

③ 순영업소득은 유효총소득에서 영업경비를 차감한 소득이다.

02 다음에 제시된 항목 중 순영업소득을 산정하기 위해 필요한 항목은 모두 몇 개인가?

• 임대단위 면적	• 영업소득세
• 원리금상환액	• 유지 · 수선비
• 회수불가능한 임대료	• 임대주택 재산세
• 관리인의 개인적 업무비	

① 2개   ② 3개

③ 4개   ④ 5개

⑤ 6개

정답해설

③ 임대단위 면적, 유지 · 수선비, 회수불가능한 임대료(불량부채), 임대주택 재산세(영업경비 항목) 등 총 4개가 순영업소득 산정을 위해 요구된다.

▌영업경비 항목의 분석

1. 영업경비에 포함되는 항목
   ㉠ 유지 · 수선비, 관리비, 전기 · 수도 · 가스요금, 화재보험료
   ㉡ 임대부동산에 대한 재산세 등
2. 영업경비에 제외되는 항목
   ㉠ 공실 및 불량부채, 부채서비스액, 영업소득세, 자본이득세(양도소득세)
   ㉡ 관리인의 개인적 업무비, 감가상각비 등

정답 01 ③   02 ③

03 수익성 부동산의 장래 현금흐름에 관한 설명으로 옳지 않은 것은?

① 순영업소득은 유효총소득에서 영업경비를 차감한 소득을 말한다.

② 세전현금흐름은 지분투자자에게 귀속되는 세전소득을 말하는 것으로, 순영업소득에 부채서비스액(원리금상환액)을 차감한 소득이다.

③ 세전지분복귀액은 자산의 순매각금액에서 미상환 저당잔액을 차감하여 지분투자자의 몫으로 되돌아오는 금액을 말한다.

④ 영업소득세를 계산하기 위해서는 건물의 감가상각비를 알아야 한다.

⑤ 영업경비에는 임대소득에 대한 소득세가 포함되어야 한다.

> **정답해설**
> ⑤ 영업경비에는 소득세가 포함되지 않는다. 세금 중에 영업경비에 포함되는 세금은 임대부동산에 대한 재산세이다.

04 부동산 투자분석의 현금흐름 계산에서 (가) 순영업소득과 (나) 세전지분복귀액을 산정하는데 각각 필요한 항목을 모두 고른 것은? (단, 투자금의 일부를 타인자본으로 활용하는 경우를 가정함)

㉠ 기타 소득	㉤ 매도비용
㉢ 취득세	㉣ 미상환저당잔금
㉥ 재산세	㉧ 양도소득세

① (가) − ㉢   (나) − ㉣

② (가) − ㉠, ㉥   (나) − ㉤, ㉣

③ (가) − ㉠, ㉥   (나) − ㉤, ㉧

④ (가) − ㉠, ㉢, ㉥   (나) − ㉤, ㉧

⑤ (가) − ㉠, ㉢, ㉥   (나) − ㉤, ㉣, ㉧

> **정답해설**
> ② 옳은 묶음이다.
> 1. 순영업소득 계산과정에 포함되는 항목은 ㉠ 기타 소득, ㉥ 재산세이다.
>   - 가능총소득 − 공실·불량부채 + ㉠ 기타 소득 ⇒ 유효총소득
>   - 유효총소득 − 영업경비(㉥ 재산세) ⇒ 순영업소득
> 2. 세전지분복귀액 계산 과정에 포함되는 항목은 ㉤ 매도비용, ㉣ 미상환저당잔금이다.
>   - 매도가격 − ㉤ 매도비용 ⇒ 순매도소득
>   - 순매도소득 − ㉣ 미상환저당잔금 ⇒ 세전지분복귀액

05 투자의 현금흐름분석에 관한 설명으로 옳은 것은?

① 순영업소득은 세전 현금흐름과 동일할 수 없다.

② 순영업소득과 세전현금수지의 차이는 영업경비이다.

③ 과세대상 소득이 적자가 아니고 투자자가 과세대상이라면 세전 현금흐름은 세후 현금흐름보다 작다.

④ 매각시점에 미상환 대출잔액이 있다면 순매도소득은 세전지분복귀액보다 작다.

⑤ 세전지분복귀액은 자산의 순매각금액에서 미상환저당잔금을 차감하여 지분투자자의 몫으로 돌아오는 금액이다.

> **정답해설**

⑤ 옳은 지문이다.

> **오답해설**

① 동일할 수 없다. ⇨ 있다. : 순영업소득 - 부채서비스액 = 세전현금수지 / 따라서 대출을 받지 않아서 부채서비스액이 없다면, 순영업소득은 세전 현금흐름과 동일할 수 있다.

② 영업경비이다. ⇨ 부채서비스액이다.

③ 작다. ⇨ 크다. : 세전 현금흐름은 세후 현금흐름보다 크다.

④ 작다. ⇨ 크다. : 순매도소득은 세전지분복귀액보다 크다.

4절 현금흐름 계산 문제

01 다음은 투자 예정 부동산의 향후 1년 동안 예상되는 현금흐름이다. 연간 세후현금흐름은?

▶ 2020년 31회

> • 단위 면적당 월 임대료 : 20,000원/㎡
> • 임대면적 : 100㎡
> • 공실손실상당액 : 임대료의 10%
> • 영업경비 : 유효총소득의 30%
> • 부채서비스액 : 연 600만원
> • 영업소득세 : 세전현금흐름의 20%

① 4,320,000원   ② 6,384,000원
③ 7,296,000원   ④ 9,120,000원
⑤ 12,120,000원

정답해설

③ 세후현금흐름은 7,296,000원이다.
1. 가능총소득 : 20,000원/㎡ × 100㎡ × 12월 = 24,000,000원
2. 유효총소득 : 24,000,000원 × [1 − 0.1(공실)] = 21,600,000원
3. 순영업소득 : 21,600,000원 × [1 − 0.3(영업경비)] = 15,120,000원
4. 세전현금수지 : 15,120,000원 − 6,000,000원(부채서비스액) = 9,120,000원
5. 세후현금수지 : 9,120,000원 × [1 − 0.2(영업소득세)] = 7,296,000원

02 어느 회사의 1년 동안의 운영수지이다. 세후현금수지는?

> • 가능총소득 : 4,800만원   • 공실 : 가능총소득의 5%
> • 영업소득세율 : 연 20%   • 원금 상환액 : 200만원
> • 이자비용 : 800만원   • 영업경비 : 240만원
> • 감가상각비 : 200만원

① 2,496만원   ② 2,656만원
③ 2,696만원   ④ 2,856만원
⑤ 2,896만원

② 세후현금수지는 2,656만원이다.

1. 가능총소득 : 4,800만원
2. 유효총소득 : 4,800만원 − 240만원(공실액 = 4,800 × 5%) = 4,560만원
3. 순영업소득 : 4,560만원 − 240만원(영업경비) = 4,320만원
4. 세전현금수지 : 4,320만원 − 1,000만원[= 200만원(원금) + 800만원(이자)] = 3,320만원
5. 세후현금수지 : 3,320만원 − 664만원(영업소득세) = 2,656만원
※ 영업소득세 : [4,320만원(순) − 800만원(이자) − 200만원(감가상각비)] × 20% = 664만원

03 다음 자료에 의한 영업소득세는? ▸ 2017년 28회

- 세전현금수지 : 4,000만원
- 대체충당금 : 350만원
- 원금상환액 : 400만원
- 감가상각액 : 250만원
- 세율 : 20%

① 820만원
② 900만원
③ 1,000만원
④ 1,100만원
⑤ 1,200만원

② 세전현금수지를 기준으로 영업소득세를 산정하면 900만원이다.
[4,000만원(세전) + 350만원(대체충당금) + 400만원(원금) − 250만원(감가상각비)] × 20% = 900만원

▍영업소득세 계산 방식
1. (순영업소득 + 대체충당금 − 이자지급분 − 감가상각분) × 세율 = 영업소득세
2. (세전현금수지 + 대체충당금 + 원금상환분 − 감가상각분) × 세율 = 영업소득세

정답 ▸ 01 ③ 02 ② 03 ②

04 투자부동산 A에 관한 투자분석을 위해 관련 자료를 수집한 내용은 다음과 같다. 이 경우 순영업소득은? (단, 주어진 자료에 한하며, 연간 기준임) ▸ 2023년 34회

• 유효총소득 : 360,000,000원	• 직원 인건비 : 80,000,000원
• 대출원리금 상환액 : 50,000,000원	• 감가상각비 : 40,000,000원
• 수도광열비 : 36,000,000원	• 용역비 : 30,000,000원
• 수선유지비 : 18,000,000원	• 재산세 : 18,000,000원
• 공실손실상당액·대손충당금 : 18,000,000원	• 사업소득세 : 3,000,000원

① 138,000,000원 ② 157,000,000원

③ 160,000,000원 ④ 178,000,000원

⑤ 258,000,000원

정답해설

④ 순영업소득은 178,000,000원이다.
   1. 유효총소득 : 360,000,000원
   2. 영업경비 : 182,000,000원
      1) 직원 인건비 : 80,000,000원
      2) 수도광열비 : 36,000,000원
      3) 용역비 : 30,000,000원
      4) 수선유지비 : 18,000,000원
      5) 재산세 : 18,000,000원
      6) 주의 : 감가상각비는 제외된다.
   3. 순영업소득 : 178,000,000원

정답 04 ④

부동산 투자분석기법

1절 할인현금흐름분석법

확인학습

1. 순현가법
① 순현가란 현금유입의 현재가치에서 현금유출의 현재가치를 ○○한 값이다.
② 순현가법은 순현가가 ○보다 큰 경우에 투자를 결정한다.

2. 수익성지수법
① 수익성지수란 현금○○의 현재가치를 현금유출의 현재가치로 나눈 값이다.
② 수익성지수란 현금○○의 현재가치에 대한 현금유입의 현재가치의 비율이다.
③ 수익성지수법은 수익성지수가 ○보다 큰 경우에 투자를 결정한다.

3. 내부수익률법
① 내부수익률은 순현가를 0으로 만드는 할인율 또는 수익성지수를 ○로 만드는 할인율이다.
② 내부수익률법은 내부수익률이 ○○수익률보다 큰 경우에 투자를 결정한다.

탑 ▶ 1. ① 차감 ② '0'   2. ① 유입 ② 유출 ③ '1'   3. ① '1' ② 요구

---

01 다음 부동산 투자 타당성 분석방법 중 할인기법이 아닌 것은?

> ㉠ 순현재가치(net present value)법 ㉡ 단순회수기간법
> ㉢ 내부수익률(internal rate of return)법 ㉣ 수익성지수(profitability index)법
> ㉤ 회계적 이익률법
> ㉥ 현가회수기간법

① ㉠, ㉤ ② ㉡, ㉢ ③ ㉡, ㉥
④ ㉡, ㉤ ⑤ ㉤, ㉥

정답해설

④ ㉡ 회수기간법과 ㉤ 회계적 수익률법은 화폐의 시간가치를 고려하지 않는 비할인법이다. ㉥ 현가회수기간법은 할인법이지만, 단순회수기간법은 비할인법이다.

정답 ▶ 01 ④

02 부동산 투자의 할인현금흐름기법(DCF)과 관련된 설명으로 옳지 않은 것은?

① 할인현금흐름기법이란 부동산투자로부터 발생하는 현금흐름을 일정한 할인율로 할인하는 투자의사결정 기법이다.

② 순현재가치(NPV)는 투자자의 요구수익률로 할인한 현금유입의 현가에서 현금유출의 현가를 뺀 값이다.

③ 수익성지수(PI)는 투자로 인해 발생하는 현금유입의 현가를 현금유출의 현가로 나눈 비율이다.

④ 내부수익률(IRR)은 투자로부터 발생하는 현재와 미래 현금흐름의 순현재가치를 1로 만드는 할인율을 말한다.

⑤ 내부수익률법은 투자안의 내부수익률(IRR)을 투자자의 요구수익률과 비교하여 투자를 결정하는 방법이다.

> [정답해설]
> ④ 순현재가치를 1로 만드는 할인율 ⇨ 순현재가치를 '0'으로 만드는 할인율

> **∥ 할인법의 의사결정(상호 독립적 투자안)**
>
> 1. 순현가법
>   ㉠ 순현가 : 수익현가 − 비용현가
>   ㉡ 의사결정 : 순현가가 '0'보다 큰 대안을 선택
> 2. 수익성지수법
>   ㉠ 수익성지수 : 수익현가 ÷ 비용현가
>   ㉡ 의사결정 : 수익성지수가 '1'보다 큰 대안을 선택
> 3. 내부수익률법
>   ㉠ 내부수익률 : '순현가 = 0' 또는 '수익성지수 = 1'이 되는 할인율
>   ㉡ 의사결정 : 내부수익률이 요구수익률보다 큰 대안을 선택

03 부동산 투자분석기법에 관한 설명으로 옳지 않은 것은?

① 할인현금수지(discounted cash flow)법은 부동산 투자기간 동안의 현금흐름을 반영하지 못한다는 단점이 있다.

② 순현가법은 화폐의 시간가치를 고려한 방법으로 순현가가 "0"보다 작으면 그 투자안을 기각한다.

③ 순현재가치(NPV)가 0인 단일투자안의 경우, 수익성지수(PI)는 1이 된다.

④ 내부수익률은 투자안의 순현가를 "0"으로 만드는 할인율을 의미하며, 투자자 입장에서는 최소한의 요구수익률이기도 하다.

⑤ 투자금액이 동일하고 순현재가치가 모두 0보다 큰 2개의 투자안을 비교·선택할 경우, 부의 극대화 원칙에 따르면 순현재가치가 큰 투자안을 채택한다.

정답해설
① 할인현금수지법(할인법) ⇨ 비할인법

▮ 할인법과 비할인법의 비교

투자자가 30년 동안 임대차를 하기 위해 오피스 빌딩에 투자했다고 가정한다.
1. 할인법은 30년 동안의 모든 현금흐름을 고려한 현금유입의 현가와 현금유출의 현가를 통해 투자를 분석한다.
2. 반면, 비할인법은 모든 기간의 현금흐름을 고려하지 않는다. 예로 가장 흔하게 사용하는 수익률은 연간 단위로 측정된다. 따라서 수익률을 산정하는 경우, 1년간의 현금흐름을 분석하는 것이지 투자기간 전체의 현금흐름을 분석하는 것은 아니다.

---

04 투자의 타당성 분석에 관한 설명으로 옳은 것은?

① 내부수익률은 순현가를 '0'보다 작게 하는 할인율이다.

② 수익성지수는 투자로부터 발생되는 현금유입의 현가에 대한 현금유출의 현가 비율이다.

③ 동일한 투자안에 대해서 복수의 내부수익률이 존재할 수 있다.

④ 회수기간은 투자시점에서 발생한 비용을 회수하는 데 걸리는 기간을 말하며, 회수기간법에서는 투자안 중에서 회수기간이 가장 장기인 투자안을 선택한다.

⑤ 순현가법과 내부수익률법은 모두 사전에 할인율로서 요구수익률이 결정되어야 한다.

정답해설
③ 옳은 지문이다. 내부수익률은 존재하지 않거나 복수가 산정될 수 있다.

정답 02 ④ 03 ① 04 ③

① 내부수익률은 순현가를 '0'으로 만드는 할인율이다.

② 현금유입 ⟺ 현금유출

④ 회수기간이 가장 장기인 투자안 ⟹ 가장 짧은 투자안

⑤ 순현가법과 수익성지수법을 적용하기 위해서는 수익과 비용을 할인(현재가치)하여야 한다. 따라서 사전에 할인율로서 요구수익률이 결정되어야 한다. 그러나 내부수익률법은 명시적으로 할인(현재가치)을 하지 않는 방법이다. 따라서 할인율(요구수익률)이 사전에 결정되어야 하는 것은 아니다.

05 부동산 투자분석기법에 관한 설명으로 옳은 것을 모두 고른 것은?

> ㉠ 내부수익률법, 순현재가치법, 수익성지수법은 할인현금흐름기법에 해당한다.
> ㉡ 순현재가치가 '0'이 되는 단일 투자안의 경우 수익성지수는 '1'이 된다.
> ㉢ 재투자율로 내부수익률법에서는 요구수익률을 사용하지만, 순현재가치법에서는 시장이 자율을 사용한다.
> ㉣ 회계적 이익률법에서는 투자안의 이익률이 목표이익률보다 높은 투자안 중에서 이익률이 가장 높은 투자안을 선택하는 것이 합리적이다.
> ㉤ 내부수익률법에서는 내부수익률과 실현수익률을 비교하여 투자 여부를 결정한다.

① ㉠, ㉡

② ㉠, ㉡, ㉣

③ ㉠, ㉢, ㉤

④ ㉡, ㉣, ㉤

⑤ ㉠, ㉡, ㉣, ㉤

② 옳은 지문은 ㉠, ㉡, ㉣이다.

㉢ 재투자율로 내부수익률법에서는 내부수익률이 사용되고, 순현가법에서는 요구수익률이 사용된다.

㉤ 실현수익률 ⟹ 요구수익률

▮ 순현가법과 내부수익률법의 비교

1. 순현가가 0이라면 수익성지수는 1이 된다.
2. 순현가를 산정하기 위해서는 사전에 할인율이 결정되어야 한다. 투자에서 할인율은 투자자의 요구수익률을 적용한다.
3. 일반적으로 순현가법은 내부수익률법보다 우월한 방법으로 평가된다.
   ㉠ 순현가법은 재투자율의 가정에서 보다 합리적이다.
   ㉡ 순현가법은 가치가산의 원칙(부의 극대화)에서 보다 합리적이다.
   ㉢ 내부수익률은 존재하지 않거나 복수일 수 있다.
4. 재투자율의 가정
   ㉠ 순현가법의 재투자율 : 요구수익률
   ㉡ 내부수익률법의 재투자율 : 내부수익률

06 부동산 투자분석기법에 관한 설명으로 옳은 것은?

① 순현가법과 수익성지수에 적용되는 할인율은 투자대안의 기대수익률이다.

② 내부수익률은 현금유입의 현재가치가 현금유출의 현재가치를 초과하는 경우의 할인율이다.

③ 어림셈법 중 순소득승수법의 경우 승수값이 작을수록 자본회수기간이 길어진다.

④ 순현가법에서는 재투자율로 시장수익률을 사용하고, 내부수익률법에서는 요구수익률을 사용한다.

⑤ 내부수익률법에서는 내부수익률이 요구수익률보다 작은 경우 해당 투자안을 선택하지 않는다.

정답해설

⑤ 옳은 지문이다.

오답해설

① 기대수익률이다. ⇨ 요구수익률이다.

② 내부수익률이란 순현가를 0으로 만드는 할인율이다. 따라서 현금유입의 현재가치와 현금유출의 현재가치가 일치되는 할인율이다.

③ 자본회수기간이 길어진다. ⇨ 짧아진다. : 승수값은 투자금액의 크기를 의미한다. 따라서 승수값이 작을수록 (= 투자금액이 작을수록) 자본회수기간이 짧아진다.

④ 순현가법에서는 재투자율로 요구수익률을 사용하고, 내부수익률법에서는 내부수익률을 사용한다.

07 부동산 투자분석기법에 관한 설명으로 옳지 않은 것은? (단, 다른 조건은 동일함)

① 동일한 현금흐름의 투자안이라도 투자자의 요구수익률에 따라 순현재가치(NPV)가 달라질 수 있다.

② 투자규모에 차이가 있는 상호 배타적인 투자안의 경우 순현재가치법과 수익성지수법을 통한 의사결정이 달라질 수 있다.

③ 순현재가치법은 가치가산원리가 적용되나 내부수익률법은 적용되지 않는다.

④ 재투자율의 가정에 있어 순현재가치법보다 내부수익률법이 더 합리적이다.

⑤ 회수기간법은 회수기간 이후의 현금흐름을 고려하지 않는다는 단점이 있다.

정답해설

④ 순현재가치법이 내부수익률법보다 더 합리적이다. 투자과정에서 획득한 수익을 투자자는 다시 재투자하는데, 재투자율이란 수익의 재투자에 적용되는 이자율을 의미한다. 일반적으로 순현가법의 재투자율은 투자자의 요구수익률이고, 내부수익률법의 재투자율은 내부수익률로 가정한다. 내부수익률로 재투자할 수 있다는 가정은 현재와 같은 내부수익률(기대수익률)을 지니는 투자기회가 미래에도 계속 존재한다는 것인데 일반적으로 내부수익률은 시장 상황에 따라 변화한다. 또한 한 기업이 여러 투자대안에 투자를 하는 경우 동일한 기업이 서로 다른 내부수익률로 재투자한다는 비현실적인 결론에 도달한다. 결국 순현가법의 가정이 보다 합리적이다.

정답 　05 ②　 06 ⑤　 07 ④

08 부동산 투자분석기법에 관한 설명으로 옳은 것을 모두 고른 것은? (단, 다른 조건은 동일함)

▸ 2021년 32회

> ㄱ. 현금 유출의 현가합이 4천만원이고 현금 유입의 현가합이 5천만원이라면, 수익성지수는 0.8이다.
>
> ㄴ. 내부수익률은 투자로부터 발생하는 현재와 미래 현금흐름의 순현재가치를 1로 만드는 할인율을 말한다.
>
> ㄷ. 재투자율로 내부수익률법에서는 요구수익률을 사용하지만, 순현재가치법에서는 시장이자율을 사용한다.
>
> ㄹ. 내부수익률법, 순현재가치법, 수익성지수법은 할인현금흐름기법에 해당한다.
>
> ㅁ. 내부수익률법에서는 내부수익률과 요구수익률을 비교하여 투자 여부를 결정한다.

① ㄱ, ㄹ   ② ㄴ, ㄷ
③ ㄹ, ㅁ   ④ ㄱ, ㄴ, ㅁ
⑤ ㄷ, ㄹ, ㅁ

정답해설

③ 옳은 지문은 ㄹ, ㅁ이다.

오답해설

ㄱ. 수익성지수는 1.25(= 5,000만 / 4,000만)이다.
ㄴ. 내부수익률은 순현재가치를 0으로 만드는 할인율이다.
ㄷ. 재투자율로 내부수익률법에서는 내부수익률을 사용하지만, 순현재가치법에서는 요구수익률(시장이자율)을 사용한다.

09 다음은 투자대안에 대한 현금흐름을 분석한 내용이다. 이에 대한 설명으로 옳지 않은 것은? (단, 투자자의 요구수익률은 5%임)

구분	순현가	수익성지수	내부수익률
A	4,000만	2.3	12%
B	1,500만	2.5	10%
C	1,500만	2.0	20%
D	3,000만	3.0	8%

① 하나의 투자대안(B)에 대한 의사결정에서 순현가법의 결과와 내부수익률법의 결과는 동일하다.
② 여러 투자대안 중 하나를 선택하는 경우에 순현가법과 내부수익률법의 결과는 달라질 수 있다.
③ 투자 규모가 상이한 투자안에서 수익성지수(PI)가 큰 투자안이 반드시 순현재가치(NPV)도 크다고 할 수 있다.
④ A, B를 결합한 새로운 투자안(A+B)의 순현가는 A의 순현가와 B의 순현가를 합한 값이다.
⑤ A, B를 결합한 새로운 투자안(A+B)의 내부수익률은 A의 내부수익률과 B의 내부수익률을 합한 값이라고 할 수 없다.

[정답해설]
③ 수익성지수(PI)가 가장 큰 투자안이 순현재가치도 가장 크다고 할 수 없다.

10 부동산 투자분석기법에 관한 설명으로 옳은 것은?　　　▶ 2022년 33회
① 투자규모가 상이한 투자안에서 수익성지수(PI)가 큰 투자안이 순현재가치(NPV)도 크다.
② 서로 다른 투자안 A, B를 결합한 새로운 투자안의 내부수익률(IRR)은 A의 내부수익률과 B의 내부수익률을 합한 값이다.
③ 순현재가치법과 수익성지수법에서는 화폐의 시간가치를 고려하지 않는다.
④ 투자안마다 단일의 내부수익률만 대응된다.
⑤ 수익성지수가 1보다 크면 순현재가치는 0보다 크다.

[정답해설]
⑤ 옳은 지문이다.

PART 05

오답해설

① 투자 규모가 상이한 여러 투자대안을 분석하는 경우, 수익성지수가 가장 크게 측정된다고 하여 순현가도 가장 크게 측정된다고 할 수 없다.

② 수익률(내부수익률)은 합산되는 것이 아니다. 즉 A의 수익률이 10%이고, B의 수익률이 6%일 때, A와 B를 결합한 투자의 수익률이 16%가 되는 것이 아니라 8%가 된다.

구분	A	B	A+B
투자금액	100	100	200
수익	10	6	16
수익률	10%	6%	8%

③ 화폐의 시간가치를 고려하지 않는다. ⇨ 고려한다.

④ 내부수익률은 존재하지 않거나, 복수가 산정될 수 있다.

11 부동산투자분석에 관한 내용으로 옳지 않은 것은?
▸ 2024년 35회

① 동일한 현금흐름을 가지는 투자안이라도 투자자의 요구수익률에 따라 순현재가치는 달라질 수 있다.

② 서로 다른 내부수익률을 가지는 두 자산에 동시에 투자하는 투자안의 내부수익률은 각 자산의 내부수익률을 더한 것과 같다.

③ 동일한 투자안에 대해 내부수익률이 복수로 존재할 수 있다.

④ 내부수익률법에서는 내부수익률과 요구수익률을 비교하여 투자의사결정을 한다.

⑤ 투자규모에 차이가 나는 상호배타적인 투자안을 검토할 때, 순현재가치법과 수익성지수 법을 통한 의사결정이 달라질 수 있다.

정답해설

② 수익률은 더해지지 않는다.

정답 ▸ 11 ②

2절 할인법 계산 문제

01 다음 표와 같은 투자사업들이 있다. 이 사업들은 모두 사업기간이 1년이며, 사업 초기(1월 1일)에 현금지출만 발생하고 사업 말기(12월 31일)에 현금유입만 발생한다고 한다. 할인율이 연 7%라고 할 때 다음 중 옳지 않은 것은?

사업	초기 현금지출	말기 현금유입
A	3,000만원	7,490만원
B	1,000만원	2,675만원
C	1,500만원	3,210만원
D	1,500만원	4,815만원

① B와 C의 순현재가치(NPV)는 같다.
② 수익성지수(PI)가 가장 큰 사업은 D이다.
③ 순현재가치(NPV)가 가장 큰 사업은 A이다.
④ 수익성지수(PI)가 가장 작은 사업은 C이다.
⑤ A의 순현재가치(NPV)는 D의 2배이다.

[정답해설]

⑤ A의 순현가는 4,000이고 D의 순현가는 3,000이다.

사업	초기 현금지출	말기 현금유입	초기 현금유입 $\left(\dfrac{\text{말기 현금유입}}{1.07}\right)$	순현가	수익성지수
A	3,000만원	7,490만원	7,000	4,000	2.3
B	1,000만원	2,675만원	2,500	1,500	2.5
C	1,500만원	3,210만원	3,000	1,500	2.0
D	1,500만원	4,815만원	4,500	3,000	3.0

정답 01 ⑤

02 수익성지수(Profit Index)법에 의한 부동산 사업의 투자분석으로 옳지 않은 것은? (단, 사업 기간은 모두 1년, 할인율은 연 10%이며, 주어진 조건에 한함)

사업	현금지출(2013.1.1.)	현금유입(2013.12.31.)
A	100만원	121만원
B	120만원	130만원
C	150만원	180만원
D	170만원	200만원

① A사업은 B사업의 수익성지수보다 크다.
② C사업은 D사업의 수익성지수보다 크다.
③ A사업에만 투자하는 경우는 A와 B사업에 투자하는 경우보다 수익성지수가 더 크다.
④ D사업에만 투자하는 경우는 C와 D사업에 투자하는 경우보다 수익성지수가 더 크다.
⑤ 수익성지수가 가장 작은 사업은 B이다.

[정답해설]

④ D사업의 수익성지수는 1.06이다. C와 D사업에 함께 투자하는 경우의 수익성지수는 1.078[= (164만 + 181만)/(150만 + 170만)]이다. 따라서 D사업에만 투자하는 경우의 수익성지수가 보다 작다.

사업	현금유입의 현재가치	현금지출의 현재가치	수익성지수
A	$\dfrac{121만}{1.1만}=110$	100만원	$\dfrac{110만}{100만}=1.1$
B	$\dfrac{130만}{1.1만}=118$	120만원	$\dfrac{118만}{120만}=0.98$
C	$\dfrac{180만}{1.1만}=164$	150만원	$\dfrac{164만}{150만}=1.09$
D	$\dfrac{200만}{1.1만}=181$	170만원	$\dfrac{181만}{170만}=1.06$

※ 수익성지수는 가치가산의 원리가 적용되지 않고 소맥의 원리가 적용됨에 주의하여야 한다. 두 자산의 수익성지수를 결합하게 되면 중간 정도의 값이 나옴에 주의하여야 한다.

03 다음은 투자부동산의 매입, 운영 및 매각에 따른 현금흐름이다. 이에 기초한 순현재가치는? (단, 0년차 현금흐름은 초기투자액, 1년차부터 7년차까지 현금흐름은 현금유입과 유출을 감안한 순현금흐름이며, 기간이 7년인 연금의 현가계수는 3.50, 7년 일시불의 현가계수는 0.60이고, 주어진 조건에 한함)

(단위 : 만원)

기간(년)	0	1	2	3	4	5	6	7
현금흐름	-1,100	120	120	120	120	120	120	1,420

① 100만원   ② 120만원   ③ 140만원
④ 160만원   ⑤ 180만원

정답해설

① 순현재가치는 100만원이다.

1. 수익의 현가 : 120만 × 3.5(7년 연금 현가계수) + 1,300만 × 0.6(7년 일시불 현가계수) = 1,200만

기간(년)	1	2	3	4	5	6	7
현금흐름	120	120	120	120	120	120	120 + 1,300

2. 비용의 현가 : 1,100만
3. 순현재가치 : 1,200만 - 1,100만 = 100만

04 다음은 부동산 투자의 예상 현금흐름표이다. 이 투자안의 수익성지수(PI)는? (단, 0년차 현금흐름은 기초 현금유출이며, 1년차부터 3년차까지의 현금흐름은 연말의 현금유입이다. 할인율은 연 10%이고, 주어진 조건에 한함)

(단위 : 만원)

사업기간	0년	1년	2년	3년
현금흐름	2,000	550	1,210	1,331

① 1.15   ② 1.25   ③ 1.35
④ 1.40   ⑤ 1.45

정답해설

② 수익성지수는 1.25이다.

1. 현금유입의 현가 = (550만 / 1.1) + (1,210만 / 1.1^2) + (1,331만 / 1.1^3) = 2,500만원
2. 현금유출의 현가 : 2,000만원
3. 수익성지수(= 현금유입의 현가합/현금유출의 현가합) : 2,500만/2,000만 = 1.25

정답   02 ④   03 ①   04 ②

05 향후 2년간 현금흐름을 이용한 다음 사업의 수익성지수(PI)는?

- 모든 현금의 유입과 유출은 매년 말에만 발생
- 현금유입은 1년차 1,000만원, 2년차 1,200만원
- 현금유출은 현금유입의 80%
- 1년 후 일시불의 현가계수 0.95
- 2년 후 일시불의 현가계수 0.90

① 1.15　　　　　　　　　　　② 1.20

③ 1.25　　　　　　　　　　　④ 1.30

⑤ 1.35

정답해설

③ 수익성지수는 1.25이다.
　1. 2년간의 현금흐름

구분	1년차	2년차
현금유입	1,000만	1,200만
현금유출	800만	960만

　2. 수익의 현가 : (1,000만 × 0.95) + (1,200만 × 0.9) = 2,030만
　3. 비용의 현가 : (800만 × 0.95) + (960만 × 0.9) = 1,624만
　4. 수익성지수 : 2,030만/1,624만 = 1.25

06 다음과 같은 현금흐름을 갖는 투자안 A의 순현가(NPV)와 내부수익률(IRR)은? [단, 할인율은 연 20%, 사업기간은 1년이며, 사업 초기(1월 1일)에 현금지출만 발생하고 사업 말기(12월 31일)에 현금유입만 발생함]

투자안	초기 현금지출	말기 현금유입
A	5,000원	6,000원

	NPV	IRR			NPV	IRR
①	0원	20%		②	0원	25%
③	0원	30%		④	1,000원	20%
⑤	1,000원	25%				

정답해설

① 순현가는 0, 내부수익률은 20%이다.

1. 순현가(NPV)는 현금유입의 현가에서 현금지출의 현가를 차감한 값이다.

- 현금유입의 현가 = $\dfrac{6,000원}{(1 + 0.2)}$ = 5,000원

- 현금지출의 현가 = 5,000원

- 순현가 = 5,000 − 5,000 = 0

2. 내부수익률(IRR)은 순현가가 0이 될 때 달성되는 할인율을 의미한다. 따라서 제시된 할인율 20%가 그대로 내부수익률이 된다.

07 사업기간 초에 3억원을 투자하여 다음과 같은 현금 유입의 현재 가치가 발생하는 투자사업이 있다. 이 경우 보간법으로 산출한 내부수익률은? (단, 주어진 조건에 한함) ▸ 2021년 32회

현금 유입의 현재 가치	(단위 : 천원)
할인율 5%인 경우	할인율 6%인 경우
303,465	295,765

① 5.42% ② 5.43%

③ 5.44% ④ 5.45%

⑤ 5.46%

정답해설

④ 내부수익률은 5.45%이다.

1. 순현가가 0이 되기 위해서는 현금 유입의 현재 가치는 300,000천원이 되어야 한다.

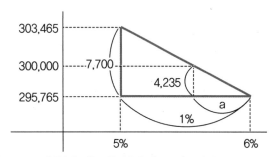

2. 현금 유입의 현가가 300,000천원이 되는 할인율은 (6 − a)%이다.

3. 보간법에 의한 a의 크기

$$\dfrac{1\%}{7,700} = \dfrac{a}{4,235},\ a = \dfrac{4,235}{7,700} = 0.55\%$$

4. 순현가를 0으로 만드는 할인율 : 6% − 0.55% = 5.45%

정답 05 ③ 06 ① 07 ④

08 A투자안의 현금흐름이다. 추가투자가 없었을 때의 NPV(ㄱ)와 추가투자로 인한 NPV증감 (ㄴ)은? (단, 0기 기준이며, 주어진 자료에 한함) ▸ 2022년 33회

구분	0기	1기	2기	3기
초기투자	(1억원)			
NOI		4천만원	3천만원	4천만원
추가투자			(5천만원)	
추가투자에 따른 NOI증감			+3천만원	+4천만원
현가계수		0.952	0.906	0.862

① ㄱ : −260,000원, ㄴ : +16,360,000원
② ㄱ : −260,000원, ㄴ : +17,240,000원
③ ㄱ : −260,000원, ㄴ : +18,120,000원
④ ㄱ : +260,000원, ㄴ : +16,360,000원
⑤ ㄱ : +260,000원, ㄴ : +17,240,000원

정답해설

① 옳은 묶음이다.
　1. 추가투자가 없었을 때의 NPV(ㄱ)
　　1) 현금유입의 현가 : 4,000만 × 0.952 + 3,000만 × 0.906 + 4,000만 × 0.862 = 9,974만원
　　2) 현금유출의 현가 : 10,000만원
　　3) 순현가(NPV) : −26만원
　2. 추가투자로 인한 NPV증감(ㄴ)
　　1) 현금유입의 증감 : 3,000만 × 0.906 + 4,000만 × 0.862 = 6,166만원
　　2) 현금유출의 증감 : 5,000만 × 0.906 = 4,530만원
　　3) 순현가(NPV)증감 : 6,166만 − 4,530만 = 1,636만원

정답 　08 ①

3절 비할인법

확인학습

1. 수익률과 승수

① 수익률 : $\dfrac{수익}{투자금액}$ ② 승수 : $\dfrac{투자금액}{수익}$

③ 수익률과 승수를 산정하는 경우, 세전(세후)현금수지는 ○○투자금액과 대응된다.

④ 수익률과 승수를 산정하는 경우, 총수익과순 영업소득은 ○투자금액과 대응된다.

2. 회계적 이익률법과 회수기간법

① 회계적 이익률법은 투자대안들 중에서 이익률이 가장 ○○ 대안을 선택한다.

② 회수기간법은 투자자금을 회수하는 기간이 가장 ○○ 대안을 선택한다.

3. 부채감당률

① 부채감당률은 ○○○소득이 ○○서비스액을 감당할 수 있는지를 나타내는 지표이다.

② 부채감당률이 1보다 ○○는 것은 순영업소득이 대출의 원리금을 상환하고도 잔여액이 있음을 의미한다.

4. 채무불이행률과 총자산회전률

① 채무불이행률은 ○○총소득에 대한 영업경비와 부채서비스액의 합계의 비율이다.

② 채무불이행률은 유효총소득이 ○○○○와 ○○○○○액을 감당할 수 있는지, 그 능력을 의미한다.

③ 총자산회전율은 투자된 총자산에 대한 총소득의 비율을 말한다.

5. 대부비율과 부채비율

① 대부비율은 대출을 받은 비율이다.

② 부채비율은 부채의 ○○성을 측정하는 지표이다.

③ 부채비율은 ○○○○에 대한 부채의 비율이다.

 답
1. ③ 지분 ④ 총
2. ① 높은 ② 짧은
3. ① 순영업, 부채 ② 크다
4. ① 유효 ② 영업경비, 부채서비스
5. ② 건전 ③ 자기자본

01 승수법과 수익률법에 관한 설명으로 옳지 않은 것은?

① 총투자수익률(ROI)은 순영업소득을 총투자액으로 나눈 비율이다.

② 지분투자수익률(ROE)은 세후현금흐름을 지분투자액으로 나눈 비율이다.

③ 순소득승수(NIM)는 지분투자액을 순영업소득으로 나눈 값이다.

④ 세후현금흐름승수(ATM)는 지분투자액을 세후현금흐름으로 나눈 값이다.

⑤ 세전현금흐름승수(BTM)는 지분투자액을 세전현금흐름으로 나눈 값이다.

정답해설

③ 지분투자액 ⇨ 총투자액

┃ 수익률과 승수의 산정 원칙

1. 세전현금수지와 세후현금수지 등 지분수익의 계열은 지분투자금액과 대응된다.
2. 지분수익이 아닌 순영업소득, 총소득은 총투자금액과 대응된다.

02 투자의 타당성 분석에 관한 설명으로 옳지 않은 것은?

① 회수기간은 투자금액을 회수하는 데 걸리는 기간을 말하며, 회수기간법에서는 투자대안 중에서 회수기간이 가장 단기인 투자대안을 선택한다.

② 회계적 이익률법에서는 투자안의 이익률이 목표이익률보다 높은 투자안 중에서 이익률이 가장 높은 투자안을 선택하는 것이 합리적이다.

③ 다른 조건이 일정하다면, 승수가 클수록 보다 좋은 투자대안으로 평가된다.

④ 다른 조건이 일정하다면, 승수가 큰 투자대안일수록 자본회수기간은 길어진다.

⑤ 다른 조건이 일정하다면, 승수가 클수록 회계적 이익률은 보다 낮아진다.

정답해설

③ 보다 좋은 ⇨ 보다 나쁜 : 승수 값은 투자금액의 크기를 의미한다. 따라서 승수가 클수록 상대적으로 나쁜 대안으로 평가된다.

┃ 수익률과 승수의 의미

1. 수익률(=수익/투자금액)의 수치는 수익의 크기를 의미한다.
2. 승수(=투자금액/수익)의 수치는 투자금액의 크기를 의미한다.

03 부동산투자에 관한 설명으로 옳지 않은 것은?

▸ 2024년 35회

① 영업비용비율(OER)은 운영경비(OE)를 유효총소득(EGI)으로 나눈 비율이다.
② 총부채상환비율(DTI)이 높을수록 차입자의 부채상환가능성이 낮아진다.
③ 채무불이행률(DR)은 유효총소득(EGI)으로 운영경비(OE)와 부채서비스(DS)를 감당할 수 있는 정도를 나타낸다.
④ 총투자수익률(ROI)은 총투자액을 순영업소득(NOI)으로 나눈 비율이다.
⑤ 지분투자수익률(ROE)은 세후현금흐름(ATCF)을 지분투자액으로 나눈 비율이다.

정답해설
④ 총투자수익률(= 순영업소득/총투자액)은 순영업소득을 총투자액으로 나눈 비율이다.

04 부동산 투자분석기법 중 비율분석법에 관한 설명으로 옳지 않은 것은?

① 채무불이행률은 유효총소득이 영업경비와 부채서비스액을 감당할 수 있는 능력이 있는지를 측정하는 비율이며, 채무불이행률을 손익분기율이라고도 한다.
② 대부비율은 부동산 가치에 대한 융자액의 비율을 가리키며, 대부비율을 저당비율이라고도 한다.
③ 부채비율은 부채에 대한 지분의 비율이며, 대부비율이 50%일 경우에는 부채비율은 100%가 된다.
④ 총자산회전율은 투자된 총자산에 대한 총소득의 비율이며, 총소득으로 가능총소득 또는 유효총소득이 사용된다.
⑤ 비율분석법의 한계로는 요소들에 대한 추계산정의 오류가 발생하는 경우에 비율 자체가 왜곡될 수 있다는 점을 들 수 있다.

정답해설
③ 부채비율은 자기자본에 대한 부채의 비율이다.

▌ 다양한 재무비율

① 부채감당률 $= \dfrac{순영업소득}{부채서비스액}$

② 채무불이행률 $= \dfrac{영업경비 + 부채서비스액}{유효총소득}$

③ 총자산회전율 $= \dfrac{총소득}{부동산의\ 총가치}$

④ 대부비율 $= \dfrac{대출금액}{부동산\ 가격}$, 부채비율 $= \dfrac{부채}{자기자본}$

4절 비할인법 계산 문제

01 甲은 시장가치 5억원의 부동산을 인수하고자 한다. 해당 부동산의 부채감당률(DCR)은? (단, 모든 현금유출입은 연말에만 발생하며, 주어진 조건에 한함)

- 담보인정비율(LTV) : 시장가치의 50%
- 연간 저당상수 : 0.12
- 가능총소득(PGI) : 5,000만원
- 공실손실상당액 및 대손충당금 : 가능총소득의 10%
- 영업경비비율 : 유효총소득의 28%

① 1.08   ② 1.20

③ 1.50   ④ 1.67

⑤ 1.80

〔정답해설〕

① 부채감당률은 1.08이다.

> 1. 현금흐름 분석
>   1) 가능총소득 : 5,000만원
>   2) 유효총소득 : 5,000만원 × (1 − 0.1) = 4,500만원
>   3) 순영업소득 : 4,500만원 × (1 − 0.28) = 3,240만원

1. 부채서비스액 : 5억원 × 0.5(LTV) × 0.12(저당상수) = 3,000만
2. 부채감당률 : 2,340만/3,000만 = 1.08

02 다음 자료를 활용하여 산정한 순소득승수, 채무불이행률, 세후현금흐름승수를 순서대로 나열한 것은?

- 총투자액 : 15억원
- 지분투자액 : 4억원
- 유효총소득승수 : 6
- 영업경비비율(유효총소득 기준) : 40%
- 부채서비스액 : 6천만원/년
- 영업소득세 : 1천만원/년

① 10, 64%, 5
② 10, 64%, 5.5
③ 10, 65%, 5.5
④ 11, 65%, 6
⑤ 11, 66%, 6

정답해설

① 순소득승수 : 10, 채무불이행률 : 64%, 세후현금흐름승수 : 5

1. 현금흐름 분석
   1) 유효총소득 : 250,000,000원
      6(유효총소득승수) = 15억(투자금액)/유효총소득, 유효총소득 = 250,000,000원
   2) 순영업소득 : 250,000,000원 − 100,000,000원(영업경비) = 150,000,000원
   3) 세전현금수지 : 150,000,000원 − 60,000,000원(부채서비스액) = 90,000,000원
   4) 세후현금수지 : 90,000,000원 − 10,000,000원(영업소득세) = 80,000,000원

1. 순소득승수 = $\dfrac{총투자금액}{순영업소득}$ = $\dfrac{1,500,000,000}{150,000,000}$ = 10

2. 채무불이행률 = $\dfrac{영업경비 + 부채서비스액}{유효총소득}$ = $\dfrac{100,000,000 + 60,000,000}{250,000,000}$ = 0.64(64%)

3. 세후현금흐름승수 = $\dfrac{지분투자금액}{세후현금수지}$ = $\dfrac{400,000,000}{80,000,000}$ = 5

03 비율분석법을 이용하여 산출한 것으로 틀린 것은? (단, 주어진 조건에 한하며, 연간 기준임)

- 주택담보대출액 : 1억원
- 주택담보대출의 연간 원리금상환액 : 500만원
- 부동산가치 : 2억원
- 차입자의 연소득 : 1,250만원
- 가능총소득 : 2,000만원
- 공실손실상당액 및 대손충당금 : 가능총소득의 25%
- 영업경비 : 가능총소득의 50%

① 담보인정비율(LTV) = 0.5
② 부채감당률(DCR) = 1.0
③ 총부채상환비율(DTI) = 0.4
④ 채무불이행률(DR) = 1.0
⑤ 영업경비비율(OER, 유효총소득 기준) = 0.8

[정답해설]

⑤ 영업경비비율은 0.66이다. 영업경비비율(OER) = 영업경비/유효총소득 = 1,000 / 1,500 = 0.66

> 1. 현금흐름 분석
>   1) 가능총소득 : 2,000만원
>   2) 유효총소득 : 2,000만원 − 25%(공실 및 대손) = 1,500만원
>   3) 순영업소득 : 1,500만원 − 1,000만원[영업경비 = 2,000(가능) × 50%] = 500만원

[오답해설]

① 담보인정비율(LTV) = 주택담보대출액 / 부동산의 가치 = 1억 / 2억 = 0.5
② 부채감당률(DCR) = 순영업소득 / 부채서비스액(원리금상환액) = 500 / 500 = 1.0
③ 총부채상환비율(DTI) = 연간 원리금상환액 / 차입자의 연소득 = 500 / 1,250 = 0.4
④ 채무불이행률(DR) = (영업경비 + 부채서비스액) / 유효총소득 = (500 + 1,000) / 1,500 = 1.0

04 비율분석법을 이용하여 산출한 것으로 옳지 않은 것은? (단, 주어진 조건에 한하며, 연간 기준임)

▶ 2021년 32회

- 주택담보대출액 : 2억원
- 주택담보대출의 연간 원리금상환액 : 1천만원
- 부동산 가치 : 4억원
- 차입자의 연소득 : 5천만원
- 가능총소득 : 4천만원
- 공실손실상당액 및 대손충당금 : 가능총소득의 25%
- 영업경비 : 가능총소득의 50%

① 부채감당률(DCR) = 1.0
② 채무불이행률(DR) = 1.0
③ 총부채상환비율(DTI) = 0.2
④ 부채비율(debt ratio) = 1.0
⑤ 영업경비비율(OER, 유효총소득 기준) = 0.8

정답해설

⑤ 영업경비비율[영업경비(2,000만) / 유효총소득(3,000만)]은 약 0.66(66%)이다.

---

1. 현금흐름 분석
   1) 가능총소득 : 4,000만원
   2) 유효총소득 : 4,000만 − 1,000만(공실 및 대손) = 3,000만원
   3) 순영업소득 : 3,000만 − 2,000만(영업경비) = 1,000만원

2. 기타 분석
   1) 영업경비 : 2,000만
   2) 부채서비스액(원리금상환액) : 1,000만

오답해설

① 부채감당률(DCR) : 순영업소득(1,000만) / 부채서비스액(1,000만) = 1.0
② 채무불이행률(DR) : [영업경비(2,000만) + 부채서비스액(1,000만)] / 유효총소득(3,000만) = 1.0
③ 총부채상환비율(DTI) : 원리금상환액(1,000만) / 차입자의 연소득(5,000만) = 0.2
④ 부채비율(debt ratio) : 부채(2억원) / 자기자본(2억원) = 1.0

정답 ▶ 03 ⑤ 04 ⑤

05 A부동산의 1년 동안 예상되는 현금흐름이다. 다음 중 옳은 것은? (단, 주어진 조건에 한함)

▸ 2017년 28회

> • A부동산 가격 : 15억원(자기자본 : 10억원, 대출 : 5억원)
> • 순영업소득 : 1억 5,000만원
> • 영업소득세 : 5,000만원
> • 저당지불액 : 8,000만원

① 부채비율 : 20%
② 순소득승수 : 15
③ 지분투자수익률 : 30%
④ 부채감당비율 : 53%
⑤ 총투자수익률 : 10%

정답해설
⑤ 옳은 지문이다.

오답해설
① 부채비율 = 부채(대출금액) / 자기자본 = 5억원 / 10억원 = 50%
② 순소득승수 = 총투자액 / 순영업소득 = 15억원 / 1억 5,000만원 = 10
③ 지분투자수익률 = 세전현금흐름 / 지분투자액 = (1억 5,000만원 − 8,000만원) / 10억원 = 7%
④ 부채감당비율 = 순영업소득 / 부채서비스액 = 1억 5,000만원 / 8,000만원 = 187.5%

06 다음 부동산 투자안에 관한 단순회수기간법의 회수기간은?

기간	1기	2기	3기	4기	5기
초기 투자액 1억원(유출)					
순현금흐름	3,000만원	2,000만원	2,000만원	6,000만원	1,000만원

※ 기간은 연간 기준이며, 회수기간은 월단위로 계산함
※ 초기 투자액은 최초 시점에 전액 투입하고, 이후 각 기간 내 현금흐름은 매월 말 균등하게 발생

① 2년 6개월
② 3년
③ 3년 6개월
④ 4년
⑤ 4년 6개월

정답해설
③ 투자회수기간은 3년 6개월이다.
  1. 초기 투자액 : 1억
  2. 투자액을 회수하기 위해 필요한 기간 : 3년 6개월

금융론

금융의 이해

1절 금융의 구분

1. **부채금융과 지분금융**
   ① 부채 금융 : 채권, 각종 대출, 각종 유동화 증권
   ② 지분 금융 : 주식, ○디케이션, 조인트○○, 부동산○○회사
   ③ 메자닌 금융 : ○주인수권부사채, ○환사채

2. **주택개발금융과 주택○○금융**

3. **1차 저당시장(주택자금 ○○시장)과 2차 저당시장(주택자금 ○○시장)**

4. **○○○ 금융 : 프로젝트 대출, 주택연금(주택담보노후연금)**

5. **역저당 : 주택(담보노후)○○**

> **답**
> 1. ② 신, 벤처, 투자 ③ 신, 전
> 2. 소비   3. 대출, 공급   4. 비소구   5. 연금

---

01 부동산 금융에 관한 설명으로 옳지 않은 것은?

① 주택도시기금은 국민주택 및 임대주택 건설을 위한 주택사업자와 주택을 구입 또는 임차하고자 하는 개인수요자에게 자금을 지원하고자 한다.

② 주택을 구입하거나 개량하기 위해 필요한 자금을 주택 수요자에게 제공하는 금융을 주택소비금융이라고 한다.

③ 주택담보대출은 서민 계층을 대상으로 주택을 담보로 주택구입에 필요한 자금을 조달하는 제도로 대표적인 주택소비금융이다.

④ 주택금융 시장 중 금융기관이 수취한 예금 등으로 주택담보대출을 제공하는 시장을 주택자금 공급시장이라 하며, 투자자로부터 자금을 조달하여 주택자금을 대출기관에 공급해주는 시장을 주택자금 대출시장이라고 한다.

⑤ 자금을 필요로 하는 주택수요자와 자금을 공급하는 금융기관 등으로 구성된 저당시장은 1차 저당시장이다.

정답해설

④ 주택자금 공급시장 ⇔ 주택자금 대출시장 : 금융기관이 주택담보대출을 제공하는 시장은 주택자금 대출시장 (1차 저당시장)이고, 투자자로부터 자금을 조달하여 주택자금을 대출기관에 공급해 주는 시장은 주택자금 공급시장(2차 저당시장)이다.

02 주택금융에 관한 설명으로 옳은 것을 모두 고른 것은? ▸2017년 28회

> ㄱ. 주택금융은 주택수요자에게 자금을 융자해 줌으로써 주택구매력을 높여준다.
> ㄴ. 주택소비금융은 주택을 구입하려는 사람이 신용을 담보로 제공하고, 자금을 제공받는 형태의 금융을 말한다.
> ㄷ. 주택개발금융은 서민에게 주택을 담보로 하고 자금을 융자해주는 실수요자 금융이다.
> ㄹ. 주택자금융자는 주로 장기융자 형태이므로, 대출기관의 유동성 제약이 발생할 우려가 있어 주택저당채권의 유동화 필요성이 있다.

① ㄱ, ㄴ   ② ㄱ, ㄷ   ③ ㄱ, ㄹ
④ ㄴ, ㄹ   ⑤ ㄷ, ㄹ

정답해설

③ 옳은 지문은 ㄱ, ㄹ이다.

오답해설

ㄴ. 신용을 담보로 ⇨ 주택을 담보로 : 주택소비금융은 주택을 담보로 제공하고 자금을 제공받는다.
ㄷ. 주택개발금융 ⇨ 주택소비금융

03 주택금융에 관한 설명으로 옳은 것은?

① 주택담보대출과 관련된 대부비율(LTV)와 총부채원리금상환비율(DSR)은 금융위원회가 결정한다.
② 정부는 주택소비금융의 확대와 금리인하, 대출규제의 완화로 주택가격의 급격한 하락에 대처한다.
③ 주택소비금융은 주택구입능력을 제고시켜 자가주택 소유를 촉진시킬 수 있다.
④ 주택자금대출의 확대는 주택거래를 활성화시킬 수 있다.
⑤ 주택도시기금은 국민주택의 건설이나 국민주택규모 이상의 주택 구입에 출자 또는 융자할 수 있다.

정답해설

⑤ 국민주택규모 이상의 주택 ⇨ 국민주택규모 이하의 주택

정답   01 ④   02 ③   03 ⑤

04 부동산금융 및 투자에 관한 설명으로 옳지 않은 것은? ▸ 2023년 34회

① 부동산금융은 부동산의 매입이나 매각, 개발 등과 관련하여 자금이나 신용을 조달하거나 제공하는 것을 말한다.

② 부동산의 특성과 관련하여 분할거래의 용이성과 생산의 장기성으로 인해 부동산금융은 부동산의 거래나 개발 등에서 중요한 역할을 하게 된다.

③ 부동산투자에서 지분투자자가 대상 부동산에 가지는 권한을 지분권이라 하고, 저당투자 자가 대상 부동산에 가지는 권한을 저당권이라 한다.

④ 부동산보유자는 보유부동산의 증권화를 통해 유동성을 확보할 수 있다.

⑤ 부동산금융이 일반금융과 다른 점으로는 담보기능과 감가상각 및 차입금 이자에 대한 세금감면이 있다.

[정답해설]
② 분할거래의 용이성 ⇨ 분할거래의 비용이성 : 부동산은 분할거래 또는 거래가 쉽지 않다.

05 부동산 금융에 관한 설명으로 옳지 않은 것은?

① 주택연금은 시간이 지남에 따라 대출잔액이 늘어나는 역모기지(reverse mortgage)의 구조를 갖는다.

② 가치상승공유형 대출(SAM; Shared Appreciation Mortgage)은 담보물의 가치상승 일부분을 대출자가 사전약정에 의해 차입자에게 이전하기로 하는 조건의 대출이다.

③ 소득상승공유형 대출(SEM; Shared Equity Mortgage)은 가능총소득이 일정액을 초과 하는 경우 그 초과분을 대출자가 취득하는 방식으로, 주로 상업용 부동산을 대상으로 한다.

④ 부채금융은 대출이나 회사채 발행 등을 통해 타인자본을 조달하는 방법으로서 신탁증서 대출, 저당담보부증권(MBS) 등이 있다.

⑤ 공적보증형태의 역모기지 제도로 주택연금, 농지연금 등이 현재 시행되고 있다.

[정답해설]
② 가치상승공유형 대출(SAM)은 대출금리를 상대적으로 낮게 하는 대신에 담보물의 가치상승 일부분을 은행이 취득하는 조건의 대출로, 주로 주거용 부동산을 대상으로 한다.

06 다음 보기에는 지분금융, 메자닌금융(Mezzanine financing), 부채금융이 있다. 이 중 지분금융(equity financing)을 모두 고른 것은?

> ㄱ. 저당금융　　　　　　　　　　　ㄴ. 신탁증서금융
> ㄷ. 부동산 신디케이트(syndicate)　　ㄹ. 자산유동화증권(ABS)
> ㅁ. 신주인수권부사채

① ㄷ
② ㄴ, ㅁ
③ ㄷ, ㄹ
④ ㄷ, ㅁ
⑤ ㄱ, ㄷ, ㅁ

[정답해설]

① 지분금융 : 부동산 신디케이트(ㄷ)

▌부채금융과 지분금융, 메자닌금융

1. 부채금융 : 자금을 빌리는 방식
   ㉠ 채권
   ㉡ 저당금융(대출), 신탁증서금융(대출), 프로젝트금융(대출)
   ㉢ 주택저당증권(MBS), 자산유동화증권(ABS), 자산담보부기업어음(ABCP)
2. 지분금융 : 자금을 투자받는 방식
   ㉠ 주식(공모)
   ㉡ 신디케이션, 조인트벤처, 부동산투자회사
3. 메자닌금융 : 부채금융과 지분금융의 중간적 성격
   ㉠ 신주인수권부사채, (주식)전환사채
   ㉡ 후순위대출

---

07 다음 자금조달 방법 중 지분금융(equity financing)에 해당하는 것은?

① 주택상환사채
② 신탁증서금융
③ 부동산투자회사(REITs)
④ 자산담보부기업어음(ABCP)
⑤ 주택저당채권담보부채권(MBB)

[정답해설]

③ 지분금융 : 부동산투자회사(REITs)

정답　04 ②　05 ②　06 ①　07 ③

08 다음 자금조달방법 중 부채금융(debt financing)을 모두 고른 것은?

> ㉠ 조인트벤처(joint venture)
> ㉡ 자산담보부기업어음(ABCP)
> ㉢ 주택상환사채
> ㉣ 공모(public offering)에 의한 증자
> ㉤ 부동산 신디케이트(syndicate)

① ㉠, ㉡   ② ㉠, ㉤

③ ㉡, ㉢   ④ ㉢, ㉣

⑤ ㉢, ㉤

정답해설
③ 부채금융 : ㉡ 자산담보부기업어음(ABCP), ㉢ 주택상환사채

09 메자닌금융(mezzanine financing)에 해당하는 것을 모두 고른 것은?

> ㉠ 후순위대출   ㉡ 전환사채
> ㉢ 주택상환사채   ㉣ 신주인수권부사채
> ㉤ 보통주

① ㉠, ㉡, ㉢   ② ㉠, ㉡, ㉣

③ ㉠, ㉢, ㉣   ④ ㉡, ㉢, ㉤

⑤ ㉡, ㉣, ㉤

정답해설
② 메자닌금융 : ㉠ 후순위대출, ㉡ 전환사채, ㉣ 신주인수권부사채

2절 금융의 위험

확인학습

1. 변동금리 상품
   ① 은행은 ○○금리 상품을 판매함으로써 위험을 낮추고자 한다.
   ② 예상치 못한 인플레이션이 예상되면 은행은 인플레이션 위험을 낮추기 위해 ○○금리 상품을 판매한다.

2. 조기상환 위험
   ① 대출금리가 고정된 상태에서 시장금리가 ○○하면 차입자는 조기상환을 고려한다.

답 ▶ 1. ① 변동 ② 변동 2. ① 하락

01 **부동산 금융에 관한 설명으로 옳지 않은 것은?**

① 대출금리가 고정된 상태에서 시장이자율이 상승하면 대출기관의 수익성이 악화된다.

② 대출기관은 이자율변동에 따른 위험을 회피하기 위해 고정금리상품을 판매한다.

③ 대출금리가 고정된 상태에서 시장이자율이 약정이자율보다 낮아지면 차입자는 조기상환을 고려한다.

④ 대출기관은 대출의 위험을 줄이기 위해서 부채감당률이 1.0 이상이 되는 투자안에 대출한다.

⑤ 은행은 인플레이션 위험을 차입자에게 전가시키기 위해서 변동금리상품을 선호한다.

정답해설

② 고정금리상품 ⇨ 변동금리상품 : 대출기관(은행, 대출자)은 위험을 낮추기 위해 변동금리상품을 판매한다.

정답 ▶ 01 ②

02 부동산 금융에 관한 설명으로 옳지 않은 것은?

① 한국주택금융공사는 주택저당채권을 기초로 하여 주택저당증권을 발행하고 있다.
② 시장이자율이 대출의 약정이자율보다 높아지면 차입자는 기존 대출금을 조기상환 하는 것이 유리하다.
③ 현실의 대출은 대출수수료, 조기상환수수료 등이 있으므로 차입자의 실효이자율은 대출계약상 정한 명목금리보다 높다.
④ 차입자에게 변동금리대출을 실행하면 대출자의 인플레이션 위험은 낮아진다.
⑤ 프로젝트 금융은 비소구 또는 제한적 소구금융의 특징을 가지고 있다.

〔정답해설〕
② 높아지면 ⇨ 낮아지면 : 조기상환은 시장이자율이 대출금리보다 낮아질 때, 나타나는 현상이다.

03 조기상환에 관한 설명으로 옳지 않은 것은? ▶ 2021년 32회

① 조기상환이 어느 정도 일어나는가를 측정하는 지표로 조기상환율(CPR : Constant Prepayment Rate)이 있다.
② 저당대출 차입자에게 주어진 조기상환권은 풋옵션(put option)의 일종으로, 차입자가 조기상환을 한다는 것은 대출잔액을 행사가격으로 하여 대출채권을 매각하는 것과 같다.
③ 저당대출 차입자의 조기상환 정도에 따라 MPTS(Mortgage Pass-Through Securities) 의 현금흐름과 가치가 달라진다.
④ 이자율 하락에 따른 위험을 감안하여 금융기관은 대출기간 중 조기상환을 금지하는 기간 을 설정하고, 위반 시에는 위약금으로 조기상환수수료를 부과하기도 한다.
⑤ 저당대출 차입자의 조기상환은 MPTS(Mortgage Pass-Through Securities) 투자자 에게 재투자 위험을 유발한다.

〔정답해설〕
② 풋옵션(put option) ⇨ 콜옵션 : 평가사 시험의 수준을 벗어나는 지문이다. 채권에서 풋옵션(put option)은 조기상환청구권을 의미하고, 조기상환권은 콜옵션을 의미한다.

04 부동산 금융에 관한 설명으로 옳지 않은 것은? ▸ 2022년 33회

① 대출채권의 듀레이션(평균회수기간)은 만기일시상환대출이 원리금균등분할상환대출보다 길다.

② 대출수수료와 조기상환수수료를 부담하는 경우 차입자의 실효이자율은 조기상환시점이 앞당겨질수록 상승한다.

③ 금리하락기에 변동금리대출은 고정금리대출에 비해 대출자의 조기상환위험이 낮다.

④ 금리상승기에 변동금리대출의 금리조정주기가 짧을수록 대출자의 금리위험은 낮아진다.

⑤ 총부채원리금상환비율(DSR)과 담보인정비율(LTV)은 소득기준으로 채무불이행위험을 측정하는 지표이다.

> 정답해설

⑤ 총부채원리금상환비율(DSR)은 소득을 기준으로 대출위험을 측정하는 지표라면, 담보인정비율(LTV)은 담보물의 가치를 기준으로 대출위험을 측정하는 지표이다.

> 추가해설

① 만기일시상환대출은 빚을 가장 천천히 갚는 방식으로 듀레이션이 가장 길다.

② 실효이자율이란 대출계약에서 명시된 이자율이 아니라 차입자가 실질적으로 부담하는 이자율을 말한다. 대출수수료와 조기상환수수료를 부담하는 경우 차입자의 실효이자율은 상승한다.

┃ 듀레이션(duration : 가중평균회수기간, 가중평균상환기간)

1. 의미 : 실질을 반영한 대출의 회수기간(상환기간)
2. 특징
   ㉠ 빚을 빠르게 상환할수록 듀레이션은 보다 짧게 측정된다.
   ㉡ 만기일시상환방식 > 체증식상환방식 > 원리금균등상환방식 > 원금균등상환방식

---

05 대출조건이 동일할 경우 대출상환방식별 대출채권의 가중평균상환기간(duration)이 짧은 기간에서 긴 기간의 순서로 옳은 것은?

㉠ 원금균등분할상환
㉡ 원리금균등분할상환
㉢ 만기일시상환

---

① ㉠ ⇨ ㉡ ⇨ ㉢ ② ㉠ ⇨ ㉢ ⇨ ㉡ ③ ㉡ ⇨ ㉠ ⇨ ㉢
④ ㉡ ⇨ ㉢ ⇨ ㉠ ⑤ ㉢ ⇨ ㉡ ⇨ ㉠

> 정답해설

① 옳은 순서이다. 빚을 빠르게 갚는 방식일수록 듀레이션은 짧게 측정된다.

정답 ▸ 02 ② 03 ② 04 ⑤ 05 ①

PART 06

06 저당담보부증권(MBS)의 가격변동에 관한 설명으로 옳은 것은? (단, 주어진 조건에 한함)

① 투자자들이 가까운 시일에 채권시장 수익률의 하락을 예상한다면, 가중평균상환기간 (duration)이 긴 저당담보부증권일수록 그 가격이 더 크게 하락한다.

② 채무불이행위험이 없는 저당담보부증권의 가격은 채권시장 수익률의 변동에 영향을 받지 않는다.

③ 자본시장 내 다른 투자수단들과 경쟁하므로, 동일 위험수준의 다른 투자 수단들의 수익률이 상승하면 저당담보부증권의 가격은 상승한다.

④ 채권시장 수익률이 상승할 때 가중평균상환기간이 긴 저당담보부증권일수록 그 가격의 변동 정도가 작다.

⑤ 고정이자를 지급하는 저당담보부증권은 채권시장 수익률이 상승하면 그 가격이 하락한다.

> **정답해설**
> ⑤ 옳은 지문이다.

> **오답해설**
> ① 더 크게 하락한다. ⇨ 상승한다.
> ② 저당담보부증권(채권)의 가격은 채권시장 수익률과 반비례 관계에 있다.
> ③ 가격은 상승한다. ⇨ 하락한다.
> ④ 변동의 정도가 작다. ⇨ 크다.

> ▎**채권과 관련된 논점**
> 1. 채권과 시장이자율은 반비례 관계에 있다.
> 2. 시장이자율이 상승하면 채권의 가격은 하락하고, 시장이자율이 하락하면 채권의 가격은 상승한다.
> 3. 듀레이션이 긴 채권일수록, 시장이자율의 변화에 채권가격의 변화는 커진다. 채권의 가격은 장래 받을 원리금을 현재가치로 환산하여 결정되는데, 채권의 기간이 길어질수록 현재가치의 변동이 커지기 때문이다.
> 4. 조기상환청구권은 풋옵션(put option)이고, 조기상환권은 콜옵션(call option)이다.

대출금액, 대출금리 및 상환방식

1절 대출금액

확인학습

1. LTV(대부비율, 저당비율, 담보인정비율)
   ① 담보물 ○○를 기준으로 대출금액과 대출위험을 평가한다.
   ② LTV란 부동산 가격에서 ○○○○이 차지하는 비율이다.

2. DTI(총부채상환비율), DSR(총부채원리금상환비율)
   ① ○○을 기준으로 대출금액과 위험을 평가한다.
   ② DTI란 소득에서 주택담보대출의 ○○○상환액이 차지하는 비율이다.

3. 부채감당률(DCR) : 임대사업의 ○○○○○을 기준으로 대출금액과 위험을 평가한다.

답 ▶ 1. ① 가치 ② 대출금액 2. ① 소득 ② 원리금 3. 순영업소득

---

01 주택담보대출을 희망하는 A의 소유 주택 시장가치가 3억원이고 연소득이 5,000만원이며 다른 부채가 없다면, A가 받을 수 있는 최대 대출가능 금액은?

> • 연간저당상수 : 0.1
> • 대출승인 기준
>   - 담보인정비율(LTV) : 시장가치기준 60%
>   - 총부채상환비율(DTI) : 40%
> ※ 두 가지 대출승인 기준을 모두 충족시켜야 함

① 1억원   ② 1억 5,000만원
③ 1억 8,000만원   ④ 2억원
⑤ 2억 2,000만원

정답해설
③ A가 받을 수 있는 최대 대출가능 금액은 1억 8,000만원이다.
   1. LTV(60%) 기준 : 3억원(담보물 가치) × 60% = 1.8억원
   2. DTI(40%) 기준 : [5,000만(연소득) × 40%] ÷ 0.1(저당상수) = 2억원
   3. 최대 대출금액 : 1.8억원(두 조건을 모두 만족시키는 금액)

정답 01 ③

02 A는 연소득이 5,000만원이고 시장가치가 3억원인 주택을 소유하고 있다. 현재 A가 이 주택을 담보로 5,000만원을 대출받고 있을 때, 추가로 대출가능한 최대금액은?

> • 연간 저당상수 : 0.1
> • 대출승인기준
>   − 담보인정비율(LTV) : 시장가치기준 50% 이하
>   − 총부채상환비율(DTI) : 40% 이하
> ※ 두 가지 대출승인기준을 모두 충족하여야 함

① 5,000만원
② 7,500만원
③ 1억원
④ 1억 5,000만원
⑤ 2억원

정답해설
③ A가 추가로 대출가능한 최대금액은 1억원이다.
　 1. LTV(50%) 기준 : 3억원(담보물 가치) × 50% = 1.5억원
　 2. DTI(40%) 기준 : [5,000만원(연소득) × 40%] ÷ 0.1(저당상수) = 2억원
　 3. 최대 대출금액 : 1.5억원(두 조건을 모두 만족시키는 금액)
　 4. 추가 대출금액 : A는 현재 5,000만원을 이미 대출받은 상태이므로, A가 추가적으로 받을 수 있는 대출금액
　　 은 1억원(= 1.5억원 − 5,000만원)이다.

03 시장가격이 5억원이고 순영업소득이 연 1억원인 상가를 보유하고 있는 A가 추가적으로 받을 수 있는 최대 대출가능 금액은?

> • 연간 저당상수 : 0.2
> • 대출승인조건(모두 충족하여야 함)
>   − 담보인정비율(LTV) : 시장가격기준 60% 이하
>   − 부채감당률(DCR) : 2 이상
> • 상가의 기존 저당대출금 : 1억원

① 1억원
② 1억 5천만원
③ 2억원
④ 2억 5천만원
⑤ 3억원

정답해설

② A가 추가적으로 받을 수 있는 최대 대출가능 금액은 1.5억원이다.

1. LTV(60%) 기준 : 5억원(담보물 가치) × 60% = 3억원

2. 부채감당률(2) 기준

   1) 부채감당률을 통해 해당 대출에 지불할 수 있는 원리금 상환액

      • 부채감당률(DCR) = $\dfrac{\text{순영업소득}}{\text{부채서비스액(원리금 상환액)}}$, 2.0 = $\dfrac{1억원}{\text{부채서비스액}}$

      • 해당 대출의 부채서비스액(원리금 상환액) = 1억원 ÷ 2.0 = 5,000만원

   2) 부채감당률 기준 최대 대출가능 금액 : 5,000만원 ÷ 0.2(저당상수) = 2.5억원

3. 최대 대출금액 : 2.5억원(두 조건을 모두 만족시키는 금액)

4. 추가 대출금액 : A는 현재 1억원의 대출을 이미 받은 상태이므로, A가 추가적으로 받을 수 있는 대출금액은 1.5억원(= 2.5억원 − 1억원)이다.

---

04 다음의 조건을 가진 A부동산의 대부비율(LTV)은?

▸ 2020년 31회

• 매매가격 : 5억원	• 순영업소득 : 3,000만원
• 부채감당률 : 1.5	• 연 저당상수 : 0.1

① 10%
② 20%
③ 30%
④ 40%
⑤ 50%

정답해설

④ 대부비율은 40%이다.

1. 부채서비스액 추정 : 부채감당률(1.5) = $\dfrac{순(3,000만)}{\text{부채서비스액}}$, 부채서비스액 = 2,000만원

2. 추정 대출금액 : 2,000만(부채서비스액) ÷ 0.1(저당상수) = 2억원

3. 대부비율 : $\dfrac{\text{대출금액(2억)}}{\text{부동산가격(5억)}}$ = 0.4(40%)

정답 ▸ 02 ③ 03 ② 04 ④

05 다음의 조건을 가진 오피스텔의 대부비율(LTV)은? (단, 연간 기준이며, 주어진 조건에 한함)

▸ 2024년 35회

> • 순영업소득 : 4천만원   • 매매가격 : 4억원
>
> • 부채감당률 : 2   • 저당상수 : 0.1

① 20%   ② 30%

③ 40%   ④ 50%

⑤ 60%

정답해설

④ 대부비율은 50%이다.
1. 부채서비스액 추정 : 2(부채감당률) = 4,000만(순)/부채서비스액, 부채서비스액 = 2,000만원
2. 추정 대출금액 : 2,000만÷0.1(저당상수) = 2억원
3. 매매가격 : 4억
4. 대부비율(LTV) : 50%

정답 ▸ 05 ④

2절 저당 잔금

확인학습

1. 잔금비율이란 대출총액에서 미상환된 저당 원금이 차지하는 비율이다.

2. 잔금
   ① 잔금 = 매기 원리금 상환액 × 연금의 현재가치계수(금리%, ○○○기간)
   ② 저당 잔금은 연금의 ○○가치계수를 통해 구할 수 있다.

3. 상환비율과 잔금비율을 합하면 ○이 된다.

답 **2.** ① 미상환 ② 현재 **3.** 1

01 A씨는 원리금균등분할상환조건으로 1억원을 대출받았다. 은행의 대출조건이 다음과 같을 때, 대출 후 5년이 지난 시점에 남아있는 대출잔액은? (단, 만원 단위 미만은 절사하며, 주어진 조건에 한함)

- 대출금리 : 고정금리, 연 5%
- 총 대출기간과 상환주기 : 30년, 월말 분할상환
- 월별 원리금지급액 : 54만원
- 기간이 30년인 저당상수 : 0.0054
- 기간이 25년인 연금의 현가계수 : 171.06

① 8,333만원
② 8,500만원
③ 8,750만원
④ 9,237만원
⑤ 9,310만원

정답해설

④ 대출잔금은 약 9,237만원이다.
   1. 매기 상환할 원리금 : 54만원
   2. 잔금 : 54만원 ×171.06(미상환 기간 25년을 적용한 연금의 현가계수) = 9,237.24만원

정답 01 ④

02 A는 다음과 같은 조건을 가지는 원리금균등분할상환방식의 주택저당대출을 받았다. 5년 뒤 대출잔액은 얼마인가?

▶ 2022년 33회

- 대출액 : 47,400만원
- 대출만기 : 15년
- 대출금리 : 연 6%, 고정금리
- 원리금은 매월 말 상환
- 연금현가계수(0.5%, 60) : 51.73
- 연금현가계수(0.5%, 120) : 90.07
- 연금현가계수(0.5%, 180) : 118.50

① 20,692만원
② 25,804만원
③ 30,916만원
④ 36,028만원
⑤ 41,140만원

정답해설 ▷

④ 대출잔액은 36,028만원이다.
1. 매기 원리금 상환액
   1) 대출금액 × 저당상수(0.5%, 180월) = 대출금액 ÷ 연금현가계수(0.5%, 180월) = 매기(월) 상환액
   2) 47,400만원 ÷ 118.50 = 400만원
2. 5년 후 대출잔금(미상환기간 120월)
   1) 매기(월) 상환액 × 연금현가계수(0.5%, 120월) = 대출 잔금
   2) 400만원 × 90.07 = 36,028만원

03 A는 주택 투자를 위해 은행으로부터 다음과 같은 조건으로 대출을 받았다. A가 7년 후까지 원리금을 정상적으로 상환했을 경우, 미상환 원금잔액은? (단, $1.04^{-7} ≒ 0.76$, $1.04^{-13} ≒ 0.6$, $1.04^{-20} ≒ 0.46$으로 계산. 천원 단위에서 반올림)

▶ 2020년 31회

- 대출원금 : 5억원
- 대출금리 : 연 4%(고정금리)
- 대출기간 : 20년
- 상환방식 : 연 1회 원리금균등분할상환

① 2억 2,222만원
② 3억 263만원
③ 3억 7,037만원
④ 3억 8,333만원
⑤ 3억 9,474만원

정답해설

③ 미상환 원금잔액은 3억 7,037만원이다.

1. 매기 원리금 상환액 : 37,037,037원

$$5억 \times \frac{0.04}{1-1.04^{-20}}(저당상수\ 4\%,\ 20년) = 5억 \times \frac{0.04}{1-0.46} = 37,037,037원$$

2. 미상환 원금잔액(미상환기간 13년) : 370,370,370원

$$37,037,037원 \times \frac{1-1.04^{-13}}{0.04}(연금의\ 현가계수\ 4\%,\ 13년) = 37,037,037원 \times \frac{1-0.6}{0.04}$$
$$= 370,370,370원$$

04 A씨는 주택을 구입하고자 한다. 다음 조건과 같이 기존 주택저당대출을 승계할 수 있다면 신규 주택저당대출 조건과 비교할 때, 이 승계권의 가치는 얼마인가? (단, 주어진 자료에 한함)

▶ 2023년 34회

- 기존 주택저당대출 조건
  - 현재 대출잔액 : 1억 5천만원
  - 원리금균등분할상환방식 : 만기 20년, 대출금리 5%, 고정금리대출
- 신규 주택저당대출 조건
  - 대출금액 : 1억 5천만원
  - 원리금균등분할상환방식 : 만기 20년, 대출금리 7%, 고정금리대출
- 월 기준 연금현가계수
  - (5%, 20년) : 150
  - (7%, 20년) : 125

① 2,000만원 ② 2,250만원
③ 2,500만원 ④ 2,750만원
⑤ 3,000만원

정답해설

③ 승계권의 가치는 2,500만원이다.

1. 승계권이 없는 경우, A씨의 원리금 부담
   : 15,000만 × 저당상수(7%, 20년) = 15,000만 ÷ 연금현가계수(7%, 20년)
   = 15,000만 ÷ 125 = 120만원

2. 승계권이 있는 경우, A씨의 원리금 부담
   : 15,000만 × 저당상수(5%, 20년) = 15,000만 ÷ 연금현가계수(5%, 20년)
   = 15,000만 ÷ 150 = 100만원

3. 승계권이 갖는 가치(승계를 통한 비용의 절감분)
   : 20만 × 연금현가계수(7%, 20년) = 20만 × 125 = 2,500만원

정답 02 ④ 03 ③ 04 ③

3절 변동금리상품과 고정금리상품

확인학습

1. ○○금리란 사전에 약정한 방법으로 일정 기간마다 대출금리를 변동시키는 방식이다.
2. 변동금리상품은 은행의 위험을 차입자에게 전가하기 위한 상품이다. 따라서 변동금리방식을 적용하는 경우 이자율 조정주기를 짧게 할수록 은행의 위험은 보다 ○○한다.
3. 다른 조건이 동일하다면, 일반적으로 고정금리 방식의 대출금리가 변동금리 방식의 대출금리보다 ○○.
4. 향후 시장이자율 상승이 예상되면 차입자는 ○○금리를 선호한다.

🔒 **답** 1. 변동 2. 감소 3. 높다 4. 고정

---

01 대출금리 중 변동금리에 대한 설명으로 옳지 않은 것은?

① 금리상승기에 변동금리대출의 금리조정주기가 짧을수록 대출자의 금리위험은 낮아진다.
② 대출수수료를 부담하는 경우 차입자의 실효이자율은 상승한다.
③ 금리하락기에 변동금리대출은 고정금리대출에 비해 대출자의 조기상환위험이 낮다.
④ 우리나라 변동금리 상품은 양도성예금증서(CD) 유통수익률과 자본조달비용지수(COFIX)를 기준으로 활용하고 있다.
⑤ 총부채상환비율(DTI)과 담보인정비율(LTV)은 소득기준으로 대출의 위험을 평가하는 지표이다.

정답해설

⑤ 총부채상환비율(DTI)은 소득을 기준으로 위험을 평가하는 지표라면, 담보인정비율(LTV)은 담보물의 가치를 기준으로 위험을 평가하는 지표이다.

▮ 변동금리
1. 의미 : 대출기간 동안 대출금리가 변동되는 방식
2. 구조 : 대출금리 = 기준 금리(지표)(CD금리, COFIX) + 가산금리
3. 특징
  ㉠ 대출의 위험이 은행에게서 차입자로 전가된다.
  ㉡ 이자율 조정주기가 짧을수록 위험은 보다 빠르게 전가된다.

02 고정금리대출과 변동금리대출에 관한 설명으로 옳은 것은?

① 연간 이자율이 같은 1년 만기 대출의 경우 대출자는 기말에 한 번 이자를 받는 것이 기간 중 4회 나누어 받는 것보다 유리하다.

② 일반적으로 대출일 기준 시 이자율은 변동금리대출이 고정금리대출보다 높다.

③ 이자율 하락에 따른 위험을 감안하여 금융기관은 대출기간 중 조기상환을 금지하는 기간을 설정하고, 위반 시에는 위약금으로 조기상환수수료를 부과하기도 한다.

④ 변동금리대출은 시장상황에 따라 이자율을 변동시킬 수 있으므로 기준금리 외에 가산금리는 별도로 고려하지 않는다.

⑤ 변동금리대출의 경우 시장이자율 상승 시 이자율 조정주기가 짧을수록 대출기관에게 불리하다.

[정답해설]

③ 옳은 지문이다.

[오답해설]

① 유리하다. ⇨ 불리하다. : 대출재(은행)는 이자를 빠르게 확보하는 것이 유리하다. 즉 이자를 4회 나누어서 조금이라도 빠르게 받는 방식이 기말에 한 번 이자를 받는 것보다 유리하다. 따라서 은행은 실무적으로 이자를 매월 받는다.

② 변동금리대출 ⇔ 고정금리대출 : 다른 조건이 동일하다면, 고정금리대출의 대출금리가 보다 높다.

④ 별도로 고려하지 않는다. ⇨ 고려한다. : 변동금리대출의 대출금리 = 기준 금리(지표) + 가산금리

⑤ 불리하다. ⇨ 유리하다. : 이자율 조정주기가 짧을수록 은행은 대출의 위험을 보다 빠르게 전가시킬 수 있다.

4절 상환방식의 이해

확인학습

1. 원리금균등상환방식(대출금액 1억, 금리 10%, 상환기간 10년, 저당상수 0.163)

	1기	2기	3기
① 원금 + 이자	1,630만	1,630만	1,630만
② 이자	1,000만	(증가, 감소)	
③ 원금	630만	(증가, 감소)	

2. 원금균등상환방식(대출금액 1억, 금리 10%, 상환기간 10년, 저당상수 0.163)

	1기	2기	3기
① 원금	1,000만	1,000만	1,000만
② 이자	1,000만	(증가, 감소)	
③ 원금 + 이자	2,000만	(증가, 감소)	

3. 원리금균등상환방식의 특징
   ① 원리금균등상환방식의 경우, 매기 지급하는 원리금 상환액은 동일하다.
   ② 원리금균등상환방식의 경우, 매기 이자가 ○○하는 만큼 원금 상환액이 ○○한다.

4. 원금균등상환방식의 특징
   ① 원금균등상환방식의 경우, 매기에 상환하는 원리금은 일정하게 ○○한다.
   ② 원금균등상환방식의 경우, 대출 잔액은 매기 일정하게 ○○한다.

5. 체증식상환방식의 특징
   ① 체증식상환방식은 미래 소득이 ○○할 것으로 기대되는 젊은 계층에 유리한 방식이다.
   ② 상환 초기에 부(負)의 상환이 발생할 수 있는 방식은 ○○○상환방식이다.

 답
1. ② 감소 ③ 증가
2. ② 감소 ③ 감소
3. ② 감소, 증가
4. ① 감소 ② 감소
5. ① 증가 ② 체증식

01 고정금리 대출의 상환방식을 설명한 것으로 옳지 않은 것은?

① 원리금균등상환방식은 매기 지급하는 원리금상환액은 동일하지만, 원리금 중에서 원금과 이자가 차지하는 비중은 상환시기에 따라 달라진다.

② 원리금균등상환방식은 매기 이자지급액은 감소하고, 매기 원금상환액은 증가한다.

③ 원금균등상환방식의 매기 원리금은 상환이 지속될수록 일정하게 감소한다.

④ 원금균등상환방식은 일정한 경우 부(負)의 상환이 발생할 수 있다.

⑤ 체증식상환방식은 미래 소득이 증가할 것으로 기대되는 젊은 계층에 유리한 방식이다.

[정답해설]

④ 원금균등상환방식 ⇨ 체증식상환방식 : 부(負)의 상환은 체증식상환방식에서 나타나는 현상이다.

▌ **상환방식의 특징**

1. 원리금균등상환방식
   ㉠ 매기 원리금 상환액의 크기 : 매기 동일
   ㉡ 매기 상환하는 이자의 크기 : 점점 감소
   ㉢ 매기 상환하는 원금의 크기 : 점점 증가

2. 원금균등상환방식
   ㉠ 매기 상환하는 원금의 크기 : 매기 동일
   ㉡ 매기 상환하는 이자의 크기 : 매기 동일금액이 감소
   ㉢ 매기 원리금 상환액의 크기 : 매기 동일금액이 감소

---

02 고정금리 대출의 상환방식을 설명한 것으로 옳은 것은?

① 원리금균등상환방식의 경우, 매기 상환하는 원금이 점차 감소한다.

② 원금균등상환방식의 경우, 매기 상환하는 원리금이 동일하다.

③ 원리금균등상환방식의 미상환 대출잔액은 매기 동일한 금액이 감소한다.

④ 원리금균등상환방식의 저당지불액은 매기 동일한 금액이 감소한다.

⑤ 체증식상환방식의 부(負)의 상환이 발생하면 은행이 차입자로부터 지급받는 상환기간 전체의 총누적이자액은 증가한다.

[정답해설]

⑤ 옳은 지문이다. 부(負)의 상환이 발생하면 대출잔액이 증가하므로, 차입자가 지급해야 할 누적이자액은 보다 증가한다.

정답 > 01 ④ 02 ⑤

오답해설

① 감소한다. ⇨ 증가한다.
② 동일하다. ⇨ 일정하게 감소한다.
③ 원리금균등상환방식 ⇨ 원금균등상환방식 : 동일 금액이 감소하는 것은 원금균등의 현상이다.
④ 원리금균등상환방식 ⇨ 원금균등상환방식

▌부(負)의 상환

1. 부(負)의 상환이란 초기에 상환한 금액이 이자도 갚지 못할 정도로 적다면, 갚지 못한 이자액만큼 대출 잔금이 늘어나는 현상이다.
2. 체증식상환방식은 초기에 부(負)의 상환이 나타날 수 있다.

---

03 **주택저당 대출방식에 관한 설명으로 옳지 않은 것은?**

① 원금균등분할상환방식은 대출기간 동안 매기 원금을 균등하게 분할 상환하고 이자는 점차적으로 감소하는 방식이다.
② 원리금균등분할상환방식의 원리금은 대출금에 감채기금계수를 곱하여 산출한다.
③ 만기일시상환방식은 만기 이전에는 이자만 상환하다가 만기에 일시로 원금을 상환하는 방식이다.
④ 체증분할상환방식은 원리금 상환액 부담을 초기에는 적게 하는 대신 시간이 경과할수록 원리금 상환액 부담을 늘려가는 상환방식이다.
⑤ 원금균등상환방식의 경우, 원리금균등상환방식보다 대출금의 가중평균상환기간(duration)이 더 길다.

정답해설

② 감채기금계수 ⇨ 저당상수

▌듀레이션 : 가중평균상환기간(회수기간)

1. 듀레이션이란 실질을 반영한 상환기간(회수기간)을 의미한다.
2. 빚을 빠르게 갚는 방식일수록 듀레이션은 짧아진다.
3. 듀레이션 : 만기일시상환방식 > 체증식상환 > 원리금균등상환 > 원금균등상환

확인학습

[상환방식의 비교]

1. 초기의 불입액(원금 + 이자)	○○균등 > 원리금균등 > 체증식(점증식)
2. 초기 원금상환액	○○균등 > 원리금균등 > 체증식(점증식)
3. 초기 중도상환액(잔금)	체증식(점증식) > 원리금균등 > ○○균등
4. 상환기간 전체 이자부담액	체증식(점증식) > 원리금균등 > ○○균등
5. 듀레이션(가중평균상환기간)	만기일시상환방식 > 원리금균등 > ○○균등

답 ▶ 1. 원금 2. 원금 3. 원금 4. 원금 5. 원금

04 고정금리 대출방식인 원금균등분할상환과 원리금균등분할상환에 관한 설명으로 옳지 <u>않은</u> 것은? (대출금액, 대출금리 등 다른 조건은 동일함)

① 대출기간 초기에는 원금균등분할상환방식의 원리금이 원리금균등분할상환방식의 원리금보다 많다.

② 대출기간 초기에는 중도상환 시 차입자가 상환해야 하는 저당잔금은 원리금균등분할상환방식이 원금균등분할상환방식보다 적다.

③ 대출기간 초기의 원금상환분은 원리금균등분할상환방식이 원금균등상환방식보다 적다.

④ 원리금균등분할상환방식은 원금균등분할상환방식에 비해 상환기간 전체의 누적이자액이 보다 많은 방식이다.

⑤ 대출기간 초기의 저당지불액은 원금균등분할상환방식이 원리금균등분할상환방식보다 많다.

정답해설 ▷

② 적다. ⇨ 많다. 원리금균등은 원금균등에 비해 천천히 갚는 방식이므로, 잔금은 보다 많다.

▌ 상환방식의 비교

1. 기초 저당지불액(원금 + 이자) 크기 : 원금 균등 > 원리금 균등 > 체증식
2. 기초 원금 상환액 크기 : 원금 균등 > 원리금 균등 > 체증식
3. 기초 저당 잔금액 크기 : 체증식 > 원리금 균등 > 원금 균등
4. 전체 누적이자액 크기 : 체증식 > 원리금 균등 > 원금 균등

정답 ▶ 03 ② 04 ②

05 주택저당대출방식 중 고정금리 대출방식인 원금균등분할상환과 원리금균등분할상환에 관한 설명으로 옳지 않은 것은?

① 대출기간 초기에는 원금균등분할상환방식의 원리금이 원리금균등분할상환방식의 원리금보다 많다.

② 대출자 입장에서는 차입자에게 원리금균등분할상환방식보다 원금균등분할상환방식으로 대출해 주는 것이 원금회수 측면에서 보다 안전하다.

③ 원리금균등분할상환방식은 원금균등분할상환방식에 비해 대출 초기에 소득이 낮은 차입자에게 유리하다.

④ 원리금균등분할상환방식은 원금균등분할상환방식에 비해 초기 원리금에서 이자가 차지하는 비중이 크다.

⑤ 중도상환 시 차입자가 상환해야 하는 저당잔금은 원리금균등분할상환방식이 원금균등분할상환방식보다 적다.

정답해설

⑤ 적다. ⇨ 많다. 원리금균등은 원금균등에 비해 천천히 갚는 방식이므로, 저당잔금은 보다 많다.

06 저당상환방법에 관한 설명 중 옳은 것을 모두 고른 것은?

> ㉠ 원금균등상환방식의 경우, 매기간에 상환하는 원리금상환액과 대출잔액이 점차적으로 감소한다.
> ㉡ 원리금균등상환방식의 경우, 매기간에 상환하는 원금상환액이 점차적으로 감소한다.
> ㉢ 점증(체증)상환방식의 경우, 미래 소득이 증가될 것으로 예상되는 차입자에게 적합하다.
> ㉣ 대출기간 만기까지 대출기관의 총 이자수입 크기는 '원금균등상환방식 > 점증(체증)상환방식 > 원리금균등상환방식' 순이다.

① ㉠, ㉡   ② ㉠, ㉢

③ ㉠, ㉣   ④ ㉡, ㉣

⑤ ㉢, ㉣

정답해설

② 옳은 지문은 ㉠, ㉢이다.

오답해설

㉢ 감소한다. ⇨ 증가한다.

㉣ 대출기관의 총이자수입(= 차입자의 총이자지급액) : '점증(체증)상환방식 > 원리금균등상환방식 > 원금균등상환방식' / 차입자의 입장에서 빠르게 상환하는 방식일수록 총이자지급액은 감소한다.

07 부동산금융에 관한 설명으로 옳은 것은?
▶ 2024년 35회

① 콜옵션(call option)은 저당대출 대출자에게 주어진 조기상환권이다.

② 금융기관은 위험을 줄이기 위해 부채감당률이 1보다 작은 대출안의 작은 순서대로 대출을 실행한다.

③ 대출수수료와 조기상환수수료를 차입자가 부담하는 경우, 차입자의 실효이자율은 조기상환시점이 앞당겨질수록 하락한다.

④ 대출조건이 동일할 경우 대출채권의 듀레이션(평균회수기간)은 원리금균등분할상환방식이 원금균등분할상환방식보다 더 길다.

⑤ 고정금리방식의 대출에서 총상환액은 원리금균등분할상환방식이 원금균등분할상환방식보다 더 작다.

정답해설

④ 옳은 지문이다. 듀레이션은 빠르게 상환하는 방식일수록 짧고, 상대적으로 천천히 상환하는 방식일수록 길다. 따라서 원금균등상환방식에 비해 상대적으로 천천히 상환하는 원리금균등상환방식의 듀레이션이 보다 길다.

오답해설

① 대출자 ⇨ 차입자 : 콜옵션(조기상환권)은 차입자의 권리이고 풋옵션(조기상환청구권)은 채권자의 권리이다.

② 금융기관은 부채감당률이 1보다 큰 대출안에서 수치가 큰 순서대로 대출을 실행한다.

③ 하락한다. ⇨ 상승한다. : 실효이자율이란 차입자가 실질적으로 부담한 비용을 의미한다. 대출금리 이외에 대출수수료와 조기상환수수료가 있다면 차입자의 실효이자율은 상승한다. 또한 조기상환수수료는 조기상환이 빠를수록 보다 많은 수수료를 부담하는 특징이 있다. 따라서 조기상환시점이 앞당겨질수록 실효이자율은 보다 상승한다.

⑤ 더 작다. ⇨ 더 많다. : 원리금균등상환방식은 상대적으로 천천히 상환하는 방식으로 상환기간 전체의 누적이자액이 원금균등상환방식의 누적이자액보다 많다. 따라서 총상환액(누적원금＋누적이자)은 원리금균등상환방식이 보다 많다.

08 **고정금리 대출의 상환방식에 관한 설명으로 옳지 않은 것은?** ▸2022년 33회

① 원금균등분할상환방식은 만기에 가까워질수록 차입자의 원리금상환액이 감소한다.

② 원리금균등분할상환방식은 만기에 가까워질수록 원리금상환액 중 원금의 비율이 높아진다.

③ 대출조건이 동일하다면 대출기간 동안 차입자의 총원리금상환액은 원금균등분할상환방식이 원리금균등분할상환방식보다 많다.

④ 차입자의 소득에 변동이 없는 경우 원금균등상환방식의 총부채상환비율(DTI)은 만기에 가까워질수록 낮아진다.

⑤ 차입자의 소득에 변동이 없는 경우 원리금균등분할상환방식의 총부채상환비율(DTI)은 대출기간 동안 일정하게 유지된다.

〔정답해설〕

③ 많다. ⇨ 적다. : 어떤 방식이든 차입자가 지급한 누적원금은 대출금액과 동일하다. 따라서 총원리금상환액의 크기는 누적이자의 크기로 결정된다. 원금균등은 빠르게 상환하는 방식으로 누적이자가 가장 적다.

09 **주택금융의 상환방식에 관한 설명으로 옳지 않은 것은?** ▸2023년 34회

① 만기일시상환방식은 대출만기 때까지는 원금상환이 전혀 이루어지지 않기에 매월 내는 이자가 만기 때까지 동일하다.

② 원금균등분할상환방식은 대출 초기에 대출원리금의 지급액이 가장 크기에 차입자의 원리금지급 부담도 대출 초기에 가장 크다.

③ 원리금균등분할상환방식은 매기의 대출원리금이 동일하기에 대출 초기에는 대체로 원금상환 부분이 작고 이자지급 부분이 크다.

④ 점증상환방식은 초기에 대출이자를 전부 내고, 나머지 대출원금을 상환하는 방식으로 부의 상환(negative amortization)이 일어날 수 있다.

⑤ 원금균등분할상환방식이나 원리금균등분할상환방식에서 거치기간을 별도로 정할 수 있다.

〔정답해설〕

④ 점증상환방식은 원금과 이자를 동시에 상환하면서 그 금액을 점점 증가시키는 방법이다.

정답 ▶ 08 ③ 09 ④

5절 상환방식 계산 문제

확인학습

[상환방식의 계산(간편법)]

1. 원리금균등상환방식[대출금액 1억, 금리(r) 10%, 상환기간 10년, 저당상수 0.163]

	1기	2기	3기
① 원금 + 이자	1,630만	1,630만	1,630만
② 이자	1,000만		
③ 원금	630만	630만 × 1.1	630만 × 1.1 × 1.1

※ 원리금균등상환방식의 계산과정은 원금 상환액의 흐름을 통해 쉽게 계산할 수 있다. 1기 원금 상환액(630만원)이 확정되면, 2기부터 원금은 금리(10%)만큼 매기 증가한다.

2. 원금균등상환방식(대출금액 1억, 금리 10%, 상환기간 10년, 저당상수 0.163)

	1기	2기	3기
① 원금	1,000만	1,000만	1,000만
② 이자	1,000만	전기 − 100만원	전기 − 100만원
③ 원금 + 이자	2,000만		

※ 원금균등상환방식의 계산과정은 이자 지급액의 흐름을 통해 쉽게 계산할 수 있다. 1기 이자 지급액(1,000만원)이 확정되면, 2기부터 이자는 동일 금액(100만, 원금 상환으로 감소하는 이자)이 매기 감소한다.

01 주택구입을 위해 은행으로부터 2억원을 대출받았다. 대출조건이 다음과 같을 때, 2회차에 상환해야 할 원리금과 9회차에 납부할 이자액을 순서대로 나열한 것은?

- 대출금리 : 고정금리, 연 5%
- 대출기간 : 20년
- 원리금 상환조건 : 원금균등상환방식으로 연 단위로 매기 말 상환

① 1,800만원, 500만원
② 1,800만원, 550만원
③ 1,950만원, 550만원
④ 1,950만원, 600만원
⑤ 2,000만원, 600만원

정답 01 ④

정답해설

④ 2회차 원리금 상환액은 1,950만원이고, 9회차 이자액은 600만원이다.

구분	1기	2기	･････	9기
㉠ 원금[주1]	1,000만	1,000만		1,000만
㉡ 이자	1,000만[주2]	950만[주3]		600만[주4]
㉢ 매기 지불액	2,000만	1,950만		

주1) 원금상환액 : 2억원 ÷ 20년 = 1,000만원
주2) 1기 이자지급액 : 2억원(원금) × 0.05 = 1,000만원
주3) 1,000만(1기 이자액) − 50만원(원금 상환으로 감소되는 이자액) = 950만원
주4) 1,000만(1기 이자액) − 50만원 × 8번 = 600만원

02 A씨는 8억원의 아파트를 구입하기 위해 은행으로부터 4억원을 대출받았다. 은행의 대출조건이 다음과 같을 때, A씨가 2회차에 상환할 원금과 3회차에 납부할 이자액을 순서대로 나열한 것은?

- 대출금리 : 고정금리, 연 6%
- 대출기간 : 20년
- 저당상수 : 0.087
- 원리금 상환조건 : 원리금균등상환방식, 연 단위 매기간 말 상환

① 10,800,000원, 23,352,000원
② 11,448,000원, 22,665,120원
③ 11,448,000원, 23,352,000원
④ 12,134,880원, 22,665,120원
⑤ 12,134,880원, 23,352,000원

정답해설

② 2회차에 상환할 원금은 11,448,000원이고, 3회차에 납부할 이자액은 22,665,120원이다.

구분	0회차	1회차	2회차	3회차
㉠ 원리금상환액[주1]		34,800,000원	34,800,000원	34,800,000원
㉡ 이자		24,000,000원[주2]	23,352000원	22,665,120원[주5]
㉢ 원금		10,800,000원	11,448,000원[주3]	12,134,880원[주4]

주1) 원리금상환액 : 4억 × 0.087(저당상수) = 34,800,000원
주2) 4억 × 0.06 = 24,000,000원
주3) 10,800,000원 × 1.06 = 11,448,000원
주4) 11,448,000원 × 1.06 = 12,134,880원
주5) 34,800,000원 − 12,134,880원 = 22,665,120원

03 A는 아파트를 구입하기 위해 은행으로부터 연초에 4억원을 대출받았다. A가 받은 대출의 조건이 다음과 같을 때, 대출금리(㉠)와 2회차에 상환할 원금(㉡)은?

- 대출금리 : 고정금리
- 대출기간 : 20년
- 연간 저당상수 : 0.09
- 1회차 원금 상환액 : 1,000만원
- 원리금 상환조건 : 원리금 균등상환방식, 매년 말 연단위 상환

① ㉠ 연간 5.5%, ㉡ 1,455만원
② ㉠ 연간 6.0%, ㉡ 1,260만원
③ ㉠ 연간 6.0%, ㉡ 1,455만원
④ ㉠ 연간 6.5%, ㉡ 1,065만원
⑤ ㉠ 연간 6.5%, ㉡ 1,260만원

[정답해설]

④ 대출금리는 ㉠ 연간 6.5%이고, 2회차에 상환할 원금은 ㉡ 1,065만원이다.

1. 상환 흐름의 정리

구분	1회차	2회차
㉠ 원리금상환액 주1)	3,600만	3,600만
㉡ 이자	(2,600만) 주2)	2,535만 주3)
㉢ 원금	1,000만	1,065만

주1) 원리금상환액 : 4억 × 0.09(저당상수) = 3,600만원
주2) 3,600만 − 1,000만 = 2,600만
주3) 2,600만 − (1,000만 × 0.065) = 2,535만원

2. 대출금리 : 2,600만(1회차 이자) / 4억 = 0.065(6.5%)

04 A금융기관은 원금균등분할상환방식과 원리금균등분할상환방식의 대출을 제공하고 있다. 두 방식에 의해 산정한 첫 번째 월불입액의 차액은? ▶ 2017년 28회

- 주택가격 : 6억원
- 담보인정비율(LTV) : 50%
- 대출조건(매월 말 상환) : 대출기간은 30년, 대출이자율은 연 6%(월 0.5%, 월 저당 상수 = 0.006443)
- 원금균등분할상환방식 : 3년 거치 후 원금 균등분할상환하며, 거치기간 동안에는 이자만 지급함
- 원리금균등분할상환방식 : 거치기간 없음

① 332,900원
② 432,900원
③ 532,900원
④ 632,900원
⑤ 732,900원

[정답해설]

② 첫 번째 월불입액의 차액은 432,900원이다.

1. 원금균등분할상환방식의 월불입액 : 6억원 × 50% × 0.5% = 1,500,000원
2. 원리금균등분할상환방식의 월불입액 : 6억원 × 50% × 0.006443 = 1,932,900원
3. 첫 번째 월불입액의 차액 : 1,932,900원 − 1,500,000원 = 432,900원

05 대출조건이 다음과 같을 때, 5년 거치가 있을 경우(A)와 거치가 없을 경우(B)에 원금을 상환해야 할 첫 번째 회차의 상환원금의 차액(A − B)은?

▸ 2021년 32회

> • 대출금 : 1억 2천만원
> • 대출금리 : 고정금리, 연 3%
> • 대출기간 : 30년
> • 월 저당상수(360개월 기준) : 0.00422
> • 월 저당상수(300개월 기준) : 0.00474
> • 월 원리금균등분할상환방식

① 52,000원
② 54,600원
③ 57,200원
④ 59,800원
⑤ 62,400원

정답해설

⑤ 두 조건에 의해 처음으로 상환하는 원금의 차이는 62,400원이다.

1. 5년 거치기간이 있는 경우(5년 거치기간 동안에는 이자만 지급하고, 5년 이후부터 원리금균등으로 상환하는 경우)
   1) 원리금 : 120,000,000원 × 0.00474 = 568,800원
   2) 이자 : 120,000,000원 × 0.03 ÷ 12월 = 300,000원
   3) 원금 : 268,800원
2. 거치기간이 없는 경우
   1) 원리금 : 120,000,000원 × 0.00422 = 506,400원
   2) 이자 : 120,000,000원 × 0.03 ÷ 12월 = 300,000원
   3) 원금 : 206,400원
3. 두 원금의 차이 : 62,400원

정답 ▸ 04 ② 05 ⑤

주택저당채권 유동화제도

1. 유동화제도의 이해

① 주택저당채권 유동화제도는 은행의 유동성을 ○○시키고자 도입되었다.

② 자산유동화증권(ABS)은 자산(○)을 담보(○)로 발생하는 증권(○)이다.

③ 주택저당증권(MBS)이란 주택저당채권(○)을 기초(○)로 발생하는 증권(○)이다.

④ CMBS(Commercial Mortgage Backed Securities)란 상업용 부동산 모기지(CM)을 기초(B)자산으로 발생하는 증권(S)이다.

2. 주택저당증권의 특징

	MPTS	MBB	MPTB / CMO
성격	지분형	채권형	혼합형
소유권 (채무불이행위험)	투자자	발행자	○○○
원리금 수취권	투자자	발행자	○○○
조기상환위험	투자자	발행자	○○○

답
1. ① 증가 ② A, B, S ③ M, B, S
2. 발행자, 투자자, 투자자

---

01 저당담보부증권(MBS) 도입에 따른 부동산시장의 효과에 관한 설명으로 틀린 것은?

① 주택금융이 확대됨에 따라 대출기관의 자금이 풍부해져 궁극적으로 주택자금대출이 확대될 수 있다.

② 주택금융의 대출이자율 하락과 다양한 상품설계에 따라 주택 구입 시 융자받을 수 있는 금액이 증가될 수 있다.

③ 주택금융의 활성화로 주택건설이 촉진되어 주거안정에 기여할 수 있다.

④ 주택금융의 확대로 자가소유가구 비중이 감소한다.

⑤ 대출기관의 유동성이 증대되어 소비자의 담보대출 접근성이 개선될 수 있다.

정답해설

④ 감소한다. ⇨ 증가한다.

02 유동화제도와 관련된 설명으로 옳지 않은 것은?

① 유동화란 은행 등 대출기관의 유동성을 풍부하게 하기 위해 도입된 제도이다.
② 1차 저당대출시장은 저당대출을 원하는 수요자와 저당대출을 제공하는 금융기관으로 형성되는 시장을 말하며, 주택담보대출시장이 여기에 해당한다.
③ 2차 저당시장은 1차 저당시장에 자금을 공급하는 역할을 수행한다.
④ 주택저당증권(MBS)이란 주택저당채권 유동화를 위해 유동화 중개기관이 주택저당채권을 기초로 발행하는 새로운 형태의 증권이다.
⑤ 일반적으로 2차 저당시장에서 발행하는 유가증권은 주택대출금리보다 더 높은 금리를 갖는다.

[정답해설]
⑤ 더 높은 금리 ⇨ 더 낮은 금리 : 유동화 증권은 주택저당채권을 기초자산으로 발행된다. 따라서 기초자산인 주택저당채권의 대출금리보다 높은 금리를 가질 수는 없다.

PART 06

03 부동산 증권에 관한 설명으로 옳지 않은 것은?

① MPTS(mortgage pass-through securities)는 지분형 증권이다.
② MPTB(mortgage pay-through bond)의 경우, 조기상환 위험은 증권발행자가 부담하고, 채무불이행 위험은 투자자가 부담한다.
③ MBB(mortgage backed bond)의 경우, 발행자는 신용보강을 위한 초과담보가 필요하다.
④ CMO(collateralized mortgage obligation)는 상환우선순위와 만기가 다른 다수의 층(tranche)으로 구성된 증권이다.
⑤ 우리나라의 모기지 유동화 중개기관으로는 한국주택금융공사가 있다.

[정답해설]
② MPTB의 경우, 조기상환 위험은 투자자가 부담하고, 채무불이행 위험(소유권)은 발행자가 부담한다.

04 부동산 증권에 관한 설명으로 옳지 않은 것은? ▸ 2019년 30회

① 자산유동화증권(ABS)은 금융기관 및 기업이 보유하고 있는 매출채권, 부동산저당채권 등 현금흐름이 보장되는 자산을 담보로 발행하는 증권을 의미한다.

② 저당담보부채권(MBB)은 모기지풀에서 발생하는 현금흐름과 관련된 위험을 투자자에게 이전하는 채권이다.

③ 주택저당증권(MBS)은 금융기관 등이 주택자금을 대출하고 취득한 주택저당채권을 유동화전문회사 등이 양수하여 이를 기초로 발행하는 증권을 의미한다.

④ 저당이체증권(MPTS)은 발행기관이 원리금수취권과 주택저당권에 대한 지분권을 모두 투자자에게 이전하는 증권이다.

⑤ 다계층증권(CMO)은 저당채권의 발행액을 몇 개의 계층으로 나눈 후 각 계층마다 상이한 이자율을 적용하고 원금이 지급되는 순서를 다르게 정할 수 있다.

정답해설▸

② 투자자 ⇨ 발행자 : MBB 증권의 모든 위험은 발행자가 부담한다.

05 부동산 증권에 관한 설명으로 옳지 않은 것은? ▸ 2022년 33회

① 한국주택금융공사는 유동화증권의 발행을 통해 자본시장에서 정책모기지 재원을 조달할 수 있다.

② 금융기관은 주택저당증권(MBS)을 통해 유동성 위험을 감소시킬 수 있다.

③ 저당담보부채권(MBB)의 투자자는 채무불이행위험을 부담한다.

④ 저당이체증권(MPTS)은 지분형 증권이며 유동화기관의 부채로 표기되지 않는다.

⑤ 지불이체채권(MPTB)의 투자자는 조기상환위험을 부담한다.

정답해설▸

③ 저당담보부채권(MBB)의 경우, 발행자가 채무불이행위험을 부담한다.

06 저당담보부증권(MBS)에 관련된 설명으로 옳지 않은 것은?

① MPTS(mortgage pass-through securities)는 지분형 증권이기 때문에 증권의 수익은 기초자산인 주택저당채권 집합물(mortgage pool)의 현금흐름(저당지불액)에 의존한다.

② MBB(Mortgage backed bond)의 투자자는 최초의 주택저당채권 집합물에 대한 소유권을 갖는다.

③ CMO(collateralized mortgage obligation)의 발행자는 주택저당채권 집합물을 가지고 일정한 가공을 통해 위험-수익 구조가 다양한 트랜치의 증권을 발행한다.

④ MPTB(mortgage pay-through bond)는 MPTS와 MBB를 혼합한 특성을 지닌다.

⑤ CMBS(commercial mortgage backed securities)란 금융기관이 보유한 상업용 부동산 모기지(mortgage)를 기초자산으로 하여 발행하는 증권이다.

정답해설
② 투자자 ⇨ 발행자

07 부동산 금융에 관한 설명으로 옳지 않은 것은?

① CMO(collateralized mortgage obligations)는 트랜치별로 적용되는 이자율과 만기가 다른 것이 일반적이다.

② MBB(mortgage backed bond)는 채권형 증권으로 발행자는 초과담보를 제공하는 것이 일반적이다.

③ MPTS(mortgage pass-through securities)의 조기상환위험은 발행자가 부담한다.

④ MBB(mortgage backed bond)는 주택저당대출 차입자의 채무불이행이 발생하더라도 MBB에 대한 원리금을 발행자가 투자자에게 지급하여야 한다.

⑤ 2차 저당시장은 1차 저당시장에 자금을 공급하는 역할을 한다.

정답해설
③ 발행자 ⇨ 투자자

정답 04 ② 05 ③ 06 ② 07 ③

08 부동산 증권에 관한 설명으로 옳지 않은 것은? ▸ 2021년 32회

① MPTS(Mortgage Pass-Through Securities)는 지분을 나타내는 증권으로서 유동화 기관의 부채로 표기되지 않는다.

② CMO(Collateralized Mortgage Obligation)는 동일한 저당풀(mortgage pool)에서 상환 우선순위와 만기가 다른 다양한 증권을 발행할 수 있다.

③ 부동산개발PF ABCP(Asset Backed Commercial Paper)는 부동산개발PF ABS(Asset Backed Securities)에 비해 만기가 길고, 대부분 공모로 발행된다.

④ MPTS(Mortgage Pass-Through Securities)는 주택담보대출의 원리금이 회수되면 MPTS의 원리금으로 지급되므로 유동화기관의 자금관리 필요성이 원칙적으로 제거된다.

⑤ MBB(Mortgage Backed Bond)는 주택저당대출 차입자의 채무불이행이 발생하더라도 MBB에 대한 원리금을 발행자가 투자자에게 지급하여야 한다.

〔정답해설〕

③ 부동산개발PF ABCP는 일반적으로 3개월 만기로 발행되는 단기 상품이다.

09 부동산 증권에 관한 설명으로 옳지 않은 것은?

① MPTS는 지분형 증권으로 증권의 수익은 기초자산인 주택저당채권집합물의 현금흐름에 의존한다.

② MPTS의 경우, 발행된 증권은 유동화기관의 부채로 표기된다.

③ MBB의 경우, 투자자는 조기상환위험을 부담하지 않는다.

④ MBB의 경우, 한국주택금융공사는 조기상환위험을 부담한다.

⑤ MPTB의 경우, 증권의 발행기관은 조기상환위험을 부담하지 않는다.

〔정답해설〕

② 표기된다. ⇨ 표기되지 않는다. : MPTS의 경우, 모든 권리와 의무가 투자자에게 이전된다. 따라서 발행된 증권은 유동화기관의 부채로 표기되지 않는다.

10 부동산 증권에 관한 설명으로 옳은 것을 모두 고른 것은?

▶ 2024년 35회 수정

ㄱ. MPTS(Mortgage Pass-Through Securities)는 채권형 증권으로 원리금수취권과 주택저당에 대한 채권을 모두 투자자에게 이전하는 증권이다.

ㄴ. MBB(Mortgage-Backed Bond)는 모기지 풀(Pool)에서 발생하는 현금흐름으로 채권의 원리금이 지급되고, 모기지 풀의 현금흐름으로 채권의 원리금지급이 안될 경우 발행자가 초과부담을 제공하는 채권이다.

ㄷ. CMO(Collateralized Mortgage Obligation)는 원금과 조기상환대금을 받아갈 순서를 정한 증권으로 증권별로 만기가 일치하도록 만든 자동이체형 증권이다.

ㄹ. MPTB(Mortgage Pay-Through Bond)는 채권으로 발행자의 대차대조표에 부채로 표시된다.

ㅁ. 금융기관은 MBS(Mortgage-Backed Securities)를 통해 자기자본비율(BIS)을 높일 수 있다.

① ㄱ, ㄴ, ㄷ
② ㄱ, ㄴ, ㄹ
③ ㄱ, ㄷ, ㅁ
④ ㄴ, ㄹ, ㅁ
⑤ ㄷ, ㄹ, ㅁ

정답해설

④ 옳은 지문은 ㄴ, ㄹ, ㅁ이다. ㅁ. 유동화 과정에서 은행이 대출채권(위험자산)을 매각하면 위험자산(분모)의 비중이 감소한다. 따라서 자기자본비율은 증가한다.

$$자기자본비율(BIS) = \frac{자본}{가중평균\ 위험자산}$$

오답해설

ㄱ. 채권형 증권 ⇨ 지분형 증권
ㄷ. 만기가 일치하도록 만든 ⇨ 서로 다른 만기를 가진 : CMO는 이자율과 만기가 다른 다양한 채권으로 발행한다.

부동산투자회사

1. 회사의 설립
① 설립자본금 : 자기관리 – ○억 이상, 위탁관리·기업구조조정 – 3억 이상
② 현물출자에 의한 설립은 할 수 ○○.

2. 영업의 인가 또는 등록 : 국토교통부장관

3. 자금의 조달
① 최저 자본금 : 자기관리 – ○억 이상, 위탁관리·기업구조조정 – 50억 이상
② 주식의 공모 : 주식 총수의 ○% 이상을 일반의 청약에 제공하여야 한다.
③ 주식소유한도 : 주주 1인은 주식 총수의 ○%를 초과하여 소유하지 못한다.

4. 자산의 운영 및 배당
① 총자산의 ○% 이상을 부동산, 부동산 증권 및 현금으로 구성하여야 한다.
② 총자산의 ○% 이상은 부동산(건축 중인 건축물을 포함)이어야 한다.
③ 배당 : 원칙적으로 이익 배당 한도의 ○% 이상을 주주에게 배당하여야 한다.

 답

1. ① 5 ② 없다
3. ① 70 ② 30 ③ 50
4. ① 80 ② 70 ③ 90

---

01 「부동산투자회사법」상의 규정에 관한 설명으로 옳지 않은 것은?

① 자기관리 부동산투자회사의 설립자본금은 5억원 이상으로 한다.
② 자기관리 부동산투자회사는 그 설립등기일부터 10일 이내에 대통령령으로 정하는 바에 따라 설립보고서를 작성하여 국토교통부장관에게 제출하여야 한다.
③ 위탁관리 부동산투자회사는 본점 외의 지점을 설치할 수 있으며, 직원을 고용하거나 상근 임원을 둘 수 있다.
④ 감정평가사 또는 공인중개사로서 해당 분야에 5년 이상 종사한 사람은 자기관리 부동산투자회사의 상근 자산운용전문인력이 될 수 있다.
⑤ 위탁관리 부동산투자회사 및 기업구조조정 부동산투자회사의 설립자본금은 3억원 이상으로 한다.

정답해설

③ 위탁관리 부동산투자회사는 본점 외에 지점을 설치할 수 없으며, 직원을 고용하거나 상근 임원을 둘 수 없다.

▌부동산투자회사법

1. 회사의 설립
   ① 법인격 : 주식회사
   ② 설립자본금
      ㉠ 자기관리 – 5억 이상
      ㉡ 위탁관리·기업구조조정 – 3억 이상
2. 영업인가 또는 영업의 등록 : 국토교통부장관
3. 자금의 조달
   ① 최저 자본금
      ㉠ 자기관리 – 70억 이상
      ㉡ 위탁관리·기업구조조정 – 50억 이상
   ② 주식의 공모 및 분산, 현물출자
      ㉠ 주식 총수의 30% 이상을 일반의 청약에 제공하여야 한다.
      ㉡ 주주 1인은 주식 총수의 50%를 초과하여 주식을 소유하지 못한다.
      ㉢ 최저 자본금 이상을 갖추기 전에는 현물출자로 신주를 발행할 수 없다.
4. 자산의 운영
   ① 총자산 80% 이상 : 부동산, 부동산 증권, 현금으로 구성
   ② 총자산 70% 이상 : 부동산으로 구성
5. 수익의 배당과 자금 차입
   ① 배당 : 원칙적으로 이익배당 한도의 90% 이상을 주주에게 배당
   ② 차입 : 필요한 경우 자금을 차입하거나 사채를 발행할 수 있다.
6. 현물출자
   ① 현물출자에 의한 설립을 할 수 없다.
   ② 최저 자본금 이상을 갖추기 전에는 현물출자로 신주를 발행할 수 없다.
7. 기업구조조정 부동산투자회사의 특례
   ① 주식의 공모 및 분산규정 배제
   ② 자산의 처분에 관한 규정, 자산의 구성규정 배제

정답   01 ③

02 우리나라의 부동산투자회사제도에 관한 설명으로 옳지 않은 것은?

① 자기관리 부동산투자회사의 설립 자본금은 5억원 이상이다.

② 부동산투자회사는 발기설립의 방법으로 하여야 하며, 현물출자에 의한 설립이 가능하다.

③ 위탁관리 부동산투자회사는 자산의 투자·운용업무를 자산관리회사에 위탁하여야 한다.

④ 부동산투자회사는 최저자본금 준비기간이 끝난 후에는 매 분기 말 현재 총자산의 100분의 80 이상을 부동산, 부동산 관련 증권 및 현금으로 구성하여야 한다.

⑤ 부동산투자회사의 상근 임원은 다른 회사의 상근 임직원이 되거나 다른 사업을 하여서는 아니 된다.

> **정답해설**

② 설립이 가능하다. ⇨ 설립을 할 수 없다.

03 부동산투자회사법상 부동산투자회사에 관한 설명으로 옳은 것은? ▸ 2022년 33회

① 최저자본금준비기간이 지난 위탁관리 부동산투자회사의 자본금은 70억원 이상이 되어야 한다.

② 자기관리 부동산투자회사의 설립자본금은 3억원 이상으로 한다.

③ 자기관리 부동산투자회사에 자산운용 전문인력으로 상근하는 감정평가사는 해당 분야에 3년 이상 종사한 사람이어야 한다.

④ 최저자본금준비기간이 끝난 후에는 매 분기 말 현재 총자산의 100분의 80 이상이 부동산(건축 중인 건축물 포함)이어야 한다.

⑤ 위탁관리 부동산투자회사는 해당 연도 이익을 초과하여 배당할 수 있다.

> **정답해설**

⑤ 옳은 지문이다. 법에 있는 내용이나, 중요한 지문은 아니니, 암기까지는 하지 마시어요.

> **오답해설**

① 70억원 ⇨ 50억원

② 3억원 ⇨ 5억원

③ 3년 이상 ⇨ 5년 이상

④ 100분의 80 ⇨ 100분의 70 : 부동산투자회사는 최저자본금준비기간이 끝난 후에는 매 분기 말 현재 총자산의 100분의 80 이상을 부동산, 부동산 관련 증권 및 현금으로 구성하여야 한다. 이 경우 총자산의 100분의 70 이상은 부동산(건축 중인 건축물을 포함한다)이어야 한다.

04 우리나라의 부동산투자회사에 관한 설명으로 옳지 않은 것은?

① 영업인가를 받거나 등록을 한 날부터 6개월이 지난 자기관리 부동산투자회사의 최저자 본금은 70억원 이상이 되어야 한다.

② 부동산투자회사는 최저자본금준비기간이 끝난 후에는 매 분기 말 현재 총자산의 100분의 80 이상을 부동산, 부동산 관련 증권 및 현금으로 구성하여야 한다. 이 경 우 총자산의 100분의 70 이상은 부동산(건축 중인 건축물을 포함한다)이어야 한다.

③ 영업인가를 받거나 등록을 한 날부터 6개월이 지난 위탁관리 부동산투자회사 및 기업구 조조정 부동산투자회사의 최저자본금은 각각 50억원 이상이 되어야 한다.

④ 기업구조조정 부동산투자회사는 자산운용 전문인력을 포함한 임직원을 상근으로 두고 자산의 투자·운용을 직접 수행하는 회사이다.

⑤ 부동산투자회사는 「부동산투자회사법」에서 특별히 정한 경우를 제외하고는 「상법」의 적 용을 받는다.

[정답해설]

④ 기업구조조정 부동산투자회사 ⇨ 자기관리 부동산투자회사 : 전문인력 또는 임직원을 상근으로 두고 자산을 직접 운영하는 회사는 실질형 회사인 자기관리 부동산투자회사이다.

05 우리나라 부동산투자회사(REITs)에 관한 설명 중 옳지 않은 것은?

① 자기관리 부동산투자회사의 설립자본금은 5억원 이상으로 한다.

② 위탁관리 부동산투자회사는 해당 연도 이익을 초과하여 배당할 수 있다.

③ 공인중개사로서 해당 분야에 5년 이상 종사한 사람은 위탁관리 부동산투자회사의 자산 운용 전문인력이 될 수 있다.

④ 위탁관리 부동산투자회사는 본점 외의 지점을 설치할 수 없다.

⑤ 최저자본금준비기간이 끝난 후에는 매 분기 말 현재 총자산의 100분의 70 이상이 부동 산(건축 중인 건축물 포함)이어야 한다.

[정답해설]

③ 위탁관리 부동산투자회사 ⇨ 자기관리 부동산투자회사 : 전문인력을 둘 수 있는 회사는 실질형 회사인 자기관리 부동산투자회사이다.

┃자기관리 부동산투자회사의 자산운용 전문인력

1. 감정평가사 또는 공인중개사로서 해당 분야에 5년 이상 종사한 사람
2. 부동산 관련 분야의 석사학위 이상의 소지자로서 부동산의 투자·운용과 관련된 업무에 3년 이상 종사한 사람
3. 그 밖에 제1호 또는 제2호에 준하는 경력이 있는 사람으로서 대통령령으로 정하는 사람

정답 ▶ 02 ② 03 ⑤ 04 ④ 05 ③

06 부동산투자회사법령상 부동산투자회사에 관한 설명으로 옳지 않은 것은?

① 부동산투자회사는 자기관리 부동산투자회사, 위탁관리 부동산투자회사 및 기업구조조정 부동산투자회사로 구분할 수 있다.

② 부동산투자회사는 부동산 등 자산의 운용에 관하여 회계처리를 할 때에는 금융감독원이 정하는 회계처리기준에 따라야 한다.

③ 감정평가사 또는 공인중개사로서 해당 분야에 5년 이상 종사한 사람은 자기관리 부동산투자회사의 상근 자산운용전문인력이 될 수 있다.

④ 위탁관리 부동산투자회사는 본점 외의 지점을 설치할 수 없으며 직원을 고용하거나 상근임원을 둘 수 없다.

⑤ 영업인가를 받거나 등록을 한 날부터 6개월이 지난 기업구조조정 부동산투자회사의 자본금은 50억원 이상이 되어야 한다.

〔정답해설〕
② 금융감독원 ⇨ 금융위원회 : 금융(회계)과 관련된 정책을 결정하는 것은 금융위원회(정부의결기관)이다. 금융감독원은 금융위원회의 지시를 받아 은행, 보험회사, 증권회사 등 금융기관에 대한 검사와 감독 업무를 담당한다.

07 부동산투자회사법상 위탁관리 부동산투자회사(REITs)에 관한 설명으로 옳지 않은 것은?

① 주주 1인당 주식소유의 한도가 제한된다.

② 주주를 보호하기 위해서 직원이 준수해야 할 내부통제기준을 제정하여야 한다.

③ 자산의 투자·운용을 자산관리회사에 위탁하여야 한다.

④ 주요 주주의 대리인은 미공개 자산운용정보를 이용하여 부동산을 매매하거나 타인에게 이용하게 할 수 없다.

⑤ 설립 자본금은 3억원 이상으로 한다.

〔정답해설〕
② 직원을 둘 수 있는 회사는 실질형 회사인 자기관리 부동산투자회사이다.

08 기업구조조정 부동산투자회사에 관한 특례를 설명한 것으로 옳지 않은 것은?

① 주식의 공모에 관한 규정을 적용하지 아니한다.
② 주식의 분산에 관한 규정을 적용하지 아니한다.
③ 부동산 처분에 대한 제한을 적용받지 아니한다.
④ 자산의 구성에 관한 규정을 적용하지 아니한다.
⑤ 최저자본금에 관한 규정을 적용하지 아니한다.

정답해설
⑤ 최저자본금에 관한 규정은 적용받아야 한다.

❙ 기업구조조정 부동산투자회사에 관한 특례
1. 기업구조조정 부동산투자회사에 대하여는 다음 사항을 적용하지 아니한다.
   ㉠ 주식의 공모
   ㉡ 주식의 분산
   ㉢ 부동산 처분 제한
   ㉣ 자산의 구성
2. 국토교통부장관은 기업구조조정 부동산투자회사의 등록을 하려는 경우에는 미리 금융위원회의 의견을 들어야 한다.

---

09 부동산투자회사법령상 자기관리 부동산투자회사가 자산을 투자·운용할 때 상근으로 두어야 하는 자산운용 전문인력에 해당되지 않는 사람은?   ▸ 2021년 32회

① 공인회계사로서 해당 분야에 3년 이상 종사한 사람
② 공인중개사로서 해당 분야에 5년 이상 종사한 사람
③ 감정평가사로서 해당 분야에 5년 이상 종사한 사람
④ 부동산 관련 분야의 석사학위 이상의 소지자로서 부동산의 투자·운용과 관련된 업무에 3년 이상 종사한 사람
⑤ 자산관리회사에서 5년 이상 근무한 사람으로서 부동산의 취득·처분·관리·개발 또는 자문 등의 업무에 3년 이상 종사한 경력이 있는 사람

정답해설
① 공인회계사의 회계 활동은 부동산 관련 분야라고 할 수 없다. 따라서 전문인력의 요건에 해당되지 않는다.

정답   06 ②   07 ②   08 ⑤   09 ①

기타 부동산 관련 금융제도

1절 프로젝트 대출

확인학습

1. 프로젝트 대출은 프로젝트 완성 이후에 발생하는 미래 현금흐름을 ○○재원으로 자금을 조달하는 기법이다.
2. 프로젝트 대출은 상환책임이 프로젝트의 현금흐름의 범위로 한정되는 ○○○ 또는 제한적 소구 금융 이다. 따라서 사업주는 해당 프로젝트가 파산한 경우에도 개인적인 채무를 부담하지 않는다.
3. 당해 프로젝트의 대출은 ○○○의 회계 장부에 부채로 표시되지 않는다. 이를 '부외 금융효과'라고 한다. 프로젝트 대출은 부외 금융효과를 통해 ○○○(차입자)의 채무수용능력이 제고된다.
4. 부동산 개발사업의 현금흐름을 통제하기 위해서 ○○○○(escrow) 계정을 운영한다.

답 1. 상환 2. 비소구 3. 사업주, 사업주 4. 에스크로

---

01 프로젝트 파이낸싱(PF)에 관한 설명으로 옳지 않은 것은?

① 프로젝트 파이낸싱은 프로젝트 자체의 수익성과 향후 현금흐름을 기초로 개발에 필요한 자금을 조달한다.
② 프로젝트 금융은 비소구 또는 제한적 소구 금융이다.
③ 대출기관은 자금의 관리를 위해 자금관리계정 또는 에스크로 계정을 운영한다.
④ 금융기관은 부외 금융효과(off − balance effect)를 누릴 수 있어 채무수용능력이 제고된다.
⑤ 일반대출과 비해 발생 가능한 위험이 크고 절차가 복잡하기 때문에 금융기관은 높은 이자 및 수수료를 요구한다.

정답해설

④ 금융기관 ⇨ 사업자(사업주) : 부외 금융효과(off−balance effect)는 사업자에게 나타나는 효과이다.

┃ 프로젝트 대출의 특징
1. (사업주)에 대한 비소구 금융 또는 제한적 소구 금융
2. (사업주)에 대한 부외 금융 효과(사업주의 회계장부에 기록되지 않는 효과)
3. 에스크로 계좌 활용
4. 일정한 조건을 갖춘 경우, 법인세 감면 혜택
5. 개발이 진행되면서 만들어지는 개발사업지의 담보신탁

02 프로젝트 금융에 관한 설명으로 옳은 것은? ▸ 2023년 34회

① 기업 전체의 자산 또는 신용을 바탕으로 자금을 조달하고, 기업의 수익으로 원리금을 상환하거나 수익을 배당하는 방식의 자금조달기법이다.
② 프로젝트 사업주는 기업 또는 개인일 수 있으나, 법인은 될 수 없다.
③ 프로젝트 사업주는 대출기관으로부터 상환청구를 받지는 않으나, 이러한 방식으로 조달한 부채는 사업주의 재무상태표에는 부채로 계상된다.
④ 프로젝트 회사가 파산 또는 청산할 경우, 채권자들은 프로젝트 회사에 대해 원리금상환을 청구할 수 없다.
⑤ 프로젝트 사업주의 도덕적 해이를 방지하기 위해 금융기관은 제한적 소구금융의 장치를 마련해두기도 한다.

〔정답해설〕
⑤ 옳은 지문이다. 프로젝트 금융은 원칙적으로 비구소 금융이다. 그러나 사업주의 도덕적 해이를 방지하기 위해 실무적으로 금융기관은 제한적 소구금융의 장치를 마련한다.

〔오답해설〕
① 기업 전체의 자산 또는 신용 ⇨ 프로젝트 완성 이후에 발생하는 미래현금흐름 / 기업의 수익 ⇨ 프로젝트의 현금흐름
② 될 수 없다. ⇨ 될 수 있다.
③ 부채로 계상된다. ⇨ 부채로 표시되지 않는다.
④ 프로젝트 회사 ⇨ 사업주 : 채권자들은 사업주에게 청구할 수 없고, 프로젝트 회사에 청구할 수 있다.

03 프로젝트 파이낸싱(PF)에 의한 부동산 개발에 관한 설명으로 옳지 않은 것은? ▸ 2017년 28회

① PF는 부동산 개발로 인해 발생하는 현금흐름을 담보로 개발에 필요한 자금을 조달한다.
② 일반적으로 PF의 자금관리는 부동산신탁회사가 에스크로(Escrow) 계정을 관리하면서 사업비의 공정하고 투명한 자금집행을 담당한다.
③ 일반적으로 PF의 차입금리는 기업 대출금리보다 높다.
④ PF는 위험부담을 위해 여러 이해관계자가 계약관계에 따라 참여하므로, 일반개발사업에 비해 사업진행이 신속하다.
⑤ PF의 금융구조는 비소구금융이 원칙이나, 제한적 소구금융의 경우도 있다.

〔정답해설〕
④ 사업진행이 신속하다. ⇨ 사업진행이 신속하지 못하다.

정답 ▸ 01 ④ 02 ⑤ 03 ④

04 프로젝트 사업주(sponsor)가 특수목적회사인 프로젝트회사를 설립하여 특정 프로젝트 수행에 필요한 자금을 금융회사로부터 대출받는 방식의 프로젝트 파이낸싱(PF)에 관한 설명으로 옳은 것을 모두 고른 것은? (단, 프로젝트 사업주가 프로젝트회사를 위해 보증이나 담보제공을 하지 않음)

▶ 2018년 29회

> ㄱ. 일정한 요건을 갖춘 프로젝트회사는 법인세 감면을 받을 수 있다.
> ㄴ. 프로젝트 사업주의 재무상태표에 해당 부채가 표시되지 않는다.
> ㄷ. 금융회사는 담보가 없어 위험이 높은 반면 대출이자율을 높게 할 수 있다.
> ㄹ. 프로젝트회사가 파산하더라도 금융회사는 프로젝트 사업주에 대해 원리금 상환을 청구할 수 없다.

① ㄱ, ㄴ, ㄷ　　　　　　　② ㄱ, ㄴ, ㄹ
③ ㄱ, ㄷ, ㄹ　　　　　　　④ ㄴ, ㄷ, ㄹ
⑤ ㄱ, ㄴ, ㄷ, ㄹ

정답해설
⑤ 모두 옳은 지문이다.

05 프로젝트 금융에 관한 설명으로 옳지 않은 것은?

① 특정 프로젝트로부터 향후 일정한 현금흐름이 예상되는 경우, 사전 계약에 따라 미래에 발생할 현금흐름과 사업자체자산을 담보로 자금을 조달하는 금융기법이다.
② 일반적으로 기업대출보다 금리 등이 높아 사업이 성공할 경우 해당 금융기관은 높은 수익을 올릴 수 있다.
③ 프로젝트 금융의 자금은 건설회사 또는 시공회사가 자체계좌를 통해 직접 관리한다.
④ 프로젝트 금융이 부실화될 경우 해당 금융기관의 부실로 이어질 수 있다.
⑤ 비소구 또는 제한적 소구금융의 특징을 가지고 있다.

정답해설
③ 프로젝트 금융의 경우 대출기관은 현금흐름을 통제하기 위해서 에스크로 계좌(escrow account)를 운영한다. 이를 통해 대출기관은 건설회사 또는 시공회사가 자금 흐름에 영향을 줄 수 없도록 한다.

06 프로젝트 금융의 특징에 관한 설명으로 옳지 않은 것은? ▸ 2020년 31회

① 사업 자체의 현금흐름을 근거로 자금을 조달하고, 원리금 상환도 해당 사업에서 발생하는 현금흐름에 근거한다.

② 사업주의 입장에서는 비소구(non-recourse) 또는 제한적 소구(limited-recourse) 방식이므로 상환 의무가 제한되는 장점이 있다.

③ 금융기관의 입장에서는 부외 금융(off-balance sheet financing)에 의해 채무수용능력이 커지는 장점이 있다.

④ 금융기관의 입장에서는 금리와 수수료 수준이 높아 일반적인 기업금융보다 높은 수익을 얻을 수 있는 장점이 있다.

⑤ 복잡한 계약에 따른 사업의 지연과 이해당사자 간의 조정의 어려움은 사업주와 금융기관 모두의 입장에서 단점으로 작용한다.

> **정답해설**

③ 금융기관 ⇨ 사업자

07 사업주가 특수목적회사인 프로젝트 회사를 설립하여 특정 프로젝트 수행에 필요한 자금을 금융기관으로부터 대출받는 방식의 프로젝트 금융을 활용하는 경우에 관한 설명으로 옳지 않은 것은?

① 대규모 자금이 소요되고 공사기간이 장기인 사업에 적합한 자금조달수단이다.

② 프로젝트 금융에 의한 채무는 사업주와 독립적이므로 부채상환의무가 사업주에게 전가되지 않는다.

③ 일정한 요건을 갖춘 프로젝트 회사는 법인세 감면을 받을 수 있다.

④ 해당 프로젝트가 부실화되더라도 대출기관의 채권회수에는 영향이 없다.

⑤ 프로젝트 회사는 법률적, 경제적으로 완전히 독립적인 회사이지만 이해당사자 간의 이견이 있을 경우에는 사업지연을 초래할 수 있다.

> **정답해설**

④ 영향이 없다. ⇨ 영향이 있다.

08 PF(Project Financing)방식에 의한 부동산 개발사업 시 금융기관이 위험을 줄이기 위해 취할 수 있는 조치가 아닌 것은?

① 위탁관리계좌(Escrow Account)의 운영
② 시공사에 책임준공 의무 부담
③ 대출금 보증에 대한 시공사의 신용보강 요구
④ 시행사·시공사에 추가출자 요구
⑤ 시행사 개발이익의 선지급

〔정답해설〕

⑤ 시행사 개발이익의 선지급 ⇨ 공사비의 선지급 : 프로젝트 대출은 프로젝트 완성 이후의 현금흐름으로 대출을 상환받는 구조이다. 따라서 금융기관은 대출의 위험을 줄이기 위해 프로젝트 완성을 위한 공사비에 우선적으로 자금을 지급한다.

정답 ▶ 08 ⑤

2절 주택담보노후연금, 한국주택금융공사

01 한국주택금융공사법에 의한 주택담보노후연금에 관한 설명으로 옳지 않은 것은?

▸ 2017년 28회

① 단독주택, 다세대주택, 오피스텔, 상가주택 등이 연금의 대상주택이 된다.
② 연금수령 중 담보주택이 주택재개발, 주택재건축이 되더라도 계약을 유지할 수 있다.
③ 연금의 방식에는 주택소유자가 선택하는 일정기간 동안 노후생활자금을 매월 지급받는 방식이 있다.
④ 가입자와 그 배우자는 종신거주, 종신지급이 보장되며, 가입자는 보증료를 납부해야 한다.
⑤ 연금의 방식에는 주택소유자가 생존해 있는 동안 노후생활자금을 매월 지급받는 방식이 있다.

〔정답해설〕
① 연금의 대상주택 : 주택법상 주택, 지방자치단체에 신고된 노인복지주택, 주거목적 오피스텔 / 업무시설인 오피스텔(×), 상가주택(×)

▎주택연금의 가입 조건

1. **연령 :** 주택소유자 또는 배우자가 만 55세 이상
2. **주택**
   ㉠ 주택법상 주택, 지방자치단체에 신고된 노인주택, 주거목적 오피스텔
   ㉡ 부부기준 1주택을 소유한 자
   ㉢ 공시가격 등 9억 이하 주택(보유주택 합산 가격이 9억 이하 다주택 보유자 포함)
3. **일반적인 지급 방식**
   ㉠ 종신지급방식 : 사망할 때까지 연금을 지급받는 방식
   ㉡ 확정기간방식 : 가입자가 정한 기간 동안에 연금을 지급받는 방식
4. **기말 자산 처리**
   ㉠ 주택가격 > 대출잔액 : 남은 금액은 상속인에게 지급한다.
   ㉡ 주택가격 < 대출잔액 : 부족한 금액은 정부가 부담한다.

〔정답〕 01 ①

02 **한국주택금융공사의 주택담보노후연금(주택연금)에 관한 설명으로 틀린 것은?**

① 주택연금은 주택소유자가 주택에 저당권을 설정하고 연금방식으로 노후생활자금을 대출 받는 제도이다.

② 주택연금은 수령기간이 경과할수록 대출잔액이 누적된다.

③ 주택소유자(또는 배우자)가 생존하는 동안 노후생활자금을 매월 지급받는 방식으로 연금 을 받을 수 있다.

④ 담보주택의 대상으로 업무시설로 활용 중인 오피스텔도 포함된다.

⑤ 한국주택금융공사는 주택연금 담보주택의 가격하락에 대한 위험을 부담할 수 있다.

정답해설
④ 업무시설 ⇨ 주거목적

03 **한국주택금융공사에서 고령자의 노후생활지원을 위해 시행하고 있는 주택연금제도에 관한 설명 중 옳지 않은 것은?**

① 이용자격은 근저당권 설정일 기준 주택소유자 또는 배우자가 만 55세 이상이어야 하고, 주택보유수는 1주택(부부기준)을 소유하고 있어야 한다.

② 주택연금 지급방식에는 종신방식과 확정기간방식 등이 있다.

③ 담보가 되는 대상은 「주택법」상 단독주택, 다세대주택, 연립주택 및 아파트(주상복합아 파트 포함) 등이고, 업무목적의 오피스텔, 상가주택, 상가 등은 제외된다.

④ 보증료는 대출실행 시 납부하는 초기 보증료와 매월 납부하는 연보증료가 있다.

⑤ 종신지급방식에서 가입자가 사망할 때까지 지급된 주택연금대출 원리금이 담보주택가격 을 초과하는 경우에는 초과 지급된 금액은 법정상속인이 상환해야 한다.

정답해설
⑤ 상환해야 한다. ⇨ 상환할 필요가 없다 : 초과 지급된 금액은 정부가 부담한다.

04 한국주택금융공사법령에 의한 주택담보노후연금제도에 관한 설명으로 옳지 않은 것은?

▶ 2018년 29회

① 주택소유자와 그 배우자 모두 55세 이상이어야 이용할 수 있다.
② 연금지급방식으로 주택소유자가 선택하는 일정한 기간 동안 노후생활자금을 매월 지급받는 방식이 가능하다.
③ 주택담보노후연금보증을 받은 사람은 담보주택의 소유권등기에 한국주택금융공사의 동의 없이는 제한물권을 설정하거나 압류 등의 목적물이 될 수 없는 재산임을 부기등기하여야 한다.
④ 주택담보노후연금을 받을 권리는 양도하거나 압류할 수 없다.
⑤ 한국주택금융공사는 주택담보노후연금보증을 받으려는 사람에게 소유주택에 대한 저당권 설정에 관한 사항을 설명하여야 한다.

정답해설
① 주택소유자 또는 주택소유자의 배우자가 만 55세 이상이어야 한다.

05 주택연금(주택담보노후연금) 관련 법령상 주택연금의 보증기관은?

① 한국부동산원
② 신용보증기금
③ 주택도시보증공사
④ 한국토지주택공사
⑤ 한국주택금융공사

정답해설
⑤ 주택연금의 보증기관은 한국주택금융공사이다.

06 한국주택금융공사의 업무가 아닌 것은?

① 주택저당채권 유동화
② 주택저당채권 보유
③ 주택저당채권 또는 학자금대출채권의 평가 및 실사
④ 주택담보노후연금 보증
⑤ 주택도시기금 관리 및 운용

정답해설
⑤ 주택도시기금은 국토교통부장관이 운영한다.

정답 ▶ 02 ④ 03 ⑤ 04 ① 05 ⑤ 06 ⑤

3절　부동산신탁

01 부동산신탁에 있어 위탁자가 부동산의 관리와 처분을 부동산신탁회사에 신탁한 후 수익증권을 발급받아 이를 담보로 금융기관에서 대출을 받는 신탁방식은?　▸2021년 32회

① 관리신탁　　　　　　　　　　② 처분신탁

③ 담보신탁　　　　　　　　　　④ 개발신탁

⑤ 명의신탁

〔정답해설〕

③ 문제가 살짝 명확하지 않지만, 제시된 내용은 담보신탁 또는 신탁증서대출에 대한 내용이다. 신탁증서대출이란 차입자가 신탁회사와 담보신탁 계약을 체결하고 받은 수익증서(deed of trust)를 금융기관에 제공하고 대출을 받는 방식이다.

02 부동산신탁에 관한 설명으로 옳지 않은 것은?

① 부동산신탁에 있어서 당사자는 부동산 소유자인 위탁자와 부동산 신탁사인 수탁자 및 신탁재산의 수익권을 배당 받는 수익자로 구성되어 있다.

② 부동산의 소유권관리, 건물수선 및 유지, 임대차관리 등 제반 부동산 관리업무를 신탁회사가 수행하는 것을 관리신탁이라 한다.

③ 처분신탁은 처분방법이나 절차가 까다로운 부동산에 대한 처분업무 및 처분완료 시까지의 관리업무를 신탁회사가 수행하는 것이다.

④ 관리신탁에 의하는 경우 법률상 부동산 소유권의 이전 없이 신탁회사가 부동산의 관리업무를 수행하게 된다.

⑤ 분양신탁관리는 상가 등 건축물 분양의 투명성과 안정성을 확보하기 위하여 신탁회사에게 사업부지의 신탁과 분양에 따른 자금관리업무를 부담시키는 것이다.

〔정답해설〕

④ 관리신탁의 경우에도 부동산 소유권은 신탁회사에 이전된다.

03 부동산신탁에 관한 설명으로 옳지 않은 것은?　　　　▶ 2016년 27회

① 신탁이란 위탁자가 특정한 재산권을 수탁자에게 이전하거나 기타의 처분을 하고, 수탁자로 하여금 수익자의 이익 또는 특정한 목적을 위하여 그 재산권을 관리·처분하게 하는 법률관계를 말한다.

② 부동산신탁의 수익자란 신탁행위에 따라 신탁이익을 받는 자를 말한다.

③ 수익자는 위탁자가 지정한 제3자가 될 수도 있다.

④ 신탁계약은 수익자와 위탁자 간에 체결되며 투자자는 위탁자가 발행하는 수익증권을 매입함으로써 수익자가 되어 운용성과를 얻을 수 있게 된다.

⑤ 수탁자는 자산운용을 담당하는 신탁회사가 될 수 있다.

> **정답해설**

④ 신탁계약은 위탁자와 수탁자(신탁회사) 간에 체결된다. 수익자는 신탁계약에 의해 수익을 받는 자이다.

04 부동산신탁에 관한 설명으로 옳지 않은 것은?　　　　▶ 2023년 34회

① 신탁회사의 전문성을 통해 이해관계자들에게 안전성과 신뢰성을 제공해 줄 수 있다.

② 부동산신탁의 수익자란 신탁행위에 따라 신탁이익을 받는 자를 말하며, 위탁자가 지정한 제3자가 될 수도 있다.

③ 부동산신탁계약에서의 소유권 이전은 실질적 이전이 아니라 등기부상의 형식적 소유권 이전이다.

④ 신탁재산은 법률적으로 수탁자에게 귀속되지만 수익자를 위한 재산이므로 수탁자의 고유재산 및 위탁자의 고유재산으로부터 독립된다.

⑤ 부동산담보신탁은 저당권 설정보다 소요되는 경비가 많고, 채무불이행 시 부동산 처분 절차가 복잡하다.

> **정답해설**

⑤ 부동산담보신탁 ⇨ 저당대출 : 일반적인 대출방식인 저당대출은 저당권을 설정하고 실행하는 비용이 많다. 또한 담보부동산을 처분하는 경우에도 법원의 경매절차로 진행되기 때문에 처분 절차가 복잡하고 시간이 많이 소요된다. 이러한 저당대출의 단점을 보완하기 위해 등장한 방식이 신탁제도를 활용하는 담보신탁 또는 신탁증서대출 제도이다.

정답　01 ③　02 ④　03 ④　04 ⑤

4절 자산의 유동화

01 자산유동화에 관한 법령상 부동산 프로젝트 파이낸싱(PF)의 유동화에 관한 설명으로 옳은 것은?

① 프로젝트 파이낸싱의 유동화는 자산유동화에 관한 법령에 의해서만 가능하다.

② 유동화자산의 양도방식은 매매 또는 교환에 의한다.

③ 유동화전문회사는 상법상 주식회사로 한다.

④ 자산담보부 기업어음(ABCP)은 금융위원회에 등록한 유동화계획의 기재내용대로 유사 자산을 반복적으로 유동화한다.

⑤ 자산보유자(양도인)는 유동화자산에 대한 양수인의 반환청구권을 보장해야 한다.

[정답해설]

② 옳은 지문이다(자산유동화에 관한 법률 제13조).

[오답해설]

① 프로젝트 파이낸싱의 유동화는 PF ABS(자산유동화증권) 또는 PF ABCP(자산담보부기업어음) 형태로 발행된다. PF ABS와 PF ABCP는 거의 유사하나 발행 근거에 차이가 있다. PF ABS는 「자산유동화에 관한 법률」에 근거하고, PF ABCP는 주로 「상법」에 근거하여 발행된다. 일반적으로 「상법」에 의해 발행하는 것이 「자산유동화에 관한 법률」에 의하는 것보다 절차와 형태가 자유롭다.

③ 유동화전문회사는 유한회사로 한다(자산유동화에 관한 법률 제17조).

④ ABCP ⇨ ABS : 「자산유동화에 관한 법률」에 의하면 자산을 유동화하고자 하는 기업은 자산유동화계획을 금융위원회에 등록해야 한다.

⑤ 양도인은 유동화자산에 대한 반환청구권을 가지지 아니하고, 양수인은 유동화자산에 대한 대가의 반환청구권을 가지지 아니한다(자산유동화에 관한 법률 제13조).

02 자산유동화에 관한 법령에 규정된 내용으로 옳지 않은 것은?

① 유동화자산이라 함은 자산유동화의 대상이 되는 채권·부동산 기타의 재산권을 말한다.

② 양도인은 유동화자산에 대한 반환청구권을 가지지 아니한다.

③ 유동화자산의 양도는 매매 또는 교환에 의한다.

④ 유동화전문회사는 유한회사로 한다.

⑤ PF 자산담보부 기업어음(ABCP)의 반복적인 유동화는 금융위원회에 등록한 자산유동화 계획의 기재내용대로 수행하여야 한다.

[정답해설]

⑤ ABCP ⇨ ABS

정답 01 ② 02 ⑤

07

부동산 개발론

부동산 개발론

1절 개발의 이해

01 부동산 개발의 개념에 관한 설명으로 옳지 않은 것은? ▶ 2019년 30회

① 「부동산개발업의 관리 및 육성에 관한 법률」상 부동산 개발은 시공을 담당하는 행위를 포함한다.
② 부동산 개발은 온전하게 운용할 수 있는 부동산을 생산하기 위한 토지와 개량물의 결합이다.
③ 부동산 개발이란 인간에게 생활, 일, 쇼핑, 레저 등의 공간을 제공하기 위한 토지, 노동, 자본 및 기업가적 능력의 결합과정이다.
④ 부동산 개발은 토지조성활동과 건축활동을 포함한다.
⑤ 부동산 개발은 토지 위에 건물을 지어 이익을 얻기 위해 일정 면적의 토지를 이용하는 과정이다.

[정답해설]
① 포함한다. ⇨ 제외된다.

> **∥ 개발의 정의**
> 1. 부동산 개발이란 토지의 유용성을 증가시키기 위하여 토지를 조성하고 건축물을 건축하거나 공작물을 등을 설치하는 행위를 말한다.
> 2. 부동산개발업에는 시공을 담당하는 행위가 제외된다.

02 부동산개발업의 관리 및 육성에 관한 법률상 부동산 개발에 해당하지 않는 행위는?

▶ 2020년 31회

① 토지를 건설공사의 수행으로 조성하는 행위
② 토지를 형질변경의 방법으로 조성하는 행위
③ 시공을 담당하는 행위
④ 건축물을 건축기준에 맞게 용도변경하는 행위
⑤ 공작물을 설치하는 행위

[정답해설]
③ 시공을 담당하는 행위는 부동산 개발에서 제외된다.

03 워포드(L. Wofford)의 부동산 개발 7단계의 순서로 올바르게 나열한 것은? ▸ 2019년 30회

> ㄱ. 사업구상 ㄴ. 마케팅
> ㄷ. 예비타당성 분석 ㄹ. 부지 확보
> ㅁ. 금융 ㅂ. 건설
> ㅅ. 타당성 분석

① ㄱ - ㄴ - ㄷ - ㄹ - ㅅ - ㅁ - ㅂ
② ㄱ - ㄴ - ㄷ - ㅅ - ㅁ - ㄹ - ㅂ
③ ㄱ - ㄷ - ㄴ - ㅅ - ㄹ - ㅁ - ㅂ
④ ㄱ - ㄷ - ㄹ - ㅅ - ㅁ - ㅂ - ㄴ
⑤ ㄱ - ㄹ - ㄷ - ㅁ - ㅅ - ㅂ - ㄴ

정답해설
④ 옳은 연결이다.

▌ 워포드의 개발의 단계
1. 아이디어 단계
2. 예비적 타당성 분석 : 개발사업으로부터 예상되는 수입과 비용을 개략적으로 분석
3. 부지 모색 및 확보
4. 타당성 분석 : 사업의 실행 가능성을 구체적이고 세부적으로 분석
5. 금융
6. 건설
7. 마케팅

PART 07

정답 01 ① 02 ③ 03 ④

2절 개발의 위험

1. 워포드는 부동산 개발의 위험을 ○적 위험, ○장 위험 및 ○용 위험 등으로 구분한다.
   ① 인플레이션, 개발기간의 연장 등으로 개발비용이 예상했던 것 이상으로 증가하면 개발의 타당성이 낮아지는데, 이를 ○○ 위험이라고 한다.
   ② 토지이용계획이 확정된 토지를 구입하는 것은 ○적인 위험을 줄이기 위한 방안이다.
2. 행정청의 인허가 지연으로 인한 손실 등은 개발업자가 통제할 수 ○○ 위험이다.
3. 부실공사 하자에 따른 책임 위험은 개발업자가 통제할 수 ○○ 위험이다.

> 답
> 1. 법, 시, 비 ① 비용 ② 법
> 2. 없는   3. 있는

---

01 부동산 개발의 위험에 관한 설명으로 옳지 않은 것은?

① 워포드(L. Wofford)는 부동산 개발 위험을 법률위험, 시장위험, 비용위험으로 구분하고 있다.

② 부동산 개발사업의 추진에는 많은 시간이 소요되므로, 개발사업기간 동안 다양한 시장위험에 노출된다.

③ 부동산 개발사업의 진행과정에서 행정의 변화에 의한 사업 인·허가 지연 위험은 시행사 또는 시공사가 스스로 관리할 수 있는 위험에 해당한다.

④ 법률위험을 최소화하기 위해서는 이용계획이 확정된 토지를 구입하는 것이 유리하다.

⑤ 예측하기 어려운 시장의 불확실성은 부동산 개발사업에 영향을 주는 시장위험요인이 된다.

정답해설
③ 관리할 수 있는 위험 ⇨ 관리할 수 없는 위험

> **워포드의 개발의 위험**
> 1. 법률적 위험 : 토지이용계획(공법관계), 소유권분쟁(사법관계) 등으로 발생하는 불확실성
> 2. 시장위험 : 부동산 경기의 변화로 발생하는 불확실성
> 3. 비용위험 : 인플레이션, 개발기간의 연장 등으로 발생하는 불확실성

02 부동산 개발의 위험에 관한 설명으로 옳지 않은 것은?

① 부동산 개발사업은 그 과정에 내포되어 있는 불확실성으로 인해 위험요소가 존재한다.

② 개발 부동산의 선분양제도는 후분양제도에 비해 사업시행자가 부담하는 시장위험을 줄일 수 있다.

③ 이용계획이 확정된 토지를 구입하는 것은 법률적 위험 부담을 줄이기 위한 방안 중 하나이다.

④ 개발사업부지에 군사시설보호구역이 일부 포함되어 사업이 지연되었다면 이는 시장위험 분석을 소홀히 한 결과이다.

⑤ 공사기간 중 이자율의 변화, 시장침체에 따른 공실의 장기화 등은 시장위험으로 볼 수 있다.

> **정답해설**
> ④ 시장위험 ⇨ 법률적 위험

03 다음은 부동산 개발과정에 내재하는 위험에 관한 설명이다. (   ) 안에 들어갈 내용으로 옳게 연결된 것은?

> • (ㄱ)은 정부의 정책이나 용도지역제와 같은 토지이용규제의 변화로 인해 발생하기도 한다.
> • (ㄴ)은 개발된 부동산이 분양이나 임대가 되지 않거나, 계획했던 가격 이하나 임대료 이하로 매각되거나 임대되는 경우를 말한다.
> • (ㄷ)은 인플레이션이 심할수록, 개발기간이 연장될수록 더 커진다.
> • 토지이용계획이 확정된 토지를 구입하는 것은 (ㄹ)을 감소시키기 위한 방법이다.
> • 최대가격보증계약을 통해 개발업자는 (ㅁ)을 줄일 수 있다.

① ㄱ : 법적 위험, ㄴ : 시장 위험, ㄷ : 비용 위험, ㄹ : 법적 위험, ㅁ : 비용 위험

② ㄱ : 법적 위험, ㄴ : 관리 위험, ㄷ : 시장 위험, ㄹ : 관리 위험, ㅁ : 시장 위험

③ ㄱ : 사업 위험, ㄴ : 계획 위험, ㄷ : 비용 위험, ㄹ : 비용 위험, ㅁ : 법적 위험

④ ㄱ : 계획 위험, ㄴ : 시장 위험, ㄷ : 비용 위험, ㄹ : 법적 위험, ㅁ : 법적 위험

⑤ ㄱ : 시장 위험, ㄴ : 계획 위험, ㄷ : 사업 위험, ㄹ : 시장 위험, ㅁ : 계획 위험

> **정답해설**
> ① 옳은 연결이다. 최대가격 또는 최고가격보증계약이란 건축업자가 받을 수 있는 비용의 최고한도를 설정하는 계약으로 건축비를 지급해야 하는 사업시행자에게 유리한 방식이다.

정답   01 ③   02 ④   03 ①

04 부동산개발사업의 위험에 관한 설명이다. ( )에 들어갈 내용으로 옳은 것은?

▶ 2023년 34회

- (ㄱ)은 추정된 토지비, 건축비, 설계비 등 개발비용의 범위 내에서 개발이 이루어져야 하는데, 인플레이션 및 예상치 못한 개발기간의 장기화 등으로 발생할 수 있다.
- (ㄴ)은 용도지역제와 같은 토지이용규제의 변화와 관계기관 인허가 승인의 불확실성 등으로 야기될 수 있다.
- (ㄷ)은 개발기간 중 이자율의 변화, 시장침체에 따른 공실의 장기화 등이 원인일 수 있다.

① ㄱ : 시장위험, ㄴ : 계획위험, ㄷ : 비용위험
② ㄱ : 시장위험, ㄴ : 법률위험, ㄷ : 비용위험
③ ㄱ : 비용위험, ㄴ : 계획위험, ㄷ : 시장위험
④ ㄱ : 비용위험, ㄴ : 법률위험, ㄷ : 시장위험
⑤ ㄱ : 비용위험, ㄴ : 법률위험, ㄷ : 계획위험

> 정답해설
④ 옳은 연결이다.

05 아파트 재건축사업 시 조합의 사업성에 부정적인 영향을 주는 요인은 모두 몇 개인가? (단, 다른 조건은 동일함)

- 건설자재 가격의 상승
- 일반분양분의 분양가 상승
- 조합원 부담금 인상
- 용적률의 할증
- 이주비 대출금리의 하락
- 공사기간의 연장
- 기부채납의 증가

① 2개　　　　　　　　② 3개
③ 4개　　　　　　　　④ 5개
⑤ 6개

> 정답해설
③ 부정적인 요인 : 건설자재 가격의 상승, 조합원 부담금 인상, 공사기간의 연장, 기부채납의 증가(기부채납은 지방자치단체로부터 용적률 상향 등의 혜택을 받은 조합이 도로, 학교 등의 부지를 지방자치단체에게 기부하는 것을 말한다. 따라서 기부채납의 증가는 조합의 입장에서 부정적 요인이다.)

06 개발업자 甲이 직면한 개발사업의 시장위험에 관한 설명으로 옳지 않은 것은?

① 재건축초과이익환수제도 등 정부의 정책은 개발의 불확실성을 유발한다.

② 개발기간이 장기화될수록 개발업자의 시장위험과 비용위험은 높아진다.

③ 선분양은 개발업자가 부담하는 시장위험을 줄일 수 있다.

④ 금융조달비용의 상승과 같은 불확실성은 개발업자에게 비용위험을 부담시킨다.

⑤ 후분양은 개발업자의 시장위험을 감소시킨다.

[정답해설]

⑤ 후분양 ⇨ 선분양 : 개발업자의 입장에서 선분양 제도가 개발의 불확실성을 감소시킨다.

3절 개발을 위한 부동산 분석

1. 시장에 대한 연구

○○○○ 분석	• 도시 내 모든 부동산에 대한 기본적 수요요인을 분석한다. • 지역의 인구, 고용, 소득 등을 분석한다.
○○ 분석	• 특정 유형의 부동산에 대한 수요와 공급을 분석한다. • 특정 지역, 특정 유형에 대한 성장성, 점유율 등을 분석한다.
○○○ 분석	• 미래의 시장에서 부동산이 얼마나 시장에서 매매 또는 임대될 수 있는지 그 경쟁력 (흡수율)을 분석한다.

① 흡수율이란 완성된 부동산이 시장에서 소비되는 비율 또는 흡수되는 비율을 의미한다.
② 흡수율이란 현재 및 미래시장에서 완성된 부동산이 매매·임대 또는 분양되는 비율이다.

2. 의사결정에 대한 연구

○○○ 분석	• 개발이 투자자를 유인할 만큼 충분한 수익성이 있는지를 분석한다. • 법률적·기술적·경제적 측면 등 다양한 측면에서 구체적이고 세부적으로 사업의 실행가능성을 분석한다.
○○ 분석	• 다양한 투자분석기법을 활용하여 최종적인 개발 대안을 결정하는 과정이다.

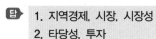
1. 지역경제, 시장, 시장성
2. 타당성, 투자

---

01 개발을 위한 부동산 분석에 대한 설명으로 옳지 않은 것은?

① 시장성 분석은 부동산의 과거 및 현재의 추세를 분석하고 그 원인을 분석한 후에 미래의
흡수율을 파악하는 것이 궁극적인 목적이다.

② 흡수율 분석은 재무적 사업타당성 분석에서 사용했던 주요변수들의 투입값을 낙관적,
비관적 상황으로 적용하여 수익성을 예측하는 것을 말한다.

③ 지역경제 분석은 대상 지역의 부동산수요에 영향을 미치는 인구, 고용, 소득, 인구의 특
성, 가구의 특성, 고용률, 소득수준, 교통망 등의 요인을 분석한다.

④ 타당성 분석은 경제적 타당성을 중심으로 개발사업이 투자자를 유인할 만큼 충분한 수익
성이 있는지를 분석한다.

⑤ 지역경제 분석은 개발사업과 관련한 거시적 경기동향, 정책환경 등을 분석한다.

정답해설
② 흡수율 분석 ⇨ 민감도 분석(감응도 분석, 낙비쌍관법)

02 부동산 개발에 관한 옳은 설명으로 묶인 것은?

> ㉠ 시장성 분석은 개발된 부동산이 현재나 미래의 시장상황에서 매매·임대될 수 있는 가능성 정도를 조사하는 것을 말한다.
> ㉡ 개발사업에 대한 타당성 분석 결과가 동일한 경우에도 분석된 사업안은 개발업자에 따라 채택될 수도 있고 그렇지 않을 수도 있다.
> ㉢ 흡수율 분석의 궁극적인 목적은 과거 및 현재의 추세를 정확하게 파악하는 데 있다.
> ㉣ 개발사업에 있어서 법적 위험은 토지이용규제와 같은 사법적인 측면과 소유권 관계와 같은 공법적인 측면에서 발생할 수 있는 위험을 말한다.
> ㉤ 개발의 단계 중 예비적 타당성 분석은 개발사업으로 예상되는 수입과 비용을 개략적으로 계산하여 수익성을 검토하는 것이다.

① ㉠, ㉢
② ㉠, ㉡, ㉢
③ ㉠, ㉡, ㉤
④ ㉡, ㉣
⑤ ㉢, ㉣, ㉤

정답해설

③ 옳은 것은 ㉠, ㉡, ㉤이다.

오답해설

㉢ 흡수율 분석의 궁극적인 목적은 과거의 추세를 파악하여 미래를 예측하는 데 있다.
㉣ 토지이용규제는 공법적인 측면이고, 소유권 관계는 사법적인 측면이다.

03 부동산 개발의 사업타당성 분석에 관한 설명으로 옳지 않은 것은? ▸2018년 29회

① 물리적 타당성 분석은 대상 부지의 지형, 지세, 토질과 같은 물리적 요인들이 개발대상 부동산의 건설 및 운영에 적합한지 여부를 분석하는 과정이다.
② 법률적 타당성 분석은 대상 부지와 관련된 법적 제약조건을 분석해서 대상 부지 내에서 개발 가능한 용도와 개발규모를 판단하는 과정이다.
③ 경제적 타당성 분석은 개발사업에 소요되는 비용, 수익, 시장수요와 공급 등을 분석하는 과정이다.
④ 민감도 분석은 사업타당성 분석의 주요 변수들의 초기 투입값을 변화시켰을 때 수익성의 변화를 예측하는 과정이다.
⑤ 투자결정 분석은 부동산 개발에 영향을 미치는 인근 환경요소의 현황과 전망을 분석하는 과정이다.

정답해설

⑤ 투자결정이란 다양한 투자분석기법을 활용하여 최종의 대안을 선택하는 과정이다.

정답 01 ② 02 ③ 03 ⑤

04 부동산 개발사업의 타당성 분석과 관련하여 다음의 설명에 해당하는 (   )에 알맞은 용어는?

- (㉠) : 특정 부동산이 가진 경쟁력을 중심으로 해당 부동산이 분양될 수 있는 가능성을 분석하는 것
- (㉡) : 타당성 분석에 활용된 투입요소의 변화가 그 결과치에 어떠한 영향을 주는가를 분석하는 기법

---

① ㉠ 경제성 분석, ㉡ 민감도 분석
② ㉠ 경제성 분석, ㉡ SWOT 분석
③ ㉠ 시장성 분석, ㉡ 흡수율 분석
④ ㉠ 시장성 분석, ㉡ SWOT 분석
⑤ ㉠ 시장성 분석, ㉡ 민감도 분석

정답해설

⑤ 옳은 묶음이다.
　㉠ 미래(준공시점) 시장에서 개발이 끝난 부동산이 시장에 얼마나 빠르고 많이 분양(매매) 또는 임대될 수 있는지, 그 가능성을 분석하는 것은 시장성 분석이다.
　㉡ 민감도 분석은 원인(투입요소 또는 투입값)의 변화에 결과가 어떻게 변화하는지를 분석하는 기법이다.

05 부동산 개발사업의 타당성 분석과 관련하여 다음의 설명에 해당하는 (   )에 알맞은 용어는?

▶ 2022년 33회

- (ㄱ)은 부동산이 현재나 미래의 시장상황에서 매매 또는 임대될 수 있는 가능성을 분석하는 것이다.
- (ㄴ)은 개발업자가 대상부동산에 대해 수립한 사업안들 중에서 최유효이용을 달성할 수 있는 방식을 판단할 수 있도록 자료를 제공해주는 것이다.
- (ㄷ)은 주요 변수들의 초기 투입값을 변화시켜 적용함으로써 낙관적 또는 비관적인 상황에서 발생할 수 있는 수익성 및 부채상환능력 등을 예측하는 것이다.

---

① ㄱ : 시장성 분석,　ㄴ : 민감도 분석,　ㄷ : 투자 분석
② ㄱ : 민감도 분석,　ㄴ : 투자 분석,　ㄷ : 시장성 분석
③ ㄱ : 투자 분석,　ㄴ : 시장성 분석,　ㄷ : 민감도 분석
④ ㄱ : 시장성 분석,　ㄴ : 투자 분석,　ㄷ : 민감도 분석
⑤ ㄱ : 민감도 분석,　ㄴ : 시장성 분석,　ㄷ : 투자 분석

정답해설

④ 옳은 연결이다.

정답　04 ⑤　05 ④

4절 입지계수 계산 문제

01 다음은 각 산업별·도시별 고용자 수에 대한 통계이다. A도시에 특화되어 있는 산업과 그 입지계수는?

산업구분	A도시	B도시	전국
제조업	300명	1,200명	4,000명
금융업	200명	300명	1,000명
부동산업	500명	1,500명	5,000명
합계	1,000명	3,000명	10,000명

① 제조업, 0.75
② 금융업, 2.00
③ 부동산업, 1.50
④ 제조업, 1.25
⑤ 특화되어 있는 산업이 없다.

[정답해설]

② 특화되어 있는 산업은 금융업(입지계수 = 2.00)이다.

산업구분	A도시 산업구성비	전국 평균 산업구성비	입지계수
제조업	300명/1,000명 = 30%	4,000명/10,000명 = 40%	30%/40% = 0.75
금융업	200명/1,000명 = 20%	1,000명/10,000명 = 10%	20%/10% = 2.00
부동산업	500명/1,000명 = 50%	5,000명/10,000명 = 50%	50%/50% = 1.00

▌입지계수(LQ)

1. 입지계수(LQ) $= \dfrac{\text{X산업의 특정지역구성비}}{\text{X산업의 전국구성비}}$

2. 입지계수(LQ) > 1 : 기반산업

정답 ▶ 01 ②

02 다음은 각 도시별·산업별 고용자 수를 나타낸 표이다. 섬유산업의 입지계수가 높은 도시 순으로 나열된 것은? (다만, 전국에 세 개의 도시와 두 개의 산업만이 존재한다고 가정함)

(단위 : 명)

구분	섬유산업	전자산업	전체산업
A도시	250	150	400
B도시	250	250	500
C도시	500	600	1,100
전국	1,000	1,000	2,000

① A > B > C
② A > C > B
③ B > C > A
④ C > A > B
⑤ C > B > A

정답해설

① 섬유산업의 입지계수가 높은 도시 순은 A > B > C가 된다.

1. A도시의 섬유산업의 입지계수 : $LQ = \dfrac{250}{400} \Big/ \dfrac{1,000}{2,000} = \dfrac{0.625}{0.5} = 1.25$

2. B도시의 섬유산업의 입지계수 : $LQ = \dfrac{250}{500} \Big/ \dfrac{1,000}{2,000} = \dfrac{0.5}{0.5} = 1$

3. C도시의 섬유산업의 입지계수 : $LQ = \dfrac{500}{1,100} \Big/ \dfrac{1,000}{2,000} = \dfrac{0.45}{0.5} = 0.9$

03 각 지역과 산업별 고용자수가 다음과 같을 때, A지역 X산업과 B지역 Y산업의 입지계수(LQ)를 올바르게 계산한 것은? (단, 주어진 조건에 한하며, 결괏값은 소수점 셋째자리에서 반올림함)

구분		A지역	B지역	전지역 고용자수
X산업	고용자수	100	140	240
	입지계수	(㉠)	1.17	
Y산업	고용자수	100	60	160
	입지계수	1.25	(㉡)	
고용자수 합계		200	200	400

① ㉠ : 0.75, ㉡ : 0.83
② ㉠ : 0.75, ㉡ : 1.33
③ ㉠ : 0.83, ㉡ : 0.75
④ ㉠ : 0.83, ㉡ : 1.20
⑤ ㉠ : 0.83, ㉡ : 1.33

정답해설

③ 옳은 묶음이다.

(㉠) 입지계수 $= \dfrac{100/200}{240/400} = 0.83$ (㉡) 입지계수 $= \dfrac{60/200}{160/400} = 0.75$

5절 공영개발의 방식

1. 매수방식 : 협의 매수 및 ○○(강제적 취득)

2. 환지방식 : 토지소유권의 재분배(교환), 유보지, ○○지

3. 혼합방식

답 1. 수용 2. 체비

---

01 부동산 개발사업의 분류상 다음 (   )에 들어갈 내용으로 옳은 것은?

> • 토지소유자가 조합을 설립하여 농지를 택지로 개발한 후 보류지(체비지·공공시설 용지)를 제외한 개발토지 전체를 토지소유자에게 배분하는 방식
> • 개발 형태에 따른 분류 : (㉠)
> • 토지취득방식에 따른 분류 : (㉡)

① ㉠ 신개발방식, ㉡ 수용방식   ② ㉠ 재개발방식, ㉡ 환지방식

③ ㉠ 신개발방식, ㉡ 혼용방식   ④ ㉠ 재개발방식, ㉡ 수용방식

⑤ ㉠ 신개발방식, ㉡ 환지방식

정답해설

⑤ 옳은 묶음이다. 공인중개사 31회 기출문제로, 많은 수험생분들이 공법의 상식만을 떠올려 신개발방식이 아닌 재개발방식을 선택했는데, 부동산학에서 소개되는 개발은 원칙이 신개발이다.

▍ 환지방식의 체비지

1. 도시개발사업을 환지방식으로 시행하는 경우에는 사업시행자가 환지하지 않고 남겨놓은 토지를 보류지(保留地)라고 한다.
2. 체비지는 보류지 중 공동시설 설치 등을 위해 필요한 토지를 제외한 부분으로, 사업시행자가 사업경비에 충당하기 위해 남겨놓은 토지이다.

02. 토지개발방식으로서 수용방식과 환지방식의 비교에 관한 설명으로 옳지 않은 것은?

▸ 2021년 32회

① 수용방식은 환지방식에 비해 종전 토지소유자에게 개발이익이 귀속될 가능성이 큰 편이다.
② 수용방식은 환지방식에 비해 사업비의 부담이 큰 편이다.
③ 수용방식은 환지방식에 비해 기반시설의 확보가 용이한 편이다.
④ 환지방식은 수용방식에 비해 사업시행자의 개발토지 매각부담이 적은 편이다.
⑤ 환지방식은 수용방식에 비해 종전 토지소유자의 재정착이 쉬운 편이다.

정답해설

① 종전 토지소유자에게 개발이익이 귀속되는 방식은 환지방식이다. 환지방식은 기존의 토지소유자가 토지소유
권을 계속 보유하기 때문에 개발이익이 토지소유자에게 귀속된다.

03. 택지개발방식 중 환지방식에 관한 설명으로 옳지 않은 것을 모두 고른 것은?

▸ 2017년 28회

> ㄱ. 사업자로서는 상대적으로 사업시행이 간단하고 용이하다.
> ㄴ. 개발이익은 토지소유자, 사업자 등이 향유한다.
> ㄷ. 사업자의 초기 사업비 부담이 크고, 토지소유자의 저항이 심할 수 있다.
> ㄹ. 감보된 토지는 새로이 필요로 하는 공공시설 용지로 사용되고, 나머지 체비지는 환지한다.
> ㅁ. 환지의 형평성을 기하기 위해 사업시행기간이 장기화될 수 있다.
> ㅂ. 혼용방식은 수용 또는 사용방식과 환지방식을 혼용하여 시행하는 방식이다.

① ㄱ, ㄴ, ㄷ
② ㄱ, ㄷ, ㄹ
③ ㄱ, ㄹ, ㅁ
④ ㄴ, ㅁ, ㅂ
⑤ ㄹ, ㅁ, ㅂ

정답해설

② 옳지 않은 지문은 ㄱ, ㄷ, ㄹ이다.
  ㄱ. 매수방식에 대한 설명이다.
  ㄷ. 매수방식에 대한 설명이다. 특히 토지소유권의 강제적 취득, 즉 토지를 수용하는 경우 토지소유자의 의사
  에 반하기 때문에 저항이 상대적으로 심하다.
  ㄹ. 감보된 토지를 보류지라고 하는데, 보류지의 일부는 공공시설 용지로 사용되고, 나머지 체비지로 사업
  비용에 충당하기 위해서 사업 후 경매 처분한다.

정답 01 ⑤ 02 ① 03 ②

04 부동산 개발에 관한 설명으로 옳은 것을 모두 고른 것은? ▸ 2022년 33회

> ㄱ. 부동산개발업의 관리 및 육성에 관한 법률상 부동산 개발은 토지를 건설공사의 수행 또는 형질변경의 방법으로 조성하는 행위 및 건축물을 건축, 대수선, 리모델링 또는 용도를 변경하거나 공작물을 설치하는 행위를 말하며, 시공을 담당하는 행위는 제외한다.
> ㄴ. 혼합방식은 개발 전의 면적·등급·지목 등을 고려하여, 개발된 토지를 토지 소유주에게 종전의 토지위치에 재분배하는 것을 말한다.
> ㄷ. 흡수율 분석은 수요·공급분석을 통하여 대상 부동산이 언제 얼마만큼 시장에서 매각 또는 임대될 수 있는지를 파악하는 것이다.
> ㄹ. 개발권양도제(TDR)는 일정하게 주어진 개발허용한도 내에서 해당 지역의 토지이용규제로 인해 사용하지 못하는 부분을 다른 지역에 양도할 수 있는 것이다.

① ㄱ, ㄷ   ② ㄷ, ㄹ
③ ㄱ, ㄴ, ㄹ   ④ ㄱ, ㄷ, ㄹ
⑤ ㄴ, ㄷ, ㄹ

정답해설
④ 옳은 지문은 ㄱ. ㄷ. ㄹ이다.

오답해설
ㄴ. 혼합방식 ⇨ 환지방식

정답 04 ④

6절 민간개발의 방식

1. 자체개발방식과 지주공동사업

① ○○○○방식은 사업시행자의 주도적인 사업추진이 가능하나 사업의 위험성이 높을 수 있어 위기 관리능력이 요구된다.

② 불확실하거나 위험도가 큰 부동산 개발 사업에 대한 위험을 토지소유자와 개발업자 간에 분산시킬 수 있는 방식은 ○○○○사업 방식이다.

2. 지주공동사업

① 토지소유자가 건설업자에게 시공을 맡기고 건설에 소요된 비용을 완성된 건축물로 변제하는 방 식은 공사비 ○○ 변제형이다.

② 토지소유자가 건설업자에게 시공을 맡기고 건설에 소요된 비용을 완성된 건물의 분양 수익금으 로 지급하는 방식은 공사비 ○○○ 지급형이다.

③ 사업 전반이 토지소유자의 명의로 행해지며, 개발업자는 위탁 수수료를 지급받는 방식은 사업 ○○ 형이다.

④ 사업위탁(수탁) 방식은 토지소유자와 개발업자 간의 ○○○ 문제가 발생할 수 있다.

⑤ 형식상의 소유권이 이전되는 방식은 토지 ○○ 방식이다.

⑥ 토지 신탁 방식에서는 건설단계의 부족자금을 ○○○○가 조달한다.

3. 기타 방식

① 토지소유자가 토지를 제공하고 개발업자가 건물을 건축하여 그 기여도에 따라 토지와 건물의 지 분을 나누는 방식은 ○○○○방식이다.

② 대규모 개발사업에 필요한 자금을 조달하고 부족한 기술을 상호 보완하기 위하여, 법인 간 컨소 시업을 구성하여 사업을 수행하는 방식은 ○○○○방식이다.

> **답** 1. ① 자체개발 ② 지주공동
> 2. ① 대물 ② 분양금 ③ 위탁 ④ 수수료 ⑤ 신탁 ⑥ 신탁회사
> 3. ① 등가교환 ② 컨소시엄

01 부동산 개발사업의 방식에 관한 설명 중 ⑤과 ⓒ에 해당하는 것은?

> ⑤ 토지소유자가 토지소유권을 유지한 채 개발업자에게 사업시행을 맡기고 개발업자는 사업
> 시행에 따른 수수료를 받는 방식
> ⓒ 토지소유자로부터 형식적인 토지소유권을 이전받은 신탁회사가 사업주체가 되어 개발·
> 공급하는 방식

① ⑤ 사업위탁(수탁)방식   ⓒ 등가교환방식
② ⑤ 사업위탁(수탁)방식   ⓒ 신탁개발방식
③ ⑤ 등가교환방식   ⓒ 합동개발방식
④ ⑤ 자체개발방식   ⓒ 신탁개발방식
⑤ ⑤ 자체개발방식   ⓒ 합동개발방식

정답해설〉
② 옳은 묶음이다.

> **▌위탁(수탁) 방식과 신탁 방식**
>
> 1. **사업위탁형**
>   ⑤ 개발업자에게 개발사업을 위탁하는 방식이다.
>   ⓒ 위탁수수료의 문제가 발생한다.
> 2. **사업신탁형**
>   ⑤ 신탁회사에 신탁기간 동안 형식적으로 토지소유권이 이전된다.
>   ⓒ 개발에 필요한 자금은 신탁회사가 조달한다.

02 민간의 부동산 개발사업방식에 관한 설명으로 옳지 않은 것은?

① 자체개발사업은 불확실하거나 위험도가 큰 부동산 개발사업에 대한 위험을 토지소유자
와 개발업자 간에 분산할 수 있는 장점이 있다.
② 컨소시엄 구성방식은 출자회사 간 상호 이해조정이 필요하다.
③ 사업위탁방식은 토지소유자가 개발업자에게 사업시행을 의뢰하고, 개발업자는 사업시행
에 대한 수수료를 취하는 방식이다.
④ 지주공동사업은 토지소유자와 개발업자가 부동산 개발을 공동으로 시행하는 방식으로
서, 일반적으로 토지소유자는 토지를 제공하고 개발업자는 개발의 노하우를 제공하여 서
로의 이익을 추구한다.
⑤ 토지신탁형은 토지소유자로부터 형식적인 소유권을 이전받은 신탁회사가 토지를 개발·
관리·처분하여 그 수익을 수익자에게 돌려주는 방식이다.

정답해설〉
① 자체개발사업 ⇨ 지주공동사업

03 부동산 개발방식에 대한 설명으로 옳은 것은?

① 토지소유자가 건설업자에게 시공을 맡기고, 건설에 소요된 비용을 분양수입금으로 지급하는 방식은 공사비 대물 변제형이다.

② 지주공동사업은 자기자금과 관리능력이 충분하다면 이익 측면에서 유효한 방식이다.

③ 토지신탁방식에서 건설에 필요한 자금은 신탁회사가 조달한다.

④ 사업신탁방식은 토지소유자와 수탁업자 간에 수수료 문제가 발생할 수 있다.

⑤ 컨소시엄방식은 토지소유자가 토지를 제공하고 개발업자가 건물을 건축하여 그 기여도에 따라 토지와 건물의 지분을 나누어 갖는 방식이다.

정답해설

③ 옳은 지문이다. 토지소유자가 신탁방식을 활용하는 이유는 토지는 있지만 자금이 부족하기 때문이다.

오답해설

① 공사비 대물 변제형 ⇨ 공사비 분양금 지급형
② 지주공동사업 ⇨ 자체개발사업
④ 사업신탁방식 ⇨ 사업위탁방식
⑤ 컨소시엄방식 ⇨ 등가교환방식

04 민간의 부동산 개발에 관한 설명 중 옳은 것은?

① 공사비를 분양금으로 정산하는 사업방식은 건설회사와 토지소유자가 이익을 공유한다.

② 개발사업이 완성되기 전에 부동산을 매수한 자의 시장위험은 개발사업의 완성이 가까워질수록 커진다.

③ 토지신탁방식에서는 부동산신탁사가 건설단계의 부족자금을 조달한다.

④ 토지소유자의 자체사업일 경우 사업시행은 토지소유자가 하지만, 자금조달과 이익귀속의 주체는 건설회사이다.

⑤ 등가교환방식에서는 토지소유자와 개발업자 간에 수수료 문제가 발생할 수 있다.

정답해설

③ 옳은 지문이다.

오답해설

① 공사비 분양급 지급형에서 건설회사는 공사비를 받는 것이지 이익을 공유하는 것이 아니다.
② 커진다. ⇨ 감소한다.
④ 자체개발방식의 경우에는 사업시행, 자금조달 및 이익귀속의 주체는 모두 토지소유자이다.
⑤ 등가교환방식 ⇨ 사업위탁방식

정답 　01 ②　　02 ①　　03 ③　　04 ③

05 민간의 부동산 개발방식에 관한 설명으로 옳지 않은 것은?

① 자체개발사업에서는 사업시행자의 주도적인 사업추진이 가능하나 사업의 위험성이 높을 수 있어 위기관리능력이 요구된다.

② 토지소유자가 제공한 토지에 개발업자가 공사비를 부담하여 부동산을 개발하고, 개발된 부동산을 제공된 토지가격과 공사비의 비율에 따라 나눈다면, 이는 등가교환방식에 해당된다.

③ 토지신탁(개발)방식과 사업수탁방식은 형식의 차이가 있으나, 소유권을 이전하고 사업 주체가 토지소유자가 된다는 점이 동일하다.

④ 개발사업에 있어서 사업자금 조달 또는 상호 기술보완 등 필요에 따라 법인 간에 컨소시엄을 구성하여 사업을 추진한다면, 이는 컨소시엄 구성방식에 해당된다.

⑤ 토지소유자가 사업을 시행하면서 건설업체에 공사를 발주하고 공사비의 지급은 분양수입금으로 지급한다면, 이는 분양금 공사비 지급(청산)형 사업방식에 해당된다.

[정답해설]
③ 신탁방식과 수탁방식은 형식적으로 유사한 측면이 있으나, 수탁방식과 달리 신탁방식은 형식적으로 토지소유권이 이전된다는 점에서 차이가 있다.

06 부동산 개발방식에 대한 설명으로 옳지 않은 것은?

① 등가교환방식의 경우, 지주가 시공회사에게 대물로 공사비를 변제한다.

② 부동산 개발에 따른 위험은 개발업자에 의해 통제가능한 것도 있지만 통제불가능한 것도 있다.

③ 토지를 매수하고, 환지방식을 혼합하여 개발하는 것을 전면매수 또는 매수방식이라 한다.

④ 일반적으로 부동산 개발은 장기간 소요되며, 이는 개발업자에게 위험을 안겨주는 요인으로 작용한다.

⑤ 토지신탁개발방식의 경우, 토지소유권은 부동산신탁회사에 이전된다.

[정답해설]
③ 매수방식 ⇨ 혼합방식

07 다음 설명에 모두 해당하는 부동산개발방식은? ▶ 2023년 34회

> • 사업부지를 소유하고 있는 토지소유자가 개발이 완료된 후 개발업자나 시공사에게 공사대금을 완공된 일부의 건물로 변제하고, 나머지는 분양하거나 소유하는 형태이다.
> • 토지소유자는 대상 부지의 소유권을 소유한 상태에서 개발사업이 진행되도록 유도할 수 있고, 그 결과 발생되는 부동산가치의 상승분을 취득할 수 있는 이점이 있다.

① 공영개발방식
② 직접개발방식
③ 대물교환방식
④ 토지신탁방식
⑤ BTL사업방식

[정답해설]
③ 대물교환방식 또는 등가교환방식에 대한 설명이다.

08 부동산개발방식에 관한 설명으로 옳은 것을 모두 고른 것은? ▶ 2024년 35회

> ㄱ. 토지소유자와의 약정에 의해 수익증권을 발행하고 수익증권의 소유자에게 수익을 배당하는 방식
> ㄴ. 원래의 토지소유자에게 사업 후 사업에 소요된 비용 등을 제외하고 면적비율에 따라 돌려주는 방식
> ㄷ. 공익성이 강하고 대량공급이 가능한 택지개발사업에서 주로 수행하는 방식

① ㄱ : 신탁방식, ㄴ : 환지방식, ㄷ : 공영개발방식
② ㄱ : 신탁방식, ㄴ : 수용방식, ㄷ : 공영개발방식
③ ㄱ : 사업위탁방식, ㄴ : 환지방식, ㄷ : 민간개발방식
④ ㄱ : 사업위탁방식, ㄴ : 수용방식, ㄷ : 민간개발방식
⑤ ㄱ : 컨소시엄방식, ㄴ : 수용방식, ㄷ : 민관협력개발방식

[정답해설]
① 옳은 연결이다.
　　ㄱ. 수익증권은 신탁방식에서 등장하는 용어이다.
　　ㄴ. 토지를 원래의 토지소유자에게 재분배하는 방식은 환지방식이다.

정답 　05 ③　06 ③　07 ③　08 ①

7절 민간투자사업방식(민자사업)

1. BTO 방식, BTL 방식
① 민간이 사회간접시설을 건설하고, 소유권을 주무관청에 양도한 후, 일정기간 시설에 대한 운영권을 부여받는 방식은 ○○○ 방식이다.
② 민간이 사회간접시설을 건설하고, 소유권을 주무관청에 양도한 후, 정부 등에 그 시설을 임차하는 방식은 ○○○ 방식이다.
③ 도로, 터널 등 대부분의 기반시설에 널리 활용되는 방식은 ○○○ 방식이다.
④ 학교, 기숙사, 도서관, 군인아파트 등의 개발에 많이 활용되는 방식은 ○○○ 방식이다.

2. 기타 방식
① BOT 방식, BLT 방식
② BOO 방식

답 1. ① BTO ② BTL ③ BTO ④ BTL

---

01 민자투자사업방식에 대한 설명으로 옳은 것은?

① 민간개발은 민간이 자본과 기술을 제공하고 공공기관이 인·허가 등 행정적인 부분을 담당하는 상호 보완적인 개발을 말한다.

② BTO(build-transfer-operate)는 사업시행자가 시설의 준공과 함께 소유권을 국가 또는 지방자치단체로 이전하고, 해당 시설을 국가나 지방자치단체에 임대하여 수익을 내는 방식이다.

③ 도로 등 대부분의 기반시설은 BTL 방식을 활용한다.

④ BOT(build-operate-transfer)는 사업시행자가 시설을 준공하여 소유권을 보유하면서 시설의 수익을 가진 후 일정기간 경과 후 시설소유권을 국가 또는 지방자치단체에 귀속시키는 방식이다.

⑤ 최근 우리나라에서 학교건물, 기숙사, 도서관, 군인아파트 등의 개발에 활용되고 있는 방식은 BTO 방식이다.

④ 옳은 지문이다.

① 민간개발 ⇨ 민간투자사업(제3섹터)
② BTO ⇨ BTL
③ BTL ⇨ BTO
⑤ BTO ⇨ BTL

┃ BTO 방식과 BTL 방식

1. BTO 방식
   ㉠ 민간이 사회간접시설을 건설(B)하고, 소유권을 주무관청에 양도(T)한 후, 일정기간 시설에 대한 운영권(O)을 통해 개발비용을 회수하는 방식
   ㉡ 도로, 철도 등 대다수 기반시설에 활용하는 방식
2. BTL 방식
   ㉠ 민간이 사회간접시설을 건설(B)하고, 소유권을 주무관청에 양도(T)한 후, 정부 등에 그 시설을 임차(L)하는 방식
   ㉡ 학교, 건물, 기숙사, 도서관, 군인아파트 등의 건물에 주로 활용하는 방식

PART 07

02 민간투자사업의 추진방식에 관한 설명으로 옳지 않은 것은?

① 사회기반시설의 준공과 동시에 해당 시설의 소유권이 국가 또는 지방자치단체에 귀속되며, 사업시행자에게 일정기간의 시설관리운영권을 인정하는 방식을 BTO 방식이라고 한다.
② BTO 방식은 초등학교 교사 신축사업에 적합한 방식이다.
③ BTO 방식은 사업시행자가 시설이용자로부터 사용료를 직접 징수할 수 있어 자체적으로 수익을 낼 수 있는 사회기반시설에 적합한 방식이다.
④ 사회기반시설의 준공과 동시에 해당 시설의 소유권이 국가 또는 지방자치단체에 귀속되며, 사업시행자에게 일정기간의 시설관리운영권을 인정하되, 그 시설을 국가 또는 지방자치단체 등이 협약에서 정한 기간 동안 임차하여 사용·수익하는 방식을 BTL 방식이라고 한다.
⑤ BTL 방식은 학교시설, 문화시설 등 사업시행자가 시설이용자로부터 사용료를 직접 징수하기 어려운 사회기반시설에 적합한 방식이다.

② BTO ⇨ BTL

 정답 01 ④ 02 ②

03 다음 민간투자사업방식을 바르게 연결한 것은?

▸ 2020년 31회

> ㄱ. 사업주가 시설준공 후 소유권을 취득하여, 일정기간 동안 운영을 통해 운영수익을 획득하고, 그 기간이 만료되면 공공에게 소유권을 이전하는 방식
> ㄴ. 사업주가 시설준공 후 소유권을 공공에게 귀속시키고, 그 대가로 받은 시설운영권으로 그 시설을 공공에게 임대하여 임대료를 획득하는 방식
> ㄷ. 사업주가 시설준공 후 소유권을 공공에게 귀속시키고, 그 대가로 일정기간 동안 시설운영권을 받아 운영수익을 획득하는 방식
> ㄹ. 사업주가 시설준공 후 소유권을 취득하여, 그 시설을 운영하는 방식으로, 소유권이 사업주에게 계속 귀속되는 방식

① ㄱ : BTO 방식, ㄴ : BTL 방식, ㄷ : BOT 방식, ㄹ : BOO 방식
② ㄱ : BOT 방식, ㄴ : BTL 방식, ㄷ : BTO 방식, ㄹ : BOO 방식
③ ㄱ : BOT 방식, ㄴ : BTO 방식, ㄷ : BOO 방식, ㄹ : BTL 방식
④ ㄱ : BTL 방식, ㄴ : BOT 방식, ㄷ : BOO 방식, ㄹ : BTO 방식
⑤ ㄱ : BOT 방식, ㄴ : BOO 방식, ㄷ : BTO 방식, ㄹ : BTL 방식

정답해설

② 옳은 연결이다.

ㄱ. 사업주가 시설준공(B) 후 소유권을 취득하여, 일정기간 동안 운영(O)을 통해 운영수익을 획득하고, 그 기간이 만료되면 공공에게 소유권을 이전(T)하는 방식은 BOT 방식이다.

ㄴ. 사업주가 시설준공(B) 후 소유권을 공공에게 귀속(T)시키고, 그 대가로 받은 시설운영권으로 그 시설을 공공에게 임대(L)하여 임대료를 획득하는 방식은 BTL방식이다.

ㄷ. 사업주가 시설준공(B) 후 소유권을 공공에게 귀속(T)시키고, 그 대가로 일정기간 동안 시설운영권(O)을 받아 운영수익을 획득하는 방식은 BTO 방식이다.

ㄹ. 사업주가 시설준공(B) 후 소유권을 취득(O; own)하여, 그 시설을 운영(O; operate)하는 방식으로, 소유권이 사업주에게 계속 귀속되는 방식은 BOO 방식이다.

04 민간투자사업의 유형이 옳게 짝지어진 것은?

ㄱ. 민간사업자가 자금을 조달하여 시설을 건설하고, 일정기간 소유 및 운영을 한 후 사업종료 후 국가 또는 지방자치단체 등에게 시설의 소유권을 이전하는 방식

ㄴ. 민간사업자가 자금을 조달하여 시설을 건설하고 일정기간 동안 타인에게 임대하고, 임대기간 종료 후 국가 또는 지방자치단체 등에게 시설의 소유권을 이전하는 방식

ㄷ. 민간사업자가 자금을 조달하여 시설을 건설하고, 준공과 함께 민간사업자가 당해 시설의 소유권과 운영권을 갖는 방식

a. BTO(build−transfer−operate) 방식
b. BOT(build−operate−transfer) 방식
c. BTL(build−transfer−lease) 방식
d. BLT(build−lease−transfer) 방식
e. BOO(build−own−operate) 방식
f. ROT(rehabilitate−operate−transfer) 방식

① ㄱ − a, ㄴ − c, ㄷ − e
② ㄱ − a, ㄴ − d, ㄷ − e
③ ㄱ − b, ㄴ − c, ㄷ − f
④ ㄱ − b, ㄴ − d, ㄷ − e
⑤ ㄱ − b, ㄴ − d, ㄷ − f

정답해설
④ 옳은 연결이다.

05 사회기반시설에 대한 민간투자법령상 BOT(build-operate-transfer) 방식에 대한 내용이다. ( )에 들어갈 내용을 〈보기〉에서 옳게 고른 것은?

사회기반시설의 (㉠)에 일정 기간 동안 (㉡)에게 해당 시설의 소유권이 인정되며 그 기간이 만료되면 (㉢)이 (㉣)에 귀속되는 방식이다.

┤ 보기 ├

a. 착공 후   b. 준공 후
c. 사업시행자   d. 국가 또는 지방자치단체
e. 시설소유권   f. 시설관리운영권

① ㉠ - a, ㉡ - c, ㉢ - e, ㉣ - d
② ㉠ - a, ㉡ - c, ㉢ - e, ㉣ - c
③ ㉠ - a, ㉡ - d, ㉢ - f, ㉣ - c
④ ㉠ - b, ㉡ - c, ㉢ - e, ㉣ - d
⑤ ㉠ - b, ㉡ - d, ㉢ - f, ㉣ - c

정답해설

④ 사회기반시설의 (㉠ : 준공 후)에 일정 기간 동안 (㉡ : 사업시행자)에게 해당 시설의 소유권이 인정되며 그 기간이 만료되면 (㉢ : 시설소유권)이 (㉣ : 국가 또는 지방자치단체)에 귀속되는 방식이다.

정답   05 ④

부동산 관리

1절 부동산 관리의 구분

확인학습

1. 복합 관리
① 부동산의 물리적·기술적 하자에 대한 예방 또는 대응 활동은 ○○○ 관리이다.
② 경계확정(측량), 건물과 부지의 부적응 개선은 ○○○ 관리의 내용이다.
③ 위생 관리, 보안 관리, 보전 관리 등은 모두 ○○○ 관리에 해당한다.
④ 인사관리, 노무관리는 ○○○ 관리의 내용이다.

2. 시설관리와 자산관리
① 부동산 시설의 운영 및 유지를 목적으로 하는 관리는 ○○ 관리이다.
② 시설 관리는 사용자의 요구에 의해 행해지는 ○○○ 관리이다.
③ 소유주의 부의 극대화를 목적으로 자산의 가치를 증진시키는 다양한 방법을 모색하는 관리는 ○○ 관리이다.
④ 포트폴리오, 프로젝트 대출, 부동산의 매입 및 매각, 재개발 및 리모델링 등은 모두 ○○ 관리의 내용이다.

3. 자가관리, 위탁관리 및 혼합관리
① 소유자의 의사능력과 지휘통제력이 강한 방식은 ○○ 관리이다.
② 의사결정과 업무처리가 신속한 방식은 ○○ 관리이다.
③ 관리하는 각 부분을 종합적으로 운영할 수 있는 방식은 ○○ 관리이다.
④ 기밀유지 및 보안관리 측면에서 유리한 방식은 ○○ 관리이다.
⑤ 혼합관리는 자가관리에서 위탁관리로 이행하는 과도기에 유용하나 문제가 발생한 경우에 관리의 책임소재가 ○○○하다는 단점이 있다.

답 1. ① 기술적 ② 기술적 ③ 기술적 ④ 경제적
2. ① 시설 ② 소극적 ③ 자산 ④ 자산
3. ① 자가(직접) ② 자가 ③ 자가 ④ 자가 ⑤ 불분명

01 부동산 관리에 관한 설명으로 옳지 않은 것은?

① 위생관리, 설비관리, 보안관리, 보전관리 등은 모두 기술적 관리이다.

② 토지의 경계를 측량하는 것은 기술적 관리이다.

③ 인력관리(인사관리, 노무관리), 손익분기점 관리는 경제적 관리에 해당한다.

④ 법률적 측면의 부동산 관리는 부동산의 유용성을 보호하기 위하여 법률상의 제반 조치를 취함으로써 법적인 보장을 확보하려는 것이다.

⑤ 건물과 부지의 부적응을 개선시키는 관리는 경제적 관리이다.

정답해설

⑤ 경제적 관리 ⇨ 기술적 관리

> ▌ **관리의 복합적 측면**
>
> 1. **기술적 관리**
>   ㉠ 토지의 경계확정 및 측량
>   ㉡ 건물의 위생·보안·보전시설 관리 등
>   ㉢ 건물과 부지의 부적응 개선
> 2. **경제적 관리**
>   ㉠ 순수익 관리, 손익분기점 관리
>   ㉡ 인사관리, 노무관리 등의 인력관리
> 3. **법률적 관리**
>   ㉠ 임대차 계약 및 예약
>   ㉡ 권리관계의 조정, 각종 인허가 신고 등

02 다음의 업무를 모두 수행하는 부동산 관리의 유형은?

• 포트폴리오 관리	• 투자리스크 관리
• 매입·매각관리	• 재투자 결정

① 자산관리(asset management)

② 재산관리(property management)

③ 시설관리(facility management)

④ 임대차관리(leasing and tenant management)

⑤ 건설사업관리(construction management)

정답해설

① 제시된 내용은 모두 자산관리에 대한 설명이다.

▎ 시설관리, 재산관리, 자산관리
1. 시설관리 : 시설의 유지 및 보수를 목적으로 하는 관리, 소극적 관리
2. 재산관리 : 부동산 수익의 극대화를 목적으로 하는 관리
3. 자산관리
   ㉠ 다양한 방법으로 자산의 가치를 증가시키고자 하는 관리
   ㉡ 포트폴리오, 매입 및 매각, 프로젝트 대출, 재개발, 리모델링 등

03 **부동산 관리방식에 관한 설명으로 옳지 않은 것은?** ▸ 2019년 30회

① 자기관리방식은 소유자가 직접 관리하는 방식으로 단독주택이나 소형빌딩과 같은 소규모 부동산에 주로 적용된다.
② 위탁관리방식은 부동산관리 전문업체에 위탁해 부동산을 관리하는 방식으로 대형건물의 관리에 유용하다.
③ 혼합관리방식은 관리업무 모두를 위탁하지 않고 필요한 부분만 따로 위탁하는 방식이다.
④ 자기관리방식은 전문성 결여의 가능성이 높으나 신속하고 종합적인 운영관리가 가능하다.
⑤ 위탁관리방식은 관리업무의 전문성과 효율성을 제고할 수 있으며 기밀유지의 장점이 있다.

정답해설

⑤ 장점 ⇨ 단점 : 기밀유지에 유리한 방식은 자기관리방식이다.

▎ 자가관리, 위탁관리, 혼합관리
1. 자가관리의 장점
   ㉠ 관리업무에 대한 강한 지시 및 통제
   ㉡ 신속하고 종합적인 업무처리 가능
   ㉢ 기밀 유지 및 보안 측면에서 유리
2. 혼합관리의 장점과 단점
   ㉠ 장점 : 자가관리에서 위탁관리로 이행하는 과도기에 유용한 방식
   ㉡ 단점 : 관리의 책임소재가 불분명

정답 ▸ 01 ⑤ 02 ① 03 ⑤

04 부동산관리방식에 따른 해당 내용을 옳게 묶은 것은?

> ㉠ 소유자의 직접적인 통제권이 강화된다.
> ㉡ 관리의 전문성과 효율성을 높일 수 있다.
> ㉢ 기밀 및 보안 유지가 유리하다.
> ㉣ 건물설비의 고도화에 대응할 수 있다.
> ㉤ 대형건물의 관리에 더 유용하다.
> ㉥ 소유와 경영의 분리가 가능하다.

① 자기관리방식 – ㉠, ㉡, ㉢, ㉣
② 자기관리방식 – ㉠, ㉢, ㉤, ㉥
③ 자기관리방식 – ㉡, ㉢, ㉣, ㉥
④ 위탁관리방식 – ㉠, ㉢, ㉣, ㉤
⑤ 위탁관리방식 – ㉡, ㉣, ㉤, ㉥

정답해설
⑤ 옳은 연결이다.
　1. 위탁관리방식 – ㉡, ㉣, ㉤, ㉥
　2. 자가관리방식 – ㉠, ㉢

05 다음 설명에 모두 해당하는 부동산관리방식은?

> • 관리의 전문성과 효율성을 제고할 수 있다.
> • 건물설비의 고도화에 대응할 수 있다.
> • 전문업자의 관리서비스를 받을 수 있다.
> • 대형건물의 관리에 더 유용하다.
> • 기밀유지에 어려움이 있다.

① 자치관리방식
② 위탁관리방식
③ 공공관리방식
④ 조합관리방식
⑤ 직영관리방식

정답해설
② 제시된 내용은 위탁관리방식에 대한 설명이다.

06 건물의 관리방식에 관한 설명으로 옳은 것은?

▶ 2022년 33회

① 위탁관리방식은 부동산관리 전문업체에 위탁해 관리하는 방식으로 대형건물의 관리에 유용하다.
② 혼합관리방식은 필요한 부분만 일부 위탁하는 방식으로 관리자들 간의 협조가 긴밀하게 이루어진다.
③ 자기관리방식은 관리업무의 타성(惰性)을 방지할 수 있다.
④ 위탁관리방식은 외부 전문가가 관리하므로 기밀 및 보안 유지에 유리하다.
⑤ 혼합관리방식은 관리문제 발생 시 책임소재가 명확하다.

정답해설
① 옳은 지문이다. : 위탁관리는 대형건물에 적합하고, 자가관리는 소형건물에 적합한 방식이다.

오답해설
② 혼합관리방식은 문제가 발생하는 경우, 관리의 책임소재가 불분명한 단점이 있다. 즉 관리자들 간의 협조가 반드시 긴밀하다고 할 수 없다.
③ 자기관리 ⇨ 위탁관리 : 위탁관리방식은 관리업무의 타성(惰性; 게으름)을 방지할 수 있다.
④ 기밀 및 보안 유지에 유리한 방식은 자기관리방식이다.
⑤ 책임소재가 명확하다. ⇨ 불명확하다.

07 부동산 관리에 관한 설명으로 옳은 것은?

① 포트폴리오 관리, 리모델링, 부동산의 매입과 매각 등은 재산관리의 내용이다.
② 의사결정과 업무처리가 신속한 방식은 위탁관리이다.
③ 부동산 관리에서 사고가 발생하기 전에 이를 예방하고자 하는 사전적 유지활동이 중요하다.
④ 유지란 대상 부동산의 외형을 변화시키면서 부동산의 기능을 유지하는 활동이다.
⑤ 임차부동산에서 발생하는 총수입(매상고)의 일정비율을 임대료로 지불한다면, 이는 임대차의 유형 중 순임대차에 해당한다.

정답해설
③ 옳은 지문이다.

오답해설
① 재산관리 ⇨ 자산관리
② 위탁관리 ⇨ 자기관리
④ 외형을 변화시키면서 ⇨ 외형을 변화시키지 않으면서
⑤ 순임대차 ⇨ 비율임대차

정답 04 ⑤ 05 ② 06 ① 07 ③

> **┃ 유지활동**
> 1. 유지는 대상 부동산의 외형을 변화시키지 않으면서 부동산의 기능을 유지하는 활동이다.
> 2. 유지활동의 유형
>   ① 사전적 유지활동 : 사고를 예방하기 위한 예방적 유지활동으로 가장 중시되는 유지활동
>   ② 사후적 유지활동 : 사고에 대응하기 위한 대응적 유지활동

08 부동산 관리에 관한 설명으로 옳지 않은 것은?

▸ 2016년 27회

① 자산관리(Asset Management)는 부동산 자산을 포트폴리오(Portfolio) 관점에서 관리하는 자산·부채의 종합관리를 의미한다.

② 재산관리(Property Management)는 시설사용자나 사용과 관련한 타부문의 요구에 단순히 부응하는 정도의 소극적이고 기술적인 측면을 중시하는 부동산 관리를 의미한다.

③ 대상 건물의 기능을 유지하기 위해서 건물에 대해 수리 및 점검을 하는 등의 관리는 기술적 측면의 관리에 해당한다.

④ 위탁관리방식은 전문업자를 이용함으로써 합리적이고 편리하며, 전문화된 관리와 서비스를 받을 수 있다는 장점이 있다.

⑤ 기밀유지 측면에서는 자가관리방식이 위탁관리방식보다 유리하다.

〔정답해설〕
② 재산관리 ⇨ 시설관리

09 부동산 관리에 관한 설명으로 옳지 않은 것은?

① 법률적 측면의 부동산 관리는 부동산의 유용성을 보호하기 위하여 법률상의 제반 조치를 취함으로써 법적인 보장을 확보하려는 것이다.

② 시설관리(facility management)는 부동산 시설을 운영하고 유지하는 것으로 시설사용자나 기업의 요구에 따르는 소극적 관리에 해당한다.

③ 자기(직접)관리방식은 전문(위탁)관리방식에 비해 기밀유지에 유리하고 의사결정이 신속한 경향이 있다.

④ 임차부동산에서 발생하는 총수입(매상고)의 일정비율을 임대료로 지불한다면, 이는 임대차의 유형 중 비율임대차에 해당한다.

⑤ 경제적 측면의 부동산 관리는 대상 부동산의 물리적·기능적 하자의 유무를 판단하여 필요한 조치를 취하는 것이다.

〔정답해설〕
⑤ 경제적 측면 ⇨ 기술적 측면 : 물리적 하자란 시설물의 파손을 의미하고, 기능적 하자란 시설물의 고장을 의미한다.

10 부동산 관리에 관한 설명으로 옳은 것은?

① 부동산의 법률관리는 부동산 자산의 포트폴리오 관점에서 자산 − 부채의 재무적 효율성을 최적화하는 것이다.

② 부동산 관리에서 '유지'란 외부적인 관리행위로 부동산의 외형·형태를 변화시키면서 양호한 상태를 지속시키는 행위다.

③ 건물관리의 경우 생애주기비용(Life Cycle Cost) 분석을 통해 초기 투자비와 관리유지비의 비율을 조절함으로써 보유기간 동안 효과적으로 총비용을 관리할 수 있다.

④ 시설관리는 시장 및 지역경제분석, 경쟁요인 및 수요분석 등이 주요업무이다.

⑤ 자산관리는 건물의 설비, 기계운영 및 보수, 유지관리업무에 한한다.

〔정답해설〕
③ 옳은 지문이다.

〔오답해설〕
① 부동산의 법률관리 ⇨ 경제적 관리
② 외형·형태를 변화시키면서 ⇨ 변화시키지 않으면서
④ 시설관리 ⇨ 자산관리 : 명확한 지문은 아니니, 깊게 연구하지 마세요.
⑤ 자산관리 ⇨ 시설관리

PART 07

11 A회사는 분양면적 500㎡의 매장을 손익분기점 매출액 이하이면 기본임대료만 부담하고, 손익분기점 매출액을 초과하는 매출액에 대하여 일정 임대료율을 적용한 추가임대료를 가산하는 비율임대차(percentage lease)방식으로 임차하고자 한다. 향후 1년 동안 A회사가 지급할 것으로 예상되는 연임대료는? (단, 주어진 조건에 한하며, 연간 기준임)

- 예상매출액 : 분양면적 ㎡당 20만원
- 기본임대료 : 분양면적 ㎡당 6만원
- 손익분기점 매출액 : 5,000만원
- 손익분기점 매출액 초과 매출액에 대한 임대료율 : 10%

① 3,200만원 ② 3,300만원
③ 3,400만원 ④ 3,500만원
⑤ 3,600만원

④ 비율임대차를 통해 산정된 연간 임대료는 3,500만원이다.

  1. 예상매출액 : 20만원 × 500㎡ = 1억원

  2. 연간 임대료 : 5,000만원까지는 기본임대료를 내고 초과매출액 5,000만원에 대해 추가임대료를 비율로 지급해야 한다.

    1) 기본임대료 : 6만원 × 500㎡ = 3,000만원

    2) 초과매출액에 대한 임대료 : 5,000만원 × 10% = 500만원

    3) 연간 임대료 : 3,000만원 + 500만원 = 3,500만원

12 다음은 매장의 매출액이 손익분기점 매출액 이하이면 기본임대료만 지급하고, 손익분기점 매출액 초과이면 초과매출액에 대하여 일정 임대료율을 적용한 추가임대료를 기본임대료에 가산하여 임대료를 지급하는 비율임대차(percentage lease)방식의 임대차계약의 조건이다. 이 임대차계약에서 계약기간 동안 지급할 것으로 예상되는 임대료의 합계는? (단, 주어진 조건에 한함)

▶ 2024년 35회

- 계약기간 : 1년(1월 ~ 12월)
- 매장 임대면적 : 200㎡
- 임대면적당 기본임대료 : 월 5만원/㎡
- 손익분기점 매출액 : 월 2,000만원
- 각 월별 예상매출액
  - 1월 ~ 7월 : 8만원/㎡
  - 8월 ~ 12월 : 20만원/㎡
- 손익분기점 초과 시 초과매출액에 대한 임대료율 : 10%

① 11,000만원　　　　② 11,500만원　　　　③ 12,000만원

④ 12,500만원　　　　⑤ 13,000만원

⑤ 지급해야 할 예상 임대료는 13,000만원이다.

  1. 예상 매출액 분석

    1) 1월~7월(7개월) : 8만/㎡ × 200㎡ = 1,600만원. 기본임대료만 지불

    2) 8월~12월(5개월) : 20만/㎡ × 200㎡ = 4,000만원. 기본임대료와 추가임대료 지불

  2. 임대료 계산

    1) 1월~7월 : 5만/㎡ × 200㎡(월기본임대료) × 7개월 = 7,000만원

    2) 8월~12월 : [5만/㎡ × 200㎡(월기본임대료) + 2,000만(초과매출액) × 10%(추가임대료율)] × 5개월 = 6,000만원

    3) 합계 : 13,000만원

정답 　**12 ⑤**

2절 건물의 생애주기

01 건물의 내용연수와 생애주기에 관한 설명으로 옳은 것은?

> ㉠ 건물 이용으로 인한 마멸 및 파손, 시간의 경과 등으로 생기는 노후화 때문에 사용이 불가능하게 될 때까지 버팀 연수
> ㉡ 건물의 물리적 유용성이 가장 높게 나타나는 단계

	㉠	㉡
①	경제적 내용연수	신축단계
②	물리적 내용연수	안정단계
③	경제적 내용연수	안정단계
④	기능적 내용연수	안정단계
⑤	물리적 내용연수	신축단계

[정답해설]

⑤ 옳은 연결이다.
  ㉠ 건물 이용으로 인한 마멸 및 파손, 시간의 경과 등으로 발생하는 감가를 물리적 감가라고 하고, 물리적 측면에서 파악되는 버팀 연수를 물리적 내용연수라고 한다.
  ㉡ 건물의 물리적 유용성(외형의 상태)이 가장 높게 나타나는 단계는 신축단계이다.

▌건물의 생애주기
1. 개발 전 단계 : 개발되기 전의 토지 상태를 의미한다.
2. 신축단계 : 건물의 물리적 유용성이 가장 높은 단계이다.
3. 안정단계 : 신축이 끝난 이후의 단계로, 안정단계에서 건물을 얼마나 유지·수선하는지에 따라 건물의 전체 내용연수가 결정된다.
4. 노후단계
5. 폐기단계

PART 07

정답 01 ⑤

02 건물의 내용연수와 생애주기 및 관리방식에 관한 설명으로 옳지 않은 것은?

① 건물과 부지와의 부적응, 설계 불량, 설비 불량, 건물의 외관과 디자인 낙후는 기능적 내용연수에 영향을 미치는 요인이다.

② 인근지역의 변화, 인근환경과 건물의 부적합, 당해 지역 건축물의 시장성 감퇴는 경제적 내용연수에 영향을 미치는 요인이다.

③ 건물의 생애주기 단계 중 안정단계에서 건물의 양호한 관리가 이루어진다면 안정단계의 국면이 연장될 수 있다.

④ 건물의 생애주기 단계 중 노후단계는 일반적으로 건물의 구조, 설비, 외관 등이 악화되는 단계이다.

⑤ 건물의 관리에 있어서 재무·회계관리, 시설이용·임대차계약, 인력관리는 위탁하고, 청소를 포함한 그 외 나머지는 소유자가 직접관리할 경우, 이는 전문(위탁)관리방식에 해당한다.

정답해설

⑤ 전문(위탁)관리방식 ⇨ 혼합관리

▌건물의 내용연수에 미치는 영향

1. 물리적 내용연수 : 시간의 흐름, 작동이나 사용으로 인한 소모, 재해로 인한 파손
2. 기능적 내용연수 : 설계의 불량, 설비의 과대 또는 과소 등 내부 구성요소의 균형 여부
3. 경제적 내용연수 : 인근지역의 변화, 외부환경의 변화 등 외부환경과의 적합 여부

03 부동산 관리와 생애주기에 관한 설명으로 옳지 않은 것은? ▸2022년 33회

① 자산관리(Asset Management)란 소유자의 부를 극대화시키기 위하여 대상부동산을 포트폴리오 관점에서 관리하는 것을 말한다.

② 시설관리(Facility Management)란 각종 부동산시설을 운영하고 유지하는 것으로 시설사용자나 건물주의 요구에 단순히 부응하는 정도의 소극적이고 기술적인 측면의 관리를 말한다.

③ 생애주기상 노후단계는 물리적·기능적 상태가 급격히 악화되기 시작하는 단계로 리모델링을 통하여 가치를 올릴 수 있다.

④ 재산관리(Property Management)란 부동산의 운영수익을 극대화하고 자산가치를 증진시키기 위한 임대차관리 등의 일상적인 건물운영 및 관리뿐만 아니라 부동산 투자의 위험관리와 프로젝트 파이낸싱 등의 업무를 하는 것을 말한다.

⑤ 건물의 이용에 의한 마멸, 파손, 노후화, 우발적 사고 등으로 사용이 불가능할 때까지의 기간을 물리적 내용연수라고 한다.

[정답해설]

④ 재산관리 ⇨ 자산관리(Asset Management)

PART 07

부동산 마케팅

[부동산 마케팅]

1. 마케팅 전략의 구분

① 시장점유 마케팅 : ○○○ 중심의 마케팅 전략

② 고객점유 마케팅 : ○○○ 행동을 분석하고 소비자를 중시하는 마케팅 전략

③ 관계 마케팅 : 고객과의 지속적인 ○○를 유지하고자 하는 전략

2. STP 전략

① 시장 ○○○ : 수요자 집단을 인구·경제학적 특성에 따라 세분한다.

② ○○○○의 설정 : 세분된 수요자 집단에서 기업의 목표와 일치되는 수요자 집단을 선택한다.

③ 포지셔닝(Positioning) : 다른 기업과의 ○○화를 시도하고, 경쟁적 ○○를 설정한다.

3. 4P MIX 전략

① ○○ 전략 : 차별화된 평면 설계, 보안설비의 디지털화, 단지 내 체육시설 설치

② ○○ 전략 : 가격수준전략(저가, 고가, 시가), 가격신축성 정책

③ ○○○○ 전략 : 직접 판매, 분양대행사 활용, 중개업소 활용

④ ○○ 전략 : 광고, 홍보, 인적판매, 사은품·경품 지급

4. AIDA의 원리

① ○○○○ 마케팅 전략에서 AIDA 원리란 소비자의 구매 의사결정의 과정을 의미한다.

② AIDA : 주의(Attention), 관심(Interest), ○○(Desire), 행동(Action)

답
1. ① 공급자 ② 소비자 ③ 관계
2. ① 세분화 ② 목표시장 ③ 차별, 위치
3. ① 제품 ② 가격 ③ 유통경로 ④ 촉진
4. ① 고객점유 ② 욕망

01 부동산 마케팅에 관한 설명으로 옳지 않은 것은?

① 공급자 중심의 마케팅으로서 시장을 선점하거나 틈새 시장을 점유하는 마케팅은 시장점유 마케팅이다.

② 포지셔닝(Positioning)은 목표시장에서 고객의 욕구를 파악하여 경쟁 제품과 차별성을 가지도록 제품 개념을 정하고 소비자의 지각 속에 적절히 위치시키는 것이다.

③ 공급자와 소비자 간의 장기적·지속적 상호작용을 중시하는 마케팅은 관계 마케팅이다.

④ 고객점유 마케팅 전략은 AIDA(Attention, Interest, Desire, Action) 원리를 적용하여 소비자의 욕구를 충족시키기 위한 마케팅 전략이다.

⑤ STP란 시장세분화(Segmentation), 표적시장 설정(Targeting), 촉진(Promotion)을 표상하는 약자이다.

정답해설

⑤ 촉진(Promotion) ⇨ 포지셔닝(Positioning)

> **▌STP 전략**
>
> 1. S(Segmentation) : 특성에 따라 수요자 집단을 세분하는 단계
> 2. T(Targetting) : 세분된 시장에서 목표시장을 선택하는 단계
> 3. P(Positioning) : 차별화 또는 경쟁적 위치를 설정하는 단계

02 부동산시장 세분화에 관한 설명으로 옳지 않은 것은? ▸ 2023년 34회

① 시장세분화는 가격차별화, 최적의사결정, 상품차별화 등에 기초하여 부동산시장을 서로 다른 둘 또는 그 이상의 상위시장으로 묶는 과정이다.

② 시장을 세분화하는데 주로 사용되는 기준으로는 지리적 변수, 인구통계학적 변수, 심리적 변수, 행동적 변수 등이 있다.

③ 시장세분화 전략은 세분된 시장을 대상으로 상품의 판매 지향점을 명확히 하는 것을 말한다.

④ 부동산회사가 세분시장을 평가할 때, 우선해야 할 사항으로 적절한 시장규모와 성장성을 들 수 있다.

⑤ 세분시장에서 경쟁력과 매력도를 평가할 때 기존 경쟁자의 위협, 새로운 경쟁자의 위협, 대체재의 위협, 구매자의 협상력 증가 위협, 공급자의 협상력 증가 위협 등을 고려한다.

정답해설

① 상위시장으로 묶는 과정이다. ⇨ 하위시장으로 분류하는 과정이다.

정답 01 ⑤ 02 ①

03 부동산 마케팅에 관한 설명으로 옳지 않은 것은?

① 부동산 마케팅이란 부동산 활동 주체가 소비자나 이용자의 욕구를 파악하고 창출하여 자신의 목적을 달성시키기 위해 시장을 정의하고 관리하는 과정이라 할 수 있다.

② 마케팅 믹스란 기업이 표적시장에 도달하기 위해 이용하는 마케팅에 관련된 여러 요소들의 조합으로 정의할 수 있다.

③ 마케팅 전략 중 표적시장 설정(targeting)이란 마케팅 활동을 수행할 만한 가치가 있는 명확하고 유의미한 구매자 집단으로 시장을 분할하는 활동을 말한다.

④ 주택청약자를 대상으로 추첨을 통해 벽걸이TV, 양문형 냉장고 등을 제공하는 것은 마케팅 믹스 전략 중 판매촉진(promotion)이다.

⑤ 부동산은 위치의 고정성으로 상품을 직접 제시하기가 어렵기 때문에 홍보·광고와 같은 커뮤니케이션 수단이 중요하다.

정답해설

③ 표적시장 설정 ⇨ 시장세분화(segmentation)

▌4P MIX

1. P(제품, product) : 차별화된 아파트 설계, 디지털화, 실개천 설치
2. P(가격, price) : 가격수준 정책(시가, 저가, 고가), 가격신축성 정책(단일가격, 신축가격)
3. P(유통경로, place) : 직접 판매, 분양대행사 활용, 중개업소 활용
4. P(촉진, promotion) : 광고, 홍보, 인적판매, 경품, 추첨 등

---

04 부동산 마케팅 전략에 관한 설명으로 옳은 것은?

▸ 2019년 30회

① 시장점유 마케팅 전략은 AIDA원리에 기반을 두면서 소비자의 욕구를 파악하여 마케팅 효과를 극대화하는 전략이다.

② 고객점유 마케팅 전략은 공급자 중심의 마케팅 전략으로 표적시장을 선정하거나 틈새시장을 점유하는 전략이다.

③ 관계 마케팅 전략은 생산자와 소비자의 지속적인 관계를 통해서 마케팅효과를 도모하는 전략이다.

④ STP 전략은 시장세분화(Segmentation), 표적시장 선정(Targeting), 판매촉진(Promotion)으로 구성된다.

⑤ 4P-Mix 전략은 제품(Product), 가격(Price), 유통경로(Place), 포지셔닝(Positioning)으로 구성된다.

정답해설

③ 옳은 지문이다.

오답해설

① 시장점유 마케팅 ⇨ 고객점유 마케팅
② 고객점유 마케팅 ⇨ 시장점유 마케팅
④ 판매촉진(Promotion) ⇨ 포지셔닝(positioning)
⑤ 포지셔닝(positioning) ⇨ 판매촉진(promotion)

05 부동산 마케팅에 관한 설명으로 틀린 것은?

① 부동산시장이 공급자 우위에서 수요자 우위의 시장으로 전환되면 마케팅의 중요성이 더욱 증대된다.
② STP 전략이란 고객집단을 세분화(Segmentation)하고 표적시장을 선정(Targeting)하여 효과적으로 판매촉진(Promotion)을 하는 전략이다.
③ 경쟁사의 가격을 추종해야 할 경우 4P Mix의 가격전략으로 시가전략을 이용한다.
④ 노벨티(novelty) 광고는 개인 또는 가정에서 이용되는 실용적이며 장식적인 물건에 상호·전화번호 등을 표시하는 것으로 분양광고에 주로 활용된다.
⑤ 시장점유 마케팅 전략이란 부동산시장을 점유하기 위한 전략으로 4P Mix 전략, STP 전략이 있다.

정답해설

② 판매촉진(Promotion) ⇨ 포지셔닝(positioning)

06 부동산 마케팅 전략에 관한 설명으로 옳은 것은?

① 바이럴 마케팅(viral marketing) 전략은 SNS, 블로그 등 다양한 매체를 통해 해당 브랜드나 제품에 대해 입소문을 내게 하여 마케팅효과를 극대화시키는 것이다.
② 분양성공을 위해 아파트 브랜드를 고급스러운 이미지로 고객의 인식에 각인시키도록 하는 노력은 STP 전략 중 시장세분화(Segmentation) 전략에 해당한다.
③ 아파트 분양 모델하우스 방문고객 대상으로 추첨을 통해 자동차를 경품으로 제공하는 것은 4P Mix 전략 중 유통경로(Place) 전략에 해당한다.
④ 아파트의 차별화를 위해 커뮤니티 시설에 헬스장, 골프연습장을 설치하는 방안은 4P Mix 전략 중 가격(Price) 전략에 해당한다.
⑤ 고객점유 마케팅 전략에서 AIDA의 원리는 주의(Attention) − 관심(Interest) − 결정(Decision) − 행동(Action)의 과정을 말한다.

정답 03 ③ 04 ③ 05 ② 06 ①

정답해설

① 옳은 지문이다.

오답해설

② 시장세분화 ⇨ 포지셔닝(Positioning)
③ 유통경로 ⇨ 판매촉진(Promotion)
④ 가격(Price) 전략 ⇨ 제품(Product) 전략
⑤ AIDA의 원리는 주의(Attention) − 관심(Interest) − 욕망(Desire) − 행동(Action)이다.

07 **부동산 마케팅 전략에 관한 설명으로 옳지 않은 것은?**

① 4P에 의한 마케팅 믹스 전략의 구성요소는 제품(product), 유통경로(place), 판매촉진 (promotion), 가격(price)이다.

② 다른 아파트와 차별화되도록 '혁신적인 내부구조로 설계된 아파트'는 제품(product) 전략의 예가 될 수 있다.

③ 표적시장(target market)은 세분화된 시장 중 가장 좋은 시장기회를 제공해 줄 수 있는 특화된 시장이다.

④ AIDA원리는 주의(attention), 관심(interest), 욕망(desire), 행동(action)의 단계를 통해 공급자의 욕구를 파악하여 마케팅 효과를 극대화하는 시장점유마케팅 전략의 하나이다.

⑤ 포지셔닝(positioning)은 목표시장에서 고객의 욕구를 파악하여 경쟁 제품과 차별성을 가지도록 제품 개념을 정하고 소비자의 지각 속에 적절히 위치시키는 것이다.

정답해설

④ 시장점유마케팅 ⇨ 고객점유마케팅

08 **부동산 마케팅 4P[가격(price), 제품(product), 유통경로(place), 판매촉진(promotion)] 전략과 다음 부동산 마케팅 활동의 연결이 옳은 것은?**

> ㉠ 아파트 단지 내 자연친화적 실개천 설치
> ㉡ 부동산 중개업소 적극 활용
> ㉢ 시장분석을 통한 적정 분양가 책정
> ㉣ 주택청약자 대상 경품추첨으로 가전제품 제공

① ㉠ : 제품　　㉡ : 판매촉진　　㉢ : 가격　　㉣ : 유통경로
② ㉠ : 유통경로　㉡ : 판매촉진　　㉢ : 가격　　㉣ : 제품
③ ㉠ : 유통경로　㉡ : 제품　　　㉢ : 가격　　㉣ : 판매촉진
④ ㉠ : 제품　　㉡ : 유통경로　　㉢ : 가격　　㉣ : 판매촉진
⑤ ㉠ : 제품　　㉡ : 유통경로　　㉢ : 판매촉진　㉣ : 가격

정답해설

④ 옳은 연결이다.

09 다음은 부동산 마케팅 활동의 4P 전략 중 각각 어디에 해당하는가?

> (가) 보안설비의 디지털화
> (나) 아파트 모델하우스 방문고객을 대상으로 경품 제공
> (다) 공인중개업자를 활용한 분양 전략 수립
> (라) 동일한 아파트를 향, 위치, 층수 등에 따라 가격을 달리 책정하는 정책

	(가)	(나)	(다)	(라)
①	제품	가격	유통경로	가격 수준 정책
②	유통경로	제품	판매촉진	가격 수준 정책
③	가격	판매촉진	유통경로	가격신축성 정책
④	제품	판매촉진	유통경로	가격 수준 정책
⑤	제품	판매촉진	유통경로	가격신축성 정책

정답해설

⑤ 옳은 연결이다.

> ▎**가격신축성 정책**
> 1. **신축 가격** : 동일한 아파트라도 위치, 층, 방위 등 부동산이 가진 특성에 따라 가격을 신축적으로 높이거나 낮추는 전략
> 2. **단일 가격** : 동일한 아파트에 동일한 가격을 책정하는 전략

정답 ▶ 07 ④ 08 ④ 09 ⑤

10 부동산 마케팅 전략에 관한 설명으로 옳지 않은 것은?

① 마케팅 믹스의 가격관리에서 시가정책은 위치, 방위, 층, 지역 등에 따라 다른 가격으로 판매하는 정책이다.

② 시장세분화는 상품계획이나 광고 등 여러 판매촉진활동을 전개하기 위해 소비자를 몇 개의 다른 군집으로 나누는 것을 말한다.

③ 부동산 마케팅 믹스 전략은 4P(Place, Product, Price, Promotion)를 구성요소로 한다.

④ 마케팅 믹스는 기업이 표적시장에 도달하기 위해 이용하는 마케팅요소의 조합이다.

⑤ 마케팅 믹스에서 촉진관리는 판매유인과 직접적인 인적판매 등이 있으며, 이러한 요소를 혼합하여 전략을 구사하는 것이 바람직하다.

정답해설

① 시가정책 ⇨ 가격신축성 정책 : 위치, 방위, 층 등 부동산 특성에 따라 아파트 가격을 다르게 책정하는 것을 신축가격이라고 한다.

11 부동산 마케팅에 관한 설명으로 옳지 않은 것은? ▶ 2022년 33회

① STP란 시장세분화(Segmentation), 표적시장(Target market), 포지셔닝(Positioning)을 말한다.

② 마케팅 믹스 전략에서의 4P는 유통경로(Place), 제품(Product), 가격(Price), 판매촉진(Promotion)을 말한다.

③ 노벨티(novelty) 광고는 개인 또는 가정에서 이용되는 실용적이며 장식적인 물건에 상호·전화번호 등을 표시하는 것으로 분양광고에 주로 활용된다.

④ 관계마케팅 전략은 공급자와 소비자 간의 장기적·지속적인 상호작용을 중요시하는 전략을 말한다.

⑤ AIDA 원리에 따르면 소비자의 구매의사결정은 행동(Action), 관심(Interest), 욕망(Desire), 주의(Attention)의 단계를 순차적으로 거친다.

정답해설

⑤ AIDA 원리의 단계 : 주의(Attention), 관심(Interest), 욕망(Desire), 행동(Action)

12 부동산마케팅 전략에 관한 설명으로 옳지 않은 것은?

① 경쟁사의 가격을 추종해야 할 경우 4P Mix의 가격전략으로 시가전략을 이용한다.

② 적응가격 전략이란 동일하거나 유사한 제품으로 다양한 수요자들의 구매를 유입하고, 구매량을 늘리도록 유도하기 위하여 가격을 다르게 하여 판매하는 것을 말한다.

③ 마케팅 믹스의 가격관리에서 가격신축성 정책은 위치, 방위, 층, 지역 등에 따라 다른 가격으로 판매하는 정책이다.

④ 부동산 마케팅의 가격전략 중 빠른 자금회수를 원하고 지역구매자의 구매력이 낮은 경우, 고가전략을 이용한다.

⑤ 초기에 낮은 가격을 결정하지만 시장점유율이 올라갈수록 가격을 점차적으로 인상하는 정책은 시장침투가격전략이다.

정답해설

④ 고가전략 ⇨ 저가전략

13 부동산 마케팅활동에 관한 설명으로 옳지 않은 것은?

▶ 2024년 35회

① 시장세분화란 부동산시장에서 마케팅활동을 수행하기 위하여 구매자의 집단을 세분화하는 것이다.

② 세분시장은 그 규모와 구매력 등의 특성이 측정될 수 있어야 한다.

③ 세분시장은 개념적으로 구분될 수 있으며 마케팅 믹스 요소에 대해 동일하게 반응한다.

④ 표적시장이란 세분화된 시장 중 가장 효과적인 성과가 기대되어 마케팅활동의 수행대상이 되는 시장을 말한다.

⑤ 포지셔닝은 표적시장에서 고객의 욕구를 파악하여 경쟁제품과 차별화된 자사제품의 개념을 정해 이를 소비자의 지각 속에 적절히 위치시키는 것이다.

정답해설

③ 동일하게 ⇨ 다양하게 : 세분시장은 마케팅 믹스 요소에 대해 다양하게 반응한다.

정답 10 ① 11 ⑤ 12 ④ 13 ③

부동산 중개론

1절   중개계약의 종류

확인학습

1. ○○중개계약 : 불특정 다수의 개업공인중개사에게 의뢰하는 중개계약. 의뢰인은 필요한 경우 개업공인중개사에게 일반중개계약서의 작성을 요청할 수 있다(법).

2. ○○중개계약 : 의뢰인은 특정 개업공인중개사를 정하여 그 개업공인중개사에 한하여 대상물을 중개하도록 하는 계약을 체결할 수 있다(법).

3. ○○중개계약 : 독점 중개권을 보장하는 중개 계약. 누가 거래를 성사시켰는지 불문하고 독점 계약을 체결한 개업공인중개사에게 보수를 지급한다.

4. ○○중개계약 : 2명 이상의 공동 활동에 의한 중개를 의뢰하는 중개계약

5. ○○중개계약 : 의뢰인이 제시한 가격을 초과하여 거래를 성사시킨 경우에 그 초과하는 부분을 중개보수로 지불하는 계약

답   1. 일반   2. 전속   3. 독점   4. 공동   5. 순가

---

01 **부동산 중개계약에 관한 설명으로 옳은 것은?**   ▶ 2019년 30회

① 순가중개계약은 중개의뢰인이 다수의 개업공인중개사에게 의뢰하는 계약의 형태이다.

② 독점중개계약을 체결한 개업공인중개사는 자신이 거래를 성립시키지 않았을 경우 중개보수를 받지 못한다.

③ 전속중개계약을 체결한 개업공인중개사는 누가 거래를 성립시켰는지에 상관없이 중개보수를 받을 수 있다.

④ 공동중개계약은 다수의 개업공인중개사가 상호 협동하여 공동으로 중개역할을 하는 것이다.

⑤ 일반중개계약은 거래가격을 정하여 개업공인중개사에게 제시하고, 이를 초과한 가격으로 거래가 이루어진 경우 그 초과액을 개업공인중개사가 중개보수로 획득하는 방법이다.

정답해설

④ 옳은 지문이다.

오답해설

① 순가중개계약 ⇨ 일반중개계약
② 독점중개계약은 누가 거래계약을 성사시켰는지를 묻지 않고 독점중개계약을 체결한 개업공인중개사가 보수를 받는다.
③ 전속중개계약 ⇨ 독점중개계약
⑤ 일반중개계약 ⇨ 순가중개계약

▌ 중개계약의 종류

1. **일반중개계약** : 불특정 다수의 개업공인중개사에게 경쟁적인 중개를 의뢰하는 중개계약으로 가장 먼저 거래계약체결을 중개한 개업공인중개사만이 보수를 받는 방식
2. **전속중개계약** : 중개의뢰인이 특정한 개업공인중개사를 정하여 그 개업공인중개사에 한하여 중개 대상물을 중개하도록 하는 중개계약
3. **독점중개계약** : 독점 중개권을 보장하는 계약으로 누가 거래계약을 성사시켰는지를 묻지 않고 독점 중개계약을 체결한 개업공인중개사가 보수를 받는 방식
4. **공동중개계약** : 2명 이상의 개업공인중개사의 공동 활동에 의해 거래계약체결을 중개하는 중개계약
5. **순가중개계약** : 중개의뢰인이 중개 대상물의 가격을 사전에 개업공인중개사에게 제시하고 그 금액을 초과하여 거래계약을 성립시키면 그 초과하는 부분은 모두 중개보수로 지불하기로 하는 중개계약

02 **부동산 중개계약에 관한 설명으로 옳지 않은 것은?**

① 일반중개계약의 경우에 의뢰인은 개업공인중개사에게 일반중개계약서의 작성을 요구하여야 한다.
② 의뢰인은 특정 개업공인중개사를 정하여 그 개업공인중개사에 한하여 대상물을 중개하도록 하는 계약을 체결할 수 있다.
③ 독점중개계약의 경우에 누가 거래계약을 성사시켰는지를 묻지 않고 독점중개계약을 체결한 개업공인중개사가 보수를 받는다.
④ 공동중개계약은 2명 이상의 공동 활동에 의한 중개를 의뢰하는 계약이다.
⑤ 순가중개계약에 의해 개업공인중개사가 의뢰인이 제시한 가격을 초과하여 거래를 성사시킨 경우라도 중개보수로 받는 금액이 법정수수료를 초과할 수는 없다.

정답 ▶ 01 ④ 02 ①

정답해설

① 요구하여야 한다. ⇨ 요청할 수 있다.

> **┃ 일반중개계약(공인중개사법 제22조)**
>
> 중개의뢰인은 중개의뢰내용을 명확하게 하기 위하여 필요한 경우에는 개업공인중개사에게 다음 각 호의 사항을 기재한 일반중개계약서의 작성을 요청할 수 있다.
> 1. 중개대상물의 위치 및 규모
> 2. 거래예정가격
> 3. 거래예정가격에 대하여 제32조에 따라 정한 중개보수
> 4. 그 밖에 개업공인중개사와 중개의뢰인이 준수하여야 할 사항

03 부동산 중개계약에 관한 설명으로 옳은 것을 모두 고른 것은?

▶ 2016년 27회

> ㄱ. 독점중개계약 : 매각의뢰를 받은 경우 그 계약기간 내에 거래가 성사되면 개업공인중개사가 해당 부동산거래를 성사시키지 않았더라도 중개수수료 청구권이 발생한다.
> ㄴ. 전속중개계약 : 공인중개사법령상 중개의뢰인은 중개대상물의 중개를 의뢰함에 있어서 특정한 개업공인중개사를 정하여 그 개업공인중개사에 한하여 해당 중개대상물을 중개하도록 하는 계약을 체결하여야 한다고 규정하고 있다.
> ㄷ. 일반중개계약 : 소유자는 다수의 개업공인중개사에게 매도를 의뢰할 수 있고, 매수인과의 거래를 먼저 성사시킨 개업공인중개사에게 수수료를 지불한다.
> ㄹ. 공동중개계약 : 부동산정보센터나 부동산협회 등을 매체로 하여 다수의 개업공인중개사가 상호 협동하여 공동으로 중개 역할을 하는 것을 말한다.
> ㅁ. 순가중개계약 : 거래가격을 정하고 이를 초과한 금액으로 거래가 이루어진 경우 초과액은 개업공인중개사와 의뢰인이 나누어 갖는 것이다.

① ㄷ

② ㄱ, ㄴ

③ ㄷ, ㄹ

④ ㄱ, ㄷ, ㄹ

⑤ ㄷ, ㄹ, ㅁ

정답해설

④ 옳은 지문은 ㄱ, ㄷ, ㄹ이다.

ㄴ. 체결하여야 한다고 규정하고 있다. ⇨ 체결할 수 있다고 규정하고 있다. : 전속중개계약은 의무사항이 아닌 선택사항이다.

ㅁ. 초과액은 개업공인중개사와 의뢰인이 나누어 갖는 것이다. ⇨ 초과액은 개업공인중개사의 중개보수로 지급한다.

> **▌ 전속중개계약(공인중개사법 제23조 제1항)**
> 1. 중개의뢰인은 중개대상물의 중개를 의뢰함에 있어서 특정한 개업공인중개사를 정하여 그 개업공인중개사에 한하여 당해 중개대상물을 중개하도록 하는 계약(이하 "전속중개계약"이라 한다)을 체결할 수 있다.
> 2. 개업공인중개사는 전속중개계약을 체결한 때에는 해당 계약서를 3년 동안 보존하여야 한다.
> 3. 개업공인중개사는 전속중개계약을 체결한 때에는 부동산거래정보망 또는 일간신문에 해당 중개대상물에 관한 정보를 공개하여야 한다. 다만, 중개의뢰인이 비공개를 요청한 경우에는 이를 공개하여서는 아니 된다.

04 부동산 중개계약에 관한 설명으로 옳지 않은 것은? ▸ 2022년 33회

① 순가중개계약에서는 매도자가 개업공인중개사에게 제시한 가격을 초과해 거래가 이루어진 경우 그 초과액을 매도자와 개업공인중개사가 나누어 갖는다.

② 일반중개계약에서는 의뢰인이 다수의 개업공인중개사에게 동등한 기회로 거래를 의뢰한다.

③ 공인중개사법령상 당사자 간에 다른 약정이 없는 경우 전속중개계약의 유효기간은 3월로 한다.

④ 공동중개계약에서는 부동산거래정보망 등을 통하여 다수의 개업공인중개사가 상호 협동하여 공동으로 거래를 촉진한다.

⑤ 독점중개계약에서는 의뢰인이 직접 거래를 성사시킨 경우에도 중개보수 청구권이 발생한다.

① 초과액을 매도자와 개업공인중개사가 나누어 갖는다. ⇨ 초과액을 개업공인중개사의 보수로 지급한다.

2절 | 공인중개사에 관한 법률

01 공인중개사법령상 용어 정의로 옳지 않은 것은?

① '중개'라 함은 중개대상물에 대하여 거래당사자 간의 매매·교환·임대차 그 밖의 권리의 득실변경에 관한 행위를 알선하는 것을 말한다.

② '중개업'이란 다른 사람의 의뢰에 의하여 일정한 보수를 받고 중개를 업으로 행하는 것을 말한다.

③ '개업공인중개사'라 함은 중개사무소의 개설신고를 한 자를 말한다.

④ '소속공인중개사'라 함은 개업공인중개사에 소속된 공인중개사(개업공인중개사인 법인의 사원 또는 임원으로서 공인중개사인 자를 포함한다)로서 중개업무를 수행하거나 개업공인중개사의 중개업무를 보조하는 자를 말한다.

⑤ '중개보조원'이라 함은 공인중개사가 아닌 자로서 개업공인중개사에 소속되어 중개대상물에 대한 현장안내 및 일반서무 등 개업공인중개사의 중개업무와 관련된 단순한 업무를 보조하는 자를 말한다.

> 정답해설 〉

③ 개설신고 ⇨ 개설등록

▌ **소속공인중개사와 중개보조원(공인중개사법 제2조)**

1. 소속공인중개사
   ㉠ 공인중개사 자격을 가진 자
   ㉡ 중개업무를 수행하거나 중개업무를 보조하는 자
2. 중개보조원
   ㉠ 공인중개사가 아닌 자
   ㉡ 현장안내 및 일반서무 등 중개업무와 관련된 단순한 업무를 보조하는 자

---

02 공인중개사법령에 관한 설명으로 옳은 것은? ▸ 2020년 31회

① 공인중개사법에 의한 공인중개사자격을 취득한 자를 개업공인중개사라고 말한다.
② 선박법 및 선박등기법에 따라 등기된 20톤 이상의 선박은 공인중개사법에 의한 중개대상물이다.
③ 개업공인중개사에 소속된 공인중개사인 자로서 중개업무를 수행하는 자는 소속공인중개사가 아니다.
④ 중개업은 다른 사람의 의뢰에 의하여 일정한 보수를 받고 중개를 업으로 행하는 것을 말한다.
⑤ 중개보조원이란 공인중개사가 아닌 자로서 중개업을 하는 자를 말다.

[정답해설]
④ 옳은 지문이다.

[오답해설]
① 개업공인중개사 ⇨ 공인중개사
② 선박은 중개대상물이 아니다.
③ 소속공인중개사가 아니다. ⇨ 소속공인중개사이다.
⑤ 중개업 ⇨ 중개업무와 관련된 단순한 업무(현장안내 및 일반서무)

03 공인중개사법령상 공인중개사의 중개대상물이 아닌 것은? (다툼이 있으면 판례에 따름)

▸ 2021년 32회

① 토지거래허가구역 내의 토지
② 가등기가 설정되어 있는 건물
③「입목에 관한 법률」에 따른 입목
④ 하천구역에 포함되어 사권이 소멸된 포락지
⑤「공장 및 광업재단 저당법」에 따른 광업재단

[정답해설]
④ 사권(개인의 소유권)이 소멸된 포락지는 중개의 대상이 되지 못한다.

▌중개대상물의 범위(공인중개사법 제3조)
1. 토지
2. 건축물 그 밖의 토지의 정착물(영 제2조)
3. 그 밖에 대통령령으로 정하는 재산권 및 물건
   ①「입목에 관한 법률」에 따른 입목
   ②「공장 및 광업재단 저당법」에 따른 공장재단 및 광업재단

정답   01 ③   02 ④   03 ④

04 공인중개사법령상 중개대상물의 범위가 아닌 것은?

① 토지
② 건축물 그 밖의 토지의 정착물
③ 입목에 관한 법률에 따른 입목
④ 공장 및 광업재단 저당법에 따른 공장재단 및 광업재단
⑤ 광업법에 의한 광업권

> 정답해설
⑤ 광업권 등 권리는 공인중개사법령상의 중개대상물로 규정되어 있지 않다.

05 공인중개사법령상 법인인 개업공인중개사가 할 수 있는 업무가 아닌 것은? ▸ 2018년 29회

① 주택의 분양대행
② 부동산의 이용에 관한 상담
③ 「민사집행법」에 의한 경매대상 부동산의 취득알선
④ 상업용 건축물의 관리대행
⑤ 토지의 분양대행

> 정답해설
⑤ 상업용 건축물 및 주택의 분양대행은 가능하나 토지의 분양대행은 규정되어 있지 않다.

▌ **개업공인중개사의 겸업제한(공인중개사법 제14조)**
① 법인인 개업공인중개사는 다른 법률에 규정된 경우를 제외하고는 중개업 및 다음 각 호에 규정된 업무 외에 다른 업무를 함께 할 수 없다.
  1. 상업용 건축물 및 주택의 임대관리 등 부동산의 관리대행
  2. 부동산의 이용・개발 및 거래에 관한 상담
  3. 개업공인중개사를 대상으로 한 중개업의 경영기법 및 경영정보의 제공
  4. 상업용 건축물 및 주택의 분양대행
  5. 그 밖에 중개업에 부수되는 업무로서 대통령령이 정하는 업무
② 개업공인중개사는 「민사집행법」에 의한 경매 및 「국세징수법」 그 밖의 법령에 의한 공매대상 부동산에 대한 권리분석 및 취득의 알선과 매수신청 또는 입찰신청의 대리를 할 수 있다.

06 법인인 개업공인중개사가 할 수 있는 업무로 옳지 않은 것은? ▸2017년 28회

① 상업용 건축물 및 주택의 임대관리 등 부동산의 관리대행
② 부동산의 이용·개발 및 거래에 관한 상담
③ 상업용 건축물 및 주택의 개발대행
④ 개업공인중개사를 대상으로 한 중개업의 경영기법 및 경영정보의 제공
⑤ 중개의뢰인의 의뢰에 따른 도배·이사업체의 소개 등 주거이전에 부수되는 용역의 알선

〔정답해설〕
③ 개발대행 ⇨ 분양대행

07 공인중개사법령상 개업공인중개사가 주택을 중개하는 경우 확인·설명해야 할 사항이 아닌 것은? ▸2018년 29회

① 일조·소음·진동 등 환경조건 ② 벽면 및 도배의 상태
③ 중개대상물의 최유효이용상태 ④ 중개대상물의 권리관계
⑤ 시장·학교와의 접근성 등 입지조건

〔정답해설〕
③ 중개대상물의 최유효이용상태는 확인·설명해야 할 사항으로 규정되어 있지 않다.

▌ **중개대상물의 확인·설명 등(공인중개사법 제25조)**
① 개업공인중개사는 중개를 의뢰받은 경우에는 중개가 완성되기 전에 다음 각 호의 사항을 확인하여 이를 당해 중개대상물에 관한 권리를 취득하고자 하는 중개의뢰인에게 성실·정확하게 설명하고, 토지대장 등본 또는 부동산종합증명서, 등기사항증명서 등 설명의 근거자료를 제시하여야 한다.
㉠ 해당 중개대상물의 상태·입지 및 권리관계
㉡ 법령의 규정에 의한 거래 또는 이용제한사항
㉢ 그 밖에 대통령령이 정하는 사항
   1. 중개대상물의 종류·소재지·지번·지목·면적·용도·구조 및 건축연도 등 중개대상물에 관한 기본적인 사항
   2. 소유권·전세권·저당권·지상권 및 임차권 등 중개대상물의 권리관계에 관한 사항
   3. 거래예정금액·중개보수 및 실비의 금액과 그 산출내역
   3의2. 관리비 금액과 그 산출내역
   4. 토지이용계획, 공법상의 거래규제 및 이용제한에 관한 사항
   5. 수도·전기·가스·소방·열공급·승강기 및 배수 등 시설물의 상태
   6. 벽면 및 도배의 상태
   7. 일조·소음·진동 등 환경조건
   8. 도로 및 대중교통수단과의 연계성, 시장·학교와의 근접성 등 입지조건
   9. 중개대상물에 대한 권리를 취득함에 따라 부담하여야 할 조세의 종류 및 세율

정답 ▸ 04 ⑤ 05 ⑤ 06 ③ 07 ③

10. 「주택임대차보호법」제3조의7에 따른 임대인의 정보 제시 의무 및 같은 법 제8조에 따른 보증금 중 일정액의 보호에 관한 사항
11. 「주민등록법」제29조의2에 따른 전입세대확인서의 열람 또는 교부에 관한 사항
12. 「민간임대주택에 관한 특별법」제49조에 따른 임대보증금에 대한 보증에 관한 사항(중개 대상물인 주택이 같은 법에 따른 민간임대주택인 경우만 해당한다)

08 공인중개사법령상 개업공인중개사가 주택을 중개하는 경우 확인·설명해야 할 사항이 아닌 것은?

① 일조·소음·진동 등 환경조건
② 소유권·전세권·임차권 등 권리관계
③ 거래예정금액·중개보수 및 실비의 금액
④ 권리를 양도함에 따라 부담하여야 할 조세의 종류 및 세율
⑤ 토지이용계획, 공법상의 거래규제 및 이용제한에 관한 사항

정답해설

④ 권리를 양도함에 따라 부담하여야 할 조세 ⇨ 권리를 취득함에 따라 부담하여야 할 조세

09 공인중개사법령상 공인중개사 정책심의위원회에서 공인중개사의 업무에 관하여 심의하는 사항으로 명시되지 않은 것은?

▸ 2021년 32회

① 개업공인중개사의 교육에 관한 사항
② 부동산 중개업의 육성에 관한 사항
③ 공인중개사의 시험 등 공인중개사의 자격취득에 관한 사항
④ 중개보수 변경에 관한 사항
⑤ 손해배상책임의 보장 등에 관한 사항

정답해설

① 개업공인중개사의 교육에 관한 사항은 심의사항으로 명시되어 있지 않다.

> ① 공인중개사의 업무에 관한 다음 각 호의 사항을 심의하기 위하여 국토교통부에 공인중개사 정책심의위원 회를 둘 수 있다(공인중개사법 제2조의2 제1항).
> 1. 공인중개사의 시험 등 공인중개사의 자격취득에 관한 사항
> 2. 부동산 중개업의 육성에 관한 사항
> 3. 중개보수 변경에 관한 사항
> 4. 손해배상책임의 보장 등에 관한 사항

10 개업공인중개사의 금지행위에 해당하지 않는 것은?

▸ 2019년 30회

① 경매대상 부동산의 권리분석 및 취득을 알선하는 행위
② 중개대상물의 매매를 업으로 하는 행위
③ 중개의뢰인과 직접 거래를 하거나 거래당사자 쌍방을 대리하는 행위
④ 해당 중개대상물의 거래상의 중요사항에 관하여 거짓된 언행 그 밖의 방법으로 중개의뢰인의 판단을 그르치게 하는 행위
⑤ 중개사무소의 개설등록을 하지 아니하고 중개업을 영위하는 자인 사실을 알면서 그를 통하여 중개를 의뢰받는 행위

정답해설
① 경매 및 공매대상 부동산의 권리분석 및 취득을 알선하는 행위는 금지된 행위가 아니다.

▌개업공인중개사의 금지행위 등(공인중개사법 제33조)
① 개업공인중개사 등은 다음 각 호의 업무를 할 수 없다.
  1. 중개대상물의 매매를 업으로 하는 행위
  2. 중개사무소의 개설등록을 하지 아니하고 중개업을 영위하는 자인 사실을 알면서 그를 통하여 중개를 의뢰받거나 그에게 자기 명의를 이용하게 하는 행위
  3. 사례·증여 그 밖의 어떠한 명목으로도 보수 또는 실비를 초과하여 금품을 받는 행위
  4. 당해 중개대상물의 거래상의 중요사항에 관하여 거짓된 언행 그 밖의 방법으로 중개의뢰인의 판단을 그르치게 하는 행위
  5. 관계 법령에서 양도·알선 등이 금지된 부동산의 분양·임대 등과 관련 있는 증서 등의 매매·교환 등을 중개하거나 그 매매를 업으로 하는 행위
  6. 중개의뢰인과 직접 거래를 하거나 거래당사자 쌍방을 대리하는 행위
  7. 탈세 등 관계 법령을 위반할 목적으로 소유권보존등기 또는 이전등기를 하지 아니한 부동산이나 전매 등 권리의 변동이 제한된 부동산의 매매를 중개하는 등 부동산 투기를 조장하는 행위

PART 07

11 공인중개사법령상 중개계약 시 거래계약서에 기재하여야 하는 사항은 모두 몇 개인가?

▸ 2023년 34회

- 물건의 표시
- 권리이전의 내용
- 물건의 인도일시
- 거래당사자의 인적 사항
- 거래금액·계약금액 및 그 지급일자 등 지급에 관한 사항
- 계약의 조건이나 기한이 있는 경우에는 그 조건 또는 기한

① 2개   ② 3개
③ 4개   ④ 5개
⑤ 6개

정답해설
⑤ 6개 모두 기재하여야 하는 사항이다.

┃ **거래계약서 기재 사항 (공인중개사법 제26조, 시행령 제22조)**
① 개업공인중개사는 중개대상물에 관하여 중개가 완성된 때에는 대통령령으로 정하는 바에 따라 거래계약서를 작성하여 거래당사자에게 교부하고 대통령령으로 정하는 기간 동안 그 원본, 사본 또는 전자문서를 보존하여야 한다. 다만, 거래계약서가 공인전자문서센터에 보관된 경우에는 그러하지 아니하다.
② 법 제26조 제1항의 규정에 따른 거래계약서에는 다음 각 호의 사항을 기재하여야 한다.
    1. 거래당사자의 인적 사항
    2. 물건의 표시
    3. 계약일
    4. 거래금액·계약금액 및 그 지급일자 등 지급에 관한 사항
    5. 물건의 인도일시
    6. 권리이전의 내용
    7. 계약의 조건이나 기한이 있는 경우에는 그 조건 또는 기한
    8. 중개대상물확인·설명서 교부일자
    9. 그 밖의 약정내용

12 공인중개사법령상 개업공인중개사가 인터넷을 이용하여 중개대상물인 건축물에 관한 표시·광고를 할 때 명시하여야 하는 사항이 아닌 것은? ▸ 2023년 34회

① 건축물의 방향
② 건축물의 소유자
③ 건축물의 총 층수
④ 건축물의 준공검사를 받은 날
⑤ 건축물의 주차대수 및 관리비

정답해설

② 건축물의 소유자는 명시해야 할 사항이 아니다.

▋ 중개대상물의 표시·광고 (공인중개사법 제18조의2)

① 개업공인중개사가 의뢰받은 중개대상물에 대하여 표시·광고를 하려면 중개사무소, 개업공인중개사에 관한 사항으로서 대통령령으로 정하는 사항을 명시하여야 하며, 중개보조원에 관한 사항은 명시해서는 아니 된다.
※ "대통령령으로 정하는 사항"이란 다음 각 호의 사항을 말한다.
　1. 중개사무소의 명칭, 소재지, 연락처 및 등록번호
　2. 개업공인중개사의 성명(법인인 경우에는 대표자의 성명)

② 개업공인중개사가 인터넷을 이용하여 중개대상물에 대한 표시·광고를 하는 때에는 제1항에서 정하는 사항 외에 중개대상물의 종류별로 대통령령으로 정하는 소재지, 면적, 가격 등의 사항을 명시하여야 한다.
※ "대통령령으로 정하는 소재지, 면적, 가격 등의 사항"
　1. 소재지
　2. 면적
　3. 가격
　4. 중개대상물 종류
　5. 거래 형태
　6. 건축물 및 그 밖의 토지의 정착물인 경우 다음 각 목의 사항
　　가. 총 층수
　　나. 사용승인·사용검사·준공검사 등을 받은 날
　　다. 해당 건축물의 방향, 방의 개수, 욕실의 개수, 입주가능일, 주차대수 및 관리비

13 공인중개사법령상 개업공인중개사에 관한 내용으로 옳지 않은 것은? ▸ 2024년 35회

① 개업공인중개사는 그 사무소의 명칭에 "공인중개사사무소" 또는 "부동산중개"라는 문자를 사용하여야 한다.

② 개업공인중개사가 아닌 자는 중개대상물에 대한 표시·광고를 하여서는 아니 된다.

③ 개업공인중개사는 「민사집행법」에 의한 경매 및 「국세징수법」 그 밖의 법령에 의한 공매대상 부동산에 대한 권리분석 및 취득의 알선과 매수신청 또는 입찰신청의 대리를 할 수 있다.

④ 개업공인중개사는 대통령령으로 정하는 기준과 절차에 따라 등록관청의 허가를 받아 그 관할 구역 외의 지역에 분사무소를 둘 수 있다.

⑤ 개업공인중개사는 다른 사람에게 자기의 성명 또는 상호를 사용하여 중개업무를 하게 하거나 자기의 중개사무소등록증을 양도 또는 대여하는 행위를 하여서는 아니 된다.

정답해설〉

④ 허가 ⇨ 신고

> ▌중개사무소 설치기준 (공인중개사법 제13조)
>
> ① 개업공인중개사는 그 등록관청의 관할 구역 안에 중개사무소를 두되, 1개의 중개사무소만을 둘 수 있다.
> ② 개업공인중개사는 천막 그 밖에 이동이 용이한 임시 중개시설물을 설치하여서는 아니 된다.
> ③ 제1항에도 불구하고 법인인 개업공인중개사는 대통령령으로 정하는 기준과 절차에 따라 등록관청에 신고하고 그 관할 구역 외의 지역에 분사무소를 둘 수 있다.

정답 ▸ 13 ④

3절 에스크로 제도

01 에스크로(Escrow) 제도에 관한 설명으로 옳지 않은 것은?

① 부동산 거래에서 에스크로 제도는 부동산 거래와 관련된 증서 등을 일정한 조건이 충족 될 때까지 매도인이나 매수자가 아닌 제3의 기관에 예탁하는 제도이다.

② 에스크로 제도를 활용하면 제3의 기관이 거래가 완료되는 시점까지 자금거래, 법적인 필요서류 등을 관리하기 때문에 공정하고 확실한 소유권 이전이 가능하다.

③ 부동산 등기의 공신력을 인정하지 않는 우리나라에서 부동산 거래의 사고를 예방하기 위해서는 매매대금과 등기를 위한 권리증서가 동시에 교환되는 과정, 즉 동시이행이 보장되어야 한다는 점에서 필요성이 강조된다.

④ 업무를 추진하는 과정에서 갈등과 분쟁이 발생한 경우에 에스크로 회사는 조정자나 중재 자의 역할을 수행하여야 한다.

⑤ 에스크로 회사는 궁극적으로 매매 당사자들의 중립자 역할을 수행한다. 에스크로 회사는 중립자의 입장에서 에스크로 지시서를 작성하여 거래당사자들에게 전달한다.

> 정답해설 >
④ 에스크로 회사는 독립적인 제3자의 입장을 유지해야 하기 때문에 갈등과 분쟁의 조정자나 중재자의 역할을 수행할 수 없다.

02 에스크로(Escrow) 제도에 관한 설명으로 옳지 않은 것은? ▸ 2016년 27회

① 매수자는 권원상의 하자나 부담으로부터 발생하는 위험을 사전에 방지할 수 있다.

② 매수자뿐만 아니라 권원의 이전에 관계되는 매도자, 저당대출기관 등의 권익을 보호하는 역할을 한다.

③ 권리보험제도와 병행하여 활성화하면 거래안전의 시너지 효과를 거둘 수 있다.

④ 공인중개사법령상 개업공인중개사는 거래의 안전을 보장하기 위하여 필요하다고 인정하 는 경우에는 거래계약의 이행이 완료될 때까지 계약금, 중도금 또는 잔금을 개업공인중 개사 명의로 금융기관에 예치하도록 거래당사자에게 권고할 수 있다.

⑤ 에스크로 회사는 매도자와 매수자의 협상과정에 참여하여 거래과정에서 발생하는 여러 가지 문제에 대하여 조언을 한다.

> 정답해설 >
⑤ 에스크로 회사는 독립된 제3자로서 매도자와 매수자의 협상과정에 참여할 수 없고, 조언 등을 할 수 없다.

> 정답 ▸ 01 ④ 02 ⑤

03 에스크로(Escrow)에 관한 설명으로 옳지 않은 것은? ▸ 2022년 33회

① 부동산매매 및 교환 등에 적용된다.

② 권리관계조사, 물건확인 등의 업무를 포함한다.

③ 매수자, 매도자, 저당대출기관 등의 권익을 보호한다.

④ 은행이나 신탁회사는 해당 업무를 취급할 수 없다.

⑤ 에스크로 업체는 계약조건이 이행될 때까지 금전·문서·권원증서 등을 점유한다.

정답해설

④ 에스크로 제도는 일반적으로 전문 에스크로 회사에 의해 이루어진다. 그러나 은행이나 신탁회사 등도 회사 안에 별도의 에스크로 부서를 설치하고 업무를 하기도 한다.

정답 03 ④

4절 권리분석

확인학습

1. 권리분석의 대상
① 협의의 권리분석 : 부동산 등기법에 의해 ○○할 수 있는 권리
② 광의의 권리분석 : 협의 + 법률적 이용가치, ○○적 경제가치
③ 최광의의 권리분석 : 광의 + 부동산의 사실관계, 등기능력이 ○○ 권리관계

2. 권리분석의 단계와 원칙
① 권리분석 단계 : 자료의 수집, ○○, 임장활동
② 권리분석 원칙 : ○○성의 원칙, 안전성의 원칙 ○○주의 원칙, 탐문주의 원칙

답 1. ① 등기 ② 법률 ③ 없는 2. ① 판독 ② 능률, 증거

01 부동산 권리분석에 관한 내용으로 옳지 않은 것은?

① 부동산 권리분석이란 대상 부동산에 대한 권리관계를 실질적으로 조사·확인·판단하여 부동산이 지니고 있는 권리상태를 명확히 인식하는 과정이다.
② 협의의 권리분석은 부동산 등기법에 의해 등기할 수 있는 권리를 분석 대상으로 한다.
③ 광의의 권리분석은 협의의 권리관계에 부동산의 법률적 가치(법률적 이용가치와 법률적 경제가치)를 포함한다.
④ 최광의의 권리분석은 광의의 권리관계에 부동산의 상태 또는 사실관계 등은 포함하나 등기능력이 없거나 요하지 않는 권리관계 등은 제외한다.
⑤ 부동산 권리분석은 안전한 부동산 활동을 위해서 부동산 권리에 대한 상태를 정확히 인식하기 위해 수행된다.

정답해설

④ 최광의의 권리분석은 광의의 권리관계에 부동산의 상태 또는 사실관계, 등기능력이 없거나 요하지 않는 권리관계 등을 포함하는 분석이다.

▌**권리분석의 대상**

1. 협의의 권리분석 : 부동산 등기법에 의해 등기할 수 있는 권리를 분석 대상으로 한다.
2. 광의의 권리분석 : 협의의 권리관계에 부동산의 법률적 가치를 포함한다. 법률적 가치에는 법률적 이용가치와 법률적 경제가치가 있다.
3. 최광의의 권리분석 : 광의의 권리관계에 부동산의 상태 또는 사실관계, 등기능력이 없거나 요하지 않는 권리관계 등을 포함한다.

정답 01 ④

02 부동산 권리분석에 관한 내용으로 옳지 않은 것은? ▸2017년 28회

① 부동산의 상태 또는 사실관계, 등기능력 없는 권리 및 등기를 요하지 않는 권리관계 등 자세한 내용에 이르기까지 분석의 대상으로 하는 것이 협의의 권리분석이다.

② 매수인이 대상 부동산을 매수하기 전에 소유권이전을 저해하는 조세체납, 계약상 하자 등을 확인하기 위해 공부 등을 조사하는 일도 포함한다.

③ 부동산 권리관계를 실질적으로 조사, 확인, 판단하여 일련의 부동산활동을 안전하게 하려는 것이다.

④ 대상 부동산의 권리에 하자가 없는지 여부를 판단하는 것을 권리분석이라 한다.

⑤ 권리분석보고서에는 대상 부동산 및 의뢰인, 권리분석의 목적, 판단결과의 표시 및 이유, 권리분석의 방법 및 성격, 수집한 자료 목록, 면책사항 등이 포함된다.

정답해설
① 협의의 권리분석 ⇨ 최광의의 권리분석

03 부동산 권리분석에 관한 설명으로 옳지 않은 것은? ▸2022년 33회

① 권리분석의 원칙에는 능률성, 안전성, 탐문주의, 증거주의 등이 있다.

② 건물의 소재지, 구조, 용도 등의 사실관계는 건축물대장으로 확인·판단한다.

③ 임장활동 이전 단계 활동으로 여러 가지 물적 증거를 수집하고 탁상으로 검토하여 1차적으로 하자의 유무를 발견하는 작업을 권리보증이라고 한다.

④ 부동산의 상태 또는 사실관계, 등기능력이 없는 권리 및 등기를 요하지 않는 권리관계 등 자세한 내용까지 분석의 대상으로 하는 것이 최광의의 권리분석이다.

⑤ 매수인이 대상 부동산을 매수하기 전에 소유권을 저해하는 조세체납, 계약상 하자 등을 확인하기 위해 공부 등을 조사하는 일도 포함된다.

정답해설
③ 권리보증 ⇨ 판독

> **┃ 권리분석의 단계**
> 1. 자료의 수집 : 권리와 관련된 각종 자료를 수집하는 단계이다.
> 2. 판독 : 수집된 자료를 바탕으로 자료의 판독을 행하는 단계이다.
> 3. 임장활동 : 권리의 하자 여부를 확인하기 위해 현장을 방문하는 단계이다.

04 ( )에 들어갈 내용으로 옳은 것은?

▸ 2020년 31회

- ( )(이)란 임장활동의 전 단계 활동으로 여러 가지 물적 증거를 수집하고 탁상 위에서 검토하여 1차적으로 하자의 유무를 발견하려는 작업이다.
- ( )의 과정은 위험사례를 미리 발견하기 위한 노력 또는 그 기초 작업이다.

① 보정
② 심사
③ 판독
④ 면책사항
⑤ 권리보증

정답해설

③ 권리분석 단계 중 판독에 해당하는 내용이다.

05 부동산 권리분석의 원칙에 해당하지 않는 것은?

▸ 2017년 28회

① 능률성의 원칙
② 안전성의 원칙
③ 탐문주의의 원칙
④ 증거주의의 원칙
⑤ 사후확인의 원칙

정답해설

⑤ 부동산 권리분석의 원칙 : 능률성의 원칙, 안전성의 원칙, 탐문주의의 원칙, 증거주의의 원칙

> ▎권리분석의 원칙
>
> 1. 능률성의 원칙
> 2. 안전성의 원칙 : 하자전제의 원칙, 범위확대의 원칙, 차단의 원칙, 완전심증의 원칙, 유동성 대비의 원칙
> 3. 증거주의의 원칙
> 4. 탐문주의의 원칙

정답 ▸ 02 ① 03 ③ 04 ③ 05 ⑤

06 다음의 부동산 권리분석 특별원칙은?

▸ 2020년 31회

- 하자전제의 원칙
- 차단의 원칙
- 유동성 대비의 원칙
- 범위확대의 원칙
- 완전심증의 원칙

① 능률성의 원칙
② 탐문주의 원칙
③ 증거주의 원칙
④ 안전성의 원칙
⑤ 사후확인의 원칙

정답해설
④ 제시된 원칙들은 모두 안전성 원칙의 하위 원칙들이다.

정답 ▸ 06 ④

5절 권리분석의 구체적 내용

01 다음 중 부동산 권리분석 시 등기사항전부증명서를 통해 확인할 수 없는 것은 몇 개인가?
▸ 2021년 32회

• 유치권	• 전세권	• 점유권
• 구분지상권	• 지역권	• 분묘기지권
• 법정지상권	• 근저당권	

① 3개   ② 4개
③ 5개   ④ 6개
⑤ 7개

정답해설
② 등기부를 열람해서 확인할 수 없는 권리 : 유치권, 점유권, 법정지상권, 분묘기지권 등 4개

02 부동산 권리분석에 관한 설명으로 옳지 않은 것은?
▸ 2016년 27회

① 권리관계를 취급하지만 재판이나 수사행위와 같이 권력행위가 아니므로 비권력적 성격을 가진다.
② 우리나라 등기는 관련 법률에 다른 규정이 있는 경우를 제외하고는 당사자의 신청 또는 관공서의 촉탁에 따라 행하는 신청주의 원칙을 적용한다.
③ 부동산 권리분석을 행하는 주체가 분석대상권리의 주요한 사항을 직접 확인해야 한다는 탐문주의의 원칙은 권리분석활동을 하는 데 지켜야 할 이념이다.
④ 자료판독을 할 때 환매특약의 등기와 신탁에 관한 등기는 소유권에 관한 사항을 기록하는 부동산등기부의 을구에서 그 기재사항을 살펴보아야 한다.
⑤ 대상 부동산의 권리관계를 조사·확인하기 위한 판독 내용에는 공법상 이용제한 및 거래규제의 확인·판단이 포함된다.

정답해설
④ 을구 ⇨ 갑구

정답   01 ②   02 ④

03 부동산 권리분석에 관련된 설명으로 옳지 않은 것은? ▶ 2021년 32회

① 부동산 권리관계를 실질적으로 조사·확인·판단하여 일련의 부동산 활동을 안전하게 하려는 것이다.

② 대상 부동산의 권리관계를 조사·확인하기 위한 판독 내용에는 권리의 하자나 거래규제의 확인·판단이 포함된다.

③ 매수인이 대상 부동산을 매수하기 전에 소유권 이전을 저해하는 사항이 있는지 여부를 확인하기 위하여 공부(公簿) 등을 조사하는 일도 포함된다.

④ 우리나라 등기는 관련 법률에 다른 규정이 있는 경우를 제외하고는 당사자의 신청 또는 관공서의 촉탁에 따라 행하는 신청주의 원칙을 적용한다.

⑤ 부동산 권리분석을 행하는 주체가 분석대상 권리의 주요한 사항을 직접 확인해야 한다는 증거주의의 원칙은 권리분석 활동을 하는 데 지켜야 할 이념이다.

정답해설
⑤ 증거주의의 원칙 ⇨ 탐문주의의 원칙

04 등기사항전부증명서의 갑구(甲區)에서 확인할 수 없는 내용은? ▶ 2023년 34회

① 가압류   ② 가등기
③ 소유권   ④ 근저당권
⑤ 강제경매개시결정

정답해설
④ 근저당권은 을구(乙區)에 기재된다.

05 감정평가사 A는 권리분석을 위해 등기사항전부증명서를 발급하였다. 등기사항전부증명서의 을구에서 확인가능한 내용은? ▶ 2018년 29회

① 구분지상권   ② 유치권
③ 가압류   ④ 점유권
⑤ 예고등기

정답해설
① 을구에서는 소유권 이외의 권리, 즉 지상권(구분지상권), 지역권, 전세권, 저당권 등이 기재된다.
③ 소유권에 대한 가압류는 갑구에 기록되고, 전세권과 관련된 전세금 또는 등기된 임차권과 관련된 보증금에 대한 가압류는 을구에 기록된다. 복수정답입니다.

오답해설

②, ④ 유치권과 점유권은 등기를 필요로 하지 않는다.

⑤ 예고등기는 2011년 4월 12일 부동산등기법이 개정되면서 삭제·폐지되었다.

06 부동산 경매에서 어떤 권리들은 말소촉탁의 대상이 되지 않고 낙찰자가 인수해야 하는 권리가 있다. 부동산 경매의 권리분석에서 말소와 인수의 판단기준이 되는 권리인 말소기준권리가 될 수 없는 것은?
▸2018년 29회

① 압류
② 전세권
③ 근저당권
④ 담보가등기
⑤ 강제경매개시결정등기

정답해설

② 전세권은 원칙적으로 말소기준권리가 될 수 없다. 다만, 배당요구를 한 선순위전세권의 경우에는 말소기준권리가 될 수도 있다.

> ▮ 말소기준권리
> 1. 말소기준권리란 경매 절차에 의해 소멸되는 권리와 낙찰자가 인수해야 하는 권리를 구분하는 기준이 되는 권리를 의미한다.
> 2. 원칙적으로 말소기준권리 이후에 설정된 권리는 낙찰과 동시에 전부 말소되고, 말소기준권리 이전에 설정된 권리는 낙찰자가 그대로 인수해야 한다.
> 3. 말소기준권리의 종류에는 저당권(근저당권), 압류(가압류), 담보가등기, 경매기입등기 등이 있다.

07 부동산 권리분석 시 등기능력이 없는 것으로 묶인 것은?
▸2022년 33회

① 지역권, 지상권
② 유치권, 점유권
③ 전세권, 법정지상권
④ 가압류, 분묘기지권
⑤ 저당권, 권리질권

정답해설

② 옳은 묶음이다.

정답　03 ⑤　04 ④　05 ①, ③　06 ②　07 ②

08 토지에 관한 강제경매절차에서 토지의 부합물로서 낙찰자가 소유권을 취득할 수 있는 경우를 모두 고른 것은? (다툼이 있으면 판례에 의함) ▸ 2023년 34회

> ㄱ. 토지소유자가 마당에 설치한 연못
> ㄴ. 타인이 토지소유자의 동의 없이 임의로 심은 조경수
> ㄷ. 토지에 지상권을 가진 자가 경작을 위해 심은 감나무
> ㄹ. 기둥, 지붕 및 주벽의 공사가 완료되어 건물로서의 외관을 갖추었으나 사용승인을 받지 못한 건물

① ㄱ, ㄴ   ② ㄴ, ㄷ
③ ㄱ, ㄴ, ㄷ   ④ ㄱ, ㄷ, ㄹ
⑤ ㄱ, ㄴ, ㄷ, ㄹ

정답해설

① 연못(ㄱ), 권원 없는 조경수(ㄴ)는 종속정착물로 토지의 낙찰자가 취득한다.

오답해설

ㄷ. 지상권에 의해 토지의 부합물이 될 수 없다.
ㄹ. 법정지상권에 의해 토지의 부합물이 될 수 없다. 또한 판례는 사용승인을 받지 못한 신축 중인 건물도 독립된 정착물로 인정하고 있다.

정답 ▸ 08 ①

08

토지 경제와 지리 경제

지대 · 지가이론

1. 리카도의 차액지대와 마르크스의 절대지대

① 비옥한 토지의 희소성, 수확체감의 법칙을 지대발생의 원인으로 보았다. – ○○ 지대

② 토지의 소유 자체가 지대의 발생 원인이다. – ○○ 지대

③ 조방적 한계의 토지는 무지대(無地代) 토지가 된다. – ○○ 지대

④ 지대는 비옥도나 생산력에 상관없이 최열등지에서도 발생한다. – ○○ 지대

2. 튀넨의 위치지대와 알론소의 입찰지대

① 위치에 따른 수송비의 차이가 지대가 된다. – ○○ 지대

② 위치에 따른 농작물의 재배형태는 지대지불능력에 의해 달라진다. – ○○ 지대

③ 튀넨의 고립국이론을 도시공간에 적용하여 확장, 발전시킨 것이다. – ○○ 지대

④ 지대는 토지이용자가 지불하고자 하는 최대금액이다. – ○○ 지대

3. 마샬의 준지대, 파레토의 경제지대, 헤이그의 마찰비용

① ○지대란 단기에 공급이 제한된 생산요소(기계, 기구)에 귀속되는 소득이다.

② ○지대는 영구적인 성격을 갖는 것은 아니다.

③ ○○지대는 생산요소로부터 얻는 총소득에서 전용(이전)수입을 차감한 부분이다.

④ ○○수입이란 어떤 생산요소가 현재 용도에서 다른 용도로 전용(이전)되지 않기 위해서 지급해야 하는 최소한의 금액을 말한다.

⑤ 헤이그의 마찰비용은 지대와 ○○비로 구성된다.

 1. ① 차액 ② 절대 ③ 차액 ④ 절대
2. ① 위치 ② 위치 ③ 입찰 ④ 입찰
3. ① 준 ② 준 ③ 경제 ④ 전용(이전) ⑤ 교통

01 **다음은 지대 및 지가이론에 관한 기술이다. 적절치 아니한 것은?**

① 지대론에 관한 논쟁은 지대가 토지로부터 생산된 재화의 가격에 영향을 주는 생산비, 즉 비용이냐 아니냐에 핵심을 두고 있다.

② 고전학파는 토지를 자본과 구별하지 않았으며 토지의 자연적 특성을 강조하고 지대를 불로소득으로 간주하였다.

③ 신고전학파는 지대는 잉여가 아니라 생산요소에 대한 대가이므로, 지대는 생산물가격에 영향을 주는 요소비용으로 파악하였다.

④ 마르크스(K. Marx)의 절대지대설에 따르면 지대는 토지소유자가 토지를 소유하는 그 자체로 인하여 발생하며, 따라서 한계지 밖에서도 토지소유자가 요구하면 지대가 발생한다.

⑤ 리카도(D. Ricardo)의 차액지대설에 의하면 곡물수요의 증가가 재배면적을 확대하게 되며, 이 경우 비옥도와 위치에 있어서 열등지와 우등지가 발생하게 되는 바, 지대는 한계지를 기준으로 하여 이보다 생산력이 높은 토지에 대한 대가를 말한다.

〔정답해설〕

② 고전학파는 토지의 자연적 특성을 강조하여 토지를 다른 생산요소와 구별하였다. 그리고 지대를 불로소득 또는 잉여로 간주하였다.

> ▌지대 논쟁
>
> 1. 고전학파의 견해
>   ㉠ 논쟁의 전제 : 토지는 다른 생산요소(자본 또는 노동)와 구별된다.
>   ㉡ 지대의 성격 : 지대는 불로소득 또는 잉여이다.
> 2. 신고전학파의 견해
>   ㉠ 논쟁의 전제 : 토지는 다른 생산요소(자본 또는 노동)와 동일하다.
>   ㉡ 지대의 성격 : 지대는 생산물 가격에 영향을 주는 비용이다.

PART 08

정답 01 ②

02 다음에서 설명하는 지대이론은?

> • 지대가 발생하는 이유는 비옥한 토지의 양이 상대적으로 희소하고 토지에 수확체감현상이 있기 때문이다.
> • 경작되고 있는 토지 가운데 생산성이 가장 낮은 토지를 한계지라고 하며, 한계지에서는 지대가 발생하지 않는다.
> • 어떤 토지의 지대는 그 토지의 생산성과 한계지의 생산성과의 차이에 의해 결정된다.
> • 지대는 토지생산물 가격의 구성요인이 되지 않으며 또한 될 수도 없다.

① 리카도(D. Ricardo)의 차액지대설   ② 알론소(W. Alonso)의 입찰지대이론
③ 파레토(V. Pareto)의 경제지대이론   ④ 마르크스(K. Marx)의 절대지대설
⑤ 마샬(A. Marshall)의 준지대설

〔정답해설〕
① 리카도(D. Ricardo)의 차액지대에 대한 설명이다.

> ▌ **리카도의 차액지대**
> 1. 의미 : 비옥도에 따른 생산력 차이에 의해 발생하는 지대이다.
> 2. 근거 : 비옥한 토지의 희소성과 수확체감의 법칙
> 3. 한계 : 한계지의 지대발생을 설명하지 못한다.

03 다음 중 리카도(D. Ricardo)의 차액지대론에 관한 설명으로 옳은 것을 모두 고른 것은?

> ㉠ 지대 발생의 원인으로 비옥한 토지의 부족과 수확체감의 법칙을 제시하였다.
> ㉡ 조방적 한계의 토지에는 지대가 발생하지 않으므로 무지대(無地代) 토지가 된다.
> ㉢ 토지소유자는 토지 소유라는 독점적 지위를 이용하여 최열등지에도 지대를 요구한다.
> ㉣ 지대는 잉여이기에 토지생산물의 가격이 높아지면 지대가 높아지고 토지생산물의 가격이 낮아지면 지대도 낮아진다.

① ㉠, ㉢   ② ㉡, ㉣
③ ㉠, ㉡, ㉢   ④ ㉠, ㉡, ㉣
⑤ ㉡, ㉢, ㉣

〔정답해설〕
④ ㉠, ㉡, ㉣이 옳은 지문이다.

〔오답해설〕
㉢은 절대지대에 대한 내용이다.

04 다음의 내용을 모두 설명하는 지대는?

> • 지대는 토지소유자가 토지를 소유하고 있다는 독점적 지위 때문에 받는 수입이므로 최열 등지에서도 발생한다.
> • 지대란 토지의 비옥도나 생산력에 관계없이 발생한다.
> • 지대는 토지의 사유화로 인해 발생한다.

① 마샬(A. Marshall)의 준지대
② 리카도(D. Ricardo)의 차액지대
③ 알론소(W. Alonso)의 입찰지대
④ 튀넨(J. H. von Thünen)의 위치지대
⑤ 마르크스(K. Marx)의 절대지대

정답해설

⑤ 마르크스(K. Marx)의 절대지대에 대한 설명이다.

> **▌마르크스의 절대지대**
> 1. 의미 : 토지소유권 제도에 의해 절대적으로 발생하는 지대이다.
> 2. 유용성 : 차액지대가 설명하지 못하는 한계지의 지대발생을 설명할 수 있다.

05 튀넨(J. H. von Thünen)의 위치지대에 대한 설명으로 옳지 않은 것은?

① 튀넨은 리카도의 지대개념을 확장하여 비옥도가 동일하더라도 위치에 따라 지대의 차이가 발생할 수 있다고 주장하였다.
② 위치에 따른 수송비의 차이에 의해 발생되는 지대이다.
③ 튀넨은 위치에 따른 곡물가격은 동일하다고 가정하지만 위치에 따른 생산비와 수송비는 차이가 있음을 가정한다.
④ 중심지에 가까울수록 운송비가 절감되기 때문에 지대는 높아지고 외곽으로 갈수록 운송비가 증가하기 때문에 지대는 점점 낮아진다.
⑤ 위치에 따른 토지 이용의 형태는 작물의 지대지불능력에 의해 결정된다.

정답해설

③ 튀넨은 위치에 따른 수송비의 차이를 강조하기 위해서 수송비 이외의 요소들(곡물가격, 생산비 등)은 동일하다고 가정한다.

정답 ▶ 02 ① 03 ④ 04 ⑤ 05 ③

∥ 튀넨의 위치지대

1. 의미 : 위치에 따른 수송비 차이에 의해 발생하는 지대이다.
2. 가정
   ㉠ 거리에 따른 곡물가격과 생산비는 동일하다.
   ㉡ 거리에 따른 수송비에 차이가 있다.
3. 위치에 따른 **토지이용형태** : 작물의 지대지불능력에 의해 결정된다.

---

06 다음 설명에 모두 해당하는 것은?

> • 서로 다른 지대곡선을 가진 농산물들이 입지경쟁을 벌이면서 각 지점에 따라 가장 높은 지대를 지불하는 농업적 토지이용에 토지가 할당된다.
> • 농산물 생산활동의 입지경쟁 과정에서 토지이용이 할당되어 지대가 결정되는데, 이를 입찰지대라 한다.
> • 중심지에 가까울수록 집약 농업이 입지하고, 교외로 갈수록 조방 농업이 입지한다.

① 튀넨(J. H. von Thünen)의 위치지대설 ② 마샬(A. Marshall)의 준지대설
③ 리카도(D. Ricardo)의 차액지대설   ④ 마르크스(K. Marx)의 절대지대설
⑤ 파레토(V. Pareto)의 경제지대론

정답해설
① 튀넨(J.H.von Thünen)의 위치지대에 대한 내용이다.

07 알론소(W. Alonso)의 입찰지대이론에 관한 설명으로 옳지 않은 것은?

① 튀넨의 고립국이론을 도시공간에 적용하여 확장·발전시킨 것이다.
② 운송비는 도심지로부터 멀어질수록 증가하고, 재화의 평균생산비용은 동일하다는 가정을 전제한다.
③ 지대는 기업주의 정상이윤과 투입 생산비를 지불하고 남은 잉여에 해당하며, 토지이용자에게는 최소지불용의액이라 할 수 있다.
④ 도심지역의 이용 가능한 토지는 외곽지역에 비해 한정되어 있어 토지이용자들 사이에 경쟁이 치열해질 수 있다.
⑤ 교통비 부담이 너무 커서 도시민이 거주하려고 하지 않는 한계지점이 도시의 주거한계점이다.

③ 최소지불용의액 ⇨ 최대지불용의액

▌ **알론소의 입찰지대**

1. 의미
   ㉠ 토지이용자의 입찰경쟁에 의해 결정되는 지대이다.
   ㉡ 뛰넨의 농촌토지이론을 도시토지에 확장시킨 이론이다.
2. 입찰지대
   ㉠ 토지를 입찰에 부쳤을 때, 토지이용자가 지불하고자 하는 최대 금액
   ㉡ 초과이윤이 '0'이 되는 수준의 지대

---

08 마샬(A. Marshall)의 준지대론에 관한 설명으로 옳지 않은 것은?

① 한계생산이론에 입각하여 리카도(D. Ricardo)의 지대론을 재편성한 이론이다.
② 준지대는 생산을 위하여 사람이 만든 기계나 기구들로부터 얻는 소득이다.
③ 토지에 대한 개량공사로 인해 추가적으로 발생하는 일시적인 소득은 준지대에 속한다.
④ 고정생산요소의 공급량은 단기적으로 변동하지 않으므로 다른 조건이 동일하다면 준지대는 고정생산요소에 대한 수요에 의해 결정된다.
⑤ 준지대는 토지 이외의 고정생산요소에 귀속되는 소득으로서, 다른 조건이 동일하다면 영구적으로 지대의 성격을 가지는 소득이다.

⑤ 준지대는 공급이 제한된 단기에만 나타나는 현상이다. 따라서 영구적인 성격을 갖지 않는다.

▌ **마샬의 준지대**

1. 의미 : 단기에 공급이 제한된 기계·기구 등의 사용대가를 준지대라고 한다.
2. 특징 : 공급이 제한된 단기에만 나타나는 현상으로 영구적인 성격을 갖지 않는다.

09 지대론에 관한 설명으로 옳지 않은 것은?

① 리카도(D. Ricardo)는 비옥도의 차이, 비옥한 토지량의 제한, 수확체감 법칙의 작동을 지대발생의 원인으로 보았다.

② 위치지대설에 따르면 다른 조건이 동일한 경우, 지대는 중심지에서 거리가 멀어질수록 하락한다.

③ 절대지대설에 따르면 토지의 소유 자체가 지대의 발생요인이다.

④ 입찰지대설에 따르면 토지이용은 최고의 지대지불의사가 있는 용도에 할당된다.

⑤ 차액지대설에 따르면 지대는 경제적 잉여가 아니고 생산비이다.

정답해설

⑤ 리카도에 의하면 차액지대는 비용이 아니라 경제적 잉여이다.

10 지대이론에 관한 설명으로 옳은 것을 모두 고른 것은?

ㄱ 리카도(D. Ricardo)는 지대발생의 원인을 비옥한 토지의 희소성과 수확체감현상으로 설명하고, 토지의 질적 차이에서 발생하는 임대료의 차이로 보았다.

ㄴ 마샬(A. Marshall)은 일시적으로 토지와 유사한 성격을 가지는 생산요소에 귀속되는 소득을 준지대로 설명하고, 단기적으로 공급량이 일정한 생산요소에 지급되는 소득으로 보았다.

ㄷ 튀넨(J. H. von Thünen)은 한계지 생산력과 우등지 생산력의 차이를 지대로 보았다.

ㄹ 마르크스(K. Marx)는 도시로부터 거리에 따라 농작물의 재배형태가 달라진다는 점에 착안하여, 수송비의 차이가 지대의 차이를 가져온다고 보았다.

① ㄱ, ㄴ

② ㄴ, ㄷ

③ ㄱ, ㄴ, ㄹ

④ ㄱ, ㄷ, ㄹ

⑤ ㄴ, ㄷ, ㄹ

정답해설

① 옳은 지문은 ㄱ, ㄴ이다.

오답해설

ㄷ 튀넨 ⇨ 리카도의 차액지대 : 한계지와의 수확량의 차이는 차액지대의 내용이다.

ㄹ 마르크스 ⇨ 튀넨의 위치지대 : 농작물의 재배형태, 수송비의 차이는 위치지대의 내용이다.

11 **지대에 관한 설명으로 옳은 것은?**

① 경제지대는 어떤 생산요소가 다른 용도로 전용되지 않고 현재의 용도에 그대로 사용되도록 지급하는 최소한의 지급액이다.

② 헤이그(R. Haig)의 마찰비용이론에서 지대는 마찰비용과 교통비의 합으로 산정된다.

③ 독점지대는 토지의 생산성과 무관하게 토지가 개인에 의해 배타적으로 소유되는 것으로부터 발생한다.

④ 마샬(A. Marshall)은 일시적으로 토지의 성격을 가지는 기계, 기구 등의 생산요소에 대한 대가를 파레토지대로 정의하였다.

⑤ 알론소(W. Alonso)의 입찰지대곡선은 여러 개의 지대곡선 중 가장 높은 부분을 연결한 포락선이다.

정답해설
⑤ 옳은 지문이다.

오답해설
① 경제지대 ⇨ 이전수입 또는 전용수입
② 지대 = 마찰비용 + 교통비 ⇨ 마찰비용 = 지대 + 교통비
③ 독점지대 ⇨ 절대지대
④ 파레토지대 ⇨ 준지대

> ▌**파레토지대(경제지대)**
> 1. 의미 : 경제지대는 총수입에서 전용수입(이전수입)을 제하고 남은 잉여를 말한다.
> 2. 특징 : 경제지대는 공급이 비탄력적일수록 증가한다.

12 **다음과 같은 지대이론을 주장한 학자는?**
▶ 2020년 31회

> • 지대는 자연적 기회를 이용하는 반대급부로 토지소유자에게 지불하는 대가로 보았다.
> • 토지지대는 토지이용으로부터 얻는 순소득을 의미하며, 이 순소득을 잉여라고 하였다.
> • 토지의 몰수가 아닌 지대의 몰수라고 주장하면서 토지가치에 대한 조세 이외의 모든 조세를 철폐하자고 하였다.

① 리카도(D. Ricardo)
② 알론소(W. Alonso)
③ 헨리 조지(H. George)
④ 마르크스(K. Marx)
⑤ 튀넨(J. H. von Thünen)

정답해설
③ 헨리 조지의 토지단일세에 대한 내용이다.

정답   09 ⑤   10 ①   11 ⑤   12 ③

도시 내부 구조이론

1. 버제스의 동심원이론
　① 키워드 : 시카고시, 도시○○학적 분석, 침입·경쟁·천이
　② 도시는 중심업무지구, ○○지대, 노동자주거지대, 중산층주거지대, 통근자주거지대 등 5개의 지대로 분화된다.

2. 호이트의 선형이론
　① 키워드 : 교통축(○○)을 따라 부채꼴 모양, 소득을 강조
　② 주택가격의 지불능력(○○)이 도시주거공간의 유형을 결정하는 중요한 요인이다.

3. 해리스와 울만의 다핵심이론
　① 키워드 : 현대 도시, 분리된 몇 개의 중심지(핵)
　② 동종 활동의 ○○, 이종 활동의 ○○을 통해 다양한 핵이 발생한다.

 1. ① 생태 ② 점이
　 2. ① 도로 ② 소득
　 3. ② 집적, 분산

01 버제스(Burgess)의 동심원이론에 대한 설명으로 옳지 않은 것은?
　① 동심원이론은 튀넨의 이론을 도시구조에 적용하였다.
　② 동심원이론에 따르면 저소득층일수록 고용기회가 적은 도심에 주거를 선정하는 경향이 있다.
　③ 동심원이론에 의하면 도시는 중심지로 접근할수록 범죄, 빈곤 및 질병 등 도시문제가 늘어나는 경향을 보인다.
　④ 동심원이론은 주거지의 공간 분화를 침입, 경쟁, 천이 등의 과정으로 설명하였다.
　⑤ 동심원이론에 의하면 점이지대는 고소득층 주거지역보다 도심에 가깝게 위치한다.

정답해설

② 적은 ⇨ 많은 : 저소득층(노동자 계층)은 고용기회가 많은 지역을 선호하는 경향이 있다.

┃ 버제스의 동심원이론

1. 도시는 모든 방향으로 성장하기 때문에 동심원의 구조를 갖는다.
2. 시카고시를 대상으로 연구한 실증적·경험적 연구 이론이다.
3. 생태학적 분석 또는 도시를 침입, 경쟁, 천이 등의 과정으로 설명하였다.
4. 도시는 중심업무지구, 점이지대, 노동자 주택지구, 중산층 주택지구, 통근자 주택지구 등 5개의 지대로 구분된다.

02 **다음에서 설명하는 도시공간구조이론은?**

> • 도시공간구조의 성장과 지역분화에 있어 중심업무지구로부터 도매·경공업지구, 저급주택지구, 중급주택지구, 고급주택지구들이 주요 교통노선에 따라 쐐기형(wedge)지대모형으로 확대 배치된다.
> • 주택가격의 지불능력이 도시주거공간의 유형을 결정하는 중요한 요인이다.

① 선형이론   ② 동심원이론
③ 다핵심이론   ④ 중력모형이론
⑤ 분기점모형이론

정답해설

① 호이트(H. Hoyt)의 선형이론에 대한 설명이다.

┃ 호이트의 선형이론

1. 주택지는 도심의 주요 간선도로망을 따라 소득계층별로 형성된다.
2. 주택가격의 지불능력, 즉 소득을 강조한 이론이다.
3. 도시의 공간구조는 고소득층이 결정한다고 하였다.

정답 01 ② 02 ①

03 다음 내용을 모두 만족시키는 도시공간구조이론은?

> • 유사한 도시활동은 집적으로부터 발생하는 이익 때문에 집중하려는 경향이 있다.
> • 서로 다른 도시활동 중에서는 집적 불이익이 발생하는 경우가 있는데, 이러한 활동은 상호 분리되는 경향이 있다.
> • 도시활동 중에는 교통이나 입지의 측면에서 특별한 편익을 필요로 하는 기능들이 있다.

① 동심원이론   ② 선형이론
③ 다핵심이론   ④ 입지지대이론
⑤ 최소비용이론

[정답해설]
③ 해리스(C. Harris)와 울만(E. Ullman)의 다핵심이론에 대한 설명이다.

▌ 다핵심이론
1. 현대 도시의 내부 구조는 수 개의 핵을 중심으로 다양한 형태로 형성된다.
2. 다핵의 발생원인
   ㉠ 동종 활동의 집적   ㉡ 이종 활동의 분산
   ㉢ 특정 위치의 요구   ㉣ 지대지불능력의 차이

---

04 지대이론 및 도시공간구조이론에 관한 설명으로 옳지 않은 것은?   ▸ 2019년 30회

① 리카도(D. Ricardo)는 비옥한 토지의 희소성과 수확체감의 법칙으로 인해 지대가 발생한다고 보았다.
② 마샬(A. Marshall)은 일시적으로 토지와 유사한 성격을 가지는 생산요소에 귀속되는 소득을 준지대로 보았다.
③ 알론소(W. Alonso)는 각 토지의 이용은 최고의 지대지불의사가 있는 용도에 할당된다고 보았다.
④ 호이트(H. Hoyt)는 저급주택지가 도심지역과의 교통이 편리한 지역에 선형으로 입지한다고 보았다.
⑤ 해리스(C. Harris)와 울만(E. Ullman)은 도시 내부의 토지이용이 단일한 중심이 아니라 여러 개의 전문화된 중심으로 이루어진다고 보았다.

[정답해설]
④ 저급주택지 ⇨ 고급주택지 또는 고소득층 주거지역

05 도시성장구조이론에 관한 설명으로 옳지 않은 것은? ▸2016년 27회

① 버제스(Burgess)의 동심원이론은 도시생태학적 관점에서 접근하였다.

② 해리스(Harris)와 울만(Ullman)의 다핵심이론은 도시가 그 도시 내에서도 수 개의 핵심이 형성되면서 성장한다는 이론이다.

③ 동심원이론은 도시가 그 중심에서 동심원상으로 확대되어 분화되면서 성장한다는 이론이다.

④ 다핵심이론과 호이트(Hoyt)의 선형이론의 한계를 극복하기 위해서 개발된 동심원이론에서 점이지대는 저소득지대와 통근자지대 사이에 위치하고 있다.

⑤ 선형이론은 도시가 교통망을 따라 확장되어 부채꼴 모양으로 성장한다는 이론이다.

정답해설

④ 다핵심이론은 버제스의 동심원이론과 호이트의 선형이론의 한계를 극복하기 위해 등장한 이론이다. 또한 점이지대는 중심업무지구(CBD)와 저소득층 주거지대(저소득지대) 사이에 위치하고 있다.

06 입지 및 도시공간구조이론에 관한 설명으로 옳지 않은 것은? ▸2018년 29회

① 최소마찰비용이론은 경제부문의 집적화 이익이 시공간적으로 누적적 인과과정을 통해 낙후된 지역까지 파급된다고 본다.

② 알론소(Alonso)의 입찰지대곡선은 도심으로부터 교외로 이동하면서 거리에 따라 가장 높은 지대를 지불할 수 있는 산업들의 지대곡선을 연결한 선이다.

③ 해리스(Harris)와 울만(Ullman)의 다핵심이론은 서로 유사한 활동이 집적하려는 특성이 있다고 본다.

④ 버제스(Burgess)의 동심원이론은 침입, 경쟁, 천이과정을 수반하는 생태학적 논리에 기반하고 있다.

⑤ 호이트(Hoyt)의 선형이론은 도시공간의 성장 및 분화가 주요 교통노선을 따라 확대되면서 나타난다고 본다.

정답해설

① 허드(Hurd)의 최소마찰비용이론은 도시의 성장은 마찰이 적은 방향으로 성장한다는 이론이다.

정답 03 ③ 04 ④ 05 ④ 06 ①

07 **도시공간구조이론에 관한 설명으로 옳은 것은?**

① 도시공간구조의 변화를 야기하는 요인은 교통의 발달이지 소득의 증가와는 관계가 없다.

② 버제스(E. Burgess)는 도시의 성장과 분화가 주요 교통망에 따라 확대되면서 나타난다고 보았다.

③ 호이트(H. Hoyt)는 도시의 공간구조 형성을 침입, 경쟁, 천이 등의 과정으로 나타난다고 보았다.

④ 동심원이론에 의하면 중심업무지구는 내측은 경공업지대로, 외측은 불량주거지대로 구성되어 있다.

⑤ 다핵심이론의 핵심요소에는 공업, 소매, 고급주택 등이 있으며, 도시성장에 맞춰 핵심의 수가 증가하고 특화될 수 있다.

[정답해설]
⑤ 옳은 지문이다.

[오답해설]
① 교통의 발달과 소득의 변화는 모두 도시구조를 변화시키는 원인이 된다.
② 버제스 ⇨ 호이트의 선형이론
③ 호이트 ⇨ 버제스의 동심원이론
④ 중심업무지구 ⇨ 점이지대

08 **도시공간구조이론에 관한 설명으로 옳지 않은 것은?** ▸2021년 32회

① 동심원이론은 도시공간구조의 형성을 침입, 경쟁, 천이과정으로 설명하였다.

② 동심원이론에 따르면 중심지에서 멀어질수록 지대 및 인구 밀도가 낮아진다.

③ 선형이론에서의 점이지대는 중심업무지구에 직장 및 생활 터전이 있어 중심업무지구에 근접하여 거주하는 지대를 말한다.

④ 선형이론에 따르면 도시공간구조의 성장 및 분화가 주요 교통노선을 따라 부채꼴 모양으로 확대된다.

⑤ 다핵심이론에 따르면 하나의 중심이 아니라 몇 개의 분리된 중심이 점진적으로 통합됨에 따라 전체적인 도시공간구조가 형성된다.

[정답해설]
③ 선형이론에서의 점이지대 ⇨ 동심원이론의 노동자주거지대

[정답] 07 ⑤ 08 ③

03

공업입지론

1. 베버의 최소비용이론

① 베버는 ○○비용으로 제품을 생산할 수 있는 장소가 최적의 공업입지라고 주장하였다.

② 산업입지에 영향을 주는 요인으로 수송비, 노동비 및 집적이익을 들었으며, 그중 가장 중요한 요인은 ○○비라고 주장하였다.

2. 뢰쉬의 최대수요이론

① 뢰쉬는 수요를 변수로 입지이론을 전개시킨 최초의 학자로서 최소비용이론을 부정하고 총소득이 최대가 되는 지점, 즉 수요를 ○○로 하는 지점을 강조하였다.

② 수요 측면의 입장에서 기업은 시장 확대 가능성이 가장 ○○ 지점에 위치해야 한다.

답   1. ① 최소   ② 수송   2. ① 최대   ② 높은

---

01 **베버(A. Weber)의 공업입지론에 관한 설명으로 옳지 않은 것은? (단, 기업은 단일 입지 공장이고, 다른 조건은 동일함)**

① 생산자는 합리적 경제인이라고 가정한다.

② 최소비용으로 제품을 생산할 수 있는 곳을 기업의 최적입지점으로 본다.

③ 기업의 입지요인으로 수송비, 인건비, 집적이익을 제시하였다.

④ 기업은 수송비, 인건비, 집적이익의 순으로 각 요인이 최소가 되는 지점에 입지한다.

⑤ 등비용선(isodapane)은 최소수송비 지점으로부터 기업이 입지를 바꿀 경우, 이에 따른 추가적인 수송비의 부담액이 동일한 지점을 연결한 곡선을 의미한다.

정답해설

④ 수송비와 인건비는 최소가 되고, 집적이익은 최대가 되어야 전체 생산비가 최소가 된다.

> **▌베버의 최소비용이론**
> 1. 제품생산에 드는 비용이 최소인 지점이 공장의 최적 입지이다.
> 2. 산업입지에 영향을 주는 요인에는 수송비, 노동비, 집적이익이 있으며, 그중 가장 중요한 요인은 수송비이다.

정답   01 ④

02 베버(A. Weber)의 최소비용이론에 관한 설명으로 옳지 않은 것은? (단, 기업은 단일 입지 공장이고, 다른 조건은 동일함)

① 최소비용지점은 최소운송비 지점, 최소노동비 지점, 집적이익이 발생하는 구역을 종합적으로 고려해서 결정한다.

② 등비용선(isodapane)은 최소운송지 지점으로부터 기업이 입지를 바꿀 경우, 운송비와 노동비가 동일한 지점을 연결한 곡선을 의미한다.

③ 원료지수(material index)가 1보다 큰 공장은 원료지향적 입지를 선호한다.

④ 제품 중량이 국지원료 중량보다 큰 제품을 생산하는 공장은 시장지향적 입지를 선호한다.

⑤ 운송비는 원료와 제품의 무게, 원료와 제품이 수송되는 거리에 의해 결정된다.

〔정답해설〕

② 운송비와 노동비가 동일한 지점 ⇨ 운송비가 동일한 지점 : 등비용선은 최소운송지 지점으로부터 기업이 입지를 바꿀 경우, 추가적인 운송비 부담이 동일한 지점을 연결한 곡선이다.

03 산업입지이론에 관한 설명으로 옳지 않은 것은? ▸2022년 33회

① 베버(A. Weber)는 운송비의 관점에서 특정 공장이 원료지향적인지 또는 시장지향적인지 판단하기 위해 원료지수(material index)를 사용하였다.

② 베버(A. Weber)의 최소비용이론에서는 노동비, 운송비, 집적이익 가운데 운송비를 최적입지 결정에 가장 우선적으로 검토한다.

③ 뢰쉬(A. Lösch)의 최대수요이론에서는 입지분석에 있어 대상지역 내 원자재가 불균등하게 존재한다는 전제하에, 수요가 최대가 되는 지점이 최적입지라고 본다.

④ 아이사드(W. Isard)는 여러 입지 가운데 하나의 입지를 선정할 때 각 후보지역이 가지고 있는 비용최소 요인을 대체함으로써 최적입지가 달라질 수 있다는 대체원리(substitution principle)를 입지이론에 적용하였다.

⑤ 스미스(D. Smith)의 비용수요통합이론에서는 이윤을 창출할 수 있는 공간한계 내에서는 어디든지 입지할 수 있다는 준최적입지(suboptimal location) 개념을 강조한다.

〔정답해설〕

③ 원자재가 불균등 ⇨ 균등 : 뢰쉬 이론의 세부적인 전제 조건까지 모두 이해할 수는 없다. 다만 어떤 요인을 분석할 때에는 분석하고자 하는 요인을 제외한 다른 요인들은 변화가 없다고 가정함에 주의하여야 한다. 수요측 요인을 분석하는 뢰쉬 이론은 비용과 관련된 요인은 모두 동일하다고 가정한다. 따라서 최대수요이론은 지역의 원자재는 균등하다고 가정하고 입지이론을 분석하였다.

1. 베버의 최소비용이론은 수요측 요인은 동일하고, 비용측 요인은 지역에 따라 차이가 있다고 가정한다.
2. 뢰쉬의 최대수요이론은 공급측 요인은 동일하고, 수요측 요인은 지역에 따라 차이가 있다고 가정한다.

④ 아이사드는 입지이론에 대체원리를 결합시켜 이론을 설명하였다. 즉 자본이 노동을 대체할 수 있는 것처럼 최적 입지에 영향을 주는 요인과 대체될 수 있는 다양한 다른 생산요소들의 비용을 분석함으로써 입지이론을 설명하였다.
⑤ 스미스는 최소비용이론과 최대수요이론을 종합하여 비용과 수입을 모두 고려하여 가장 이윤이 많이 발생되는 입지가 최적의 입지라고 설명하였다. 또한 종래의 입지이론이 최적 입지의 한 지점만을 찾으려고 한 것에 비해 이윤을 창출할 수 있는 공간적 한계구역(준최적입지)이라는 개념을 제시하고 그 구역에서는 어디에서나 공장이 입지할 수 있다고 설명하였다.

04 공장부지의 입지요인에 관한 설명으로 옳지 않은 것은?

① 중간재나 완제품을 생산하는 공장은 시장지향형 입지를, 노동집약적이고 미숙련공을 많이 사용하는 공장은 노동지향형 입지를 선호한다.
② 보편원료(ubiquitous material)를 많이 사용하는 공장과 중량 증가 산업은 원료지향형 입지를 선호한다.
③ 위험물폐기규제, 대상지역의 기업환경, 세제상의 혜택, 중앙정부나 지방정부의 지원 등도 부지선정 시 고려해야 할 중요한 요인이 된다.
④ 운송비의 비중이 적고, 기술연관성이 높으며 계열화된 산업의 경우, 집적지역에 입지함으로써 비용절감효과를 얻을 수 있다.
⑤ 기업조직의 공간적 분업, 공간 연계 등 기업의 조직구조 변화도 입지요인으로 들 수 있다.

② 원료지향형 ⇨ 시장지향형

▮ 공장의 입지 유형

1. **원료지향형 입지** : 원료산지에 입지해야 유리한 산업이다.
   ㉠ 원료 수송비가 많은 산업, 원료지수 > 1 산업, 중량 감소 산업
   ㉡ 국지원료를 많이 사용하는 산업, 원료의 부패가 심한 산업
2. **시장지향형 입지** : 시장에 입지해야 유리한 산업이다.
   ㉠ 제품 수송비가 많은 산업, 원료지수 < 1 산업, 중량 증가 산업
   ㉡ 보편원료를 많이 사용하는 산업, 중간재 또는 완제품을 생산하는 산업
3. **노동지향형 입지** : 저렴하고 풍부한 노동력이 있는 장소에 입지한다.
4. **집적지향형 입지** : 기술연관성이 높은 산업은 함께 입지한다.

정답 ▷ 02 ② 03 ③ 04 ②

상업입지론

1절 상업입지 이론

확인학습

1. 크리스탈러의 중심지이론
  ① 중심지의 생성 조건 : ○○요구치 < 재화의 도달 범위
  ② 재화와 서비스에 따라 중심지는 계층화되어 상권의 규모가 달라진다는 것을 실증하였다.

2. 중력모형
  ① 레일리의 소매인력법칙 : 두 중심지가 소비자에게 미치는 영향력의 크기는 두 중심지의 크기에
     ○○하고 거리의 제곱에 ○○○한다.
  ② 허프의 확률모형 : 소비자의 구매 형태가 상권형성에 영향을 주며, 실측거리와 매장규모와 같은
     공간요인과 함께 효용이라는 비공간요인을 고려하였다.
  ③ 컨버스의 분기점모형 : 두 소매시장 간 상권의 경계지점(○○점)을 확인할 수 있도록 소매중력모
     형을 수정하였다.

 1. ① 최소
2. ① 비례, 반비례 ③ 분기

01 크리스탈러의 중심지이론에 대한 설명으로 옳은 것은?
  ① 최소요구범위 – 중심지 기능이 유지되기 위한 최소한의 수요 요구 규모
  ② 최소요구치 – 중심지로부터 어느 기능에 대한 수요가 0이 되는 곳까지의 거리
  ③ 배후지 – 중심지에 의해 재화와 서비스를 제공받는 주변지역
  ④ 도달범위 – 판매자가 정상이윤을 얻을 만큼의 충분한 소비자들을 포함하는 경계까지의
     거리
  ⑤ 중심지 재화 및 서비스 – 배후지에서 중심지로 제공되는 재화 및 서비스

③ 옳은 지문이다.

① 최소요구범위 ⇨ 최소요구치
② 최소요구치 ⇨ 재화의 도달범위
④ 도달범위 ⇨ 최소요구범위
⑤ 중심지 재화 및 서비스 – 중심지에서 배후지로 제공되는 재화 및 서비스

▌ **상업입지의 용어 정의**

1. **중심지** : 재화와 서비스를 제공하는 지역(상업도시, 매장, 쇼핑센터)
2. **배후지** : 중심지로부터 재화와 서비스를 제공받는 지역
3. **최소요구치** : 중심지가 존속하기 위해 필요한 최소한의 고객 수
4. **최소요구치 범위**
   ㉠ 중심지가 존속하기 위해 필요한 최소한의 수요(고객) 범위
   ㉡ 정상이윤을 얻을 만큼의 소비자들을 포함한 경계거리
5. **재화의 도달 범위**
   ㉠ 중심지 기능이 미치는 한계거리
   ㉡ 수요(고객)가 0이 되는 지점까지를 연결한 범위

---

02 다음 설명에 모두 해당되는 입지이론은?

> • 인간정주체계의 분포원리와 상업입지의 계층체계를 설명하고 있다.
> • 재화의 도달거리와 최소요구치와의 관계를 설명하는 것으로 최소요구치가 재화의 도달범위 내에 있을 때 판매자의 존속을 위한 최소한의 상권 범위가 된다.
> • 고객의 다목적 구매행동, 고객의 지역 간 문화적 차이를 반영하지 않았다는 비판이 있다.

① 애플바움(W. Applebaum)의 소비자분포기법
② 레일리(W. Reilly)의 소매중력모형
③ 버제스(E. Burgess)의 동심원이론
④ 컨버스(P. Converse)의 분기점 모형
⑤ 크리스탈러(W. Christaller)의 중심지이론

⑤ 크리스탈러(W. Christaller)의 중심지이론에 대한 내용이다.

정답 01 ③ 02 ⑤

03 다음 이론에 관한 설명으로 옳지 않은 것은?

① 레일리(W. Reilly)는 두 중심지가 소비자에게 미치는 영향력의 크기는 두 중심지의 크기에 반비례하고 거리의 제곱에 비례한다고 보았다.

② 베버(A. Weber)는 운송비·노동비·집적이익을 고려하여 비용이 최소화되는 지점이 공장의 최적입지가 된다고 보았다.

③ 컨버스(P. Converse)는 경쟁관계에 있는 두 소매시장 간 상권의 경계지점을 확인할 수 있도록 소매중력모형을 수정하였다.

④ 허프(D. Huff)는 소비자가 특정 점포를 이용할 확률은 소비자와 점포와의 거리, 경쟁점포의 수와 면적에 의해서 결정된다고 보았다.

⑤ 크리스탈러(W. Christaller)는 재화와 서비스에 따라 중심지가 계층화되며 서로 다른 크기의 도달범위와 최소요구범위를 가진다고 보았다.

> 정답해설

① 레일리의 유인력은 중심지 크기에 비례하고 거리의 제곱에 반비례한다.

04 다음에서 설명하는 내용을 〈보기〉에서 올바르게 고른 것은?

> ㉠ 토지이용이 도시를 중심으로 지대지불능력에 따라 달라진다는 튀넨(J. H. von Thünen)의 이론을 도시 내부에 적용하였다.
> ㉡ 공간적 중심지 규모의 크기에 따라 상권의 규모가 달라진다는 것을 실증하였다.
> ㉢ 특정 점포가 최대 이익을 얻을 수 있는 매출액을 확보하기 위해서는 어떤 장소에 입지하여야 하는지를 제시하였다.

---| 보기 |---

(가) 버제스(E. Burgess)의 동심원이론
(나) 레일리(W. Reilly)의 소매인력법칙
(다) 크리스탈러(W. Christaller)의 중심지이론
(라) 넬슨(R. Nelson)의 소매입지이론

① ㉠ : (가), ㉡ : (나), ㉢ : (다)   ② ㉠ : (가), ㉡ : (나), ㉢ : (라)
③ ㉠ : (가), ㉡ : (다), ㉢ : (라)   ④ ㉠ : (나), ㉡ : (다), ㉢ : (가)
⑤ ㉠ : (나), ㉡ : (다), ㉢ : (라)

> 정답해설

③ 옳은 연결이다.

05 허프(D. Huff)모형에 관한 설명으로 옳지 않은 것은?

① 중력모형을 활용하여 상권의 규모 또는 매장의 매출액을 추정할 수 있다.
② 모형의 공간(거리)마찰계수는 시장의 교통조건과 쇼핑물건의 특성에 따라 달라지는 값이다.
③ 모형을 적용하기 전에 공간(거리)마찰계수가 먼저 정해져야 한다.
④ 교통조건이 나쁠 경우, 공간(거리)마찰계수가 커지게 된다.
⑤ 전문품점의 경우는 일상용품점보다 공간(거리)마찰계수가 크다.

정답해설

⑤ 크다. ⇨ 작다. : 전문품은 취미 또는 기호와 관련된 상품으로 소비자는 전문품점에 기꺼이 가고자 한다. 따라서 전문품점의 마찰계수는 작다.

▌**허프의 마찰계수**
1. 마찰계수는 자연과학의 마찰력을 사회과학에 응용한 지표이다. 이동이 어렵다면 마찰계수는 크고, 이동이 쉽다면 마찰계수는 작다.
2. 마찰계수의 측정
   ㉠ 교통조건이 나쁘면 마찰계수는 크고, 교통조건이 좋으면 마찰계수는 작다.
   ㉡ 일용품점의 마찰계수는 크고, 전문품점의 마찰계수는 작다.

06 허프(D. Huff)모형에 관한 설명으로 옳은 것을 모두 고른 것은? (단, 다른 조건은 동일함)

㉠ 어떤 매장이 고객에게 주는 효용이 클수록 그 매장이 고객들에게 선택될 확률이 더 높아진다는 공리에 바탕을 두고 있다.
㉡ 해당 매장을 방문하는 고객의 행동력은 방문하고자 하는 매장의 크기에 비례한다.
㉢ 공간(거리)마찰계수는 시장의 교통조건과 매장물건의 특성에 따라 달라지는 값이며, 교통조건이 나빠지면 더 커진다.
㉣ 일반적으로 소비자는 가장 가까운 곳에서 상품을 선택하려는 경향이 있다.
㉤ 고정된 상권을 놓고 경쟁함으로써 제로섬(zero-sum)게임이 된다는 한계가 있다.

① ㉠, ㉡
② ㉡, ㉢, ㉣
③ ㉢, ㉣, ㉤
④ ㉠, ㉡, ㉢, ㉤
⑤ ㉠, ㉡, ㉢, ㉣, ㉤

정답해설

⑤ 모두 옳은 지문이다.

정답 03 ① 04 ③ 05 ⑤ 06 ⑤

07 입지와 도시공간구조에 관한 설명으로 옳은 것을 모두 고른 것은?

> ⊙ 컨버스(P. Converse)는 소비자들의 특정 상점의 구매를 설명할 때 실측거리, 시간거리, 매장규모와 같은 공간요인뿐만 아니라 효용이라는 비공간요인도 고려하였다.
>
> ⓒ 호이트(H. Hoyt)는 저소득층의 주거지가 형성되는 요인으로 도심과 부도심 사이의 도로, 고지대의 구릉지, 주요 간선도로의 근접성을 제시하였다.
>
> ⓒ 넬슨(R. Nelson)은 특정 점포가 최대 이익을 얻을 수 있는 매출액을 확보하기 위해서 어떤 장소에 입지하는가에 대한 8원칙을 제시하였다.
>
> ⓒ 알론소(W. Alonso)는 단일도심도시의 토지이용형태를 설명함에 있어 입찰지대의 개념을 적용하였다.

① ⊙ 　　　　　② ⊙, ⓒ 　　　　　③ ⓒ, ⓒ
④ ⓒ, ⓒ 　　　　　⑤ ⓒ, ⓒ, ⓒ

정답해설
④ ⓒ, ⓒ이 옳은 지문이다.

오답해설
⊙ 컨버스 ⇨ 허프의 확률모형
ⓒ 저소득층의 주거지 ⇨ 고소득층의 주거지

08 다음 입지 및 도시공간구조 이론에 관한 설명으로 옳은 것을 모두 고른 것은?

> ⊙ 베버(A. Weber)의 최소비용이론은 산업입지의 영향요소를 운송비, 노동비, 집적이익으로 구분하고, 이 요소들을 고려하여 비용이 최소화되는 지점이 공장의 최적입지가 된다는 것이다.
>
> ⓒ 뢰시(A. Lösch)의 최대수요이론은 장소에 따라 수요가 차별적이라는 전제하에 수요 측면에서 경제활동의 공간조직과 상권조직을 파악한 것이다.
>
> ⓒ 넬슨(R. Nelson)의 소매입지이론은 특정 점포가 최대 이익을 얻을 수 있는 매출액을 확보하기 위해서는 어떤 장소에 입지하여야 하는가에 대한 원칙을 제시한 것이다.
>
> ⓒ 해리스(C. Harris)와 울만(E. Ullman)의 다핵심이론은 단일의 중심업무지구를 핵으로 하여 발달하는 것이 아니라, 몇 개의 분리된 핵이 점진적으로 통합됨에 따라 전체적인 도시구조가 형성된다는 것이다.

① ⊙, ⓒ 　　　　　② ⓒ, ⓒ 　　　　　③ ⊙, ⓒ, ⓒ
④ ⓒ, ⓒ, ⓒ 　　　　　⑤ ⊙, ⓒ, ⓒ, ⓒ

정답해설
⑤ 모두 옳은 지문이다.

2절 계산 문제

01 A, B도시 사이에 C도시가 위치한다. 레일리(W. Reilly)의 소매인력법칙을 적용할 경우, C도시에서 A, B도시로 구매활동에 유인되는 인구의 규모는? (단, C도시의 인구는 모두 구매자이고, A, B도시에서만 구매하는 것으로 가정하며, 주어진 조건에 한함)

- A도시 인구 수 : 400,000명
- B도시 인구 수 : 100,000명
- C도시 인구 수 : 50,000명
- C도시와 A도시 간의 거리 : 10km
- C도시와 B도시 간의 거리 : 5km

---

① A : 15,000명   B : 35,000명   ② A : 20,000명   B : 30,000명
③ A : 25,000명   B : 25,000명   ④ A : 30,000명   B : 20,000명
⑤ A : 35,000명   B : 15,000명

정답해설

③ A : 25,000명, B : 25,000명
   1. 각 도시의 구매유인력

      ㉠ A도시의 구매유인력 : $\dfrac{400,000}{10^2} = 4,000$

      ㉡ B도시의 구매유인력 : $\dfrac{100,000}{5^2} = 4,000$

   2. A, B도시의 구매유인비율

      ㉠ A도시의 구매유인비율 : $\dfrac{4,000}{4,000 + 4,000} = 0.5(50\%)$

      ㉡ B도시의 구매유인비율 : $\dfrac{4,000}{4,000 + 4,000} = 0.5(50\%)$

   3. A, B도시로 구매활동에 유인되는 인구의 규모
      ㉠ A도시로 유인되는 인구의 규모 : 50,000 × 0.5 = 25,000명
      ㉡ B도시로 유인되는 인구의 규모 : 50,000 × 0.5 = 25,000명

▌ 레일리의 소매인력법칙

1. 고객유인력은 중심지의 크기에 비례하고 거리의 제곱에 반비례한다.

2. 레일리의 고객유인력 : $\dfrac{크기(인구\ 수,\ 매장면적)}{거리^2}$

정답   01 ③

02 다음 표는 어느 시장지역 내 거주지 A에서 소비자가 이용하는 쇼핑센터까지의 거리와 규모를 표시한 것이다. 현재 거주지 A지역의 인구가 1,000명이다. 허프(huff)모형에 의한다면, 거주지 A에서 쇼핑센터 1의 이용객 수는? (단, 공간마찰계수는 2이고, 소요시간과 거리의 비례는 동일하며, 다른 조건은 불변이라고 가정함)

구분	쇼핑센터 1	쇼핑센터 2
쇼핑센터의 면적	1,000㎡	1,000㎡
거주지 A로부터의 시간거리	5분	10분

① 600명   ② 650명
③ 700명   ④ 750명
⑤ 800명

정답해설

⑤ 거주지 A에서 쇼핑센터 1의 이용객 수는 800명이다.

1. 쇼핑센터 1의 유인력 : $\dfrac{1,000}{5^2}$ = 40

2. 쇼핑센터 2의 유인력 : $\dfrac{1,000}{10^2}$ = 10

3. 쇼핑센터 1의 이용객 수 = 1,000명 × $\dfrac{40}{40 + 10}$ = 800명

▌허프의 확률모형

1. 소비자의 구매형태가 근본적으로 상권의 형성에 영향을 준다.
 ㉠ 매장이 클수록 소비자의 효용은 증가한다.
 ㉡ 소비자는 가까운 곳에서 소비를 하려고 한다.
2. 허프의 고객유인력 : $\dfrac{\text{크기(인구 수, 매장면적)}}{\text{거리}^k}$ (k : 마찰계수)
3. 확률모형을 통해 각 상점의 시장점유율을 간편하게 추계할 수 있다.

03 허프(D. Huff)모형을 활용하여 점포 A의 월 매출액을 추정하였는데, 착오에 의해 공간(거리) 마찰계수가 잘못 적용된 것을 확인하였다. 올바르게 추정한 점포 A의 월 매출액은 잘못 추정한 점포 A의 월 매출액보다 얼마나 증가하는가?

- X지역의 현재 주민 : 10,000명
- 1인당 월 점포 소비액 : 30만원
- 올바른 공간(거리)마찰계수 : 2
- 잘못 적용된 공간(거리)마찰계수 : 1
- X지역의 주민은 모두 구매자이고, 점포(A, B, C)에서만 구매한다고 가정함
- 각 점포의 매출액은 X지역 주민에 의해서만 창출됨

구분	점포 A	점포 B	점포 C
면적	750㎡	2,500㎡	500㎡
X지역 거주지로부터의 거리	5km	10km	5km

① 1억원　　　　　　　　　　② 2억원
③ 3억원　　　　　　　　　　④ 4억원
⑤ 5억원

정답해설

③ 월 매출액의 차이는 3억원이다.
　1. 마찰계수가 1인 경우(잘못 적용한 경우)
　　1) 유인력 : A = 150(750/5), B = 250(2,500/10), C = 100(500/5)
　　2) 점포 A의 유인력 비율 : 150/500 = 30%
　　3) X지역 월 점포 소비액 : 30만 × 10,000명 = 30억원
　　4) 점포 A의 추정매출액 : 30억원 × 30% = 9억
　2. 마찰계수가 2인 경우
　　1) 유인력 : A = 30(750/25), B = 25(2,500/100), C = 20(500/25)
　　2) 점포 A의 유인력 비율 : 30/75 = 40%
　　3) 점포 A의 추정매출액 : 30억 × 40% = 12억
　3. 차이 : 3억

정답　　02 ⑤　　03 ③

04 허프(D. Huff)모형을 활용하여 X지역의 주민이 할인점 A를 방문할 확률과 할인점 A의 월 추정매출액을 순서대로 나열한 것은?

- X지역의 현재 주민 : 4,000명
- 1인당 월 할인점 소비액 : 35만원
- 공간마찰계수 : 2
- X지역의 주민은 모두 구매자이고, A, B, C 할인점에서만 구매한다고 가정

구분	할인점 A	할인점 B	할인점 C
면적	500㎡	300㎡	450㎡
X지역 거주지로부터의 거리	5km	10km	15km

① 80%, 10억 9,200만원
② 80%, 11억 2,000만원
③ 82%, 11억 4,800만원
④ 82%, 11억 7,600만원
⑤ 82%, 12억 400만원

정답해설 ▷

② 할인점 A를 방문할 확률 : 80%, 할인점 A의 월 추정매출액 : 11억 2,000만원

　1. 유인력 산정

　　㉠ 할인점 A : $\dfrac{500}{5^2} = 20$　　㉡ 할인점 B : $\dfrac{300}{10^2} = 3$　　㉢ 할인점 C : $\dfrac{450}{15^2} = 2$

　2. 주민이 할인점 A를 방문할 확률(할인점 A의 유인력 비율) : $\dfrac{20}{20+3+2} = 0.8(80\%)$

　3. 할인점 A의 월 추정매출액
　　㉠ X지역 총 할인점 매출액 : 35만 × 4,000명 = 1,400,000,000원
　　㉡ 할인점 A의 월 추정매출액 : 1,400,000,000원 × 0.8 = 1,120,000,000원

05 컨버스(P. Converse)의 분기점모형에 따르면 다음의 조건에서 A, B 도시의 상권 경계지점은 A시로부터 얼마나 떨어진 곳에 형성되는가?

- A시의 인구 : 16만명, B시의 인구 : 4만명
- 두 도시 간의 거리 : 15km
- 두 도시의 인구는 모두 구매자이며, 두 도시에서만 구매함

---

① 8km
② 9km
③ 10km
④ 11km
⑤ 12km

정답해설

③ A도시로부터 상권의 경계지점까지의 거리(D_a)는 10km이다.

$$D_a = \frac{D_{ab}(15\text{km})}{1+\sqrt{\dfrac{P_b(4\text{만})}{P_a(16\text{만})}}} = 10$$

┃ 컨버스의 분기점모형

1. 두 중심지 사이의 분기점을 확인하기 위해 소매인력법칙을 수정한 모형
2. A도시에서 분기점까지의 거리

$$D_a = \frac{D_{ab}}{1+\sqrt{\dfrac{P_b}{P_a}}}$$

P_a : A도시의 인구 P_b : B도시의 인구
D_{ab} : A도시와 B도시 간의 거리

---

06 컨버스(P. D. Converse)의 분기점 모형에 기초할 때, A시와 B시의 상권 경계지점은 A시로부터 얼마만큼 떨어진 지점인가? (단, 주어진 조건에 한함)

- A시와 B시는 동일 직선상에 위치하고 있다.
- A시 인구: 64만명
- B시 인구: 16만명
- A시와 B시 사이의 직선거리: 30km

① 5km
② 10km
③ 15km
④ 20km
⑤ 25km

정답해설

④ 상권 경계지점은 A시로부터 20km 떨어진 지점이다.

$$D_a = \frac{D_{ab}(30\text{km})}{1+\sqrt{\dfrac{P_b(16\text{만})}{P_a(64\text{만})}}} = 20$$

정답 04 ② 05 ③ 06 ④

감정평가론

01 부동산 가치와 가격에 관한 설명 중 옳지 않은 것은?

① 가치는 주관적·추상적인 개념이고, 가격은 객관적·구체적인 개념이다.
② 가치가 상승하면 가격도 상승하고, 가치가 하락하면 가격도 하락한다.
③ 가치는 일정시점에 여러 가지로 존재하지만, 가격은 일정시점에 하나만 존재한다.
④ 대상 부동산이 특정한 용도로 사용되었을 때 가질 수 있는 가치는 교환가치이다.
⑤ 부동산의 가치는 장래 기대되는 유·무형의 편익을 현재가치로 환원한 값이다.

정답해설
④ 교환가치 ⇨ 사용가치 : 교환가치는 매매를 목적으로 부여되는 가치를 의미한다.

> **┃ 가치와 가격의 구별**
>
> 1. 가치(value) : 장래 기대되는 이익을 현재가치로 환원한 값
>   ㉠ 주관적·추상적 개념
>   ㉡ 현재의 값
>   ㉢ 다양한 가치가 존재(사용가치, 교환가치, 투자가치, 과세가치 등)
> 2. 가격(price) : 시장에서 재화가 실제로 거래된 금액
>   ㉠ 객관적·구체적 개념
>   ㉡ 과거의 값
>   ㉢ 일정시점에 하나만 존재

02 부동산 가격이론에서 가치와 가격에 관한 설명 중 옳지 않은 것은?

① 가치는 주관적·추상적인 개념이고, 가격은 가치가 시장을 통하여 화폐단위로 구현된 객관적·구체적인 개념이다.
② 가치가 상승하면 가격도 상승하고, 가치가 하락하면 가격도 하락한다.
③ 수요와 공급의 변동에 따라 단기적으로 가치와 가격은 일치하게 되고, 장기적으로 가격은 가치로부터 괴리되는 현상을 나타낸다.
④ 부동산 가치는 평가목적에 따라 일정시점에서 여러 가지가 존재하나, 부동산 가격은 지불된 금액이므로 일정시점에서 하나만 존재한다.
⑤ 부동산의 가치는 장래 기대되는 유·무형의 편익을 현재가치로 환원한 값을 의미한다.

정답해설
③ 단기적으로 가치와 가격은 불일치하나, 장기적으로 일치하려는 경향을 보인다.

03 부동산의 가치와 가격에 관한 설명으로 옳지 않은 것은? ▶ 2018년 29회

① 일정시점에서 부동산 가격은 하나밖에 없지만, 부동산 가치는 여러 개 있을 수 있다.
② 부동산 가격은 장기적 고려하에서 형성된다.
③ 부동산의 가격과 가치 간에는 오차가 있을 수 있으며, 이는 감정평가 필요성의 근거가 된다.
④ 부동산 가격은 시장경제에서 자원배분의 기능을 수행한다.
⑤ 부동산 가치는 부동산의 소유에서 비롯되는 현재의 편익을 미래가치로 환원한 값이다.

정답해설
⑤ 현재의 편익을 미래가치로 환원한 값이다. ⇨ 장래 기대되는 편익을 현재가치로 환원한 값이다.

04 부동산 가치에 관한 설명으로 옳지 않은 것은?

① 사용가치는 대상 부동산이 시장에서 매도되었을 때 형성될 수 있는 교환가치와 유사한 개념이다.
② 투자가치는 투자자가 대상 부동산에 대해 갖는 주관적인 가치의 개념이다.
③ 보험가치는 보험금의 산정과 보상에 대한 기준으로 사용되는 가치의 개념이다.
④ 과세가치는 정부에서 소득세나 재산세를 부과하는 데 사용되는 기준이 된다.
⑤ 공익가치는 어떤 부동산의 보존이나 보전과 같은 공공목적의 비경제적 이용에 따른 가치를 의미한다.

정답해설
① 유사한 개념이다. ⇨ 다른 개념이다.

05 부동산의 가치발생요인에 관한 설명으로 옳지 않은 것은?

① 대상 부동산의 물리적 특성뿐 아니라 토지이용규제 등과 같은 공법상의 제한 및 소유권의 법적 특성도 대상 부동산의 효용에 영향을 미친다.
② 유효수요란 대상 부동산을 구매하고자 하는 욕구로, 지불능력(구매력)을 필요로 하는 것은 아니다.
③ 상대적 희소성이란 부동산에 대한 수요에 비해 공급이 부족하다는 것이다.
④ 효용은 부동산의 용도에 따라 주거지는 쾌적성, 상업지는 수익성, 공업지는 생산성으로 표현할 수 있다.
⑤ 부동산의 가치는 가치발생요인들의 상호결합에 의해 발생한다.

정답   01 ④   02 ③   03 ⑤   04 ①   05 ②

PART 09

정답해설

② 유효수요는 수요 중 구매력을 갖춘 수요이다.

> ▌ 가치발생요인과 가치형성요인
> 1. 가치발생요인 : 효용, 상대적 희소성, 유효수요, 권리의 이전가능성(일부 학자)
> 2. 가치형성요인 : 일반요인, 지역요인, 개별요인

06 **부동산의 가치발생요인에 관한 설명으로 옳지 않은 것은?**

① 효용(유용성)은 인간의 필요나 욕구를 만족시켜 줄 수 있는 재화의 능력을 말한다.

② 상대적 희소성은 인간의 욕망에 비해 욕망의 충족수단이 질적·양적으로 한정되어 있어서 부족한 상태를 말한다.

③ 가치발생요인인 효용, 유효수요, 상대적 희소성 중 하나만 있어도 가격이 발생한다.

④ 양도가능성(이전성)을 부동산의 가치발생요인으로 포함하는 견해도 있다.

⑤ 부동산의 효용은 부동산이 사용되는 용도에 따라 달라진다.

정답해설

③ 가치는 가치발생요인들의 상호 결합으로 발생한다.

07 **부동산 가치의 발생요인에 관한 설명으로 옳지 않은 것은?**　　　　▸ 2020년 31회

① 유효수요는 구입의사와 지불능력을 가지고 있는 수요이다.

② 효용(유용성)은 인간의 필요나 욕구를 만족시킬 수 있는 재화의 능력이다.

③ 효용(유용성)은 부동산의 용도에 따라 주거지는 쾌적성, 상업지는 수익성, 공업지는 생산성으로 표현할 수 있다.

④ 부동산은 용도적 관점에서 대체성이 인정되고 있기 때문에 절대적 희소성이 아닌 상대적 희소성을 가지고 있다.

⑤ 이전성은 법률적인 측면이 아닌 경제적인 측면에서의 가치발생요인이다.

정답해설

⑤ 이전성은 권리의 이전가능성을 의미한다. 따라서 법률적인 측면으로 분류된다.

정답　06 ③　07 ⑤

지역분석과 개별분석

1. 지역분석
① 지역분석이란 지역요인을 분석하여 지역 내 부동산의 ○○○ 이용과 지역의 가격○○을 판정하는 과정이다.

② 목적 : 표준적 이용, 지역의 가격수준

2. 개별분석
① 개별분석이란 개별요인을 분석하여 대상의 ○○○이용을 판정하고 ○○을 개별화·구체화시키는 과정이다.

② 목적 : 최유효이용, 가격의 구체화·개별화

3. 지역분석의 분석 대상
① 인근지역이란 대상이 ○○ 지역으로서 부동산의 이용이 동질적이고 가치형성요인 중 ○○요인을 공유하는 지역이다.

② 유사지역이란 대상이 속하지 아니하는 지역으로서 인근지역과 ○○한 특성을 갖는 지역이다.

③ 동일수급권이란 대상 부동산과 대체·경쟁 관계가 성립하고 가치형성에 서로 영향을 미치는 다른 부동산이 존재하는 권역으로, 인근지역과 유사지역을 ○○하는 광역적인 지역이다.

> **탑** 1. ① 표준적, 수준 2. ① 최유효, 가격
> 3. ① 속한, 지역 ② 유사 ③ 포함

---

01 감정평가과정상 지역분석과 개별분석에 관한 설명으로 옳지 않은 것은?

① 지역분석을 통해 해당 지역 내 부동산의 표준적 이용과 가격수준을 파악할 수 있다.

② 동일수급권이란 대상 부동산과 대체·경쟁 관계가 성립하는 부동산이 존재하는 권역이다.

③ 대상 부동산의 최유효이용을 판정하기 위해 개별분석이 필요하다.

④ 지역분석보다 개별분석을 먼저 실시하는 것이 일반적이다.

⑤ 지역분석은 대상 지역에 대한 거시적인 분석인 반면, 개별분석은 대상 부동산에 대한 미시적인 분석이다.

정답해설

④ 지역분석을 먼저 진행하고 지역분석의 결과를 기초로 개별분석을 진행한다.

> 정답 01 ④

> **▌지역분석과 개별분석**
>
> **1. 지역분석**
>   ㉠ 의미 : 지역요인을 분석하여 표준적 이용과 지역의 가격수준을 판정하는 과정
>   ㉡ 근거 : 부동성(지리적 위치의 고정성), 적합의 원칙
> **2. 개별분석**
>   ㉠ 의미 : 개별요인을 분석하여 최유효이용과 대상의 개별가격을 판정하는 과정
>   ㉡ 근거 : 개별성, 균형의 원칙

02 지역분석과 개별분석에 관한 설명으로 옳은 것은?

▸ 2019년 30회

① 지역분석은 일반적으로 개별분석에 선행하여 행하는 것으로 그 지역 내의 최유효이용을 판정하는 것이다.

② 인근지역이란 대상 부동산이 속한 지역으로 부동산의 이용이 동질적이고 가치형성요인 중 개별요인을 공유하는 지역이다.

③ 유사지역이란 대상 부동산이 속하지 아니하는 지역으로서 인근지역과 유사한 특성을 갖는 지역이다.

④ 개별분석이란 지역분석의 결과로 얻어진 정보를 기준으로 대상 부동산의 가격을 표준화·일반화시키는 작업을 말한다.

⑤ 지역분석 시에는 균형의 원칙에, 개별분석 시에는 적합의 원칙에 더 유의하여야 한다.

〔정답해설〕

③ 옳은 지문이다.

〔오답해설〕

① 최유효이용 ⇨ 표준적 이용
② 개별요인 ⇨ 지역요인
④ 가격을 표준화·일반화 ⇨ 가격을 개별화·구체화
⑤ 지역분석에는 적합의 원칙이, 개별분석에는 균형의 원칙이 활용된다.

> **▌지역분석의 대상 지역**
>
> 1. 인근지역은 감정평가의 대상이 된 부동산이 속한 지역으로서 부동산의 이용이 동질적이고 가치형성요인 중 지역요인을 공유하는 지역이다.
> 2. 유사지역은 대상 부동산이 속하지 아니하는 지역으로서 인근지역과 유사한 특성을 갖는 지역이다.
> 3. 동일수급권은 대상 부동산과 대체·경쟁 관계가 성립하고 가치형성에 서로 영향을 미치는 다른 부동산이 존재하는 권역으로, 인근지역과 유사지역을 포함하는 광역적인 권역이다.

03 지역분석과 개별분석에 대한 설명으로 옳은 것은?

① 지역분석은 대상 부동산의 최유효이용을 판정한다.
② 지역의 표준적 이용은 개별 부동산의 최유효이용의 제약하에 결정된다.
③ 감정평가 주체는 먼저 지역분석을 통하여 지역의 가격수준을 파악하고 이를 기초로 개별 부동산의 개별적·구체적 가치를 판단한다.
④ 지역분석은 개별분석 이후에 이루어지는 것이 일반적이다.
⑤ 유사지역이란 대상 부동산과 대체·경쟁 관계가 성립하는 부동산이 존재하는 권역이다.

[정답해설]
③ 옳은 지문이다.

[오답해설]
① 최유효이용 ⇨ 표준적 이용
② 지역의 가격수준이 개별 부동산의 구체적 가격에 영향을 주는 것처럼, 지역의 표준적 이용이 개별 부동산의 최유효이용에 영향을 준다. 따라서 최유효이용은 표준적 이용의 제약하에 결정된다.
④ 이후에 ⇨ 이전에
⑤ 유사지역 ⇨ 동일수급권 : 동일수급권은 대상 부동산과 대체·경쟁 관계가 성립하고 가치형성에 서로 영향을 미치는 다른 부동산이 존재하는 권역으로, 인근지역과 유사지역을 포함하는 광역적인 권역이다.

04 감정평가의 지역분석에 관한 내용으로 옳은 것은?　　　　▶ 2024년 35회

① 인근지역이란 감정평가의 대상이 된 부동산이 속한 지역으로서 부동산의 이용이 동질적이고 가치형성요인 중 지역요인을 공유하는 지역을 말한다.
② 유사지역이란 대상부동산이 속한 지역으로서 인근지역과 유사한 특성을 갖는 지역을 말한다.
③ 동일수급권이란 대상부동산과 수요·공급 관계가 성립하고 가치 형성에 서로 영향을 미치지 않는 관계에 있는 다른 부동산이 존재하는 권역을 말한다.
④ 지역분석은 대상지역 내 토지의 최유효이용 및 대상부동산의 가격을 판정하는 것이다.
⑤ 지역분석은 개별분석 이후에 실시하는 것이 일반적이다.

[정답해설]
① 옳은 지문이다.

[오답해설]
② 속한 지역 ⇨ 속하지 않은 지역
③ 미치지 않는 관계 ⇨ 미치는 관계 : 동일수급권이란 대상부동산과 수요·공급 관계가 성립하고 가치 형성에 서로 영향을 미치는 다른 부동산이 존재하는 권역이다.
④ 지역분석 ⇨ 개별분석
⑤ 이후 ⇨ 이전

정답　02 ③　03 ③　04 ①

05 **감정평가 과정상 지역분석과 개별분석에 관한 설명으로 옳지 않은 것은?** ▸ 2021년 32회

① 지역분석을 통해 해당 지역 내 부동산의 표준적 이용과 가격수준을 파악할 수 있다.

② 지역분석은 개별분석보다 먼저 실시하는 것이 일반적이다.

③ 인근지역이란 대상 부동산이 속한 지역으로서 부동산의 이용이 동질적이고 가치 형성 요인 중 개별요인을 공유하는 지역을 말한다.

④ 유사지역이란 대상 부동산이 속하지 아니하는 지역으로서 인근지역과 유사한 특성을 갖는 지역을 말한다.

⑤ 지역분석은 대상 지역에 대한 거시적인 분석인 반면, 개별분석은 대상 부동산에 대한 미시적인 분석이다.

정답해설
③ 개별요인 ⇨ 지역요인

정답 ▸ 05 ③

부동산 가격원칙

1. **적합의 원칙**
   ① 의미 : 부동산의 유용성이 최고가 되기 위해서는, ○○ 환경과 적합하여야 한다.
   ② 활용 : ○○분석, 경제적 감가
2. **균형의 원칙**
   ① 의미 : 부동산의 유용성이 최고가 되기 위해서는, ○○ 구성요소에 균형이 있어야 한다.
   ② 활용 : 개별분석, ○○적 감가

> **답** 1. ① 외부 ② 지역 2. ① 내부 ② 기능

01 다음은 부동산 가격의 원칙을 주제로 출제된 문제의 정답만을 나열한 것이다. 이에 관한 설명으로 옳은 것은?

① 적합의 원칙이란 부동산의 유용성이 최고도로 발휘되기 위해서는 부동산 구성요소의 결합에 균형이 있어야 한다는 것을 말한다.
② 균형의 원칙이란 부동산의 유용성이 최고도로 발휘되기 위해서는 부동산이 외부환경에 적합하여야 한다는 것을 말한다.
③ 적합의 원칙은 개별분석을 하는 경우에 활용되어야 한다.
④ 균형의 원칙에 위배된 부동산은 원가법을 적용하는 경우에 경제적 감가를 부여하여야 한다.
⑤ 적합의 원칙은 외부와의 관계를 설명하고, 균형의 원칙은 부동산의 내부 관계를 설명한다.

정답해설
⑤ 옳은 지문이다.

오답해설
① 적합의 원칙 ⇨ 균형의 원칙
② 균형의 원칙 ⇨ 적합의 원칙
③ 개별분석 ⇨ 지역분석
④ 경제적 감가 ⇨ 기능적 감가

정답 01 ⑤

> **▌ 적합의 원칙과 균형의 원칙**
>
> 1. 적합의 원칙
>   ㉠ 의미 : 부동산의 유용성이 최고가 되기 위해서는 외부환경과 적합해야 한다.
>   ㉡ 활용 : 지역분석, 경제적 감가 반영의 근거
> 2. 균형의 원칙
>   ㉠ 의미 : 부동산의 유용성이 최고가 되기 위해서는 내부 구성요소에 균형이 있어야 한다.
>   ㉡ 활용 : 개별분석, 기능적 감가 반영의 근거

02 부동산 감정평가에서 가격의 제 원칙에 관한 설명으로 옳지 않은 것은?

① 부동산 가격의 원칙은 부동산의 가격이 어떻게 형성되고 유지되는지 그 법칙성을 찾아내어 평가활동의 지침으로 삼으려는 행동기준이다.

② 대체의 원칙은 대체성 있는 2개 이상의 재화가 존재할 때 그 재화의 가격은 서로 관련되어 이루어진다는 원칙으로, 유용성이 동일할 때는 가장 가격이 싼 것을 선택하게 된다.

③ 균형의 원칙은 내부적 관계의 원칙인 적합의 원칙과는 대조적인 의미로, 부동산 구성요소의 결합에 따른 최유효이용을 강조하는 것이다.

④ 기여의 원칙은 부동산의 각 구성요소가 각각 기여하여 부동산 전체의 가격이 형성된다는 원칙이다.

⑤ 변동의 원칙은 재화의 가격이 그 가치형성요인의 변화에 따라 달라지는 것으로, 부동산의 가격도 사회적·경제적·행정적 요인이나 부동산 자체가 가지는 개별적 요인에 따라 지속적으로 변동한다는 것을 강조하는 것이다.

[정답해설]
③ 내부적 관계의 원칙인 적합의 원칙 ⇨ 외부적 관계의 원칙인 적합의 원칙

> **▌ 대체의 원칙과 기여의 원칙**
>
> 1. 대체의 원칙
>   ㉠ 의미 : 재화가 유사하다면 가격도 유사해진다.
>   ㉡ 근거 : 효용이 유사하다면 보다 싼 재화를 선택하는 소비자의 행동에 근거
>   ㉢ 활용 : 감정평가 3방식의 근거, 거래사례비교법의 근거
> 2. 기여의 원칙
>   ㉠ 의미 : 부동산의 가격은 부동산을 구성하는 요소들의 기여도에 의해 결정된다.
>   ㉡ 활용 : 추가투자의 적정성을 판단하는 기준

03 부동산 가격원칙(혹은 평가원리)에 관한 설명으로 옳지 않은 것은?

① 최유효이용은 대상 부동산의 물리적 채택가능성, 합리적이고 합법적인 이용, 최고 수익성을 기준으로 판정할 수 있다.

② 부동산 구성요소의 결합을 설명하는 균형의 원칙을 적용하는 경우, 건물의 내부설비의 부족은 원가법을 적용할 때 경제적 감가로 처리한다.

③ 적합의 원칙은 부동산의 입지와 인근환경의 영향을 고려한다.

④ 대체의 원칙은 부동산의 가격이 대체관계의 유사 부동산으로부터 영향을 받는다는 점에서, 거래사례비교법의 토대가 될 수 있다.

⑤ 예측 및 변동의 원칙은 부동산의 현재보다 장래의 활용 및 변화 가능성을 고려한다는 점에서, 수익환원법의 토대가 될 수 있다.

> 정답해설

② 경제적 감가 ⇨ 기능적 감가 : 내부설비의 과대 또는 과소, 설계의 불량, 구식화 등은 균형이 없는 것으로 판단하여 기능적 감가가 부여된다.

04 부동산 평가활동에서 부동산 가격의 원칙에 관한 설명으로 옳지 않은 것은? ▶ 2021년 32회

① 예측의 원칙이란 평가활동에서 가치 형성 요인의 변동 추이 또는 동향을 주시해야 한다는 것을 말한다.

② 대체의 원칙이란 부동산의 가격이 대체관계의 유사 부동산으로부터 영향을 받는다는 것을 말한다.

③ 균형의 원칙이란 부동산의 유용성이 최고도로 발휘되기 위해서는 부동산이 외부 환경과 균형을 이루어야 한다는 것을 말한다.

④ 변동의 원칙이란 가치 형성 요인이 시간의 흐름에 따라 지속적으로 변화함으로써 부동산 가격도 변화한다는 것을 말한다.

⑤ 기여의 원칙이란 부동산의 가격이 대상 부동산의 각 구성요소가 기여하는 정도의 합으로 결정된다는 것을 말한다.

> 정답해설

③ 균형의 원칙 ⇨ 적합의 원칙 : 적합의 원칙은 외부 환경과의 적합을 강조하는 원칙이다.

정답 ▶ 02 ③ 03 ② 04 ③

05 다음 〈보기〉와 관련이 깊은 부동산 가격원칙을 맞게 나열한 것은?

┤ 보기 ├

• 기능적 감가 – (　　　㉠　　　)
• 경제적 감가 – (　　　㉡　　　)
• 기준시점의 필요 – (　　　㉢　　　)

	㉠	㉡	㉢
①	기여의 원칙	균형의 원칙	변동의 원칙
②	적합의 원칙	기여의 원칙	예측의 원칙
③	대체의 원칙	기여의 원칙	예측의 원칙
④	균형의 원칙	대체의 원칙	예측의 원칙
⑤	균형의 원칙	적합의 원칙	변동의 원칙

정답해설

⑤ 옳은 연결이다.

㉠ 내부의 균형이 없다면 부동산 가치는 하락하는데, 이를 기능적 감가라고 한다. 따라서 기능적 감가는 균형의 원칙과 관련된다.

㉡ 외부환경과 적합하지 않다면 부동산 가치는 하락하는데, 이를 경제적 감가라고 한다. 따라서 경제적 감가는 적합의 원칙과 관련된다.

㉢ 가치와 가격은 끊임없이 변화하기 때문에 감정평가 결정의 기준이 되는 날짜가 필요하다. 따라서 기준시점의 필요는 변동의 원칙과 관련된다.

06 부동산 가격의 제원칙에 관한 내용으로 옳지 않은 것은?　　▶ 2024년 35회

① 부동산의 가격이 대체·경쟁관계에 있는 유사한 부동산의 영향을 받아 형성되는 것은 대체의 원칙에 해당된다.

② 부동산의 가격이 경쟁을 통해 초과이윤이 없어지고 적합한 가격이 형성되는 것은 경쟁의 원칙에 해당된다.

③ 부동산의 가격이 부동산을 구성하고 있는 각 요소가 기여하는 정도에 영향을 받아 형성되는 것은 기여의 원칙에 해당된다.

④ 부동산의 가격이 내부적인 요인에 의하여 긍정적 또는 부정적 영향을 받아 형성되는 것은 적합의 원칙에 해당된다.

⑤ 부동산 가격의 제원칙은 최유효이용의 원칙을 상위원칙으로 하나의 체계를 형성하고 있다.

정답해설

④ 적합의 원칙 ⇨ 균형의 원칙

07 다음 부동산 현상 및 부동산 활동을 설명하는 감정평가이론상 부동산 가격원칙을 순서대로 나열한 것은?

> (가) 복도의 천장 높이를 과대 개량한 전원주택이 냉·난방비 문제로 시장에서 선호도가 떨어진다.
> (나) 판매시설 입점부지 선택을 위해 후보지역분석을 통해 표준적 사용을 확인한다.

① 균형의 원칙, 적합의 원칙
② 예측의 원칙, 수익배분의 원칙
③ 적합의 원칙, 예측의 원칙
④ 수익배분의 원칙, 균형의 원칙
⑤ 적합의 원칙, 변동의 원칙

정답해설
① 옳은 연결이다.
　(가) 천장 높이의 과대는 내부 구성요소의 불균형이다. 따라서 균형의 원칙과 관계된다.
　(나) 지역분석은 적합의 원칙과 관계된다.

08 다음을 설명하는 감정평가이론상 부동산가격원칙을 순서대로 나열한 것은?

> • 중심상업지역 내 주차장부지가 동일한 효용을 제공하는 외곽지역의 주차장부지보다 시장가격이 더 높게 형성되었다.
> • 쇼핑센터의 입지를 결정하기 위해 후보가 되는 지역을 분석하고 표준적 사용을 확인하고자 한다.

① 기회비용의 원칙, 적합의 원칙
② 예측의 원칙, 적합의 원칙
③ 적합의 원칙, 예측의 원칙
④ 수익배분의 원칙, 균형의 원칙
⑤ 적합의 원칙, 변동의 원칙

정답해설
① 옳은 묶음이다. 중심상업지역의 주차장부지의 가격이 높게 형성되어 있는 것은, 상업용 고층빌딩을 건축할 수 있는 기회를 포기한 비용, 즉 기회비용이 반영된 것이다.

정답 　05 ⑤　06 ④　07 ①　08 ①

감정평가제도

1절 감정평가에 관한 규칙

01 감정평가에 관한 규칙에 규정된 용어 정의에 대한 설명으로 옳지 않은 것은?

① 기준시점이란 대상물건의 감정평가액을 결정하는 기준이 되는 날짜를 말한다.

② 기준가치란 감정평가의 기준이 되는 가치를 말한다.

③ 가치형성요인이란 대상물건의 경제적 가치에 영향을 미치는 일반요인, 지역요인 및 개별 요인 등을 말한다.

④ 동일수급권(同一需給圈)이란 대상 부동산과 대체·경쟁 관계가 성립하고 가치형성에 서 로 영향을 미치는 관계에 있는 다른 부동산이 존재하는 권역을 말하며, 인근지역과 유사 지역을 포함한다.

⑤ 적정한 실거래가란 부동산 가격공시제도에 의해 정부가 산정하고 지방자치단체가 검증 한 거래가격을 말한다.

정답해설

⑤ 적정한 실거래가의 정의는 아래와 같다.

> **▌적정한 실거래가**
>
> 적정한 실거래가란 「부동산 거래신고에 관한 법률」에 따라 신고된 실제 거래가격으로서 거래 시점이 도시지역은 3년 이내, 그 밖의 지역은 5년 이내인 거래가격 중에서 감정평가업자가 인근지역의 지가수 준 등을 고려하여 감정평가의 기준으로 적용하기에 적정하다고 판단하는 거래가격을 말한다.

02 감정평가에 관한 규칙에 규정되어 있는 내용이 아닌 것은?

① 시장가치 기준 ② 현황 기준

③ 기준시점 기준 ④ 최유효이용의 원칙

⑤ 원가방식, 비교방식, 수익방식

정답해설

④ 최유효이용의 원칙 등 가격원칙은 가치이론에 해당하는 것으로 감정평가에 관한 규칙에 규정되어 있지 않다.

> **▌규칙에 없는 내용**
>
> 1. 가치와 가격의 구별, 가치발생요인, 지역분석과 개별분석
> 2. 가격의 원칙, 최유효이용

03 기준시점에 대한 설명으로 옳지 않은 것은?

① 기준시점은 대상물건의 감정평가액을 결정하는 기준이 되는 날짜이다.

② 특정 과거시점을 기준시점으로 감정평가하는 것은 소급 평가이다.

③ 기준시점은 원칙적으로 가격조사를 완료한 날짜로 한다.

④ 기준시점을 미리 정하였을 때에는 그 날짜에 현장조사가 가능한 경우에만 그 날짜를 기준시점으로 할 수 있다.

⑤ 감정평가에서 기준시점이 중요한 이유는 변동의 원칙으로 설명할 수 있다.

정답해설

④ 현장조사 ⇨ 가격조사

▌기준시점 기준
1. 기준시점은 대상물건의 가격조사를 완료한 날짜로 한다.
2. 다만, 기준시점을 미리 정하였을 때에는 그 날짜에 가격조사가 가능한 경우에만 기준시점으로 할 수 있다.

04 감정평가에 관한 규칙상 가치에 관한 설명으로 옳지 않은 것은? ▸ 2019년 30회

① 대상물건에 대한 감정평가액은 시장가치를 기준으로 결정하는 것을 원칙으로 한다.

② 법령에 다른 규정이 있는 경우에는 시장가치 외의 가치를 기준으로 감정평가할 수 있다.

③ 대상물건의 특성에 비추어 사회통념상 필요하다고 인정되는 경우에는 시장가치 외의 가치를 기준으로 감정평가할 수 있다.

④ 시장가치란 대상물건이 통상적인 시장에서 충분한 기간 방매된 후 매수인에 의해 제시된 것 중에서 가장 높은 가격을 말한다.

⑤ 감정평가 의뢰인이 요청하여 시장가치 외의 가치로 감정평가하는 경우에는 해당 시장가치 외의 가치의 성격과 특징을 검토하여야 한다.

정답해설

④ 가장 높은 가격 ⇨ 성립될 가능성이 가장 높은 금액

│ 시장가치 기준

1. 대상물건에 대한 감정평가액은 시장가치를 기준으로 결정한다.
2. 시장가치란 통상적인 시장에서 충분한 기간 동안 거래를 위하여 공개된 후 그 대상물건의 내용에 정통한 당사자 사이에 신중하고 자발적인 거래가 있을 경우 성립될 가능성이 가장 높다고 인정되는 대상물건의 가액을 말한다.
3. 감정평가업자는 다음의 어느 하나에 해당하는 경우에는 대상물건의 감정평가액을 시장가치 외의 가치를 기준으로 결정할 수 있다.
   ㉠ 법령에 다른 규정이 있는 경우
   ㉡ 의뢰인이 요청하는 경우
   ㉢ 감정평가의 목적이나 대상물건의 특성에 비추어 사회통념상 필요하다고 인정되는 경우
4. 감정평가업자는 시장가치 외의 가치를 기준으로 감정평가할 때에는 다음의 사항을 검토하여야 한다. 다만, 법령의 규정이 있어서 시장가치 외의 가치를 기준으로 하는 경우에는 그러하지 아니하다.
   ㉠ 해당 시장가치 외의 가치의 성격과 특징
   ㉡ 시장가치 외의 가치를 기준으로 하는 감정평가의 합리성 및 적법성
5. 감정평가업자는 시장가치 외의 가치를 기준으로 하는 감정평가의 합리성 및 적법성이 결여(缺如)되었다고 판단할 때에는 의뢰를 거부하거나 수임(受任)을 철회할 수 있다.

05 **감정평가에 관한 규칙의 내용으로 옳은 것은?**

① 기준시점이란 대상물건의 감정평가액을 결정하기 위해 현장조사를 완료한 날짜를 말한다.
② 감정평가는 의뢰시점에서의 대상물건의 이용상황(불법적이거나 일시적인 이용은 제외한다) 및 공법상 제한을 받는 상태를 기준으로 한다.
③ 적산법이란 대상물건의 재조달원가에 감가수정을 하여 대상물건의 가액을 산정하는 감정평가방법을 말한다.
④ 수익분석법이란 대상물건이 장래 산출할 것으로 기대되는 순수익이나 미래의 현금흐름을 환원하거나 할인하여 대상물건의 가액을 산정하는 감정평가방법을 말한다.
⑤ 가치형성요인이란 대상물건의 경제적 가치에 영향을 미치는 일반요인, 지역요인 및 개별요인 등을 말한다.

[정답해설]
⑤ 옳은 지문이다.

[오답해설]
① 현장조사를 완료한 날짜 ⇨ 가격조사를 완료한 날짜
② 의뢰시점 ⇨ 기준시점
③ 적산법 ⇨ 원가법
④ 수익분석법 ⇨ 수익환원법

▌현황기준

1. 감정평가는 기준시점에서 대상물건의 (실제)이용상황 및 공법상 제한을 받는 상태를 기준으로 한다. 다만, 불법적이거나 일시적인 이용은 제외한다.
2. 공부상 지목과 실제 이용상황이 다르다면 실제 이용상황을 기준으로 한다.
3. 감정평가업자는 다음의 어느 하나에 해당하는 경우에는 기준시점의 가치형성요인 등을 실제와 다르게 가정하거나 특수한 경우로 한정하는 조건을 붙여 감정평가할 수 있다.
   ㉠ 법령에 다른 규정이 있는 경우
   ㉡ 의뢰인이 요청하는 경우
   ㉢ 감정평가의 목적이나 대상물건의 특성에 비추어 사회통념상 필요하다고 인정되는 경우
4. 감정평가업자는 감정평가조건을 붙일 때에는 감정평가조건의 합리성, 적법성 및 실현가능성을 검토하여야 한다. 다만, 법령의 규정이 있어서 조건을 붙여서 감정평가하는 경우에는 그러하지 아니하다.
5. 감정평가업자는 감정평가조건의 합리성, 적법성이 결여되거나 사실상 실현 불가능하다고 판단할 때에는 의뢰를 거부하거나 수임을 철회할 수 있다.

06 감정평가에 관한 규칙상 현황기준 원칙에 관한 내용으로 옳지 않은 것은? (단, 감정평가조건이란 기준시점의 가치형성요인 등을 실제와 다르게 가정하거나 특수한 경우로 한정하는 조건을 말함)
▶ 2021년 32회

① 감정평가업자는 감정평가조건의 합리성, 적법성이 결여되거나 사실상 실현 불가능하다고 판단할 때에는 의뢰를 거부하거나 수임을 철회할 수 있다.
② 현황기준 원칙에도 불구하고 법령에 다른 규정이 있는 경우에는 감정평가조건을 붙여 감정평가할 수 있다.
③ 현황기준 원칙에도 불구하고 대상물건의 특성에 비추어 사회통념상 필요하다고 인정되는 경우에는 감정평가조건을 붙여 감정평가할 수 있다.
④ 감정평가의 목적에 비추어 사회통념상 필요하다고 인정되어 감정평가조건을 붙여 감정평가하는 경우에는 감정평가조건의 합리성, 적법성 및 실현 가능성의 검토를 생략할 수 있다.
⑤ 현황기준 원칙에도 불구하고 감정평가 의뢰인이 요청하는 경우에는 감정평가조건을 붙여 감정평가할 수 있다.

정답해설
④ 검토를 생략할 수 있다. ⇨ 검토하여야 한다.

정답 05 ⑤ 06 ④

PART 09

07 감정평가의 원칙을 설명한 것으로 옳지 않은 것은?

① 법령에 규정이 있는 경우, 의뢰인이 요청하는 경우에는 시장가치 외의 가치를 기준으로 할 수 있다.

② 감정평가는 원칙적으로 기준시점에서의 대상물건의 이용상황 및 공법상 제한을 받는 상태를 기준으로 한다. 다만 불법적이거나 일시적인 이용은 제외한다.

③ 법령에 규정이 있는 경우, 의뢰인이 요청하는 경우에는 기준시점의 가치형성요인 등을 실제와 다르게 가정하거나 특수한 경우로 한정하는 조건을 붙여 감정평가할 수 있다.

④ 하나의 대상물건이라도 가치를 달리하는 부분은 이를 구분하여 감정평가할 수 있다.

⑤ 일체로 이용되고 있는 대상물건의 일부분에 대하여 감정평가하여야 할 특수한 목적이나 합리적인 이유가 있는 경우에는 일괄하여 감정평가할 수 있다.

〔정답해설〕

⑤ 일괄하여 ⇨ 그 부분에 대하여 : 부분평가에 대한 설명이다.

> **▎개별물건 기준의 예외**
> 1. **일괄평가** : 둘 이상의 대상물건이 일체로 거래되거나 상호 간에 용도상 불가분의 관계가 있는 경우에는 일괄하여 감정평가할 수 있다.
> 2. **구분평가** : 하나의 대상물건이라도 가치를 달리하는 부분은 이를 구분하여 감정평가할 수 있다.
> 3. **부분평가** : 일체로 이용되고 있는 대상물건의 일부분에 대하여 감정평가하여야 할 특수한 목적이나 합리적인 이유가 있는 경우에는 그 부분에 대하여 감정평가할 수 있다.

08 감정평가에 관한 규칙에 규정된 내용이 아닌 것은?

① 감정평가업자는 감정평가 의뢰인이 요청하는 경우에는 대상물건의 감정평가액을 시장가치 외의 가치를 기준으로 결정할 수 있다.

② 시장가치란 한정된 시장에서 성립될 가능성이 있는 대상물건의 최고가액을 말한다.

③ 감정평가는 기준시점에서의 대상 물건의 이용상황(불법적이거나 일시적인 이용은 제외한다) 및 공법상 제한을 받는 상태를 기준으로 한다.

④ 둘 이상의 대상물건이 일체로 거래되거나 대상물건 상호 간에 용도상 불가분의 관계가 있는 경우에는 일괄하여 감정평가할 수 있다.

⑤ 하나의 대상물건이라도 가치를 달리하는 부분은 이를 구분하여 감정평가할 수 있다.

〔정답해설〕

② '시장가치'란 감정평가의 대상물건이 통상적인 시장에서 충분한 기간 동안 거래를 위하여 공개된 후 그 대상물건의 내용에 정통한 당사자 사이에 신중하고 자발적인 거래가 있을 경우 성립될 가능성이 가장 높다고 인정되는 대상물건의 가액을 말한다.

09 감정평가에 관한 규칙의 내용으로 옳지 않은 것은?

① 대상물건에 대한 감정평가액은 시장가치를 기준으로 결정하나, 감정평가 의뢰인이 요청하는 경우 등에는 시장가치 외의 가치를 기준으로 결정할 수 있다.

② 적정한 실거래가는 「부동산 거래신고에 관한 법률」에 따라 신고된 실제 거래가격으로서 거래시점이 도시지역은 3년 이내, 그 밖의 지역은 5년 이내인 거래가격 중에서 감정평가업자가 인근지역의 지가수준 등을 고려하여 감정평가의 기준으로 적용하기에 적정하다고 판단하는 거래가격을 말한다.

③ 가치형성요인은 대상물건의 경제적 가치에 영향을 미치는 일반요인, 지역요인 및 개별요인 등을 말한다.

④ 시장가치는 감정평가의 대상이 되는 토지 등(이하 "대상물건")이 통상적인 시장에서 충분한 기간 동안 거래를 위하여 공개된 후 그 대상물건의 내용에 정통한 당사자 사이에 신중하고 자발적인 거래가 있을 경우 성립될 가능성이 가장 높다고 인정되는 대상물건의 가액을 말한다.

⑤ 유사지역은 감정평가의 대상이 된 부동산이 속한 지역으로서 부동산의 이용이 동질적이고 가치형성요인 중 지역요인을 공유하는 지역을 말한다.

정답해설

⑤ 유사지역 ⇨ 인근지역

10 감정평가의 유형에 관한 설명으로 옳지 않은 것은? ▶ 2017년 28회

① 일괄평가란 2개 이상의 대상물건이 일체로 거래되거나 대상물건 상호 간에 용도상 불가분의 관계가 있는 경우에는 일괄하여 평가하는 것을 말한다.

② 조건부 평가란 일체로 이용되고 있는 물건의 일부만을 평가하는 것을 말한다.

③ 구분평가란 1개의 대상물건이라도 가치를 달리하는 부분은 이를 구분하여 평가하는 것을 말한다.

④ 현황평가란 대상물건의 상태, 구조, 이용방법 등을 있는 그대로 평가하는 것을 말한다.

⑤ 참모평가란 대중평가가 아니라 고용주 혹은 고용기관을 위해 하는 평가를 말한다.

정답해설

② 조건부 평가 ⇨ 부분평가 : 조건부 평가란 부동산 가치의 증감요인이 되는 새로운 상황의 발생. 즉 조건을 가정하고, 조건이 성취되는 경우를 전제로 평가하는 것을 말한다.

정답 07 ⑤ 08 ② 09 ⑤ 10 ②

11 **감정평가에 관한 규칙 제8조에 규정된 감정평가의 절차에 해당하지 않는 것은?**

① 감정평가 의뢰 ② 처리계획 수립

③ 대상물건 확인 ④ 감정평가방법의 선정 및 적용

⑤ 감정평가액의 결정 및 표시

정답해설

① '감정평가의 의뢰'는 감정평가의 절차에 해당하지 않음에 주의하여야 한다.

> **▌감정평가의 절차**
>
> 감정평가업자는 다음의 순서에 따라 감정평가를 하여야 한다. 다만, 합리적이고 능률적인 감정평가를 위하여 필요할 때에는 순서를 조정할 수 있다.
> 1. 기본적 사항의 확정
> 2. 처리계획 수립
> 3. 대상물건 확인
> 4. 자료수집 및 정리
> 5. 자료검토 및 가치형성요인의 분석
> 6. 감정평가방법의 선정 및 적용
> 7. 감정평가액의 결정 및 표시

12 **감정평가에 관한 규칙에 규정되어 있는 감정평가 절차를 순서대로 나열한 것은?**

> ㉠ 기본적 사항의 확정 ㉡ 자료검토 및 가치형성요인의 분석
>
> ㉢ 감정평가방법의 선정 및 적용 ㉣ 감정평가액의 결정 및 표시
>
> ㉤ 처리계획의 수립 ㉥ 대상물건의 확인
>
> ㉦ 자료의 수집 및 정리

① ㉠ – ㉤ – ㉢ – ㉦ – ㉡ – ㉥ – ㉣

② ㉠ – ㉢ – ㉥ – ㉦ – ㉡ – ㉤ – ㉣

③ ㉠ – ㉣ – ㉤ – ㉥ – ㉡ – ㉢ – ㉣

④ ㉠ – ㉣ – ㉦ – ㉡ – ㉢ – ㉥ – ㉤

⑤ ㉠ – ㉤ – ㉥ – ㉦ – ㉡ – ㉢ – ㉣

정답해설

⑤ 옳은 순서이다.

13 감정평가에 관한 규칙상 감정평가업자가 의뢰인과 협의하여 확정할 기본적 사항이 아닌 것은? ▸ 2018년 29회

① 감정평가 목적   ② 감정평가 조건

③ 실지조사 여부   ④ 기준가치

⑤ 수수료 및 실비에 관한 사항

정답해설

③ 실지조사 여부는 기본적 사항에 해당하지 않는다.

▌**기본적 사항**

감정평가업자는 감정평가를 의뢰받았을 때에는 의뢰인과 협의하여 다음의 사항을 확정하여야 한다.
1. 의뢰인
2. 대상물건
3. 감정평가 목적
4. 기준시점
5. 감정평가 조건
6. 기준가치
7. 관련 전문가에 대한 자문 또는 용역에 관한 사항
8. 수수료 및 실비에 관한 사항

---

14 감정평가에 관한 규칙상 감정평가업자가 감정평가를 의뢰받았을 때 의뢰인과 협의하여 확정하여야 할 기본적 사항이 아닌 것은? ▸ 2016년 27회

① 공시지가   ② 기준가치

③ 대상물건   ④ 기준시점

⑤ 감정평가 목적

정답해설

① 공시지가에 대한 내용은 기본적 사항에 해당하지 않는다.

정답   11 ①   12 ⑤   13 ③   14 ①

15 감정평가에 관한 규칙의 내용으로 옳지 않은 것은?

① 합리적이고 능률적인 감정평가를 위하여 필요할 때에는 규정된 순서를 조정할 수 있다.

② 감정평가업자는 필요한 경우 관련 전문가에 대한 자문 등을 거쳐 감정평가할 수 있다.

③ 감정평가업자는 실지조사를 하지 아니하고도 객관적이고 신뢰할 수 있는 자료를 충분히 확보할 수 있는 경우에는 실지조사를 하지 아니할 수 있다.

④ 감정평가 3방식 적용에 필요한 자료를 확인자료라고 한다.

⑤ 감정평가업자는 감정평가서를 의뢰인과 이해관계자가 이해할 수 있도록 명확하고 일관성 있게 작성하여야 한다.

정답해설

④ 확인자료 ⇨ 사례자료

▍감정평가의 자료

1. 확인자료
   ㉠ 대상의 물적 상태 및 권리관계 확인을 위해 필요한 자료
   ㉡ 부동산 등기부, 토지 및 건축물 대장, 도면 등
2. 요인자료
   ㉠ 가치형성요인을 분석하기 위해 필요한 자료
   ㉡ 일반적 요인자료, 지역요인자료, 개별요인자료
3. 사례자료
   ㉠ 3방식 적용에 필요한 자료
   ㉡ 거래사례, 비용자료, 수익사례, 임대사례, 평가선례 등

정답 15 ④

2절 표준지의 조사 및 평가

확인학습

1. 지형지세 : 고저

저지	간선도로 또는 주위의 지형지세보다 현저히 낮은 지대의 토지
평지	간선도로 또는 주위의 지형지세와 높이가 비슷하거나 경사도가 미미한 토지
완경사지	간선도로 또는 주위의 지형지세보다 높고 경사도가 15° 이하인 지대의 토지
급경사지	간선도로 또는 주위의 지형지세보다 높고 경사도가 15°를 초과하는 지대의 토지
고지	간선도로 또는 주위의 지형지세보다 현저히 높은 지대의 토지

2. 지형지세 : 형상

정방형	정사각형 모양의 토지로서 양변의 길이 비율이 1:1.1 내외인 토지
가로장방형	장방형의 토지로 넓은 면이 도로에 접하거나 도로를 향하고 있는 토지
세로장방형	장방형의 토지로 좁은 면이 도로에 접하거나 도로를 향하고 있는 토지
사다리형	사다리꼴 모양의 토지(변형사다리형, 다각형의 불규칙한 형상이나 그로 인하여 최유효이용에 상당한 제약을 받지 않는 토지 포함)
삼각형	삼각형의 토지로 그 한 면이 도로에 접하거나 도로를 향하고 있는 토지
역삼각형	삼각형의 토지(역사다리형을 포함)로 꼭지점 부분이 도로에 접하거나 도로를 향하고 있는 토지
부정형	불규칙한 형상으로 인하여 최유효이용에 상당한 제약을 받는 다각형 또는 부정형의 토지
자루형	출입구가 자루처럼 좁게 생긴 토지

3. 지형지세 : 도로접면

광대로한면	폭 25m 이상의 도로에 한면이 접하고 있는 토지
중로한면	폭 12m 이상 25m 미만 도로에 한면이 접하고 있는 토지
소로한면	폭 8m 이상 12m 미만의 도로에 한면이 접하고 있는 토지
세로한면(가)	자동차 통행이 가능한 폭 8m 미만의 도로에 한면이 접하고 있는 토지

01 소급감정평가를 의뢰받은 감정평가사 A는 종전 감정평가서의 관련서류인 등기부등본을 통해 감정평가대상 임야의 면적이 1정 3무인 것을 확인하였다. 감정평가서 기재를 위한 사정면적은? (단, 임야대장에 등록되는 면적으로 사정하며, 임야도의 축척은 1 : 3,000임)

▸ 2018년 29회

① 12,893㎡
② 10,215㎡
③ 9,947㎡
④ 4,298㎡
⑤ 3,405㎡

정답해설

② 사정면적은 약 10,215㎡이다.
　1. 정단무보 : 1정 = 3,000평, 1단 = 300평, 1무 = 30평, 1보 = 1평
　2. 1정 3무 : 3,090평
　3. 사정면적 : 3,090평 × 400㎡/121평(≒3.30579) = 10,214.87㎡

02 감정평가사 A는 표준지공시지가의 감정평가를 의뢰받고 현장조사를 통해 표준지에 대해 다음과 같이 확인하였다. 표준지조사평가보고서의 토지특성 기재방법으로 옳게 연결된 것은?

▸ 2018년 29회

> ㄱ. 토지이용상황 : 주변의 토지이용상황이 '답'으로서 돈사·우사 등으로 이용되고 있는 토지
>
> ㄴ. 도로접면 : 폭 12미터의 도로에 한 면이 접하면서 자동차 통행이 가능한 폭 6미터의 도로에 다른 한 면이 접하고 있는 토지

① ㄱ : 목장용지,　ㄴ : 중로각지
② ㄱ : 목장용지,　ㄴ : 소로각지
③ ㄱ : 답기타,　　ㄴ : 중로각지
④ ㄱ : 답기타,　　ㄴ : 소로각지
⑤ ㄱ : 답축사,　　ㄴ : 중로각지

정답해설

⑤ 옳은 연결이다.
　ㄱ : 현황 답 + 이용상황 돈사·우사 ⇨ 답축사로 표시
　ㄴ : 폭 12미터 도로(중로) + 폭 6미터 도로(세로) ⇨ 중로각지(중로세각)로 표시

03 감정평가사 A는 표준지공시지가의 감정평가를 의뢰받고 현장조사를 통해 표준지에 대해 다음과 같이 확인하였다. 표준지조사평가보고서상 토지특성 기재방법의 연결이 옳은 것은?

▶ 2021년 32회

> ㄱ. 지형지세 : 간선도로 또는 주위의 지형지세보다 높고 경사도가 15°를 초과하는 지대의 토지
>
> ㄴ. 도로접면 : 폭 12m 이상 25m 미만 도로에 한면이 접하고 있는 토지

① ㄱ : 급경사, ㄴ : 광대한면
② ㄱ : 급경사, ㄴ : 중로한면
③ ㄱ : 고지,   ㄴ : 광대한면
④ ㄱ : 고지,   ㄴ : 중로한면
⑤ ㄱ : 고지,   ㄴ : 소로한면

정답해설
② 옳은 연결이다.
　　ㄱ : 경사도가 15°를 초과 ⇨ 급경사
　　ㄴ : 폭 12m 이상 25m 미만 도로(중로) ⇨ 중로한면

04 감정평가사 A는 표준지공시지가의 조사·평가를 의뢰받고 실지조사를 통해 표준지에 대해 다음과 같이 확인하였다. 표준지조사·평가보고서상 토지특성 기재방법의 연결이 옳은 것은?

▶ 2023년 34회

> ㄱ. 토지이용상황 : 주변의 토지이용상황이 '전'으로서 돈사와 우사로 이용되고 있음
>
> ㄴ. 도로접면 : 폭 10미터의 도로와 한면이 접하면서 자동차 통행이 불가능한 폭 2미터의 도로에 다른 한면이 접함

① ㄱ : 전기타, ㄴ : 중로한면
② ㄱ : 전기타, ㄴ : 소로한면
③ ㄱ : 전축사, ㄴ : 소로각지
④ ㄱ : 전축사, ㄴ : 소로한면
⑤ ㄱ : 목장용지, ㄴ : 소로한면

정답 01 ② 02 ⑤ 03 ② 04 ④

④ 옳은 연결이다.

ㄱ : 전 + 이용상황 돈사·우사 ⇨ 전축사

ㄴ : 폭 10미터 도로(소로) + 자동차 통행이 불가능한 도로 ⇨ 소로한면

▌ 소로한면과 소로각지

1. 소로한면 : 폭 8m 이상 12m 미만의 도로에 한면이 접하고 있는 토지
2. 소로각지 : 소로에 한면이 접하면서 소로, 자동차통행이 가능한 세로(가)에 한면 이상 접하고 있는 토지

---

05 감정평가사 A는 단독주택의 감정평가를 의뢰받고 관련 공부(公簿)를 통하여 다음과 같은 사항을 확인하였다. 이 단독주택의 건폐율 (ㄱ)과 용적률 (ㄴ)은? ▸2021년 32회

- 토지대장상 토지면적 : 240㎡
- 내지 중 도시·군계획시설(공원) 저촉면적 : 40㎡
- 건축물의 용도 : 지하1층(주차장), 지상1층(단독주택), 지상2층(단독주택)
- 건축물대장상 건축면적 : 120㎡
- 건축물대장상 각 층 바닥면적 : 지하1층(60㎡), 지상1층(120㎡), 지상2층(120㎡)

① ㄱ : 50.00%, ㄴ : 100.00% ② ㄱ : 50.00%, ㄴ : 120.00%

③ ㄱ : 50.00%, ㄴ : 150.00% ④ ㄱ : 60.00%, ㄴ : 120.00%

⑤ ㄱ : 60.00%, ㄴ : 150.00%

④ 건폐율은 60%이고, 용적률은 120%이다.

1. 건폐율
   1) 건폐율은 대지면적에 대한 건축면적의 비율이다.
   2) 건축면적은 원칙적으로 수평투영면적 중 가장 넓은 층의 면적을 의미한다.
   3) 건폐율 : $\dfrac{120\,㎡}{200\,㎡} = 60\%$

2. 용적률
   1) 용적률은 대지면적에 대한 연면적의 비율이다.
   2) 연면적은 원칙적으로 지하층을 제외한 지상층 면적의 합계를 의미한다.
   3) 용적률 : $\dfrac{240\,㎡}{200\,㎡} = 120\%$

정답 **05** ④

감정평가방식

1절 감정평가방식의 분류

01 감정평가에 관한 규칙상 (   ) 안에 들어갈 내용으로 옳은 것은?

> • 원가방식 : 원가법 및 적산법 등 (㉠)의 원리에 기초한 감정평가방식
> • 비교방식 : 거래사례비교법, 임대사례비교법 등 시장성의 원리에 기초한 감정평가방식 및
>   (㉡)
> • (㉢) : 수익환원법 및 수익분석법 등 수익성의 원리에 기초한 감정평가방식

① ㉠ 비용성,   ㉡ 공시지가비교법,   ㉢ 수익방식
② ㉠ 비교성,   ㉡ 공시지가비교법,   ㉢ 환원방식
③ ㉠ 비용성,   ㉡ 공시지가비교법,   ㉢ 환원방식
④ ㉠ 비용성,   ㉡ 공시지가기준법,   ㉢ 수익방식
⑤ ㉠ 비교성,   ㉡ 공시지가기준법,   ㉢ 수익방식

> 정답해설
> ④ ㉠ 비용성, ㉡ 공시지가기준법, ㉢ 수익방식

> **▎ 감정평가방식**
> 1. 원가방식 : 원가법 및 적산법 등 비용성의 원리에 기초한 감정평가방식
> 2. 비교방식 : 거래사례비교법, 임대사례비교법 등 시장성의 원리에 기초한 감정평가방식 및 공시지가
>   기준법
> 3. 수익방식 : 수익환원법 및 수익분석법 등 수익성의 원리에 기초한 감정평가방식

정답 01 ④

02 다음은 감정평가방법에 관한 설명이다. (   ) 안에 들어갈 내용으로 옳은 것은?

> • 원가법은 대상물건의 재조달원가에 (㉠)을 하여 대상물건의 가액을 산정하는 감정평가방법이다.
> • 거래사례비교법을 적용할 때 (㉡), 시점수정, 가치형성요인 비교 등의 과정을 거친다.
> • 수익환원법에서는 장래 산출할 것으로 기대되는 순수익이나 미래의 현금흐름을 환원하거나 (㉢)하여 가액을 산정한다.

① ㉠ 감가수정, ㉡ 사정보정, ㉢ 할인   ② ㉠ 감가수정, ㉡ 지역요인비교, ㉢ 할인
③ ㉠ 사정보정, ㉡ 감가수정, ㉢ 할인   ④ ㉠ 사정보정, ㉡ 개별요인비교, ㉢ 공제
⑤ ㉠ 감가수정, ㉡ 사정보정, ㉢ 공제

정답해설 〉
① ㉠ 감가수정, ㉡ 사정보정, ㉢ 할인

▌ 가액을 구하는 3가지 방법
1. 거래사례비교법 : 대상물건과 가치형성요인이 같거나 비슷한 물건의 거래사례와 비교하여 대상물건의 현황에 맞게 사정보정, 시점수정, 가치형성요인 비교 등의 과정을 거쳐 대상물건의 가액을 산정하는 방법이다.
2. 원가법 : 대상물건의 재조달원가에 감가수정을 하여 대상물건의 가액을 산정하는 방법을 말한다.
3. 수익환원법 : 대상물건이 장래 산출할 것으로 기대되는 순수익이나 미래의 현금흐름을 환원하거나 할인하여 대상물건의 가액을 산정하는 방법을 말한다.

03 다음은 임대료 감정평가방법의 종류와 산식이다. (   ) 안에 들어갈 내용으로 옳은 것은?

> • 적산법 : 적산임료 = 기초가액 × (㉠) + 필요제경비
> • 임대사례비교법 : (㉡) = 임대사례의 임대료 × 사정보정치 × 시점수정치 × 지역요인 비교치 × 개별요인 비교치
> • (㉢) : 수익임료 = 순수익 + 필요제경비

① ㉠ : 기대이율,   ㉡ : 비준임료,   ㉢ : 수익분석법
② ㉠ : 환원이율,   ㉡ : 지불임료,   ㉢ : 수익분석법
③ ㉠ : 환원이율,   ㉡ : 지불임료,   ㉢ : 수익환원법
④ ㉠ : 기대이율,   ㉡ : 비준임료,   ㉢ : 수익환원법
⑤ ㉠ : 환원이율,   ㉡ : 실질임료,   ㉢ : 수익환원법

정답해설

① ㉠ 기대이율, ㉡ 비준임료, ㉢ 수익분석법

> **▌ 임대료를 구하는 3가지 방법**
> 1. 임대사례비교법 : 대상물건과 가치형성요인이 같거나 비슷한 물건의 임대사례와 비교하여 대상물건의 현황에 맞게 사정보정, 시점수정, 가치형성요인 비교 등의 과정을 거쳐 대상물건의 임대료를 산정하는 방법을 말한다.
> 2. 적산법 : 대상물건의 기초가액에 기대이율을 곱하여 산정된 기대수익에 대상물건을 계속하여 임대하는 데에 필요한 경비를 더하여 대상물건의 임대료를 산정하는 방법을 말한다.
> 3. 수익분석법 : 일반 기업 경영에 의하여 산출된 총수익을 분석하여 대상물건이 일정한 기간에 산출할 것으로 기대되는 순수익에 대상물건을 계속하여 임대하는 데에 필요한 경비를 더하여 대상물건의 임대료를 산정하는 방법을 말한다.

04 감정평가업자가 감정평가에 관한 규칙에 의거하여 공시지가기준법으로 토지를 감정평가하는 경우 필요 항목을 순서대로 나열한 것은?

> ㉠ 비교표준지 선정   ㉡ 감가수정
> ㉢ 감가상각   ㉣ 사정보정
> ㉤ 시점수정   ㉥ 지역요인 비교
> ㉦ 개별요인 비교   ㉧ 면적요인 비교
> ㉨ 그 밖의 요인보정

① ㉠ - ㉡ - ㉥ - ㉦ - ㉨
② ㉠ - ㉢ - ㉥ - ㉦ - ㉨
③ ㉠ - ㉣ - ㉤ - ㉥ - ㉨
④ ㉠ - ㉣ - ㉦ - ㉧ - ㉨
⑤ ㉠ - ㉤ - ㉥ - ㉦ - ㉨

정답해설

⑤ ㉠ 비교표준지 선정 ⇨ ㉤ 시점수정 ⇨ ㉥ 지역요인 비교 ⇨ ㉦ 개별요인 비교 ⇨ ㉨ 그 밖의 요인보정

▌ 공시지가기준법(감정평가에 관한 규칙)

1. 토지의 주된 평가방식

2. 공시지가기준법이란 대상 토지와 가치형성요인이 같거나 비슷하여 유사한 이용가치를 지닌다고 인정되는 표준지의 공시지가를 기준으로 대상 토지의 현황에 맞게 시점수정, 지역요인 및 개별요인 비교, 그 밖의 요인의 보정을 거쳐 대상 토지의 가액을 산정하는 감정평가방법이다.

3. 감정평가업자는 공시지가기준법에 따라 토지를 감정평가할 때에 다음 순서에 따라야 한다.

   1) 비교표준지 선정 : 인근지역에 있는 표준지 중에서 대상 토지와 용도지역·이용상황·주변환경 등이 같거나 비슷한 표준지를 선정할 것. 다만, 인근지역에 적절한 표준지가 없는 경우에는 인근지역과 유사한 지역적 특성을 갖는 동일수급권 안의 유사지역에 있는 표준지를 선정할 수 있다.

   2) 시점수정 : 국토교통부장관이 조사·발표하는 비교표준지가 있는 시·군·구의 같은 용도지역 지가변동률을 적용할 것. 다만, 다음 각 목의 경우에는 그러하지 아니하다.

      가. 같은 용도지역의 지가변동률을 적용하는 것이 불가능하거나 적절하지 아니하다고 판단되는 경우에는 공법상 제한이 같거나 비슷한 용도지역의 지가변동률, 이용상황별 지가변동률 또는 해당 시·군·구의 평균지가변동률을 적용할 것

      나. 지가변동률을 적용하는 것이 불가능하거나 적절하지 아니한 경우에는 한국은행이 조사·발표하는 생산자물가지수에 따라 산정된 생산자물가상승률을 적용할 것

   3) 지역요인 비교

   4) 개별요인 비교

   5) 그 밖의 요인 보정 : 대상토지의 인근지역 또는 동일수급권 내 유사지역의 가치형성요인이 유사한 정상적인 거래사례 또는 평가사례 등을 고려할 것

2절 시산가액의 조정

01 감정평가 3방식 및 시산가액 조정에 관한 설명으로 옳지 않은 것은?

① 공시지가기준법은 시장성의 원리에 기초한 방식은 아니나, 비교방식에 포함된다.

② 시산가액은 감정평가 3방식에 의하여 도출된 각각의 가액이다.

③ 시산가액 조정은 각 시산가액을 상호 관련시켜 재검토함으로써 시산가액 상호 간의 격차를 합리적으로 조정하는 작업이다.

④ 시산가액 조정은 각 시산가액을 산술평균하는 방법만 인정된다.

⑤ 감정평가에 관한 규칙에서는 시산가액 조정에 대하여 규정하고 있다.

정답해설

④ 시산가액 조정의 방법으로 산술평균은 원칙적으로 허용되지 않는다.

> **▌ 방법의 적용 및 시산가액 조정(감정평가에 관한 규칙)**
>
> 1. 감정평가업자는 대상물건별로 정한 주된 방법을 적용하여 감정평가하여야 한다. 다만, 주된 방법을 적용하는 것이 곤란하거나 부적절한 경우에는 다른 감정평가방법을 적용할 수 있다.
> 2. 감정평가업자는 대상물건의 감정평가액을 결정하기 위하여 물건별 주된 방법을 적용하여 산정한 가액[이하 "시산가액(試算價額)"이라 한다]을 다른 감정평가방식에 속하는 하나 이상의 감정평가방법으로 산출한 시산가액과 비교하여 합리성을 검토하여야 한다.
>   ㉠ 이 경우 공시지가기준법과 그 밖의 비교방식에 속한 감정평가방법은 서로 다른 감정평가방식에 속한 것으로 본다.
>   ㉡ 다만, 대상물건의 특성 등으로 인하여 다른 감정평가방법을 적용하는 것이 곤란하거나 불필요한 경우에는 그러하지 아니하다.
> 3. 감정평가업자는 검토 결과 물건별 주된 방법에 따라 산출한 시산가액의 합리성이 없다고 판단되는 경우에는 주된 방법 및 다른 감정평가방법으로 산출한 시산가액을 조정하여 감정평가액을 결정할 수 있다.

정답 01 ④

02 감정평가에 관한 규칙상 시산가액 조정에 관한 설명으로 옳지 않은 것은? ▸ 2019년 30회

① 평가대상물건별로 정한 감정평가방법을 적용하여 산정한 가액을 시산가액이라 한다.

② 평가대상물건의 시산가액은 감정평가 3방식 중 다른 감정평가방식에 속하는 하나 이상의 감정평가방법으로 산정한 시산가액과 비교하여 합리성을 검토하여야 한다.

③ 시산가액 조정 시 공시지가기준법과 거래사례비교법은 같은 감정평가방식으로 본다.

④ 대상물건의 특성 등으로 인하여 다른 감정평가방법을 적용하는 것이 곤란하거나 불필요한 경우에는 시산가액 조정을 생략할 수 있다.

⑤ 산출한 시산가액의 합리성이 없다고 판단되는 경우에는 주된 방법 및 다른 감정평가방법으로 산출한 시산가액을 조정하여 감정평가액을 결정할 수 있다.

[정답해설]
③ 시산가액을 조정하는 경우 공시지가기준법은 거래사례비교법과 다른 방식으로 간주한다.

03 다음 자료를 활용하여 시산가액 조정을 통해 구한 감정평가액은? (단, 주어진 조건에 한함)

- 거래사례를 통해 구한 시산가액(가치) : 1.2억원
- 조성비용을 통해 구한 시산가액(가치) : 1.1억원
- 임대료를 통해 구한 시산가액(가치) : 1.0억원
- 시산가액 조정 방법 : 가중치를 부여하는 방법
- 가중치 : 원가방식 20%, 비교방식 50%, 수익방식 30%를 적용함

① 1.09억원 　　　　　　　　② 1.10억원
③ 1.11억원 　　　　　　　　④ 1.12억원
⑤ 1.13억원

[정답해설]
④ 감정평가액은 1.12억원이다.
　1. 가중치가 제시되었으므로 시산가액을 가중평균하여 조정한다.
　2. 감정평가 : (0.2 × 1.1억) + (0.5 × 1.2억) + (0.3 × 1억) = 1.12억

3절 거래사례비교법, 공시지가기준법

확인학습

[감정평가 실무기준]

1. 감정평가할 때는 다음 요건을 모두 갖춘 하나 또는 둘 이상의 적절한 사례를 선택하여야 한다.
   ① 거래사정이 정상이라고 인정되는 사례나 정상적인 것으로 보정이 ○○한 사례
   ② 기준시점으로 시점수정이 가능한 사례
   ③ 위치적 유사성과 물적 유사성이 있어 가치형성요인의 비교가 가능한 사례

2. **시점수정**
   ① 거래사례의 거래시점과 대상물건의 기준시점이 불일치하여 가격수준의 변동이 있을 경우에는 거래사례의 가격을 ○○시점의 가격수준으로 시점수정하여야 한다.
   ② 시점수정은 ○○물건의 가격 변동률로 한다.

 **답** 1. ① 가능   2. ① 기준   ② 사례

---

01 감정평가방법 중 거래사례비교법과 관련된 설명으로 옳지 않은 것은? ▸ 2023년 34회

① 거래사례비교법은 실제 거래되는 가격을 준거하므로 현실성이 있으며 설득력이 풍부하다는 장점이 있다.

② 거래사례비교법과 관련된 가격원칙은 대체의 원칙이고, 구해진 가액은 비준가액이라 한다.

③ 거래사례비교법은 대상부동산과 동질·동일성이 있어서 비교 가능한 사례를 채택하는 것이 중요하다.

④ 거래사례는 위치에 있어서 동일성 내지 유사성이 있어야 하며, 인근지역에 소재하는 경우에는 지역요인비교를 하여야 한다.

⑤ 거래사례에 사정보정요인이 있는 경우 우선 사정보정을 하고, 거래시점과 기준시점 간의 시간적 불일치를 정상화하는 작업인 시점수정을 하여야 한다.

정답해설

④ 거래사례가 인근지역(대상이 속한 지역)에 위치한다면 거래사례와 대상물건은 동일지역에 위치한다. 따라서 지역요인비교를 하지 않는다.

정답 01 ④

02 A군 B면 C리 자연녹지지역 내의 공업용 부동산을 비교방식으로 감정평가할 때 적용할 사항으로 옳은 것을 모두 고른 것은?

> ㉠ C리에 자연녹지지역 내의 이용상황이 공업용인 표준지가 없어 동일수급권인 인근 D리의 자연녹지지역에 소재하는 공업용 표준지를 비교표준지로 선정하였다.
> ㉡ 공시지가기준법 적용에 따른 시점수정 시 지가변동률을 적용하는 것이 적절하지 아니하여 통계청이 조사·발표하는 소비자물가지수에 따라 산정된 소비자물가상승률을 적용하였다.
> ㉢ C리에 소재하는 유사물건이 소유자의 이민으로 인해 시세보다 저가로 최근에 거래되었는데, 어느 정도 저가로 거래되었는지는 알 수 없어 비교사례로 선정하지 않았다.

① ㉠
② ㉠, ㉡
③ ㉠, ㉢
④ ㉡, ㉢
⑤ ㉠, ㉡, ㉢

정답해설
③ 옳은 지문은 ㉠, ㉢이다.

오답해설
㉡ 시점수정 시 지가변동률을 적용하는 것이 불가능하거나 적절하지 아니한 경우에는 한국은행이 조사·발표하는 생산자물가지수에 따라 산정된 생산자물가상승률을 적용한다.

03 다음 사례 부동산의 사정보정치는 얼마인가?

> • 면적이 1,000㎡인 토지를 100,000,000원에 구입하였으나, 이는 인근의 표준적인 획지보다 고가로 매입한 것으로 확인되었음
> • 표준적인 획지의 정상적인 거래가격은 80,000원/㎡으로 조사되었음

① 0.50
② 0.60
③ 0.70
④ 0.80
⑤ 0.90

④ 사정보정치는 0.800이다.

1. 사정보정을 하는 방법은 다음과 같다.

$$사정보정치 = \frac{대상 : 100}{사례 : 100 \pm \alpha}$$

2. 사례 부동산은 100,000원/㎡(= 1억 ÷ 1,000㎡)으로 거래되었다. 또한 사례 부동산은 표준적 획지의 거래가격(80,000원/㎡)보다 25% 비싸게 거래되었다.

3. 사례의 사정보정치

$$\frac{대상 : 100}{사례 : 100 \pm \alpha} = \frac{100}{100 + 25} = 0.8$$

---

04 감정평가사 A는 B토지의 감정평가를 의뢰받고 인근지역 나지 거래사례인 C토지를 활용해 2억원으로 평가했다. A가 C토지 거래금액에 대해 판단한 사항은? ▸ 2022년 33회

- B, C토지의 소재지, 용도지역 : D구, 제2종일반주거지역
- 면적 : B토지 200㎡, C토지 150㎡
- 거래금액 : 1.5억원(거래시점 일괄지급)
- D구 주거지역 지가변동률(거래시점 ~ 기준시점) : 10% 상승
- 개별요인 : B토지 가로조건 10% 우세, 그 외 조건 대등

① 정상   ② 10% 고가
③ 20% 고가   ④ 21% 고가
⑤ 31% 고가

④ C토지 거래금액은 21% 고가로 거래되었다.

1. 거래사례(C토지) 거래금액 : 100만/㎡
2. B토지 비준가액 : 100만/㎡ × 사정보정치 × 1.1 × 1.1 = 100만/㎡(B토지)
3. 사정보정치 : 0.8264
4. 사정보정률(a) : $\frac{1}{(1+a)}$ = 0.8264, a = 21%

05 감정평가사 갑(甲)은 토지의 감정평가를 의뢰받고 거래사례비교법을 활용해 2억원으로 평가했다. 거래사례의 거래금액에 대해 판단한 사항은?

- 대상토지 : X시 Y동 200번지, 면적 100㎡, 제2종일반주거지역
- 거래사례
  - 소재지 : X시 Y동 250번지
  - 지목 및 면적 : 대, 120㎡
  - 용도지역 : 제2종일반주거지역
  - 거래가격 : 2억 4천만원(거래시점 일괄지급)
- 주거지역 지가변동률(거래시점 ~ 기준시점) : 5% 상승
- 개별요인 : B토지 가로조건 10% 우세, 그 외 조건 대등
- 거래금액에 대한 판단을 제외한 다른 사항은 동일한 것으로 가정한다.

---

① 정상
② 약 10% 고가
③ 약 15% 고가
④ 약 21% 고가
⑤ 약 31% 고가

정답해설

③ C토지 거래금액은 15% 고가로 거래되었다.
  1. 거래사례 거래금액 : 200만/㎡
  2. 대상 비준가액 : 200만/㎡(사례금액) × 사정보정치 × 1.05 × 1.1 = 200만/㎡(대상)
  3. 사정보정치 : 0.8658
  4. 사정보정률(a) : $\frac{1}{(1+a)}$ = 0.8658, a = 15%

06 공시지가기준법에 의한 토지의 감정평가 시 개별요인 세항목의 비교 내용이 다음의 표와 같을 때 개별요인 비교치(격차율)는?

▶ 2018년 29회

조건	항목	세항목	비교 내용
접근조건	교통의 편부	취락과의 접근성	대상 토지가 10% 우세
		농로의 상태	대상 토지가 5% 열세
자연조건	일조 등	일조, 통풍 등	대상 토지가 10% 우세
	토양, 토질	토양·토질의 양부	대상 토지가 5% 열세
획지조건	면적, 경사 등	경사도	대상 토지가 5% 열세
	경작의 편부	형상에 의한 장애정도	동일함
행정적 조건	행정상의 조장 및 규제 정도	용도지역	동일함
기타조건	기타	장래의 동향	대상 토지가 10% 열세

① 0.980　　② 0.955
③ 0.950　　④ 0.943
⑤ 0.934

정답해설

④ 개별요인 비교치(격차율)는 약 0.943이다.
1. 접근조건 : 5% 우세, 자연조건 : 5% 우세, 획지조건 : 5% 열세, 기타조건 : 10% 열세
2. 개별요인 비교치 : 1.05(접근) × 1.05(자연) × 0.95(획지) × 0.9(기타) ≒ 0.943

07 다음 자료를 활용하여 거래사례비교법으로 산정한 대상토지의 비준가액은?

- 평가대상토지 : X시 Y동 210번지, 대, 110㎡, 일반상업지역
- 기준시점 : 2024.4.1.
- 거래사례
  - 소재지 : X시 Y동 250번지
  - 지목 및 면적 : 대, 120㎡
  - 용도지역 : 일반상업지역
  - 거래가격 : 2억 4천만원
  - 거래시점 : 2024.2.1.
  - 거래사례는 정상적인 매매임
- 지가변동률(2024.2.1. ~ 4.1.) : X시 상업지역 5% 상승
- 지역요인 : 대상토지는 거래사례의 인근지역에 위치함
- 개별요인 : 대상토지는 거래사례에 비해 3% 우세함
- 상승식으로 계산할 것

① 226,600,000원
② 237,930,000원
③ 259,560,000원
④ 283,156,000원
⑤ 285,516,000원

정답해설

② 토지의 비준가액은 237,930,000원이다.

1. 대상 비준가액(/㎡)

$$2,000,000원/㎡ \times \frac{100}{100} \times 1.05 \times \frac{100}{100} \times \frac{103}{100} = 2,163,000원/㎡$$

　　　　　　　　　　(사)　　(시)　　(지)　　　(개)

2. 대상 평가액 : 2,163,000원/㎡ × 110㎡ = 237,930,000원

08 다음 자료를 활용하여 거래사례비교법으로 산정한 토지의 비준가액은?

- 대상토지 : A시 B구 C동 350번지, 150㎡(면적), 대(지목), 주상용(이용상황), 제2종일반
  주거지역(용도지역)
- 기준시점 : 2024.4.1.
- 거래사례
  - 소재지 : A시 B구 C동 340번지
  - 200㎡(면적), 대(지목), 주상용(이용상황)
  - 제2종일반주거지역(용도지역)
  - 거래가격 : 800,000,000원
  - 거래시점 : 2024.2.1.
- 사정보정치 : 0.9
- 지가변동률(A시 B구, 2024.2.1. ~ 2024.4.1.) : 주거지역 5% 상승, 상업지역 4% 상승
- 지역요인 : 거래사례와 동일
- 개별요인 : 거래사례에 비해 5% 열세
- 상승식으로 계산

① 533,520,000원 ② 538,650,000원
③ 592,800,000원 ④ 595,350,000원
⑤ 598,500,000원

정답해설

② 토지의 비준가액은 538,650,000원
  1. 거래사례 가격(단가) : 4,000,000원/㎡
  2. 비준가액(단가)
     4,000,000원/㎡ ×0.9(사) × 1.05(시) ×0.95(개)×150㎡ = 538,650,000원

09 다음 자료를 활용하여 공시지가기준법으로 평가한 대상 토지의 단위면적당 가액은?

▸ 2021년 32회

- 대상 토지 현황 : A시 B구 C동 175번지, 일반상업지역, 상업나지
- 기준시점 : 2021.4.24.
- 비교표준지 : A시 B구 C동 183번지, 일반상업지역, 상업용
    2021.1.1. 기준 공시지가 6,000,000원/㎡
- 지가변동률(2021.1.1. ~ 2021.4.24.) : A시 B구 상업지역 2% 상승함
- 지역요인 : 비교표준지와 대상 토지는 인근지역에 위치하여 지역요인 동일함
- 개별요인 : 대상 토지는 비교표준지에 비해 가로조건에서 5% 우세하고, 환경조건에서 10% 열세하며, 다른 조건은 동일함(상승식으로 계산할 것)
- 그 밖의 요인 보정 : 대상 토지 인근지역의 가치형성요인이 유사한 정상적인 거래사례 및 평가사례 등을 고려하여 그 밖의 요인으로 50% 증액 보정함

---

① 5,700,000원/㎡
② 5,783,400원/㎡
③ 8,505,000원/㎡
④ 8,675,100원/㎡
⑤ 8,721,000원/㎡

〔정답해설〕

④ 토지의 단위면적당 가액은 8,675,100원/㎡이다.

$$6{,}000{,}000원/㎡ \times 1.02 \times (\underset{(\text{개})}{\frac{105}{100}} \times \frac{90}{100}) \times \underset{(\text{기타})}{1.5} = 8{,}675{,}100원/㎡$$

(시)

10 다음 자료를 활용하여 공시지가기준법으로 평가한 대상토지의 시산가액(㎡당 단가)은?

▸ 2023년 34회

- 대상토지 현황 : A시 B구 C동 101번지, 일반상업지역, 상업나지
- 기준시점 : 2023.4.8.
- 비교표준지 : A시 B구 C동 103번지, 일반상업지역, 상업나지
    2023.1.1. 기준 표준지공시지가 10,000,000원/㎡
- 지가변동률 : 1) 2023.1.1. ~ 2023.3.31. : -5.00%
    2) 2023.4.1. ~ 2023.4.8. : -2.00%
- 지역요인 : 비교표준지는 대상토지의 인근지역에 위치함
- 개별요인 : 대상토지는 비교표준지대비 획지조건에서 4% 열세하고, 환경조건에서 5% 우세하며, 다른 조건은 동일함
- 그 밖의 요인 보정 : 대상토지 인근지역의 가치형성요인이 유사한 정상적인 거래사례 및 평가사례 등을 고려하여 그 밖의 요인으로 20% 증액 보정함
- 상승식으로 계산할 것
- 산정된 시산가액의 천원 미만은 버릴 것

---

① 11,144,000원 ② 11,168,000원
③ 11,190,000원 ④ 11,261,000원
⑤ 11,970,000원

〔정답해설〕
④ 토지의 시산가액은 11,261,000원/㎡이다.
10,000,000원/㎡×(0.95×0.98)×0.96(획지)×1.05(환경)×1.2(그 밖의)
=11,261,376원(≒11,261,000원)

4절 원가법

확인학습

[감정평가 실무기준]

1. **재조달원가**
   ① 재조달원가란 대상물건을 ○○시점에 재생산하거나 재취득하는 데 필요한 적정원가의 총액을 말한다.
   ② 재조달원가는 대상물건을 일반적인 방법으로 생산하거나 취득하는 데 드는 비용으로 하되, 제세공과금 등과 같은 일반적인 부대비용을 ○○한다.

2. **감가수정**
   ① 감가수정이란 대상물건에 대한 재조달원가를 감액하여야 할 요인이 있는 경우에 물리적 감가, 기능적 감가 또는 경제적 감가 등을 고려하여 그에 해당하는 금액을 재조달원가에서 ○○하여 기준시점에 있어서의 대상물건의 가액을 적정화하는 작업을 말한다.
   　㉠ 물리적 감가요인 : 대상물건의 물리적 상태 변화에 따른 감가요인
   　㉡ 기능적 감가요인 : 대상물건의 기능적 효용 변화에 따른 감가요인
   　㉢ 경제적 감가요인 : 인근지역의 경제적 상태, 주위환경, 시장상황 등 대상물건의 가치에 영향을 미치는 경제적 요소들의 변화에 따른 감가요인
   ② 감가수정을 할 때에는 ○○적 내용연수를 기준으로 한 정액법, 정률법 또는 상환기금법 중에서 대상물건에 가장 적합한 방법을 적용하여야 한다.
   ③ 경제적 내용연수를 기준으로 하는 감가수정이 적절하지 아니한 경우에는 물리적·기능적·경제적 감가요인을 고려하여 ○○감가 등으로 조정하거나 다른 방법에 따라 감가수정할 수 있다.

답 1. ① 기준 ② 포함
　 2. ① 공제 ② 경제 ③ 관찰

01 감가수정에 관한 설명으로 옳은 것은? ▸2017년 28회

① 치유가능한 감가는 내용연수 항목 중에서 치유로 증가가 예상되는 효용이 치유에 요하는 비용보다 큰 경우의 감가를 의미한다.

② 감가수정의 방법은 직접법과 간접법이 있으며, 직접법에는 내용연수법, 관찰감가법 및 분해법이 있다. 감가수정액의 산정은 세 가지 방법을 병용하여 산정해야 한다.

③ 감가수정은 재조달원가에서 부동산 가격에 영향을 미치는 물리적·기능적·경제적 감가 요인 등을 고려하고, 그에 해당하는 감가수정액을 공제하여, 기준시점 현재 대상물건의 기간손익의 배분을 산정하기 위한 것이다.

④ 감정평가대상이 되는 부동산의 상태를 면밀히 관찰한 후 감정평가사의 폭넓은 경험과 지식에 의존하는 것이 분해법이다.

⑤ 감가요인을 물리적·기능적·경제적 요인으로 세분하고, 치유가능·불능항목으로 세분 하여 각각의 발생감가의 합계액을 감가수정액으로 하는 방법이 관찰감가법이다.

〉정답해설〉

① 옳은 지문이다. 치유가능한 감가는 치유를 통한 효용 증가가 치유 비용보다 큰 경우의 감가이다.

〉오답해설〉

② 병용하여 산정해야 한다. ⇨ 병용하여 산정할 수 있다.

③ 기준시점 현재 대상물건의 기간손익의 배분을 산정하기 위한 것이다. ⇨ 기준시점 현재 대상물건의 가액을 적정화하는 작업을 말한다.

④ 분해법 ⇨ 관찰감가법

⑤ 관찰감가법 ⇨ 분해법

> ▮ 감가수정의 방법
>
> 1. 내용연수법 : 정액법, 정률법, 상환기금법
> 2. 관찰감가법
> 3. 분해법
> 4. 시장추출법
> 5. 임대료손실환원법

PART 09

02 원가법에서 사용하는 감가수정 방법에 관한 설명으로 옳지 않은 것은?

① 정률법에서는 매년 감가율이 감소함에 따라 감가액이 감소한다.
② 정액법에서는 감가누계액이 경과연수에 정비례하여 증가한다.
③ 정액법을 직선법 또는 균등상각법이라고도 한다.
④ 상환기금법은 건물 등의 내용연수가 만료될 때 감가누계상당액과 그에 대한 복리계산의 이자상당액분을 포함하여 당해 내용연수로 상환하는 방법이다.
⑤ 정액법, 정률법, 상환기금법은 모두 내용연수에 의한 감가수정방법이다.

정답해설
① 정률법은 매년 감가율이 일정한 방식이다.

03 감가수정에 관한 설명으로 옳은 것을 모두 고른 것은?

> ㉠ 감가수정과 관련된 내용연수는 경제적 내용연수가 아닌 물리적 내용연수를 의미한다.
> ㉡ 대상물건에 대한 재조달원가를 감액할 요인이 있는 경우에는 물리적 감가, 기능적 감가, 경제적 감가 등을 고려한다.
> ㉢ 감가수정방법에는 내용연수법, 관찰감가법, 분해법 등이 있다.
> ㉣ 내용연수법으로는 정액법, 정률법, 상환기금법이 있다.
> ㉤ 정률법은 매년 일정한 감가율을 곱하여 감가액을 구하는 방법으로 매년 감가액이 일정하다.

① ㉠, ㉡   ② ㉡, ㉢
③ ㉢, ㉣   ④ ㉡, ㉢, ㉣
⑤ ㉢, ㉣, ㉤

정답해설
④ ㉡, ㉢, ㉣이 옳은 지문이다.

오답해설
㉠ 내용연수는 경제적 내용연수를 의미한다.
㉤ 매년 감가액이 일정하다. ⇨ 매년 감가액은 점점 감소한다.

▌감가수정
1. 감가수정을 할 때에는 경제적 내용연수를 기준으로 한 정액법, 정률법 또는 상환기금법 중에서 대상 물건에 가장 적합한 방법을 적용하여야 한다.
2. 내용연수법을 적용한 감가수정이 적절하지 아니한 경우에는 물리적·기능적·경제적 감가요인을 고려하여 관찰감가 등으로 조정하거나 다른 방법에 따라 감가수정할 수 있다.

04 **감정평가이론상 감가수정에 대한 설명 중 옳은 것은?**

① 감정평가의 감가수정은 취득원가에 대한 비용배분의 개념이고, 회계목적의 감가상각은 재조달원가를 기초로 적정한 가치를 산정하는 개념이다.
② 관찰감가법은 감정평가사가 직접 관찰하여 감가액을 판정하므로 객관적이다.
③ 동일한 내용연수의 부동산이라도 건축방법, 관리 및 유지 상태 등에 따라 감가의 정도가 달라진다.
④ 정률법에 의한 연간 감가액은 일정하지만, 정액법에 의한 연간 감가액은 체감한다.
⑤ 경제적 감가요인에는 인근지역의 쇠퇴, 설계의 불량, 설비의 부족 등이 있다.

정답해설
③ 옳은 지문이다. 동일한 내용연수의 부동산이라도 감가수정은 건축방법, 관리 및 유지 상태 등에 따라 감가의 정도가 달라진다. 이를 감가의 개별성이라고 한다.

오답해설
① 감가수정은 적정한 가치를 산정하는 과정이고, 회계목적의 감가상각은 취득원가에 대한 비용배분의 과정이다.
② 객관적이다. ⇨ 주관적이다. : 관찰감가법은 감정평가사의 경험과 능력에 의존하기 때문에 주관적이다.
④ 정액법에 의한 연간 감가액은 일정하지만, 정률법에 의한 연간 감가액은 체감한다.
⑤ 인근지역의 쇠퇴는 경제적(외부적) 감가요인이고, 설계의 불량, 설비의 부족은 기능적 감가요인이다.

05 **감정평가방식 중 원가방식에 관련된 설명으로 옳은 것은?** ▶ 2023년 34회

① 원가방식은 대체의 원칙, 수요와 공급의 원칙, 균형의 원칙, 외부의 원칙, 예측의 원칙과 밀접한 관련이 있다.
② 재조달원가란 대상물건을 기준시점에 재생산 또는 재취득하는 데 필요한 적정원가의 총액으로서 원칙적으로 그 대상물건 값의 상한선을 나타낸다.
③ 대치원가(replacement cost)란 건축자재, 설비공법 등에 있어 신축시점의 표준적인 것을 사용한 적정원가로서 이미 기능적 감가는 반영되어 있다.
④ 재조달원가를 구하는 방법은 직접법으로 총가격적산법(총량조사법), 변동률적용법(비용지수법) 등이 있고, 간접법으로 부분별단가적용법, 단위비교법 등이 있다.
⑤ 감가수정에 있어서 감가요인은 물리적 요인, 기능적 요인, 경제적 요인이 있으며, 감가상각에 있어서 감가요인은 물리적 요인, 경제적 요인이 있다.

정답 02 ① 03 ④ 04 ③ 05 ②

정답해설

② 옳은 지문이다. 재조달원가는 새물건의 가치 또는 신축건물의 가치를 의미하기 때문에 대상물건 값의 상한선을 의미한다.

오답해설

① 예측의 원칙은 수익방식과 관련된 원칙이다. 학자들마다 조금씩 차이가 있으니, 너무 깊게 연구하지 마셔요.

③ 신축시점 ⇨ 기준시점 : 재조달원가는 기준시점에서 측정한 원가이다.

④ 총가격적산법(총량조사법), 부분별단가적용법은 직접법으로 분류되고 변동률적용법(비용지수법), 단위비교법은 간접법으로 분류된다.

⑤ 감정평가의 감가수정은 실질을 중시하기 때문에 부동산의 가치를 하락시키는 모든 요인을 고려하고자 한다. 그 결과 부동산의 외부환경이 원인이 되는 경제적 감가까지 고려한다. 그러나 기업회계의 감가상각은 객관성을 위해 경제적 감가를 인정하지 않는다. 기업회계는 외부환경 변화로 발생하는 가치하락을 평가손실 등의 개념으로 처리한다.

┃ 복제원가와 대치원가

1. 재조달원가는 복제원가(재생산비용)와 대치원가(대체비용)로 구분된다.
2. 복제원가(재생산비용)
   ① 물리적 동일성을 기준으로 산정한 원가
   ② 대상과 동일한 규모, 형태, 자재 등을 갖는 부동산을 복제한다는 가정으로 산정된 원가이다.
3. 대치원가(대체비용)
   ① 효용적(기능적) 동일성을 기준으로 산정한 원가
   ② 자재, 공법, 디자인 등이 현재 기준에 부합하지 않는 오래된 건물 등 복제원가를 산정할 수 없거나 산정할 수 있더라도 의미가 없는 경우, 효용적(기능적)으로 동일한 부동산을 건축한다는 가정으로 산정된 원가이다.
   ③ 효용적(기능적) 동일성을 가정했기 때문에 기능적 감가수정은 필요하지 않다.

06 동일한 기능적 효용을 제공하는 현대적 건물과 건축한 지 오래되어 원자재, 디자인, 배치 등이 크게 다른 건물을 원가법(비용접근법)으로 감정평가한다. 건물의 감정평가방법에 대한 설명으로 옳지 않은 것은?

① 건물이 오래되어 복성원가(재생산비용)를 구하기 곤란하므로 대체원가(대체비용)로 건물비용을 추정하였다.
② 건물비용은 단위비교법을 이용하여 평방미터(㎡)당 비용을 구하여 사용하였다.
③ 건물의 생산비용에 직접비용, 간접비용은 포함시키고, 건설업자의 적정이윤은 제외하고 추정하였다.
④ 감가상각추정액은 분해법을 이용하여 추정하였다.
⑤ 감가상각추정액을 건물의 신규비용 추정액에서 차감하여 건물의 가치를 구했다.

정답해설
③ 재조달원가는 원칙적으로 도급방식을 기준으로 산정한다. 따라서 건설업재(수급인)의 적정이윤은 재조달원가 산정에 포함된다.

07 원가방식에 관한 설명으로 옳은 것을 모두 고른 것은?   ▸ 2024년 35회

> ㄱ. 원가법과 적산법은 원가방식에 해당한다.
> ㄴ. 재조달원가는 실제로 생산 또는 건설된 방법 여하에 불구하고 도급방식을 기준으로 산정한다.
> ㄷ. 대상부동산이 가지는 물리적 특성인 지리적 위치의 고정성에 의해서 경제적 감가요인이 발생한다.
> ㄹ. 정액법, 정률법, 상환기금법은 대상부동산의 내용연수를 기준으로 하는 감가수정방법에 해당한다.

① ㄱ, ㄴ
② ㄷ, ㄹ
③ ㄱ, ㄴ, ㄹ
④ ㄱ, ㄷ, ㄹ
⑤ ㄱ, ㄴ, ㄷ, ㄹ

정답해설
⑤ 모두 옳은 지문이다.
  ㄴ. 재조달원가는 도급방식을 기준으로 한다. 즉 도급인의 정상이윤을 원가에 포함시킨다.
  ㄷ. 경제적(외부적) 감가는 외부환경과의 부적합으로 만들어지는 감가이다. 따라서 외부효과의 근거가 되는 지리적 위치의 고정성(부동성)에 의해 발생한다.

정답 06 ③ 07 ⑤

08 원가법에 의한 대상물건 기준시점의 감가누계액은?

> • 준공시점 : 2018.3.2.
> • 기준시점 : 2023.3.2.
> • 기준시점 재조달원가 : 500,000,000원
> • 경제적 내용연수 : 50년
> • 감가수정은 정액법에 의함
> • 내용연수 만료 시 잔존가치율은 10%

① 35,000,000원   ② 40,000,000원

③ 45,000,000원   ④ 50,000,000원

⑤ 55,000,000원

정답해설〉

③ 감가수정액은 45,000,000원이다.

$$1. \text{ 매년의 감가액} = \frac{500,000,000 - 10\%}{50년} = 9,000,000원$$

2. 감가수정액 = 매년 감가액 × 경과연수 = 9,000,000원 × 5년 = 45,000,000원

09 원가법에 의한 대상물건의 적산가액은?

> • 신축에 의한 사용승인시점 : 2021.3.20.
> • 기준시점 : 2023.3.20.
> • 사용승인시점의 신축공사비 : 3억원(신축공사비는 적정함)
> • 공사비 상승률 : 매년 전년대비 5%씩 상승
> • 경제적 잔존 내용연수 : 48년
> • 감가수정방법 : 정액법
> • 내용연수 만료 시 잔존가치 없음

① 288,200,000원   ② 302,400,000원

③ 315,000,000원   ④ 317,520,000원

⑤ 330,750,000원

④ 적산가액은 317,520,000원이다.

1. 재조달원가 : 300,000,000 × 1.05^2 = 330,750,000원
2. 감가수정액

   ㉠ 매년 감가액 : $\dfrac{330,750,000 - 0\%}{2년 + 48년}$ = 6,615,000원/년

   ㉡ 감가수정액 : 6,615,000원 × 2년 = 13,230,000원
3. 적산가액 : 330,750,000원 − 13,230,000원 = 317,520,000원

---

10 원가법에 의한 공장건물의 적산가액은?

- 신축공사비 : 8,000만원
- 준공시점 : 2021년 3월 30일
- 기준시점 : 2023년 3월 30일
- 건축비지수
  - 2021년 3월 : 100
  - 2023년 3월 : 125
- 전년대비 잔가율 : 70%
- 신축공사비는 준공 당시 재조달원가로 적정하며, 감가수정방법은 공장건물이 설비에 가까운 점을 고려하여 정률법을 적용함

① 3,920만원　　　　　　　　② 4,900만원

③ 5,600만원　　　　　　　　④ 7,000만원

⑤ 1억원

② 건물의 적산가액은 4,900만원이다.

1. 재조달원가 : 8,000만원 × 1.25 = 10,000만원(1억원)
2. 적산가액 : 10,000만 × 0.7 × 0.7 = 4,900만원

11 다음 자료를 활용하여 원가법으로 평가한 대상 건물의 가액은?

▸ 2021년 32회

- 대상 건물 현황 : 연와조, 단독주택, 연면적 200㎡
- 사용승인시점 : 2016.6.30.
- 기준시점 : 2021.4.24.
- 사용승인시점의 신축공사비 : 1,000,000원/㎡(신축공사비는 적정함)
- 건축비지수
  - 사용승인시점 : 100
  - 기준시점 : 110
- 경제적 내용연수 : 40년
- 감가수정방법 : 정액법(만년감가기준)
- 내용연수 만료 시 잔존가치 없음

① 175,000,000원
② 180,000,000원
③ 192,500,000원
④ 198,000,000원
⑤ 203,500,000원

정답해설

④ 대상 건물의 가액은 198,000,000원이다.
1. 재조달원가 : (1,000,000원/㎡ × 200㎡) × 1.1 = 220,000,000원
2. 감가수정액

   1) 매년 감가액 : $\dfrac{220,000,000(재) - 0(잔가율)}{40년}$ = 5,500,000원

   2) 감가수정액 : 5,500,000원 × 4년(만년감가) = 22,000,000원
3. 적산가액 : 198,000,000원

12 다음 자료를 활용하여 원가법으로 평가한 대상건물의 가액은? ▸ 2024년 35회 수정

- 대상건물 : 철근콘크리트구조, 다가구주택, 연면적 350㎡
- 기준시점 : 2024.4.5.
- 사용승인시점 : 2013.6.16.
- 사용승인시점의 적정한 신축공사비: 1,000,000원/㎡
- 건축비지수
  - 기준시점 : 115
  - 사용승인시점 : 100
- 경제적 내용연수 : 50년
- 감가수정방법 : 정액법(만년감가기준)
- 내용연수 만료 시 잔존가치율은 10%이다.

① 313,000,000원   ② 330,050,000원
③ 342,000,000원   ④ 350,000,000원
⑤ 352,000,000원

정답해설

② 원가법에 의한 적산가액은 330,050,000원이다.
1. 재조달원가 : 1,000,000원/㎡ × 350㎡ × 1.15(시) = 402,500,000원
2. 감가수정액

   1) 매년 감가액 : $\dfrac{402,500,000(재) \times 0.9}{50년}$ = 7,245,000원

   2) 감가수정액 : 7,245,000원 × 10년(만년감가) = 72,450,000원
3. 적산가액 : 402,500,000원 − 72,450,000원 = 330,050,000원

정답   11 ④   12 ②

5절 수익환원법

확인학습

[감정평가 실무기준]

1. **직접환원법**
   ① 직접환원법은 단일기간의 ○○○을 적절한 환원율로 ○○하여 대상물건의 가액을 산정하는 방법을 말한다.
   ② 직접환원법에서 사용할 순수익은 대상물건에 귀속하는 적절한 수익으로서 유효총수익에서 운영경비를 공제하여 산정한다. 이 경우 자본적지출은 비용으로 고려하지 않는다.
   ③ 직접환원법에서 사용할 환원율은 ○○○○법으로 구하는 것을 원칙으로 한다. 다만, 시장추출법의 적용이 적절하지 않은 때에는 요소구성법, 투자결합법, 유효총수익승수에 의한 결정방법, 시장에서 발표된 환원율 등을 검토하여 조정할 수 있다.

2. **할인현금흐름분석법**
   ① 할인현금흐름분석법은 대상물건의 보유기간에 발생하는 복수기간의 순수익(○○흐름)과 보유기간 말의 ○○가액에 적절한 할인율을 적용하여 현재가치로 할인한 후 더하여 대상물건의 가액을 산정하는 방법을 말한다.
   ② 할인현금흐름분석법의 적용에 따른 복귀가액은 보유기간 경과 후 초년도의 순수익을 추정하여 ○○환원율로 환원한 후 매도비용을 공제하여 산정한다.
   ③ 할인현금흐름분석법에서 사용할 할인율은 ○○○조사법(지분할인율), ○○결합법(종합할인율), 시장에서 발표된 할인율 등을 고려하여 대상물건의 위험이 적절히 반영되도록 결정하되 추정된 현금흐름에 맞는 할인율을 적용한다.
   ④ 복귀가액 산정을 위한 최종환원율은 환원율에 장기위험프리미엄·성장률·소비자물가상승률 등을 고려하여 결정한다.

답 1. ① 순수익, 환원   ③ 시장추출
2. ① 현금, 복귀   ② 최종   ③ 투자자, 투자

01 감정평가실무기준에서 규정하고 있는 수익환원법에 관한 내용으로 옳지 않은 것은?

▶ 2021년 32회

① 수익환원법으로 감정평가할 때에는 직접환원법이나 할인현금흐름분석법 중에서 감정평가 목적이나 대상물건에 적절한 방법을 선택하여 적용한다.

② 부동산의 증권화와 관련한 감정평가 등 매기의 순수익을 예상해야 하는 경우에는 할인현금흐름분석법을 원칙으로 하고 직접환원법으로 합리성을 검토한다.

③ 직접환원법에서 사용할 환원율은 요소구성법으로 구하는 것을 원칙으로 한다. 다만, 요소구성법의 적용이 적절하지 않은 때에는 시장추출법, 투자결합법, 유효총수익승수에 의한 결정방법, 시장에서 발표된 환원율 등을 검토하여 조정할 수 있다.

④ 할인현금흐름분석법에서 사용할 할인율은 투자자조사법(지분할인율), 투자결합법(종합할인율), 시장에서 발표된 할인율 등을 고려하여 대상물건의 위험이 적절히 반영되도록 결정하되 추정된 현금흐름에 맞는 할인율을 적용한다.

⑤ 복귀가액 산정을 위한 최종환원율은 환원율에 장기위험프리미엄·성장률·소비자물가상승률 등을 고려하여 결정한다.

[정답해설]

③ 요소구성법 ⇨ 시장추출법 : 직접환원법에서 사용할 환원율은 시장추출법으로 구하는 것을 원칙으로 한다. 다만, 시장추출법의 적용이 적절하지 않은 때에는 요소구성법, 투자결합법, 유효총수익승수에 의한 결정방법, 시장에서 발표된 환원율 등을 검토하여 조정할 수 있다.

▌환원율과 할인율의 산정(감정평가 실무 기준)

1. 환원율 : 시장추출법
2. 할인율 : 투자자조사법, 투자결합법, 시장할인율 등을 고려하여 결정

[정답] **01 ③**

02 감정평가 실무기준상 수익방식에 관한 내용으로 옳은 것은? ▸ 2024년 35회

① 직접환원법은 복수기간의 순수익을 적절한 환원율로 환원하여 대상물건의 가액을 산정하는 방법을 말한다.
② 수익가액이란 수익분석법에 따라 산정된 가액을 말한다.
③ 순수익은 대상물건에 귀속하는 적절한 수익으로서 가능총수익에서 운영경비를 공제하여 산정한다.
④ 직접환원법에서 사용할 환원율은 투자결합법으로 구하는 것을 원칙으로 한다.
⑤ 할인현금흐름분석법의 적용에 따른 복귀가액은 보유기간 경과 후 초년도의 순수익을 추정하여 최종환원율로 환원한 후 매도비용을 공제하여 산정한다.

[정답해설]
⑤ 옳은 지문이다.

[오답해설]
① 복수기간 ⇨ 단일기간
② 수익분석법 ⇨ 수익환원법
③ 가능총수익 ⇨ 유효총소득
④ 투자결합법 ⇨ 시장추출법

03 환원이율에 관한 설명으로 옳지 않은 것은? ▸ 2017년 28회

① 환원이율은 투하자본에 대한 수익비율로서 상각 후·세공제 전의 이율을 말한다.
② 개별환원이율이란 토지와 건물 각각의 환원이율을 말한다.
③ 환원이율이란 대상 부동산이 장래 산출할 것으로 기대되는 표준적인 순수익과 부동산 가격의 비율이다.
④ 환원이율은 순수익을 자본환원해서 수익가격을 구하는 경우에 적용되며, 이는 결국 부동산의 수익성을 나타낸다.
⑤ 세공제 전 환원이율이란 세금으로 인한 수익의 변동을 환원이율에 반영하여 조정(배제)하지 않은 환원이율을 말한다.

[정답해설]
① 환원율은 상각 후·세공제 전의 이율만을 말하는 것이 아니라, 환원율은 다양한 기준에 의해 분류될 수 있다. 환원율은 자본회수율의 포함 여부에 따라 상각 전 환원율과 상각 후 환원율로 구분될 수 있고, 세금의 고려 여부에 따라 세공제 전 환원율과 세공제 후 환원율 등으로 구분된다.

04 **자본환원율에 관한 설명으로 옳지 않은 것은?** ▸ 2019년 30회

① 자본환원율이란 대상 부동산이 장래 산출할 것으로 기대되는 표준적인 순영업소득과 부동산 가격의 비율이다.

② 감가상각 전의 순영업소득으로 가치를 추계하는 경우 감가상각률을 제외한 자본환원율을 사용해야 한다.

③ 할인현금흐름분석법에서는 별도로 자본회수율을 계산하지 않는다.

④ 부채감당법에 의한 자본환원율은 부채감당률에 저당비율과 저당상수를 곱하여 구한다.

⑤ 지분수익률은 매기간 세전현금수지의 현가와 기말지분복귀액의 현가의 합을 지분투자액과 같게 만드는 내부수익률이다.

〔정답해설〕

② 감가상각률을 제외한 자본환원율 ⇨ 감가상각률을 포함한 자본환원율 : 상각 전 순영업소득은 상각 전 환원율, 즉 감가상각률을 포함한 환원율을 적용한다.

▌ **환원율 적용의 원칙**

1. 상각 전 순소득은 상각 전 환원율을 적용하고, 상각 후 순소득은 상각 후 환원율을 적용한다.
2. 순소득의 구분
   ① 영업경비에 감가상각비가 포함되었다. : 상각 후 순소득
   ② 영업경비에 감가상가비가 제외되었다. : 상각 전 순소득
3. 환원율의 구분

> • 상각 전 환원율 − 감가상각률 = 상각 후 환원율
> • 상각 전 환원율 = 상각 후 환원율 + 감가상각률

   ① 상각 전 환원율 : 감가상각률(자본회수율)을 포함한 환원율
   ② 상각 후 환원율 : 감가상각률(자본회수율)을 제외한 환원율

정답 ▸ 02 ⑤ 03 ① 04 ②

05 수익환원법에 관한 설명으로 옳지 않은 것은?

▶ 2022년 33회

① 운영경비에 감가상각비를 포함시킨 경우 상각 전 환원율을 적용한다.

② 직접환원법에서 사용할 환원율은 시장추출법으로 구하는 것을 원칙으로 한다.

③ 재매도가치를 내부추계로 구할 때 보유기간 경과 후 초년도 순수익을 반영한다.

④ 할인 또는 환원할 순수익을 구할 때 자본적 지출은 비용으로 고려하지 않는다.

⑤ 요소구성법으로 환원율을 결정할 때 위험요소를 적극적으로 반영하면 환원율은 커진다.

정답해설〉

① 상각 전 환원율 ⇨ 상각 후 환원율 : 운영경비에 감가상각비가 포함되었다면, 산정된 순소득은 상각 후 순소득이다. 따라서 상각 후 환원율을 적용한다.

06 자본환원율에 관한 설명으로 옳은 것을 모두 고른 것은?

> ㉠ 자본의 기회비용을 반영하므로, 자본시장에서 시장금리가 상승하면 함께 상승한다.
> ㉡ 부동산 자산이 창출하는 순영업소득에 해당 자산의 가격을 곱한 값이다.
> ㉢ 자산가격 상승에 대한 투자자들의 기대를 반영한다.
> ㉣ 자본환원율이 상승하면 자산가격이 상승한다.
> ㉤ 프로젝트의 위험이 높아지면 자본환원율도 상승한다.

① ㉠, ㉡

② ㉠, ㉢, ㉤

③ ㉡, ㉢, ㉣

④ ㉡, ㉣, ㉤

⑤ ㉠, ㉢, ㉣, ㉤

정답해설〉

② ㉠, ㉢, ㉤이 옳은 지문이다. 환원율은 시장의 수익률로 자본의 기회비용을 의미한다. 따라서 시장금리, 투자자들의 기대, 투자안의 위험 등이 반영된다.

오답해설〉

㉡ 환원율(수익률 = 순영업소득/자산가격)은 순영업소득을 해당 자산의 가격으로 나눈 값이다.

㉣ 상승한다. ⇨ 하락한다.

07 자본환원율에 관한 설명으로 옳지 않은 것은?

① 자본환원율은 시장추출법, 조성법, 투자결합법 등을 통해 구할 수 있다.

② 자본환원율은 자본의 기회비용을 반영하며, 금리의 상승은 자본환원율을 높이는 요인이 된다.

③ 순영업소득(NOI)이 일정할 때 투자수요의 증가로 인한 자산가격 상승은 자본환원율을 높이는 요인이 된다.

④ 투자위험의 감소는 자본환원율을 낮추는 요인이 된다.

⑤ 부동산시장이 균형을 이루더라도 자산의 유형, 위치 등 특성에 따라 자본환원율이 서로 다른 부동산들이 존재할 수 있다.

〔정답해설〕

③ 높이는 요인 ⇨ 낮추는 요인 : 직접환원법의 공식(수익가액 = 순영업소득/환원율)에 의하면 순영업소득이 일정할 때 가격의 상승은 자본환원율을 낮추는 요인이다.

08 감정평가이론상 환원율을 산정할 경우, 다음 산식에 들어갈 내용으로 옳은 것은?

> • 환원율 = $\dfrac{(\ \ ㉠\ \ )}{가격}$
>
> • 환원율 = 부채감당비율 × 대부비율 × (㉡)

① ㉠ 순영업소득(NOI),　㉡ 저당상수

② ㉠ 순영업소득(NOI),　㉡ 감채기금계수

③ ㉠ 순영업소득(NOI),　㉡ 연금의 현가계수

④ ㉠ 세후현금흐름,　㉡ 감채기금계수

⑤ ㉠ 세후현금흐름,　㉡ 저당상수

〔정답해설〕

① 옳은 연결이다. ㉠은 시장추출법의 공식이고, ㉡은 부채감당률법에 의한 환원율 산정 공식이다.

> **┃ 환원이율 산정 방법**
> 1. **시장추출법** : 시장의 유사부동산을 분석하여 환원율(순소득/가격)을 직접 찾아내는 방법
> 2. **요소구성법**
> 3. **투자결합법**
> 4. **엘우드법**
> 5. **부채감당률법** : 환원이율 = 부채감당률 × 대부비율 × 저당상수

정답　05 ①　06 ②　07 ③　08 ①

09 다음의 자료는 수익형 부동산 A에 관한 내용이다. 수익환원법에 적용할 순수익은? (단, 모든 금액은 연 기준이며, 제시된 자료에 한함) ▸ 2018년 29회

- 가능총수익 : 9천만원
- 대손충당금 : 1백만원
- 자본적 지출액 : 6백만원
- 재산세 : 2백만원
- 사업소득세 : 6백만원
- 공실손실상당액 : 3백만원
- 관리직원 인건비 : 2천4백만원
- 수선유지비 : 3백만원
- 광고선전비 : 3백만원

① 42,000,000원
② 48,000,000원
③ 52,000,000원
④ 54,000,000원
⑤ 60,000,000원

정답해설

④ 순수익은 54,000,000원이다.
1. 가능총소득 : 9,000만원
2. 유효총소득 : 9,000만 − 300만(공실) − 100만(대손) = 8,600만원
3. 영업경비 : 3,200만원
   1) 관리직원 인건비 : 2,400만
   2) 수선유지비 : 300만
   3) 재산세 : 200만
   4) 광고선전비 : 300만
4. 순수익 : 8,600만 − 3,200만 = 5,400만원

10 투자부동산 A에 관한 투자분석을 위해 관련 자료를 수집한 내용은 다음과 같다. 이 경우 순 영업소득은? (단, 주어진 자료에 한하며, 연간 기준임) ▸ 2023년 34회

- 유효총소득 : 360,000,000원
- 대출원리금 상환액 : 50,000,000원
- 수도광열비 : 36,000,000원
- 수선유지비 : 18,000,000원
- 공실손실상당액·대손충당금 : 18,000,000원
- 직원 인건비 : 80,000,000원
- 감가상각비 : 40,000,000원
- 용역비 : 30,000,000원
- 재산세 : 18,000,000원
- 사업소득세 : 3,000,000원

① 138,000,000원
② 157,000,000원
③ 160,000,000원
④ 178,000,000원
⑤ 258,000,000원

정답해설

④ 순영업소득은 178,000,000원이다.

1. 유효총소득 : 360,000,000원
2. 영업경비 : 182,000,000원

    1) 직원 인건비 : 80,000,000원   2) 수도광열비 : 36,000,000원

    3) 용역비 : 30,000,000원   4) 수선유지비 : 18,000,000원

    5) 재산세 : 18,000,000원   6) 주의 : 감가상가비는 제외된다.

3. 순영업소득 : 178,000,000원

---

11 다음은 대상 부동산의 1년 동안 예상되는 현금흐름이다. (상각 전) 순영업소득(NOI)은?

▶ 2016년 27회

- 임대면적 : 100㎡
- 임대면적당 매월 임대료 : 20,000원/㎡
- 공실손실상당액 : 연간 임대료의 5%
- 영업경비 : 유효총소득의 60%(감가상각비 2,000,000원 포함)

---

① 10,080,000원   ② 10,880,000원

③ 11,120,000원   ④ 12,320,000원

⑤ 12,420,000원

정답해설

③ (상각 전) 순영업소득(NOI)은 11,120,000원이다.

1. 가능총소득 : 100㎡ × 20,000원 × 12개월 = 24,000,000원
2. 유효총소득 : 24,000,000 × (1 − 0.05) = 22,800,000원
3. (상각 후) 순영업소득 : 22,800,000 × (1 − 0.6) = 9,120,000원
4. (상각 전) 순영업소득 : 9,120,000 + 2,000,000 = 11,120,000원

PART 09

12 다음 자료를 활용하여 수익환원법을 적용한 평가대상 근린생활시설의 수익가액은? (단, 주어진 조건에 한하며 연간 기준임)

> • 가능총소득 : 5,000만원
> • 공실손실상당액 : 가능총소득의 5%
> • 유지관리비 : 가능총소득의 3%
> • 부채서비스액 : 1,000만원
> • 화재보험료 : 100만원
> • 개인업무비 : 가능총소득의 10%
> • 기대이율 4%, 환원율 5%

① 6억원
② 7억 2,000만원
③ 8억 2,000만원
④ 9억원
⑤ 11억 2,500만원

[정답해설]

④ 수익가액은 9억원이다.

1. 순영업소득 산정
   ㉠ 가능총소득 : 5,000만원
   ㉡ 유효총소득 : 5,000만원 × 0.95(95%) = 4,750만원
   ㉢ 영업경비 : 250만원
      150만(유지관리비, 5,000만원 × 0.03) + 100만원(화재보험료) = 250만원
   ㉣ 순영업소득 : 4,500만원
2. 환원이율 : 5%
3. 수익가액 : $\dfrac{4,500만원}{0.05}$ = 90,000만원(9억원)

13 수익방식의 직접환원법에 의한 대상 부동산의 시산가액은? ▸ 2017년 28회

- 가능총수익 : 연 2천만원
- 공실 및 대손 : 가능총수익의 10%
- 임대경비비율 : 유효총수익의 30%
- 가격구성비 : 토지, 건물 각각 50%
- 토지환원율 : 연 5%, 건물환원율 : 연 7%

① 190,000,000원   ② 200,000,000원   ③ 210,000,000원
④ 220,000,000원   ⑤ 230,000,000원

정답해설〉

③ 부동산의 시산가액은 210,000,000원이다.
  1. 순수익 : 2천만원 × 0.9 × 0.7 = 12,600,000원
  2. 환원이율(물리적 투자결합법) : (0.5 × 0.05) + (0.5 × 0.07) = 6.0%
  3. 수익가액 : 12,600,000원 / 0.06 = 210,000,000원

14 다음과 같은 조건에서 대상 부동산의 수익가액 산정 시 적용할 환원이율은? (단, 소수점 셋째 자리에서 반올림하여 둘째 자리까지 구함)

- 유효총소득(EGI) : 80,000,000원
- 순영업소득 : 73,000,000원
- 부채서비스액(debt service) : 연 40,000,000원
- 대부비율 : 30%
- 대출조건 : 이자율 연 4%로 15년간 매년 원리금균등분할상환(고정금리)
- 저당상수(이자율 연 4%, 기간 15년) : 0.09

① 3.93%   ② 4.93%   ③ 5.93%
④ 6.93%   ⑤ 7.93%

정답해설〉

② 부채감당률법에 의한 환원이율은 4.93%(4.9275%)이다.
  1. 부채감당률 : 73,000,000원/40,000,000원 = 1.825
  2. 환원이율 : 1.825(부채감당률) × 30%(대부비율) × 0.09(저당상수) = 4.9275%

▎부채감당률법
  환원이율 = 부채감당률 × 대부비율 × 저당상수

정답 ▸ 12 ④   13 ③   14 ②

15 다음과 같은 조건에서 대상부동산의 수익가액 산정 시 적용할 환원이율(capitalization rate)은? (단, 주어진 조건에 한함) ▸ 2024년 35회

- 가능총소득(PGI) : 연 85,000,000원
- 공실상당액 : 가능총소득의 5%
- 재산관리수수료 : 가능총소득의 2%
- 유틸리티비용 : 가능총소득의 2%
- 관리직원인건비 : 가능총소득의 3%
- 부채서비스액 : 연 20,000,000원
- 대부비율 : 25%
- 대출조건 : 이자율 연 4%로 28년간 매년 원리금균등분할상환(고정금리)
- 저당상수(이자율 연 4%, 기간 28년) : 0.06

① 5.61%   ② 5.66%   ③ 5.71%

④ 5.76%   ⑤ 5.81%

정답해설 ▷

① 부채감당률법에 의한 환원율은 5.61%이다.
1. 순영업소득
   1) 가능총소득 : 85,000,000원
   2) 유효총소득 : 85,000,000원 × 0.95 = 80,750,000원
   3) 영업경비 : 85,000,000원 × 0.07(관리수수료, 유틸리티, 관리직원인건비) = 5,950,000원
   4) 순영업소득 : 80,750,000원 − 5,950,000원 = 74,800,000원
2. 부채감당률 : 74,800,000원(순)/20,000,000원(부채서비스액) = 3.74
3. 환원율 : 3.74(부채감당률) × 25%(대부비율) × 0.06(저당상수) = 5.61%

16 수익환원법(직접환원법)에 의한 대상부동산의 가액이 8억원일 때, 건물의 연간 감가율(회수율)은? ▸ 2022년 33회

- 가능총수익 : 월 6백만원
- 공실 및 대손 : 연 1천2백만원
- 운영경비(감가상각비 제외) : 유효총수익의 20%
- 토지, 건물 가격구성비 : 각각 50%
- 토지환원율, 건물상각 후 환원율 : 각각 연 5%

① 1%   ② 2%

③ 3%   ④ 4%

⑤ 5%

정답해설

② 건물의 연간 감가율은 2%이다.

1. 상각 전 순수익
   ㉠ 유효총소득 : (600만 × 12월) − 1,200만 = 6,000만원
   ㉡ 순영업소득 : 6,000만 × 0.8 = 4,800만원

2. 건물의 상각 전 환원율(a)
   ㉠ 종합 환원율 : 4,800만/80,000만 = 0.06(6%)
   ㉡ 종합 환원율(물리적 투자결합법) : (5% × 0.5) + (a × 0.5) = 6%
   ㉢ 건물의 상각 전 환원율(a) : 7%

3. 건물의 연간 감가율(b)
   ㉠ 건물의 상각 전 환원율(7%) = 상각 후 환원율(5%) + 연간 감가율(b)
   ㉡ 연간 감가율(b) : 2%

17 토지와 건물로 구성된 대상건물의 연간 감가율(자본회수율)은?

▸ 2024년 35회

- 거래가격 : 20억원
- 순영업소득 : 연 1억 8천만원
- 가격구성비 : 토지 80%, 건물 20%
- 토지환원율, 건물상각후환원율 : 각 연 8%

① 4% ② 5%

③ 6% ④ 7%

⑤ 8%

정답해설

② 건물의 연간 감가율은 5%이다.

1. 종합 환원율 : 1.8억(순소득)/20억(부동산가격) = 9%

2. 건물의 상각 전 환원율(a)
   ㉠ 종합 환원율 : 9%
   ㉡ 종합 환원율(물리적 투자결합법) : (8% × 0.8) + (a × 0.2) = 9%
   ㉢ 건물의 상각 전 환원율(a) : 13%

3. 건물의 연간 감가율(b)
   ㉠ 건물의 상각 전 환원율(13%) = 상각 후 환원율(8%) + 연간 감가율(b)
   ㉡ 연간 감가율(b) : 5%

정답 15 ① 16 ② 17 ②

18 다음과 같은 조건에서 수익환원법에 의해 평가한 대상 부동산의 가액은? (단, 주어진 조건에 한함)

▶ 2020년 31회

- 가능총소득(PGI) : 1억원
- 공실손실상당액 및 대손충당금 : 가능총소득의 5%
- 재산세 : 300만원
- 화재보험료 : 200만원
- 영업소득세 : 400만원
- 건물주 개인업무비 : 500만원
- 토지가액 : 건물가액 = 40% : 60%
- 토지환원이율 : 5%
- 건물환원이율 : 10%

① 1,025,000,000원
② 1,075,000,000원
③ 1,125,000,000원
④ 1,175,000,000원
⑤ 1,225,000,000원

정답해설

③ 수익가액은 1,125,000,000원이다.

1. 순수익 : 90,000,000원
   1억원 × [1 − 0.05(공실률)] − 5,000,000원 = 90,000,000원

2. 환원이율(물리적 투자결합법 적용) : 8%
   (5% × 0.4) + (50% × 0.6) = 8%

3. 수익가액 : $\dfrac{90,000,000}{0.08}$ = 1,125,000,000원

19 할인현금흐름분석법에 의한 수익가액은? (단, 모든 현금흐름은 연말에 발생함) ▸ 2022년 33회

- 보유기간(5년)의 순영업소득 : 매년 9천만원
- 6기 순영업소득 : 1억원
- 매도비용 : 재매도가치의 5%
- 기입환원율 : 4%, 최종환원율 : 5%, 할인율 : 연 5%
- 연금현가계수(5%, 5년) : 4.329
- 일시불현가계수(5%, 5년) : 0.783

① 1,655,410,000원 ② 1,877,310,000원
③ 2,249,235,000원 ④ 2,350,000,000원
⑤ 2,825,000,000원

정답해설

② 할인법에 의한 수익가액은 1,877,310,000원이다.
   1. 보유기간(5년) 현금흐름의 현재가치
      ㉠ 보유기간 현금흐름(5년) : 9,000만원
      ㉡ 보유기간 현금흐름 현가 : 9,000만원 × 4.329(연금현가계수) = 38,961만원
   2. 기간 말 현금흐름의 현가
      ㉠ 재매도가치(6기 순소득/최종환원율) : 10,000만원 ÷ 0.05 = 200,000만원
      ㉡ 재매도비용 : 200,000만 × 0.05 = 10,000만원
      ㉢ 기간 말 복귀가액 : 200,000만원 - 10,000만원 = 190,000만원
      ㉣ 기간 말 복귀가액의 현가 : 190,000만 × 0.783(일시불현가계수) = 148,770만원
   3. 할인법에 의한 수익가액 : 38,961만원 + 148,770만원 = 187,731만원

6절 임대료 평가

01 감정평가에 관한 규칙과 감정평가 실무기준상 임대료 감정평가에 관한 설명으로 옳지 않은 것은? ▸ 2023년 34회

① 임대사례비교법으로 감정평가할 때 임대사례에 특수한 사정이나 개별적 동기가 반영되어 수집된 임대사례의 임대료가 적절하지 못한 경우에는 사정보정을 통해 그러한 사정이 없었을 경우의 적절한 임대료 수준으로 정상화하여야 한다.

② 시점수정은 대상물건의 임대료 변동률로 함을 원칙으로 한다.

③ 감정평가법인등은 임대료를 감정평가할 때에 임대사례비교법을 적용해야 한다.

④ 적산법은 원가방식에 기초하여 대상물건의 임대료를 산정하는 감정평가방법이다.

⑤ 수익분석법이란 일반기업 경영에 의하여 산출된 총수익을 분석하여 대상물건이 일정한 기간에 산출할 것으로 기대되는 순수익에 대상물건을 계속하여 임대하는 데에 필요한 경비를 더하여 대상물건의 임대료를 산정하는 감정평가방법을 말한다.

> **정답해설**
② 대상물건의 임대료 변동률 ⇨ 사례물건의 임대료 변동률

> **▌임대사례비교법 시점수정 (감정평가 실무기준)**
> ① 임대사례의 임대시점과 대상물건의 기준시점이 불일치하여 임대료 수준의 변동이 있을 경우에는 임대사례의 임대료를 기준시점의 임대료 수준으로 시점수정하여야 한다.
> ② 시점수정은 사례물건의 임대료 변동률로 한다.

02 다음의 자료를 활용하여 평가한 A부동산의 연간 비준 임대료(원/㎡)는? ▸ 2019년 30회

• 유사임대사례의 임대료 : 월 1,000,000원/㎡(보증금 없음)
• 임대료 상승률 : 유사임대사례의 계약일로부터 기준시점까지 10% 상승
• A부동산이 유사임대사례보다 개별요인에서 5% 우세

① 13,200,000   ② 13,540,000
③ 13,560,000   ④ 13,800,000
⑤ 13,860,000

> **정답해설**
⑤ 연간 비준 임대료는 13,860,000원/㎡이다.
     1,000,000원/㎡ × 12개월 × 1.1(시점수정치) × 1.05(개별요인비교치) = 13,860,000원/㎡

03 다음 자료를 활용한 연간 실질 임대료는?

▶ 2016년 27회

- 지불 임대료 : 200,000원(매월 기준)
- 예금적 성격을 갖는 일시금의 운용수익 : 400,000원(연 기준)
- 선불적 성격을 갖는 일시금의 상각액 : 80,000원(연 기준)

① 2,400,000원 ② 2,480,000원
③ 2,720,000원 ④ 2,800,000원
⑤ 2,880,000원

정답해설

⑤ 연간 실질 임대료는 2,880,000원이다. 실질 임대료는 임차인이 대상 부동산을 사용, 수익함에 따라 실질적으로 부담하게 되는 경제적 대가이다.
1. 지불임대료 : 200,000원 × 12개월 = 2,400,000원
2. 예금적 성격을 갖는 일시금의 운용수익 : 400,000원
3. 선불적 성격을 갖는 일시금의 상각액 : 80,000원
4. 연간 실질 임대료 : 2,400,000원 + 400,000원 + 80,000원 = 2,880,000원

▌실질임료의 구성
1. 지불임대료
2. 예금적 성격을 갖는 일시금의 운용이익
3. 선불적 성격을 갖는 일시금의 상각액과 미상각액에 대한 운용이익

04 기준시점에 있어서 대상 부동산의 정상가격이 50,000,000원이고 상각 후 세(稅)공제 전 기대이율이 연 5%이며, 부동산을 임대차함에 따라 임대료에 포함되어야 할 감가상각비 등 필요제경비가 연 700,000원인 경우, 이 부동산의 적산임료는 얼마인가?

① 3,200,000원 ② 1,800,000원
③ 2,500,000원 ④ 43,000,000원
⑤ 2,465,000원

정답해설

① 적산임료는 3,200,000원이다.
기초가액(50,000,000원) × 기대이율(0.05) + 필요제경비(700,000원) = 3,200,000원

▌적산법과 수익분석법
1. 적산법 : 적산임료 = 기초가액 × 기대이율 + 필요제경비
2. 수익분석법 : 수익임료 = 순수익 + 필요제경비

정답 01 ② 02 ⑤ 03 ⑤ 04 ①

7절 물건별 주된 감정평가

01 감정평가에 관한 규칙상 대상물건별 주된 감정평가방법으로 옳지 않은 것은? ▸ 2018년 29회

① 임대료 - 임대사례비교법
② 자동차 - 거래사례비교법
③ 비상장채권 - 수익환원법
④ 건설기계 - 원가법
⑤ 과수원 - 공시지가기준법

정답해설

⑤ 과수원 - 거래사례비교법

▌물건별 주된 평가방법

1. 토지 : 표준지공시지가를 기준으로 하는 공시지가기준법
2. 건물 : 원가법
3. 임대료 : 임대사례비교법
4. 산림 : 산지와 입목을 구분하여 평가(입목 : 거래사례비교법, 소경목림 : 원가법)
5. 과수원 : 거래사례비교법
6. 자동차 : 거래사례비교법 / 건설기계·선박·항공기 : 원가법
7. 영업권 등 권리 : 수익환원법
8. 기업가치 : 수익환원법

---

02 감정평가에 관한 규칙상 주된 평가방법으로 수익환원법을 적용해야 하는 것은 모두 몇 개인가? ▸ 2023년 34회 수정

- 광업재단
- 상표권
- 영업권
- 기업가치
- 전용측선이용권
- 과수원

① 2개
② 3개
③ 4개
④ 5개
⑤ 6개

정답해설

④ 5개 : 광업재단, 상표권, 영업권, 기업가치, 전용측선이용권

03 감정평가에 관한 규칙상 감정평가에 관한 설명으로 옳지 않은 것은? ▸ 2016년 27회

① 토지를 감정평가할 때에 감정평가 및 감정평가사에 관한 법률에 따라 공시지가기준법을 적용하여야 한다.

② 공시지가기준법에 따라 토지를 감정평가할 때에는 비교표준지 선정, 시점수정, 지역요인 비교, 개별요인 비교, 그 밖의 요인 보정의 순서에 따라야 한다.

③ 건물을 감정평가할 때에 원가법을 원칙적으로 적용하여야 한다.

④ 과수원을 감정평가할 때에 수익환원법을 원칙적으로 적용하여야 한다.

⑤ 자동차를 감정평가할 때에 거래사례비교법을 원칙적으로 적용하여야 하나, 본래 용도의 효용가치가 없는 물건은 해체처분가액으로 감정평가할 수 있다.

[정답해설]
④ 수익환원법 ⇨ 거래사례비교법

04 감정평가에 관한 규칙상 감정평가방법에 관한 설명으로 옳지 않은 것은?

① 건물의 주된 평가방법은 원가법이다.

② 「집합건물의 소유 및 관리에 관한 법률」에 따른 구분소유권의 대상이 되는 건물부분과 그 대지사용권을 일괄하여 감정평가하는 경우 거래사례비교법을 주된 평가방법으로 적용한다.

③ 임대료를 평가할 때는 적산법을 주된 평가방법으로 적용한다.

④ 영업권, 특허권 등 무형자산은 수익환원법을 주된 평가방법으로 적용한다.

⑤ 자동차의 주된 평가방법과 선박 및 항공기의 주된 평가방법은 다르다.

[정답해설]
③ 적산법 ⇨ 임대사례비교법

05 감정평가에 관한 규칙에서 규정하고 있는 내용으로 옳지 않은 것은? ▸ 2022년 33회

① 기업가치의 주된 평가방법은 수익환원법이다.

② 적정한 실거래가는 감정평가의 기준으로 적용하기에 적정하다고 판단되는 거래가격으로서, 거래시점이 도시지역은 5년 이내, 그 밖의 지역은 3년 이내인 거래가격을 말한다.

③ 시산가액 조정 시, 공시지가기준법과 그 밖의 비교방식에 속한 감정평가방법은 서로 다른 감정평가방식에 속한 것으로 본다.

④ 필요한 경우 관련 전문가에 대한 자문 등을 거쳐 감정평가할 수 있다.

⑤ 항공기의 주된 평가방법은 원가법이며, 본래 용도의 효용가치가 없는 물건은 해체처분가액으로 감정평가할 수 있다.

> **정답해설**

② 적정한 실거래가란 부동산 거래신고에 관한 법률에 따라 신고된 실제 거래가격으로서 거래 시점이 도시지역은 3년 이내, 그 밖의 지역은 5년 이내인 거래가격 중에서 감정평가업자가 인근지역의 지가수준 등을 고려하여 감정평가의 기준으로 적용하기에 적정하다고 판단하는 거래가격을 말한다.

06 감정평가에 관한 규칙상 원가방식에 관한 설명으로 옳지 않은 것은? ▸ 2022년 33회

① 원가법과 적산법은 원가방식에 속한다.

② 적산법에 의한 임대료 평가에서는 대상물건의 재조달원가에 기대이율을 곱하여 산정된 기대수익에 대상물건을 계속하여 임대하는 데에 필요한 경비를 더한다.

③ 원가방식을 적용한 감정평가서에는 부득이한 경우를 제외하고는 재조달원가 산정 및 감가수정 등의 내용이 포함되어야 한다.

④ 입목 평가 시 소경목림(小徑木林)인 경우에는 원가법을 적용할 수 있다.

⑤ 선박 평가 시 본래 용도의 효용가치가 있으면 선체·기관·의장(艤裝)별로 구분한 후 각각 원가법을 적용해야 한다.

> **정답해설**

② 재조달원가 ⇨ 기초가액 : 적산법은 대상물건의 기초가액에 기대이율을 곱하여 산정된 기대수익에 대상물건을 계속하여 임대하는 데에 필요한 경비를 더한다.

07 대상물건에 관한 감정평가방법으로 옳지 않은 것은? ▸ 2024년 35회

① 주택으로 쓰는 층수가 4개 층으로 1개 동의 바닥면적의 합계가 700제곱미터인 건물에서 구분소유 부동산의 감정평가액은 합리적인 배분기준에 따라 토지가액과 건물가액으로 구분하여 표시할 수 있다.

② 주택으로 쓰는 층수가 3개 층으로 15세대가 거주할 수 있고 주택으로 쓰이는 바닥면적의 합계가 600제곱미터인 1개 동이며 구분소유가 아닌 건물의 감정평가는 토지와 건물을 일괄평가하는 것을 원칙으로 한다.

③ 주택으로 쓰는 층수가 6개 층인 건물에서 구분소유 부동산의 감정평가는 거래사례비교법으로 하는 것을 원칙으로 한다.

④ 주택으로 쓰는 층수가 4개 층으로 1개 동의 바닥면적의 합계가 500제곱미터인 건물에서 구분소유 부동산의 감정평가는 토지와 건물을 일괄평가하는 것을 원칙으로 한다.

⑤ 구분소유 부동산을 감정평가할 때에는 층별·위치별 효용요인을 반영하여야 한다.

정답해설

② 제시된 주택은 단독주택이고, 구분소유가 아닌 복합부동산(토지와 건물로 구성된 부동산)은 토지와 건물을 개별로 감정평가하는 것이 원칙이다.

> **▌구분소유 부동산의 감정평가방법(감정평가 실무 기준)**
> 1. 구분소유 부동산을 감정평가할 때에는 건물(전유부분과 공유부분)과 대지사용권을 일체로 한 거래사례비교법을 적용하여야 한다.
> 2. 구분소유 부동산을 감정평가할 때에는 층별·위치별 효용요인을 반영하여야 한다.
> 3. 감정평가액은 합리적인 배분기준에 따라 토지가액과 건물가액으로 구분하여 표시할 수 있다.

> **▌구분소유가 아닌 복합부동산의 감정평가방법(감정평가 실무 기준)**
> 1. 복합부동산은 토지와 건물을 개별로 감정평가하는 것을 원칙으로 한다. 다만, 토지와 건물이 일체로 거래되는 경우에는 일괄하여 감정평가할 수 있다.
> 2. 토지와 건물을 일괄하여 감정평가할 때에는 거래사례비교법을 적용하여야 한다.
> 3. 토지와 건물을 일괄하여 감정평가한 경우의 감정평가액은 합리적인 배분기준에 따라 토지가액과 건물가액으로 구분하여 표시할 수 있다.

정답 05 ② 06 ② 07 ②

부동산 가격공시제도

01 우리나라의 부동산 가격공시제도에 관한 설명으로 옳은 것은? ▸ 2018년 29회

① 다가구주택은 공동주택 가격의 공시대상이다.

② 개별공시지가의 공시기준일이 6월 1일인 경우도 있다.

③ 표준주택에 그 주택의 사용·수익을 제한하는 권리가 설정되어 있을 때에는 이를 반영하여 적정가격을 산정하여야 한다.

④ 국세 또는 지방세 부과대상이 아닌 단독주택은 개별주택가격을 결정·공시하지 아니할 수 있다.

⑤ 표준지공시지가의 공시권자는 시장·군수·구청장이다.

[정답해설]

④ 옳은 지문이다.

[오답해설]

① 다가구주택은 단독주택 가격의 공시대상이다.

② 개별공시지가의 공시기준일은 원칙적으로 1월 1일이다. 다만 공시기준일 이후에 분할·합병이 발생한 토지의 경우에는 대통령이 정하는 날(7월 1일 또는 내년 1월 1일)을 기준으로 결정한다. 따라서 6월 1일인 경우는 없다.

③ 표준주택에 그 주택의 사용·수익을 제한하는 권리가 설정되어 있을 때에는 그러한 권리가 설정되어 있지 않다고 보고 평가한다.

⑤ 표준지공시지가의 공시권자는 국토교통부장관이다.

02 부동산 가격공시에 관한 법률에 규정된 내용으로 틀린 것은?

① 국토교통부장관은 표준주택가격을 조사·산정하고자 할 때에는 한국부동산원에 의뢰한다.
② 표준주택가격은 국가·지방자치단체 등이 그 업무와 관련하여 개별주택가격을 산정하는 경우에 그 기준이 된다.
③ 표준주택으로 선정된 단독주택, 그 밖에 대통령령으로 정하는 단독주택에 대하여는 개별주택가격을 결정·공시하지 아니할 수 있다.
④ 개별주택가격 및 공동주택가격은 주택시장의 가격정보를 제공하고, 국가·지방자치단체 등이 과세 등의 업무와 관련하여 주택의 가격을 산정하는 경우에 그 기준으로 활용될 수 있다.
⑤ 개별주택가격 및 공동주택가격에 이의가 있는 자는 그 결정·공시일부터 30일 이내에 서면(전자문서를 포함한다)으로 시장·군수 또는 구청장에게 이의를 신청할 수 있다.

[정답해설]
⑤ 공동주택가격에 이의가 있는 자는 국토교통부장관에게 이의를 신청해야 한다.

03 부동산 가격공시에 관한 법령에 규정된 내용으로 옳은 것은?

① 개별공시지가에 대하여 이의가 있는 자는 개별공시지가의 결정·공시일부터 60일 이내에 이의를 신청할 수 있다.
② 국토교통부장관은 표준지의 가격을 산정한 때에는 그 타당성에 대하여 행정안전부장관의 검증을 받아야 한다.
③ 국토교통부장관은 일단의 공동주택 중에서 선정한 표준주택에 대하여 매년 공시기준일 현재의 적정가격을 조사·평가한다.
④ 시장·군수·구청장은 공시기준일 이후에 토지의 분할·합병이 발생한 경우에는 7월 1일을 기준으로 하여 개별주택가격을 결정·공시하여야 한다.
⑤ 동 법령에 따라 공시한 공동주택가격은 주택시장의 가격정보를 제공하고, 국가·지방자치단체 등의 기관이 과세 등의 업무와 관련하여 주택의 가격을 산정하는 경우에 그 기준으로 활용될 수 있다.

[정답해설]
⑤ 옳은 지문이다.

정답 ▶ 01 ④ 02 ⑤ 03 ⑤

① 60일 이내 ⇨ 30일 이내
② 국토교통부장관은 표준지공시지가를 조사·평가하고, 중앙부동산가격공시위원회의 심의를 거쳐 이를 공시하여야 한다.
③ 공동주택 ⇨ 단독주택
④ 7월 1일 ⇨ 7월 1일 또는 다음 해 1월 1일 : 시장·군수 또는 구청장은 공시기준일 이후에 분할·합병 등이 발생한 토지에 대하여는 대통령령으로 정하는 날을 기준으로 하여 개별공시지가를 결정·공시하여야 한다. 여기서 "대통령령으로 정하는 날"이란 다음 각 호의 구분에 따른 날을 말한다.

> 1. 1월 1일부터 6월 30일까지의 사이에 제1항 각 호의 사유가 발생한 토지 : 그해 7월 1일
> 2. 7월 1일부터 12월 31일까지의 사이에 제1항 각 호의 사유가 발생한 토지 : 다음 해 1월 1일

04 부동산 가격공시에 관한 설명으로 옳지 않은 것은?

① 표준지의 도로상황은 표준지공시지가의 공시사항에 포함될 항목이다.
② 표준지공시지가에 대한 이의신청의 내용이 타당하다고 인정될 때에는 해당 표준지공시지가를 조정하여 다시 공시하여야 한다.
③ 시장·군수 또는 구청장(자치구의 구청장을 말함)은 표준지로 선정된 토지에 대해서는 개별공시지가를 결정·공시하지 아니할 수 있다.
④ 표준주택을 선정할 때에는 일반적으로 유사하다고 인정되는 일단의 단독주택 및 공동주택에서 해당 일단의 주택을 대표할 수 있는 주택을 선정하여야 한다.
⑤ 시장·군수 또는 구청장(자치구의 구청장을 말함)이 개별주택가격을 결정·공시하는 경우에는 해당 주택과 유사한 이용가치를 지닌다고 인정되는 표준주택가격을 기준으로 주택가격비준표를 사용하여 가격을 산정하되, 해당 주택의 가격과 표준주택가격이 균형을 유지하도록 하여야 한다.

④ 표준주택은 단독주택 중에서 선정된 주택이다.

05 **개별공시지가의 활용범위에 해당하지 않는 것은?**

① 토지가격비준표 작성의 기준
② 재산세 과세표준액 결정
③ 종합부동산세 과세표준액 결정
④ 국유지의 사용료 산정기준
⑤ 개발부담금 부과를 위한 개시시점 지가산정

[정답해설]
① 제시된 문제는 개별공시지가의 활용에 대한 것이다. 토지가격비준표는 표준지공시지가를 활용하여 산정한다.

06 **부동산 가격공시에 관한 법률상 표준지공시지가의 효력으로 옳은 것을 모두 고른 것은?**

> ㉠ 토지시장에 지가정보를 제공
> ㉡ 일반적인 토지거래의 지표
> ㉢ 국가·지방자치단체 등이 과세 등의 업무와 관련하여 주택의 가격을 산정하는 경우에 기준
> ㉣ 감정평가업자가 지가변동률을 산정하는 경우에 기준

① ㉠, ㉡
② ㉠, ㉣
③ ㉡, ㉢
④ ㉠, ㉢, ㉣
⑤ ㉠, ㉡, ㉢, ㉣

[정답해설]
① 옳은 지문은 ㉠, ㉡이다.

[오답해설]
㉢ 국가·지방자치단체 등이 업무와 관련하여 지가를 산정하는 경우에 기준
㉣ 감정평가업자가 토지를 평가하는 경우에 기준

07 부동산 가격공시에 관한 법령에 규정된 내용으로 옳지 않은 것은?

① 표준지공시지가는 토지시장에 지가정보를 제공하고 일반적인 토지거래의 지표가 되며, 국가·지방자치단체 등이 그 업무와 관련하여 지가를 산정하거나 감정평가법인등이 개별적으로 토지를 감정평가하는 경우에 기준이 된다.

② 국토교통부장관이 표준지공시지가를 조사·산정할 때에는 「한국부동산원법」에 따른 한국부동산원에게 이를 의뢰하여야 한다.

③ 표준지공시지가에 이의가 있는 자는 그 공시일부터 30일 이내에 서면(전자문서를 포함한다)으로 국토교통부장관에게 이의를 신청할 수 있다.

④ 시장·군수 또는 구청장이 개별공시지가를 결정·공시하는 경우에는 해당 토지와 유사한 이용가치를 지닌다고 인정되는 하나 또는 둘 이상의 표준지의 공시지가를 기준으로 토지가격비준표를 사용하여 지가를 산정하되, 해당 토지의 가격과 표준지공시지가가 균형을 유지하도록 하여야한다.

⑤ 표준지로 선정된 토지에 대하여는 개별공시지가를 결정·공시하지 아니할 수 있다. 이 경우 표준지로 선정된 토지에 대하여는 해당 토지의 표준지공시지가를 개별공시지가로 본다.

〔정답해설〕

② 국토교통부장관이 표준지공시지가를 조사·평가할 때에는 업무실적, 신인도 등을 고려하여 둘 이상의 「감정평가 및 감정평가사에 관한 법률」에 따른 감정평가법인등에게 이를 의뢰하여야 한다.

08 다음 중 현행 부동산 가격공시제도에 관한 설명으로 옳은 것은 몇 개인가? ▸ 2021년 32회

- 표준주택 가격의 조사, 평가는 감정평가사가 담당한다.
- 개별주택 가격의 공시기준일이 6월 1일인 경우도 있다.
- 공동주택 가격의 공시권자는 시장·군수·구청장이다.
- 표준지공시지가는 표준지의 사용·수익을 제한하는 사법상의 권리가 설정되어 있는 경우 이를 반영하여 평가한다.
- 개별공시지가는 감정평가법인 등이 개별적으로 토지를 감정평가하는 경우에 기준이 된다.

① 없음
② 1개
③ 2개
④ 3개
⑤ 4개

정답해설

② 옳은 지문은 1개이다.

[옳은 지문]
- 개별주택 가격의 공시기준일이 6월 1일인 경우도 있다.

  시장·군수 또는 구청장은 공시기준일 이후에 토지의 분할·합병이나 건축물의 신축 등이 발생한 경우에는 대통령령으로 정하는 날(사유에 따라 그 해 6월 1일 또는 다음 해 1월 1일)을 기준으로 하여 개별주택 가격을 결정·공시하여야 한다(부동산 가격공시에 관한 법률 제17조 제4항).

오답해설

[틀린 지문의 이유]
- 표준주택 가격의 조사, 평가는 한국부동산원이 담당한다. 국토교통부장관은 표준주택 가격을 조사·산정하고자 할 때에는 「한국부동산원법」에 따른 한국부동산원에 의뢰한다(동법 제16조 제4항).
- 공동주택 가격의 공시권자는 국토교통부장관이다. 국토교통부장관은 공동주택 가격을 조사·산정하여 중앙부동산가격공시위원회의 심의를 거쳐 공시하고, 이를 관계 행정기관 등에 제공하여야 한다(동법 제18조 제4항).
- 표준지공시지가는 표준지의 사용·수익을 제한하는 사법상의 권리가 설정되어 있는 경우 이를 없는 것으로 보고 평가한다. 표준지의 평가에 있어서 그 토지에 건물이나 그 밖의 정착물이 있거나 지상권 등 사용·수익을 제한하는 사법상의 권리가 설정되어 있는 경우에는 그 정착물 등이 없는 토지의 나지상태를 상정하여 평가한다(표준지공시지가 산정기준).
- 표준지공시지가는 감정평가법인 등이 개별적으로 토지를 감정평가하는 경우에 기준이 된다. 표준지공시지가는 토지시장에 지가정보를 제공하고 일반적인 토지거래의 지표가 되며, 국가·지방자치단체 등이 그 업무와 관련하여 지가를 산정하거나 감정평가법인 등이 개별적으로 토지를 감정평가하는 경우에 기준이 된다(동법 제9조).

부록

부동산학원론
기출문제

2024년(35회)

2024년 제35회 기출문제

01 토지의 일부로 간주되는 정착물에 해당하는 것을 모두 고른 것은?

> ㄱ. 가식 중에 있는 수목
> ㄴ. 매년 경작의 노력을 요하지 않는 다년생 식물
> ㄷ. 건물
> ㄹ. 소유권보존등기된 입목
> ㅁ. 구거
> ㅂ. 경작수확물

① ㄱ, ㅂ   ② ㄴ, ㅁ

③ ㄷ, ㄹ   ④ ㄹ, ㅁ

⑤ ㅁ, ㅂ

02 공인중개사법령상 개업공인중개사에 관한 내용으로 옳지 않은 것은?

① 개업공인중개사는 그 사무소의 명칭에 "공인중개사사무소" 또는 "부동산중개"라는 문자를 사용하여야 한다.

② 개업공인중개사가 아닌 자는 중개대상물에 대한 표시·광고를 하여서는 아니 된다.

③ 개업공인중개사는 「민사집행법」에 의한 경매 및 「국세징수법」 그 밖의 법령에 의한 공매 대상 부동산에 대한 권리분석 및 취득의 알선과 매수신청 또는 입찰신청의 대리를 할 수 있다.

④ 개업공인중개사는 대통령령으로 정하는 기준과 절차에 따라 등록관청의 허가를 받아 그 관할 구역 외의 지역에 분사무소를 둘 수 있다.

⑤ 개업공인중개사는 다른 사람에게 자기의 성명 또는 상호를 사용하여 중개업무를 하게 하거나 자기의 중개사무소등록증을 양도 또는 대여하는 행위를 하여서는 아니 된다.

03 주택법령상 주택의 정의에 관한 설명으로 옳은 것은?

① 민영주택은 임대주택을 제외한 주택을 말한다.

② 세대구분형 공동주택은 공동주택의 주택 내부 공간의 일부를 세대별로 구분하여 생활이 가능한 구조로 하되, 그 구분된 공간의 일부를 구분소유할 수 있는 주택으로서 대통령령으로 정하는 건설기준, 설치기준, 면적기준 등에 적합한 주택을 말한다.

③ 도시형 생활주택은 300세대 미만의 국민주택규모에 해당하는 주택으로서 대통령령으로 정하는 주택을 말한다.

④ 에너지절약형 친환경주택은 저에너지 건물 조성기술 등 대통령령으로 정하는 기술을 이용하여 에너지 사용량을 절감하거나 이산화탄소 배출량을 증대할 수 있도록 건설된 주택을 말한다.

⑤ 장수명 주택은 구조적으로 오랫동안 유지·관리될 수 있는 내구성을 갖추고 있어 내부 구조를 쉽게 변경할 수 없는 주택을 말한다.

04 지방세법령상 토지에 관한 재산세 과세대상 중 별도합산과세대상인 것은?

① 공장용지·전·답·과수원 및 목장용지로서 대통령령으로 정하는 토지

② 국가 및 지방자치단체 지원을 위한 특정목적 사업용 토지로서 대통령령으로 정하는 토지

③ 국토의 효율적 이용을 위한 개발사업용 토지로서 대통령령으로 정하는 토지

④ 산림의 보호육성을 위하여 필요한 임야 및 종중 소유 임야로서 대통령령으로 정하는 임야

⑤ 철거·멸실된 건축물 또는 주택의 부속토지로서 대통령령으로 정하는 부속토지

05 건축원자재 가격의 하락에 따른 영향을 디파스퀠리-위튼(DiPasquale & Wheaton)의 사분면 모형을 통해 설명한 것으로 옳지 않은 것은? (단, 주어진 조건에 한함)

① 건축원자재 가격의 하락으로 인해 부동산개발부문에서 신규건설비용이 하락한다.

② 주어진 부동산자산가격 수준에서 부동산개발의 수익성이 높아지므로 신규건설량이 증가한다.

③ 새로운 장기균형에서 균형공간재고는 감소한다.

④ 새로운 장기균형에서 부동산공간시장의 균형임대료는 하락한다.

⑤ 새로운 장기균형에서 부동산자산시장의 균형가격은 하락한다.

06 토지의 분류 및 용어에 관한 설명으로 옳은 것을 모두 고른 것은?

> ㄱ. 획지(劃地)는 인위적, 자연적, 행정적 조건에 따라 다른 토지와 구별되는 가격수준이
> 비슷한 일단의 토지를 말한다.
> ㄴ. 후보지(候補地)는 용도적 지역의 분류 중 세분된 지역 내에서 용도에 따라 전환되는 토
> 지를 말한다.
> ㄷ. 공지(空地)는 관련법령이 정하는 바에 따라 안전이나 양호한 생활환경을 확보하기 위해
> 건축하면서 남겨놓은 일정 면적의 토지를 말한다.
> ㄹ. 갱지(更地)는 택지 등 다른 용도로 조성되기 이전 상태의 토지를 말한다.

① ㄱ   ② ㄹ
③ ㄱ, ㄷ   ④ ㄴ, ㄹ
⑤ ㄱ, ㄷ, ㄹ

07 부동산 중개계약에 관한 설명으로 ( )에 들어갈 것으로 옳은 것은?

> (ㄱ) : 중개의뢰인이 특정한 개업공인중개사를 정하여 그 개업공인중개사에게 한정하여
> 해당 중개대상물을 중개하도록 하는 중개계약
> (ㄴ) : 중개의뢰인이 해당 중개대상물의 중개를 불특정 다수의 개업공인중개사에게 의뢰
> 하고 먼저 거래를 성사시킨 개업공인중개사에게 보수를 지급하는 중개계약

① ㄱ: 일반중개계약, ㄴ: 전속중개계약
② ㄱ: 일반중개계약, ㄴ: 공동중개계약
③ ㄱ: 전속중개계약, ㄴ: 공동중개계약
④ ㄱ: 공동중개계약, ㄴ: 일반중개계약
⑤ ㄱ: 전속중개계약, ㄴ: 일반중개계약

08 지방세기본법상 부동산 관련 조세 중 시·군세(광역시의 군세 포함)에 해당하는 것으로 옳게
묶인 것은?

① 취득세, 지방소득세   ② 재산세, 지방소비세
③ 재산세, 지방소득세   ④ 취득세, 등록면허세
⑤ 등록면허세, 지방소비세

09 외부효과에 관한 내용으로 (   )에 들어갈 것으로 옳은 것은?

> • 부동산의 특성 중에서 (ㄱ)은 외부효과를 발생시킨다.
> • 부동산시장 참여자가 자신들의 행동이 초래하는 외부효과를 의사결정에서 감안하도록 만드는 과정을 외부효과의 (ㄴ)라 한다.

① ㄱ: 부동성, ㄴ: 유동화   ② ㄱ: 부동성, ㄴ: 내부화

③ ㄱ: 인접성, ㄴ: 유동화   ④ ㄱ: 개별성, ㄴ: 내부화

⑤ ㄱ: 개별성, ㄴ: 유동화

10 빈집 및 소규모주택 정비에 관한 특례법상 소규모주택정비사업에 해당하지 않는 것은?

① 빈집정비사업   ② 자율주택정비사업

③ 가로주택정비사업   ④ 소규모재건축사업

⑤ 소규모재개발사업

11 감정평가에 관한 규칙에 관한 내용으로 옳지 않은 것은?

① 대상물건에 대한 감정평가액은 시장가치를 기준으로 결정한다.

② 감정평가는 기준시점에서의 대상물건의 이용상황(불법적이거나 일시적인 이용은 제외한다) 및 공법상 제한을 받는 상태를 기준으로 한다.

③ 감정평가는 대상물건마다 개별로 하여야 한다.

④ 감정평가법인등이 토지를 감정평가할 때에는 수익환원법을 적용해야 한다.

⑤ 하나의 대상물건이라도 가치를 달리하는 부분은 이를 구분하여 감정평가할 수 있다.

12 다음 자료를 활용하여 원가법으로 평가한 대상건물의 가액은? (단, 주어진 조건에 한함)

- 대상건물: 철근콘크리트구조, 다가구주택, 연면적 350㎡
- 기준시점: 2024.04.05.
- 사용승인시점: 2013.06.16.
- 사용승인시점의 적정한 신축공사비: 1,000,000원/㎡
- 건축비지수
  - 기준시점: 115
  - 사용승인시점: 100
- 경제적 내용연수: 50년
- 감가수정방법: 정액법(만년감가기준)
- 내용연수 만료 시 잔존가치 없음

① 313,000,000원   ② 322,000,000원

③ 342,000,000원   ④ 350,000,000원

⑤ 352,000,000원

13 원가방식에 관한 설명으로 옳은 것을 모두 고른 것은?

ㄱ. 원가법과 적산법은 원가방식에 해당한다.
ㄴ. 재조달원가는 실제로 생산 또는 건설된 방법 여하에 불구하고 도급방식을 기준으로 산정한다.
ㄷ. 대상부동산이 가지는 물리적 특성인 지리적 위치의 고정성에 의해서 경제적 감가요인이 발생한다.
ㄹ. 정액법, 정률법, 상환기금법은 대상부동산의 내용연수를 기준으로 하는 감가수정방법에 해당한다.

① ㄱ, ㄴ   ② ㄷ, ㄹ

③ ㄱ, ㄴ, ㄹ   ④ ㄱ, ㄷ, ㄹ

⑤ ㄱ, ㄴ, ㄷ, ㄹ

14 감정평가 실무기준상 수익방식에 관한 내용으로 옳은 것은?

① 직접환원법은 복수기간의 순수익을 적절한 환원율로 환원하여 대상물건의 가액을 산정하는 방법을 말한다.

② 수익가액이란 수익분석법에 따라 산정된 가액을 말한다.

③ 순수익은 대상물건에 귀속하는 적절한 수익으로서 가능총수익에서 운영경비를 공제하여 산정한다.

④ 직접환원법에서 사용할 환원율은 투자결합법으로 구하는 것을 원칙으로 한다.

⑤ 할인현금흐름분석법의 적용에 따른 복귀가액은 보유기간 경과 후 초년도의 순수익을 추정하여 최종환원율로 환원한 후 매도비용을 공제하여 산정한다.

15 부동산 가격의 제원칙에 관한 내용으로 옳지 않은 것은?

① 부동산의 가격이 대체·경쟁관계에 있는 유사한 부동산의 영향을 받아 형성되는 것은 대체의 원칙에 해당된다.

② 부동산의 가격이 경쟁을 통해 초과이윤이 없어지고 적합한 가격이 형성되는 것은 경쟁의 원칙에 해당된다.

③ 부동산의 가격이 부동산을 구성하고 있는 각 요소가 기여하는 정도에 영향을 받아 형성되는 것은 기여의 원칙에 해당된다.

④ 부동산의 가격이 내부적인 요인에 의하여 긍정적 또는 부정적 영향을 받아 형성되는 것은 적합의 원칙에 해당된다.

⑤ 부동산 가격의 제원칙은 최유효이용의 원칙을 상위원칙으로 하나의 체계를 형성하고 있다.

16 감정평가에 관한 규칙상 주된 평가방법으로 수익환원법을 적용해야 하는 것은 모두 몇 개인가?

• 광업재단	• 상표권	• 영업권
• 특허권	• 전용측선이용권	• 과수원

① 2개   ② 3개

③ 4개   ④ 5개

⑤ 6개

17 감정평가의 지역분석에 관한 내용으로 옳은 것은?

① 인근지역이란 감정평가의 대상이 된 부동산이 속한 지역으로서 부동산의 이용이 동질적이고 가치형성요인 중 지역요인을 공유하는 지역을 말한다.

② 유사지역이란 대상부동산이 속한 지역으로서 인근지역과 유사한 특성을 갖는 지역을 말한다.

③ 동일수급권이란 대상부동산과 수요·공급 관계가 성립하고 가치 형성에 서로 영향을 미치지 않는 관계에 있는 다른 부동산이 존재하는 권역을 말한다.

④ 지역분석은 대상지역 내 토지의 최유효이용 및 대상부동산의 가격을 판정하는 것이다.

⑤ 지역분석은 개별분석 이후에 실시하는 것이 일반적이다.

18 토지와 건물로 구성된 대상건물의 연간 감가율(자본회수율)은? (단, 주어진 조건에 한함)

- 거래가격: 20억원
- 순영업소득: 연 1억 8천만원
- 가격구성비: 토지 80%, 건물 20%
- 토지환원율, 건물상각후환원율: 각 연 8%

① 4%   ② 5%

③ 6%   ④ 7%

⑤ 8%

19 토지의 특성과 감정평가에 관한 내용이다. ( )에 들어갈 것으로 옳은 것은?

- (ㄱ)은 장래편익의 현재가치로 평가하게 한다.
- (ㄴ)은 원가방식의 평가를 어렵게 한다.
- (ㄷ)은 개별요인의 분석과 사정보정을 필요하게 한다.

① ㄱ: 영속성, ㄴ: 부증성, ㄷ: 개별성

② ㄱ: 개별성, ㄴ: 영속성, ㄷ: 부동성

③ ㄱ: 영속성, ㄴ: 개별성, ㄷ: 부증성

④ ㄱ: 부증성, ㄴ: 영속성, ㄷ: 개별성

⑤ ㄱ: 영속성, ㄴ: 개별성, ㄷ: 부동성

20 대상물건에 관한 감정평가방법으로 옳지 않은 것은? (단, 주어진 조건에 한함)

① 주택으로 쓰는 층수가 4개 층으로 1개 동의 바닥면적의 합계가 700제곱미터인 건물에서 구분소유 부동산의 감정평가액은 합리적인 배분기준에 따라 토지가액과 건물가액으로 구분하여 표시할 수 있다.

② 주택으로 쓰는 층수가 3개 층으로 15세대가 거주할 수 있고 주택으로 쓰이는 바닥면적의 합계가 600제곱미터인 1개 동이며 구분소유가 아닌 건물의 감정평가는 토지와 건물을 일괄평가하는 것을 원칙으로 한다.

③ 주택으로 쓰는 층수가 6개 층인 건물에서 구분소유 부동산의 감정평가는 거래사례비교법으로 하는 것을 원칙으로 한다.

④ 주택으로 쓰는 층수가 4개 층으로 1개 동의 바닥면적의 합계가 500제곱미터인 건물에서 구분소유 부동산의 감정평가는 토지와 건물을 일괄평가하는 것을 원칙으로 한다.

⑤ 구분소유 부동산을 감정평가할 때에는 층별·위치별 효용요인을 반영하여야 한다.

21 X 노선 신역사가 들어선다는 정보가 있다. 만약 부동산 시장이 할당효율적이라면 투자자가 최대한 지불할 수 있는 정보비용의 현재가치는? (단, 제시된 가격은 개발정보의 실현 여부에 의해 발생하는 가격차이만을 반영하고, 주어진 조건에 한함)

- X 노선 신역사 예정지 인근에 일단의 A 토지가 있다.
- 1년 후 도심에 X 노선 신역사가 들어설 확률이 60%로 알려져 있다.
- 1년 후 도심에 X 노선 신역사가 들어서면 A 토지의 가격은 5억 5,000만원, 신역사가 들어서지 않으면 2억 7,500만원으로 예상된다.
- 투자자의 요구수익률(할인율)은 연 10%이다.

① 5천만원   ② 1억원
③ 1억 5천만원   ④ 2억원
⑤ 2억 5천만원

22 부동산의 수요와 공급에 관한 설명으로 옳지 않은 것은? (단, 우하향하는 수요곡선과 우상향하는 공급곡선을 가정하며, 다른 조건은 동일함)

① 단기적으로 가격이 상승해도 부동산의 공급량이 크게 증가할 수 없기 때문에 공급이 비탄력적이다.
② 부동산의 공급량은 주어진 가격 수준에서 일정기간에 판매하고자 하는 최대수량이다.
③ 용도전환 및 개발이 가능한 장기에는 공급의 탄력성이 커진다.
④ 부동산의 수요량은 구매능력을 갖춘 수요자들이 구매하려는 수량이므로 유효수요를 의미한다.
⑤ 공급의 가격탄력성이 작을수록 수요변화 시 균형가격의 변동폭은 작지만 균형거래량의 변동폭은 크다.

23 다음 중 유량(flow)의 경제변수가 아닌 것은?

① 소득　　　　　　　　② 수출
③ 재산　　　　　　　　④ 소비
⑤ 투자

24 부동산 증권에 관한 설명으로 옳은 것을 모두 고른 것은?

> ㄱ. MPTS(Mortgage Pass-Through Securities)는 채권을 표시하는 증권으로 원리금수취권과 주택저당에 대한 채권을 모두 투자자에게 이전하는 증권이다.
> ㄴ. MBB(Mortgage-Backed Bond)는 모기지 풀(Pool)에서 발생하는 현금흐름으로 채권의 원리금이 지급되고, 모기지 풀의 현금흐름으로 채권의 원리금지급이 안 될 경우 발행자가 초과부담을 제공하는 채권이다.
> ㄷ. CMO(Collateralized Mortgage Obligation)는 원금과 조기상환대금을 받아갈 순서를 정한 증권으로 증권별로 만기가 일치하도록 만든 자동이체형 증권이다.
> ㄹ. MPTB(Mortgage Pay-Through Bond)는 채권으로 발행자의 대차대조표에 부채로 표시된다.
> ㅁ. 금융기관은 MBS(Mortgage-Backed Securities)를 통해 자기자본비율(BIS)을 높일 수 있다.

① ㄱ, ㄴ, ㄷ　　　　　　② ㄱ, ㄴ, ㄹ
③ ㄱ, ㄷ, ㅁ　　　　　　④ ㄴ, ㄹ, ㅁ
⑤ ㄷ, ㄹ, ㅁ

25 프로젝트 파이낸싱(PF)에 관한 설명으로 옳지 않은 것은?

① 사업주의 대차대조표에 부채로 표시되어 사업주의 부채비율에 영향을 미친다.
② 프로젝트 자체의 수익성과 향후 현금흐름을 기초로 개발에 필요한 자금을 조달한다.
③ 대출기관은 시행사에게 원리금상환을 요구하고, 시행사가 원리금을 상환하지 못하면 책임준공의 의무가 있는 시공사에게 채무상환을 요구할 수 있다.
④ 금융기관은 부동산개발사업의 사업주와 자금공여 계약을 체결한다.
⑤ 프로젝트 파이낸싱의 구조는 비소구금융이 원칙이나, 제한적 소구금융의 경우도 있다.

26 다음의 조건을 가진 오피스텔의 대부비율(LTV)은? (단, 연간 기준이며, 주어진 조건에 한함)

• 순영업소득: 4천만원	• 매매가격: 4억원
• 부채감당률: 2	• 저당상수: 0.1

① 20% ② 30%
③ 40% ④ 50%
⑤ 60%

27 아파트시장의 균형가격과 균형거래량에 관한 설명으로 옳지 않은 것은? (단, 완전탄력적과 완전비탄력적 조건이 없는 경우는 수요와 공급의 법칙에 따르며, 다른 조건은 동일함)

① 수요의 증가폭이 공급의 증가폭보다 클 경우, 균형가격은 하락하고 균형거래량은 증가한다.
② 균형상태인 아파트시장에서 건축원자재의 가격이 상승하면 균형가격은 상승하고 균형거래량은 감소한다.
③ 공급이 가격에 대해 완전탄력적인 경우, 수요가 증가하면 균형가격은 변하지 않고 균형거래량만 증가한다.
④ 공급이 가격에 대해 완전비탄력적인 경우, 수요가 증가하면 균형가격은 상승하고 균형거래량은 변하지 않는다.
⑤ 공급의 감소폭이 수요의 감소폭보다 클 경우, 균형가격은 상승하고 균형거래량은 감소한다.

28 부동산투자회사법령상 부동산투자회사에 관한 내용으로 옳지 않은 것은?

① 영업인가를 받거나 등록을 한 날부터 최저자본금준비기간이 지난 자기관리 부동산투자
회사의 최저자본금은 70억원 이상이 되어야 한다.

② 최저자본금준비기간이 끝난 후에는 매 분기 말 현재 총자산의 100분의 80 이상을 부동
산, 부동산 관련 증권 및 현금으로 구성하여야 한다. 이 경우 총자산의 100분의 70 이상
은 부동산(건축 중인 건축물을 포함한다)이어야 한다.

③ 부동산투자회사는 부동산 등 자산의 운용에 관하여 회계처리를 할 때에는 금융감독원이
정하는 회계처리기준에 따라야 한다.

④ 부동산투자회사의 상근 임원은 다른 회사의 상근 임직원이 되거나 다른 사업을 하여서는
아니 된다.

⑤ 위탁관리 부동산투자회사란 자산의 투자·운용을 자산관리회사에 위탁하는 부동산투자
회사를 말한다.

29 아파트시장에서 아파트의 수요곡선을 우측(우상향)으로 이동시킬 수 있는 요인은 모두 몇 개
인가? (단, 다른 조건은 동일함)

> • 아파트 가격의 하락
> • 대체 주택 가격의 상승
> • 총부채원리금상환비율(DSR) 규제 완화
> • 가구수 증가
> • 모기지 대출(mortgage loan) 금리의 상승
> • 수요자의 실질 소득 감소
> • 부채감당률(DCR) 규제 강화

① 2개 ② 3개
③ 4개 ④ 5개
⑤ 6개

30 부동산금융에 관한 설명으로 옳은 것은? (단, 주어진 조건에 한함)

① 콜옵션(call option)은 저당대출 대출자에게 주어진 조기상환권이다.

② 금융기관은 위험을 줄이기 위해 부채감당률이 1보다 작은 대출안의 작은 순서대로 대출을 실행한다.

③ 대출수수료와 조기상환수수료를 차입자가 부담하는 경우, 차입자의 실효이자율은 조기상환시점이 앞당겨질수록 하락한다.

④ 대출조건이 동일할 경우 대출채권의 듀레이션(평균회수기간)은 원리금균등분할상환방식이 원금균등분할상환방식보다 더 길다.

⑤ 고정금리방식의 대출에서 총상환액은 원리금균등분할상환방식이 원금균등분할상환방식보다 더 작다.

31 부동산투자의 수익과 위험에 관한 설명으로 옳지 않은 것은?

① 다양한 자산들로 분산된 포트폴리오는 체계적 위험을 감소시킨다.

② 위험회피형 투자자는 위험 증가에 따른 보상으로 높은 기대수익률을 요구한다.

③ 동일한 자산들로 구성된 포트폴리오라도 자산들의 구성비중에 따라 포트폴리오의 수익과 위험이 달라진다.

④ 시장상황에 대한 자산가격의 민감도가 높을수록 수익률의 표준편차는 커진다.

⑤ 지분투자수익률은 지분투자자의 투자성과를 나타낸다.

32 다음에서 설명하는 민간투자 사업방식은?

- 시설의 소유권은 시설의 준공과 함께 정부 등에 귀속
- 사업시행자는 일정기간의 시설관리 운영권을 획득
- 사업시행자는 시설의 최종수요자로부터 이용료를 징수하여 투자비를 회수
- SOC시설 소유권을 민간에 넘기는 것이 부적절한 경우에 주로 사용

① BOT(build-operate-transfer)방식

② BTO(build-transfer-operate)방식

③ BLT(build-lease-transfer)방식

④ LBO(lease-build-operate)방식

⑤ BOO(build-own-operate)방식

33 다음과 같은 조건에서 대상부동산의 수익가액 산정 시 적용할 환원이율(capitalization rate)은? (단, 주어진 조건에 한함)

- 가능총소득(PGI): 연 85,000,000원
- 공실상당액: 가능총소득의 5%
- 재산관리수수료: 가능총소득의 2%
- 유틸리티비용: 가능총소득의 2%
- 관리직원인건비: 가능총소득의 3%
- 부채서비스액: 연 20,000,000원
- 대부비율: 25%
- 대출조건: 이자율 연 4%로 28년간 매년 원리금균등분할상환(고정금리)
- 저당상수(이자율 연 4%, 기간 28년): 0.06

① 5.61%   ② 5.66%

③ 5.71%   ④ 5.76%

⑤ 5.81%

34 부동산투자에 관한 설명으로 옳지 않은 것은? (단, 주어진 조건에 한함)

① 영업비용비율(OER)은 운영경비(OE)를 유효총소득(EGI)으로 나눈 비율이다.

② 총부채상환비율(DTI)이 높을수록 차입자의 부채상환가능성이 낮아진다.

③ 채무불이행률(DR)은 유효총소득(EGI)으로 운영경비(OE)와 부채서비스(DS)를 감당할 수 있는 정도를 나타낸다.

④ 총투자수익률(ROI)은 총투자액을 순영업소득(NOI)으로 나눈 비율이다.

⑤ 지분투자수익률(ROE)은 세후현금흐름(ATCF)을 지분투자액으로 나눈 비율이다.

35 부동산 마케팅활동에 관한 설명으로 옳지 않은 것은?

① 시장세분화란 부동산시장에서 마케팅활동을 수행하기 위하여 구매자의 집단을 세분화하는 것이다.

② 세분시장은 그 규모와 구매력 등의 특성이 측정될 수 있어야 한다.

③ 세분시장은 개념적으로 구분될 수 있으며 마케팅 믹스 요소에 대해 동일하게 반응한다.

④ 표적시장이란 세분화된 시장 중 가장 효과적인 성과가 기대되어 마케팅활동의 수행대상이 되는 시장을 말한다.

⑤ 포지셔닝은 표적시장에서 고객의 욕구를 파악하여 경쟁제품과 차별화된 자사제품의 개념을 정해 이를 소비자의 지각 속에 적절히 위치시키는 것이다.

36 부동산투자분석에 관한 내용으로 옳지 않은 것은?

① 동일한 현금흐름을 가지는 투자안이라도 투자자의 요구수익률에 따라 순현재가치는 달라질 수 있다.

② 서로 다른 내부수익률을 가지는 두 자산에 동시에 투자하는 투자안의 내부수익률은 각 자산의 내부수익률을 더한 것과 같다.

③ 동일한 투자안에 대해 내부수익률이 복수로 존재할 수 있다.

④ 내부수익률법에서는 내부수익률과 요구수익률을 비교하여 투자의사결정을 한다.

⑤ 투자규모에 차이가 나는 상호배타적인 투자안을 검토할 때, 순현재가치법과 수익성지수법을 통한 의사결정이 달라질 수 있다.

37 부동산관리의 위탁관리방식에 관한 설명으로 옳지 않은 것은?

① 신뢰도가 높은 업체를 선정하는 것이 중요하다.

② 관리업무의 전문성과 효율성을 제고할 수 있다.

③ 오피스빌딩과 같은 대형건물의 관리에 유용하다.

④ 관리환경 변화에 대한 예측과 적응에 유리하다.

⑤ 자기관리방식보다 기밀유지 측면에서 유리하다.

38 부동산투자에서 (ㄱ)타인자본을 활용하지 않은 경우와 (ㄴ)타인자본을 40% 활용하는 경우, 각각의 1년간 자기자본수익률(%)은? (단, 주어진 조건에 한함)

> • 부동산 매입가격: 10,000만원
> • 1년 후 부동산 처분
> • 순영업소득(NOI): 연 500만원(기간 말 발생)
> • 보유기간 동안 부동산가격 상승률: 연 2%
> • 대출조건: 이자율 연 4%, 대출기간 1년, 원리금은 만기일시상환

① ㄱ: 7.0, ㄴ: 7.0   ② ㄱ: 7.0, ㄴ: 8.0

③ ㄱ: 7.0, ㄴ: 9.0   ④ ㄱ: 7.5, ㄴ: 8.0

⑤ ㄱ: 7.5, ㄴ: 9.0

39 다음은 매장의 매출액이 손익분기점 매출액 이하이면 기본임대료만 지급하고, 손익분기점 매출액 초과이면 초과매출액에 대하여 일정 임대료율을 적용한 추가임대료를 기본임대료에 가산하여 임대료를 지급하는 비율임대차(percentage lease)방식의 임대차계약의 조건이다. 이 임대차계약에서 계약기간 동안 지급할 것으로 예상되는 임대료의 합계는? (단, 주어진 조건에 한함)

> • 계약기간: 1년(1월 ~ 12월)
> • 매장 임대면적: 200㎡
> • 임대면적당 기본임대료: 월 5만원/㎡
> • 손익분기점 매출액: 월 2,000만원
> • 각 월별 예상매출액
>   – 1월 ~ 7월: 8만원/㎡
>   – 8월 ~ 12월: 20만원/㎡
> • 손익분기점 초과 시 초과매출액에 대한 임대료율: 10%

① 11,000만원   ② 11,500만원

③ 12,000만원   ④ 12,500만원

⑤ 13,000만원

40 부동산개발방식에 관한 설명으로 옳은 것을 모두 고른 것은?

> ㄱ : 토지소유자와의 약정에 의해 수익증권을 발행하고 수익증권의 소유자에게 수익을 배당
> 하는 방식
> ㄴ : 원래의 토지소유자에게 사업 후 사업에 소요된 비용 등을 제외하고 면적비율에 따라
> 돌려주는 방식
> ㄷ : 공익성이 강하고 대량공급이 가능한 택지개발사업에서 주로 수행하는 방식

① ㄱ: 신탁방식,　　　ㄴ: 환지방식,　ㄷ: 공영개발방식
② ㄱ: 신탁방식,　　　ㄴ: 수용방식,　ㄷ: 공영개발방식
③ ㄱ: 사업위탁방식,　ㄴ: 환지방식,　ㄷ: 민간개발방식
④ ㄱ: 사업위탁방식,　ㄴ: 수용방식,　ㄷ: 민간개발방식
⑤ ㄱ: 컨소시엄방식,　ㄴ: 수용방식,　ㄷ: 민관협력개발방식

정답

01 ②	02 ④	03 ③	04 ⑤	05 ③	06 ③	07 ⑤	08 ③	09 ②	10 ①
11 ④	12 ②	13 ⑤	14 ⑤	15 ④	16 ④	17 ①	18 ②	19 ①	20 ②
21 ②	22 ⑤	23 ③	24 ④	25 ①	26 ④	27 ①	28 ②	29 ②	30 ④
31 ①	32 ②	33 ①	34 ④	35 ③	36 ②	37 ⑤	38 ③	39 ⑤	40 ①

35회 계산문제 해설

01 [정답해설]

② 정착물 중 종속 정착물은 ㄴ(다년생 식물), ㅁ(구거)이다.
1. 동산 : 가식 중에 있는 수목, 경작수확물(경작된 수확물)
2. 독립 정착물 : 건물, 소유권보존등기된 입목
3. 종속 정착물 : 다년생 식물, 구거

02 [정답해설]

④ 허가 ⇨ 신고 : 개업공인중개사는 등록관청에 신고하고 그 관할 구역 외의 지역에 분사무소를 둘 수 있다.

03 [정답해설]

③ 옳은 지문이다.

[오답해설]

① 임대주택 ⇨ 국민주택 : 민영주택은 국민주택을 제외한 주택을 말한다. 주택법은 재원을 기준으로 주택을 국민주택과 민영주택으로 구분하고, 국민주택을 제외한 주택을 민영주택이라고 정의하고 있다.

② 공간의 일부를 구분소유할 수 있는 ⇨ 없는 : 세대구분형 공동주택이란 공동주택의 주택 내부 공간의 일부를 세대별로 구분하여 생활이 가능한 구조로 하되, 그 구분된 공간의 일부를 구분소유할 수 없는 주택으로서 대통령령으로 정하는 건설기준, 설치기준, 면적기준 등에 적합한 주택을 말한다.

④ 이산화탄소 배출량을 증대 ⇨ 저감 : 에너지절약형 친환경주택이란 저에너지 건물 조성기술 등 대통령령으로 정하는 기술을 이용하여 에너지 사용량을 절감하거나 이산화탄소 배출량을 저감할 수 있도록 건설된 주택을 말하며, 그 종류와 범위는 대통령령으로 정한다.

⑤ 구조를 쉽게 변경할 수 없는 ⇨ 있는 : 장수명 주택이란 구조적으로 오랫동안 유지·관리될 수 있는 내구성을 갖추고, 입주자의 필요에 따라 내부 구조를 쉽게 변경할 수 있는 가변성과 수리 용이성 등이 우수한 주택을 말한다.

04 [정답해설]

⑤ 실제 시험에서는 버리는 문제입니다. 해설은 참고만 하십시오.
1. 종합합산과세대상 : 별도합산과세대상 또는 분리과세대상이 되는 토지를 제외한 토지

2. 별도합산과세대상

> 가. 공장용 건축물의 부속토지 등 대통령령으로 정하는 건축물의 부속토지
> 나. 차고용 토지, 보세창고용 토지, 시험·연구·검사용 토지, 물류단지시설용 토지 등 공지상태(空地狀態)나 해당 토지의 이용에 필요한 시설 등을 설치하여 업무 또는 경제활동에 활용되는 토지로서 대통령령으로 정하는 토지
> 다. 철거·멸실된 건축물 또는 주택의 부속토지로서 대통령령으로 정하는 부속토지

3. 분리과세대상

> 가. 공장용지·전·답·과수원 및 목장용지로서 대통령령으로 정하는 토지
> 나. 산림의 보호육성을 위하여 필요한 임야 및 종중 소유 임야로서 대통령령으로 정하는 임야
> 다. 골프장용 토지와 같은 항에 따른 고급오락장용 토지로서 대통령령으로 정하는 토지
> 라. 공장의 부속토지로서 개발제한구역의 지정이 있기 이전에 그 부지취득이 완료된 곳으로서 대통령령으로 정하는 토지
> 마. 국가 및 지방자치단체 지원을 위한 특정목적 사업용 토지로서 대통령령으로 정하는 토지
> 바. 에너지·자원의 공급 및 방송·통신·교통 등의 기반시설용 토지로서 대통령령으로 정하는 토지
> 사. 국토의 효율적 이용을 위한 개발사업용 토지로서 대통령령으로 정하는 토지
> 아. 그 밖에 지역경제의 발전, 공익성의 정도 등을 고려하여 분리과세하여야 할 타당한 이유가 있는 토지로서 대통령령으로 정하는 토지

05 〔정답해설〕

③ 감소 ⇨ 증가 : 건축원자재 가격의 하락은 주택의 공급(공간재고)을 증가시킨다.

06 〔정답해설〕

③ 옳은 지문은 ㄱ, ㄷ이다. ㄴ은 이행지에 대한 설명이고, ㄹ은 소지에 대한 설명이다.

07 〔정답해설〕

⑤ (ㄱ)은 전속중개계약, (ㄴ)은 일반중개계약이다.

08 〔정답해설〕

③ 행정학 시험에서 자주 출제되는 내용으로 해설을 참고만 하십시오.

구분	도		특별시, 광역시	
	도세	시/군세	특별(광역)시세	구세
보통세	· 취득세 · 등록면허세 · 지방소비세 · 레저세	· 재산세 · 지방소득세 · 주민세 · 자동차세 · 담배소비세	· 취득세 · 지방소비세 · 지방소득세 · 주민세 · 자동차세 · 담배소비세 · 레저세	· 재산세 · 등록면허세
목적세	· 지역자원시설세 · 지방교육세		· 지역자원시설세 · 지방교육세	

09 (정답해설)

② (ㄱ)은 부동성, (ㄴ)은 내부화이다.

10 (정답해설)

① 빈집정비사업은 소규모주택정비사업과 별도의 사업이다.

1. 빈집 및 소규모주택 정비에 관한 특례법은 1)빈집정비사업과 2)소규모주택정비사업을 규정하고 있다.

   1) 빈집정비사업 : 빈집을 개량 또는 철거하거나 효율적으로 관리 또는 활용하기 위한 사업을 말한다.
   2) 소규모주택정비사업 : 노후·불량건축물의 밀집 등 대통령령으로 정하는 요건에 해당하는 지역 또는 가로구역에서 시행하는 다음 각 목의 사업을 말한다.

> 가. 자율주택정비사업 : 단독주택, 다세대주택 및 연립주택을 스스로 개량 또는 건설하기 위한 사업
> 나. 가로주택정비사업 : 가로구역에서 종전의 가로를 유지하면서 소규모로 주거환경을 개선하기 위한 사업
> 다. 소규모재건축사업 : 정비기반시설이 양호한 지역에서 소규모로 공동주택을 재건축하기 위한 사업
> 라. 소규모재개발사업 : 역세권 또는 준공업지역에서 소규모로 주거환경 또는 도시환경을 개선하기 위한 사업

11 (정답해설)

④ 감정평가법인등은 토지를 감정평가할 때에는 공시지가기준법을 적용해야 한다.

12 (정답해설)

② 원가법에 의한 적산가액은 322,000,000원이다.

1. 재조달원가 : 1,000,000원/㎡ × 350㎡ × 1.15(시) = 402,500,000원
2. 감가수정액 : 402,500,000원 ÷ 50년(전체내용연수) × 10년(경과연수, 만년감가) = 80,500,000원
3. 적산가액 : 402,500,000원 − 80,500,000원 = 322,000,000원

13 (정답해설)

⑤ 모두 옳은 지문이다.

ㄴ. 재조달원가는 도급방식을 기준으로 한다. 즉 도급인의 정상이윤을 원가에 포함시킨다.
ㄷ. 경제적(외부적) 감가는 외부환경과의 부적합으로 만들어지는 감가이고, 지리적 위치의 고정성(부동성)은 외부효과의 근거이다. 따라서 부동성에 의해 경제적(외부적) 감가가 발생한다.

14 (정답해설)

⑤ 옳은 지문이다.

(오답해설)

① 복수기간 ⇨ 단일기간 : 직접환원법은 단일기간의 순수익을 적절한 환원율로 환원하여 대상 물건의 가액을 산정하는 방법을 말한다.
② 수익분석법 ⇨ 수익환원법 : 수익가액이란 수익환원법에 의해 산정된 가액을 말한다. 수익임료란 수익분석법에 의해 산정되는 임료를 말한다.
③ 가능총수익 ⇨ 유효총수익 : 순수익은 대상 물건에 귀속하는 적절한 수익으로서 유효총수익에서 운영경비를 공제하여 산정한다. 이 경우 자본적지출은 비용으로 고려하지 않는다.

④ 투자결합법 ⇨ 시장추출법 : 직접환원법에서 사용할 환원율은 시장추출법으로 구하는 것을 원칙으로 한다. 다만, 시장추출법의 적용이 적절하지 않은 때에는 요소구성법, 투자결합법, 유효총수익승수에 의한 결정방법, 시장에서 발표된 환원율 등을 검토하여 조정할 수 있다.

15 정답해설

④ 적합의 원칙 ⇨ 균형의 원칙 : 부동산의 가격이 내부적인 요인에 의하여 긍정적 또는 부정적 영향을 받아 형성되는 것은 균형의 원칙에 해당된다.

16 정답해설

④ 수익환원법이 주된 평가방법인 것은 5개(광업재단, 상표권, 영업권, 특허권, 전용측선이용권)이다. 과수원은 거래사례비교법이 주된 평가방법이다.

17 정답해설

① 옳은 지문이다.

오답해설

② 속한 지역 ⇨ 속하지 않은 지역 : 유사지역이란 대상부동산이 속하지 아니한 지역으로서 인근지역과 유사한 특성을 갖는 지역이다.
③ 미치지 않는 관계 ⇨ 미치는 관계 : 동일수급권이란 대상부동산과 수요·공급 관계가 성립하고 가치 형성에 서로 영향을 미치는 다른 부동산이 존재하는 권역이다.
④ 지역분석이 아니라 개별분석에 대한 설명이다.
⑤ 지역분석이 먼저 실시되고, 그 결과를 바탕으로 개별분석이 이루어진다.

18 정답해설

② 건물의 연간 감가율은 5%이다.
　1. 종합 환원율(상각전) : 1.8억(순영업소득)/20억(부동산가격) = 9%
　2. 건물의 연간 감가율(a) : 5%
　　1) 토지 환원율 : 8%
　　2) 건물 환원율(상각전) : 8% + a(연간 감가율)
　　3) 종합 환원율(물리적 투자결합법) : 8% × 0.8(토지구성비) + (8% + a) × 0.2(건물구성비) = 9%, a = 5%

19 정답해설

① 옳은 연결이다. (ㄱ) 가치 정의는 영속성에 근거한다. (ㄴ) 토지에 원가방식을 적용하는 것이 어려운 이유는 토지는 생산할 수 없는 재화이기 때문이다. 따라서 부증성과 관계된다. (ㄷ) 부동산은 모두 다르고(개별적이고), 거래 내용도 거래 당사자에 따라 다르다(개별적이다). 즉 개별분석과 사정보정은 개별성에 근거한다.

20 정답해설

② 구분소유가 아닌 부동산, 일반적인 복합부동산(토지와 건물로 구성된 부동산)은 토지와 건물을 개별로 감정평가하는 것이 원칙이다. 아파트와 같은 구분소유 부동산은 건물에 대지사용권을 반영한 가치를 평가해야 하기

때문에 건물과 대지사용권을 일체로 하는 거래사례비교법을 적용하는 것이 원칙이나, 일반적인 복합부동산은 토지와 건물을 개별평가하는 것이 원칙이다.

1. 구분소유 부동산의 감정평가방법(감정평가 실무기준)

① 구분소유 부동산을 감정평가할 때에는 건물(전유부분과 공유부분)과 대지사용권을 일체로 한 거래사례비교법을 적용하여야 한다.
② 구분소유 부동산을 감정평가할 때에는 층별·위치별 효용요인을 반영하여야 한다.
③ 감정평가액은 합리적인 배분기준에 따라 토지가액과 건물가액으로 구분하여 표시할 수 있다.

2. 복합부동산의 감정평가방법(감정평가 실무기준)

① 복합부동산은 토지와 건물을 개별로 감정평가하는 것을 원칙으로 한다. 다만, 토지와 건물이 일체로 거래되는 경우에는 일괄하여 감정평가할 수 있다.
② 토지와 건물을 일괄하여 감정평가할 때에는 거래사례비교법을 적용하여야 한다.
③ 토지와 건물을 일괄하여 감정평가한 경우의 감정평가액은 합리적인 배분기준에 따라 토지가액과 건물가액으로 구분하여 표시할 수 있다.

21 〔정답해설〕

② 정보비용의 현재가치는 1억원이다.

1. 1년 후 정보가치 : (55,000만원 − 27,500만원) × 0.4(들어오지 않을 가능성) = 11,000만원
2. 정보의 현재가치 : 11,000만원 ÷ 1.1 = 10,000만원(1억원)

22 〔정답해설〕

⑤ 수요가 변화할 때, 공급의 가격탄력성이 작을수록(비탄력적일수록), 가격의 변동폭은 크고, 거래량의 변동폭은 작다.

23 〔정답해설〕

③ 재산은 저량(stock) 변수이다.

1. 유량 : 소득, 수출, 소비, 투자, 수요, 공급
2. 저량 : 재산, 가격, 자산, 재고량

24 〔정답해설〕

④ 옳은 지문은 ㄴ, ㄹ, ㅁ이다.

ㅁ. 유동화 과정에서 은행이 대출채권(위험자산)을 매각하면 위험자산(BIS 계산식의 분모)의 비중이 감소한다. 따라서 자기자본비율은 증가한다.

$$\text{자기자본비율(BIS)} = \frac{\text{자본}}{\text{가중평균 위험자산}}$$

〔오답해설〕

ㄱ. 채권을 표시하는 증권(조금 애매모호한 표현이나, 이에 대한 이의신청은 받아들여지지 않았음) ⇨ 지분형 증권 : MPTS는 지분형 증권으로 원리금수취권과 주택저당에 대한 채권을 모두 투자자에게 이전하는 증권이다.
ㄷ. 만기가 일치하도록 ⇨ 서로 다른 만기를 가진 : CMO는 이자율과 만기가 다른 다양한 채권으로 발행한다.

25 〔정답해설〕
① 프로젝트 대출은 사업주의 부채로 표시되지 않는데, 이를 부(簿)외 금융효과라고 한다.

26 〔정답해설〕
④ 1. 2(부채감당률) = 4,000만원(순) ÷ 부채서비스액, 부채서비스액(원리금상환액) = 2,000만원
   2. 대출금액 : 2,000만원 ÷ 0.1(저당상수) = 2억원
   3. 매매가격 : 4억원
   4. 대부비율(LTV) : 50%

27 〔정답해설〕
① 수요의 증가폭이 크다면, 수요의 증가가 시장을 결정한다. 따라서 균형가격은 상승하고, 균형거래량은 증가한다.

28 〔정답해설〕
③ 금융감독원 ⇨ 금융위원회 : 금융(회계)과 관련된 정책을 결정하는 것은 금융위원회(정부의결기관)이다. 금융감독원은 금융위원회의 지시를 받아 은행, 보험회사, 증권회사 등 금융기관에 대한 검사와 감독 업무를 담당한다.

29 〔정답해설〕
② 수요곡선을 우측으로 이동시키는 요인(수요 증가 요인)은 3개이다.
   1. 수요곡선 자체를 이동시키지 않는 요인(수요량의 변화 요인) : 아파트 가격의 하락
   2. 수요 증가 요인 : 대체주택 가격의 상승, DSR 규제 완화, 가구수 증가
   3. 수요 감소 요인 : 대출금리 상승, 수요자의 실질 소득 감소, 부채감당률 규제 강화

30 〔정답해설〕
④ 옳은 지문이다. 듀레이션은 빠르게 상환하는 방식일수록 짧고, 상대적으로 천천히 상환하는 방식일수록 길다. 따라서 원금 균등 상환 방식에 비해 상대적으로 천천히 상환하는 원리금 균등 상환 방식의 듀레이션이 보다 길다.

〔오답해설〕
① 대출자 ⇨ 차입자 : 콜옵션(조기상환권)은 차입자의 권리이다.
② 작은 ⇨ 큰 : 금융기관은 위험을 줄이기 위해 부채감당률이 1보다 큰 대출안에서 보다 큰 수치의 순서대로 대출을 실행한다.
③ 하락 ⇨ 상승 : 대출수수료와 조기상환수수료는 이자와 별도로 차입자가 부담하는 비용이다. 따라서 이러한 수수료가 존재한다면 차입자의 실효이자율은 상승한다. 또한 조기상환수수료는 조기상환이 빠를수록 보다 많은 수수료를 부담하는 특징이 있다. 따라서 조기상환시점이 앞당겨 질수록 실효이자율은 보다 상승한다.
⑤ 원리금 균등 상환 방식은 상대적으로 천천히 상환하는 방식으로 상환기간 전체의 누적이자액이 원금 균등 상환 방식에 비해 보다 많은 방식이다. 따라서 총상환액(누적원금 + 누적이자)은 원리금 균등 상환 방식이 보다 많다.

31 〔정답해설〕

① 체계적 위험 ⇨ 비체계적 위험 : 포트폴리오는 비체계적 위험을 감소시킨다.

32 〔정답해설〕

② BTO 방식에 대한 설명이다. 특히 시설의 최종수요자로부터 이용료를 징수하여 투자비를 회수하는 방식은 BTO 방식이다.

33 〔정답해설〕

① 부채감당률법에 의한 환원율은 5.61%이다.
　　1. 순영업소득
　　　　1) 가능총소득 : 85,000,000원
　　　　2) 유효총소득 : 85,000,000원 × 0.95 = 80,750,000원
　　　　3) 영업경비 : 85,000,000원 × 0.07(관리수수료, 유틸리티, 관리직원인건비) = 5,950,000원
　　　　4) 순영업소득 : 80,750,000원 − 5,950,000원 = 74,800,000원
　　2. 부채감당률 : 74,800,000원(순) ÷ 20,000,000원(부채서비스액) = 3.74
　　3. 환원율 : 3.74(부채감당률) × 25%(대부비율) × 0.06(저당상수) = 5.61%

34 〔정답해설〕

④ 총투자수익률은 순영업소득을 총투자액으로 나눈 비율이다.

35 〔정답해설〕

③ 동일하게 ⇨ 다양하게 : 세분시장은 마케팅 믹스 요소에 대해 다양하게 반응한다.

36 〔정답해설〕

② 수익률은 더해지지 않는다. 예로 5% 수익률을 갖는 투자안(A)와 5% 수익률을 갖는 투자안(B)를 결합하여 투자한다고 가정하자. 결합 투자안(A + B)의 수익률은 5%이지, 10%가 되는 것이 아님을 주의해야 한다.

구분	A	B	A + B
투자금액	100	100	200
수익	5	5	10
수익률	5%	5%	5%

37 〔정답해설〕

⑤ 기밀 및 보안의 측면에서 유리한 방식은 자기관리방식이다.

38 정답해설

③ 옳은 연결이다.

$$1년간\ 자기자본수익률 = \frac{순영업소득 - 이자비용 \pm 가격변화}{지분투자액}$$

1. (ㄱ)타인자본을 활용하지 않은 경우
   {500만원(순) − 0원(이자) + 200만원(가치상승)} ÷ 10,000만원(지분투자금액) = 7%
2. (ㄴ)타인자본을 40% 활용하는 경우
   {500만원 − 160만원(= 4,000만원 × 4%, 이자) + 200만원} ÷ 6,000만원(지분투자금액) = 9%

39 정답해설

⑤ 지급해야 할 예상 임대료는 13,000만원이다.
   1. 예상 매출액 분석
      1) 1월~7월(7개월) : 8만원/㎡ × 200㎡ = 1,600만원. 기본임대료만 지불
      2) 8월~12월(5개월) : 20만원/㎡ × 200㎡ = 4,000만원. 기본임대료와 추가임대료 지불
   2. 임대료 계산
      1) 1월~7월 : 5만원/㎡ × 200㎡(월기본임대료) × 7개월 = 7,000만원
      2) 8월~12월 : {5만원/㎡ × 200㎡(월기본임대료) + 2,000만원(초과매출액) × 10%(추가임대료율)} × 5개월
         = 6,000만원
      3) 합계 : 13,000만원

40 정답해설

① 옳은 연결이다.
   ㄱ. 수익증권은 신탁방식에서 등장하는 용어이다.
   ㄴ. 토지를 원래의 토지소유자에게 재분배하는 방식은 환지방식이다.
   ㄷ. 공익성이 강한 방식은 공영개발방식이다.

박문각
감정평가사

국승옥
부동산학원론

1차 | 문제집

제6판 인쇄 2024. 11. 20. | **제6판 발행** 2024. 11. 25. | **편저자** 국승옥

발행인 박 용 | **발행처** (주)박문각출판 | **등록** 2015년 4월 29일 제2019-0000137호

주소 06654 서울시 서초구 효령로 283 서경 B/D 4층 | **팩스** (02)584-2927

전화 교재 문의 (02)6466-7202

저자와의
협의하에
인지생략

정가 32,000원
ISBN 979-11-7262-263-3

MEMO